이해황

대학교 3학년 때, 수능 기출문제의 패턴을 정리한『국어의 기술』시리즈를 출간했다. 학원강의나 과외를 하지 않았지만, 입소문만으로 베스트셀러에 올랐고, 누적 판매량 180만 부 이상을 기록했다.

이후 LEET/PSAT 기본서『논리개념 매뉴얼』,『강화약화 매뉴얼』등을 썼고, 역시 베스트셀러가 되었다. 현재는 메가로스쿨과 유튜브를 통해 독해와 논리를 가르치는 데 힘쓰고 있다.

저자를 만날 수 있는 곳

인터넷 강의   메가로스쿨 www.megals.co.kr

유튜브   국어의 기술 youtube.com/@orandif

블로그   https://blog.naver.com/djsdjshsfl언어논리

Dreams Come True

꿈을 이룰 내일을 상상합니다

이 책을 시작한 날   년   월   일

나의 다짐 한마디

국어의기술
어휘력

이해황 지음

노르웨이숲edu

제가 10년 간 모아온 중요 어휘들을
잘 손질하여 제공합니다.
사전을 봐도 이해가 어려운 단어들,
엮어서 같이 알아둬야 할 단어들,
시험에 여러 차례 나온 단어들을 총정리해봅시다!

기존 어휘 교재의 문제점

● **선정된 어휘의 수험적합도가 떨어진다**

오래된 문학작품에나 가끔 등장하는 '달포', '헤살', '섬돌' 같은 단어를 "이건 몰랐지?" 하며 제시합니다. 그런데 이런 단어는 일상에서 잘 쓰이지도 않고 시험에도 거의 나오지 않습니다. 시험에 나오더라도 중요한 어휘가 아니므로 뜻을 몰라도 별 지장이 없고, 주변 맥락을 통해 대략적인 뜻을 추론할 수 있는 경우가 많습니다.

● **단어 설명과 딸린 예문의 수험적합도가 떨어진다**

교과서에서 **심상**은 "언어에 의해 재현된 감각적 체험의 표상"으로 정의되는데, 이걸 읽고 무슨 뜻인지 이해할 수 있는 분은 거의 없을 겁니다. **전기적**은 동음이의어로 세 가지 뜻을 다 알고 있어야 하는데, 어느 하나만을 제시하는 경우가 흔합니다. **질량**은 사전적 정의로는 불충분하고, 아인슈타인의 특수상대성이론과 연결지어 설명되어야 수능/PSAT/LEET 독해시 도움이 됩니다.

하지만 대부분의 어휘력 교재는 표준국어대사전 뜻풀이와 그에 딸린 (주로 문학작품에서 가져온) 예문 1개만을 제시하고 끝나는 경우가 흔합니다. 이는 교재 제작자의 게으름 때문일 수도 있고, 애초에 시험에 등장한 적 없는 단어이기 때문에 그럴 수도 있고, 혹은 디자인 측면에서 모든 단어를 동일한 분량으로 설명해야 하다 보니 그럴 수 있습니다.

- ## 사자성어 익히는 데 이상할 정도로 진심이다

  초등학생 어휘 교재도 아닌데, 사자성어나 속담이 과도하게 소개되는 경우가 많습니다. 그런데 이런 어휘는 교양용으로는 도움이 될 수 있으나, 학술적인 글이 나오는 수능/PSAT/LEET 시험에는 별 도움이 안 됩니다.

- ## 밑줄 어휘 문제로 출제된 단어에만 집중한다

  수능 독해지문에 딸린 "**문맥상 의미로 가장 가까운 것은?**"(이하 **문의가가**) 문제는 한국어 감각을 바탕으로 대부분 쉽게 풀 수 있습니다. 따라서 문의가가 어휘를 중심으로 뜻풀이를 학습하는 건 지루할뿐더러, 효율적이지도 않습니다. 뜻풀이 자체를 암기할 만한 어휘는 10개에 불과하며, 나머지는 풀이전략을 잘 익혀서 적용하는 것이 중요합니다.

이 책의 특장점

● **비문학 독해에 중요한 어휘, 개념을 깊게 소개합니다**

어휘는 얇고 넓게 아는 것보다는 적은 수더라도 깊게 아는 것이 시험에 도움이 됩니다. 따라서 독해를 위해 반드시 알아야 하는 어휘부터 영역별 개념어까지 세심하게 선정하였고, 디자인이나 분량 생각하지 않고, 단어마다 필요한 만큼 깊게 설명했습니다. 특히 사전 뜻풀이가 개념 설명을 충분히 담지 못한 경우 **[특강]**을 통해 단어의 종합적인 모습을 이해할 수 있도록 했습니다.

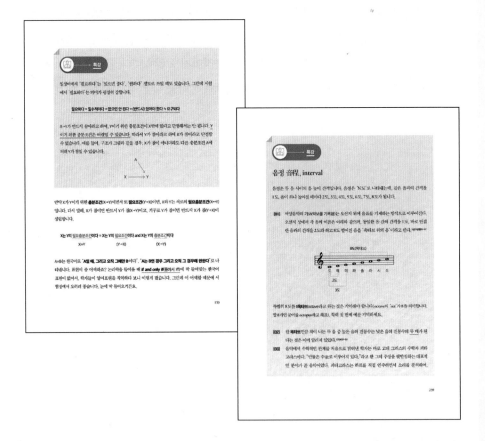

기존에는 '채권'이 시험에 기출된 사례를 찾으려면, 시험지 PDF파일을 수십 개 띄워 놓고 Ctrl +F로 찾아야 했습니다. 무척이나 귀찮고 시간이 많이 드는 과정이므로, 대부분의 교재가 기출예문을 사용하지 않거나, 하더라도 한두 개 정도에 그쳤습니다. 그런데 저는 모든 기출문제를 데이터베이스화해서, 예문을 검색해주는 사이트 '차자조'를 만들었습니다. 이를 통해 특정 어휘나 개념이 출제된 모든 시험문제를 빠르고 쉽게 살펴볼 수 있었고, 이 교재제작에 적극 반영됐습니다. 예를 들어, '가능 세계'를 https://www.chajajo.kr/에서 검색시 2019학년도 수능, 2022년 LEET 추리논증, 2023년 PSAT 언어논리에 출제되었음을 바로 알 수 있습니다(교재를 만들어야 하는 강사, 출판 관계자 분들은 '차자조'를 통해 시간과 에너지를 크게 아낄 수 있을 겁니다).

각 출처는 아래와 같이 약식으로 표시했습니다.

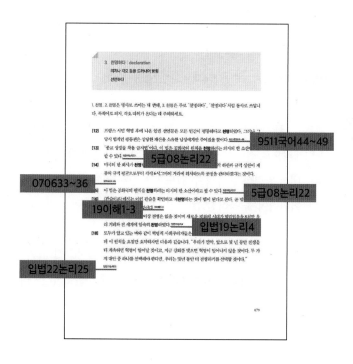

20ab학년도 수능 국어(언어)영역 c번	**ab11c**
20ab학년도 6월 모의평가 국어(언어)영역 c번	**ab06c**
20ab학년도 9월 모의평가 국어(언어)영역 c번	**ab09c**
20ab학년도 LEET 언어이해 cd번	**ab이해cd**
20ab학년도 LEET 추리논증 cd번	**ab추리cd**
20ab년 5급 공채 행정PSAT 언어논리 cd번	**5급ab논리cd**
20ab년 5급 공채 행정PSAT 상황판단 cd번	**5급ab상황cd**
2013년 외교관후보자 PSAT 언어논리 cd번	**외교13논리cd**
20ab년 입법고시 PSAT 언어논리 cd번	**입법ab논리cd**
20ab년 민간경력자 일괄채용시험 언어논리 cd번	**민간ab논리cd**
20ab년 7급 언어논리 cd번	**7급ab논리cd**
20ab년 경찰대학 편입학 언어논리 cd번	**편입ab논리cd**
20ab학년도 경찰대학 신입학 국어 cd번	**ab경찰cd**

'X학년도'는 X-1년에 시행된 시험입니다.

PSAT 책형은 앞책형으로, LEET는 홀수형을 기준으로 했습니다.

책에 예문이 너무 많다고 불평하지 마세요. 독서량이 부족하더라도, 많은 예문을 통해 단어를 입체적으로 접하면 금방 독서 많이 한 친구를 따라 잡을 수 있습니다. 특히 예문 자체로 내적 완결성을 가질 수 있도록 세심하게 배려했으니, 한 문장, 한 문장 정독하다 보면 어휘력이 쑥 올라갈 겁니다.

● **밑줄 어휘 문제(문의가가)에 대한 특강과 교재를 무료로 제공합니다**
문제 풀이 전략을 정리하고, 이를 68개 문항에 적용하는 1시간짜리 압축강의를 무료로 제공합니다.

- ● 출제예상 배경지식 정리합니다

  시험에 빈출된 주제를 개념어 중심으로 배경지식화 했습니다. 이를 잘 익혀두면, 비슷한 주제의 글이 나왔을 때 훨씬 더 쉽게 읽어나갈 수 있습니다.

- ● 쪽지시험

  각 단원이 끝나면 간단하게 퀴즈를 풀어서 얼마나 알고 있는지 테스트를 하도록 했습니다.

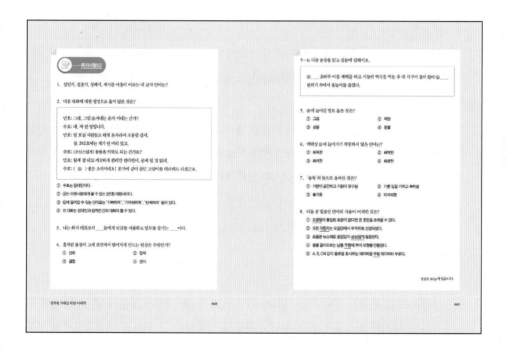

 내 어휘력 테스트

빈칸에 들어갈 단어를 아래에서 고르시오.

배타적, 피고인, 환원주의, 항원, 피고, 피사체, 전기적, 역치

1. 1907년 장지연은 백년전쟁 당시 프랑스 소녀 잔 다르크의 구국 항쟁 일대기를 서술한
    일종의 (   )인 역사소설 『애국부인전』을 출간했다. 강준만 | 2007 | 『한국 근대사 산책』 | 인물과사상사

2. 대한제국기에는 민형사재판에서 신문할 때 사실을 진술하지 않는 피고에게 작은 곤장
    과 가죽 채찍으로 고문을 가할 수 있었으므로 민사 (   )든 형사 (   )이든 일상적
    으로 태형에 노출되어 있었다고 할 수 있다. 권태억 | 2005 | 『한국 근대사회와 문화』 | 서울대학교출판부

3. 이 약제는 인공적인 항체로서 혈관내피 성장인자를 (   )으로 인식하여 결합함으로
    써 혈관 생성을 방해한다. 201609

4. 세상을 보는 관점은 과학적인 사고와 관련해 크게 두 가지가 경쟁해왔다. 첫 번째 관
    점은 그 관심의 대상을 잘게 부수어 부분들의 정체성과 그 관계를 이해함으로서 부분
    의 합을 통해 전체를 이해하는 소위 (   )적 접근방법이다. 이에 반해 두 번째 관점
    은 부분의 디테일에 집중하기보다는 그 대상의 현상 그 자체를 전체적인 관점에서 이
    해하는 전일주의적 관점이 그것이다. 김성훈 | 2008 | 『생명과 약의 연결고리-약으로 이해하는 바이오 시대』 | 프로네시스.

5.   Z국은 A, B, C 세 인종으로 구성되어 있는데 전체 인구의 절반 가까이를 차지하여 온 A인종이 사회의 주류 세력으로서 타 인종들에 대한 (   )인 정책을 실시해 왔다. 교육에서도 A 인종만의 입학을 허용하는 교육기관, 그 외의 인종만의 입학을 허용하는 교육기관, 그리고 모든 인종의 입학이 허용되는 교육 기관을 분리하여 설치·운영하였다. _{13추리3}

6.   사회 고발 프로그램을 만들 때 가장 곤혹스러운 것은 고발당하는 사람들이 절대 카메라에 얼굴을 잡히지 않으려고 도망 다닌다는 점이다. 그런데도 끝까지 추적하여 그들을 기어코 카메라 앞의 (   )로 만들어야 하므로 사회 고발 프로그램은 일종의 '추적' 프로그램이 되는 것이다. **한소진 | 2007 | 「방송구성 대본 쓰기」 | 랜덤하우스코리아**

7.   신경 세포체에 입력 가중치들이 쌓여가더라도 결정적 (   )에 도달하기 전에는 뉴런이 별 반응을 보이지 않는다. 그러다 (   )에 다다르면 뉴런은 축색의 출력을 급격히 증가시켜 점화한다. (   )값은 뉴런들마다 다르다. **레이 커즈와일 | 2007 | 「특이점이 온다」 | 김영사**

정답 개수
- -

7개   이 책을 어휘력이 부족한 친구에게 선물해주세요.

5~6개   일반적인 학생들보다 어휘력이 뛰어납니다. 이 책을 통해 어휘력을 완성하세요.

4개 이하   이 책을 최소 3회독 해주세요. 독해력도 쑥 올라갈 겁니다.

정답
- -

1. 전기적(38p 참고) | 2. 피고, 피고인(155p 참고) | 3. 항원(353p 참고) | 4. 환원주의적(20p 참고)

5. 배타적(136p 참고) | 6. 피사체(60p 참고) | 7. 역치(40p 참고)

차례

순서대로 읽어도 되고, 아무데나 펴서 읽어도 됩니다. 단어의 뜻풀이도 중요하지만, 예문이 훨씬 더 중요합니다. 예문을 꼼꼼하게 정독하고 음미하면서 읽어나가세요. 책을 다 읽었을 때쯤, 어휘력뿐만 아니라 독해력도 훌쩍 올라가 있을 겁니다. 예문 자체로 내적 완결성을 가질 수 있도록 세심하게 배려해서 배열한 것이니 꼭 한 문장, 한 문장 다 읽어보길 바랄게요.

1. 정확한 독해를 위한 어휘력

001-010 독해의 정확도를 결정하는 동음이의어와 다의어—1

031-040   문제로 출제된/될 동음이의어

041-050   쌍으로 알아야 할 대립어

2. 시험 빈출 개념어

061-101 언어학부터 생물학까지

1

정확한 독해를 위한 어휘력

001-060

● 어떤 회사에서 "불편끼쳐 드린 점 다시 한 번 **심심한 사과** 말씀 드립니다"라는 공지를 올리자, 미안하다면서 '재미없는 사과'를 한다는 게 말이 되냐며 분통을 터트린 분들이 몇 있었습니다. 그런데 이때의 '심심하다'는 (지루하다/재미없다가 아니라) 마음이 깊고 간절하다는 뜻입니다. '심심한 사과/애도/감사' 등으로 곧잘 쓰이는 데 이를 몰랐던 분들이 회사측에 화를 냈던 거죠.

● 영단어 perceive의 뜻은 '인식하다', '지각하다'입니다. 근데 어떤 학생은 이게 굉장히 이상했나 봅니다. 왜 아무 상관도 없는 두 뜻이 한 단어에 붙었냐고, 그냥 외울 수밖에 없냐는 푸념을 온라인에 올립니다. 놀랍게도, 질문자는 '**지각하다**'를 (감각 기관을 통하여 인식하다가 아니라) 늦게 출근하거나 등교하다로만 알고 있었던 겁니다.

● '동명이인'이 이름은 같지만 서로 다른 사람인 것처럼, '**동음이의어**'는 소리는 같지만 뜻이 다른 단어입니다. 예를 들어, '배를 타서 배를 먹으니 배가 불렀다.'에서 '**배**'는 소리만 같을 뿐 뜻이 다른 동음이의어입니다. 순서대로 **선박**ship, **배나무 열매**pear, **위장**stomach를 뜻합니다.
'**다의어**'는 기본 뜻에서 의미가 파생되어 두 가지 이상의 뜻을 가진 단어입니다. 일반적으로 [공간적 의미→시간적 의미→추상적 의미] 순서로 뜻이 확장되는 경향이 있습니다. 예를 들어, '**가깝다**'는 ①거리가 짧다, ②시간적으로 오래지 않다, ③친하고 정답다 등의 뜻을 갖는 다의어입니다.

- 역사가 대니얼 부어스틴은 "**앎의 가장 큰 적은 무지가 아니다. 안다는 착각이다**The greatest enemy of knowledge is not ignorance, it is the illusion of knowledge"라고 했습니다. 아예 모르는 단어였다면 '지각하다', '심심하다'를 사전에서 찾아볼 생각이라도 했을 텐데, 아는 단어라고 착각했기 때문에 이런 일들이 벌어졌습니다. 이런 이유로 주요 동음이의어와 다의어를 묶어서 정리할 필요가 있습니다. 안 그러면 자칫 내용을 잘못 이해할 수 있으니까요.

- "무운을 빕니다." 국민의힘 이준석 대표가 페이스북에 쓴 표현입니다. 20대 대통령 출마를 선언한 국민의당 안철수 대표를 향해 행운을 빈다는 말을 한 건데, 엉뚱한 일이 벌어집니다. 어떤 기자가 이 말을 반대로 해석해서, 운이 없기를 빈다는 저주로 소개한 것이죠. 그런데 운이 없다는 뜻의 무운無運은 사전에 등재되어 있지도 않는, 존재하지 않는 표현입니다. **무운**은 전쟁 따위에서 이기고 지는 운수를 뜻합니다. 옛날에는 전쟁에 나가는 무인에게 행운을 빈다는 뜻으로 '무운을 빈다'는 표현을 썼습니다. 그런데 현대에는 선거에 임하는 정치인에게도 이 표현을 유추적으로 쓰곤 합니다. 선거나 전쟁이나, 경쟁에서 이기는 것을 목표로 한다는 점에서 비슷하기 때문이겠죠.

001 환원

사전에는 환원에 대해 세 가지 뜻이 제시됩니다. 그런데 시험을 위해서는 네 번째 뜻까지 알아야 합니다. 하나하나 알아보겠습니다.

1. 환원하다 | revert to
본디 상태로 되돌리다

[01] 보청기는 음향을 전기적 신호로 바꾸어 주는 마이크로폰, 전기 신호를 크게 만드는 증폭기, 증폭된 전기 신호를 음향으로 **환원**하는 수화기로 구성되어 있다. [120631]

[02] 수령 7사가 규정으로 자리 잡고, 근무 기간도 60개월로 **환원**되었다. [13이해22-24]

[03] 정가가 2,000만 원이지만 100만 원을 할인해 1,900만 원에 팔다가 인기가 높아져 물량이 달리자 자동차 회사에서 가격을 2,000만 원으로 **환원**한 경우에 대해서는 소비자의 58%가 납득한다고 답하고 42%가 불공정하다고 답했다. [15추리27]

2. 환원하다 | donate
(사회에) 기부하다

[04] 기부는 부의 사회 **환원**을 통해 사회를 통합하고 공동체 문화를 형성해 나가는 원동력이다. [05092]

[05] '서론'에서 기업이 이윤을 늘리기 위한 지출은 많이 하지만, 이윤의 사회적 **환원**에는 인색함을 'ㅁ'을 통해 지적한다. [05092]

[06] 나눔을 통한 기업 이윤의 사회적 **환원**을 강조하고 있군. [06096]

돈을 번다는 것은 사회로부터 돈을 가져온다는 것이고, 이를 다시 사회로 되돌려주겠다는 뜻이니 환원의 앞의 의미와
도 부합합니다.

3. 환원하다 | deoxidize
'산화하다oxidize'의 반대말

[07]　정상 상태에 도달하는 동안 이산화질소와 같은 산화 가스는 산화물 반도체로부터 전자를 받
으면서 흡착(달라붙음)하여 산화물 반도체의 저항값을 증가시킨다. 반면에 일산화탄소와 같은
환원 가스는 산화물 반도체 물질에 전자를 주면서 흡착하여 산화물 반도체의 저항값을 감소
시킨다. 110948-50
어떤 물질이 산소와 결합하거나 전자 수가 줄어드는 것을 산화되었다고 합니다. (기억이 안 날 수도 있지만 중학생 때
다 배웠습니다!) 이를 본디 상태로 되돌리려면 산소와 분리시키거나, 전자 수가 늘어나야 하는데, 이를 화학에서 환원
이라고 합니다. 이런 것을 알고 예문을 보면 환원 가스는 (자신이 환원되는 것이 아니라) 다른 물질을 환원시켜주는 가
스라는 의미라는 것도 알 수 있습니다.

[08]　황산아연 수용액에 들어 있는 아연 전극과 황산구리 수용액에 들어 있는 구리 전극을 이용할
경우, 아연 전극에서는 금속 아연(Zn)이 전자를 잃어 아연 이온(Zn2+)으로 변하는 **산화** 반
응이 일어나서 아연 전극의 질량이 감소하고, 구리 전극에서는 구리 이온(Cu2+)이 전자를
얻어 금속 구리(Cu)로 변하는 **환원** 반응이 일어나서 구리 전극의 질량이 증가한다. 20추리40

4. 환원 | reduction ★★★★★
환원주의 | reductionism

기본적인 뜻은, 어떤 현상(고차원)을 보다 근원적인 것(저차원)으로 바꾸는(변환하는) 것입니
다. 구체적으로는 상위 단계의 무언가를 하위 단계의 기본적인 무언가로 바꾼다든가, 추
상적인 것을 물질적인 것으로 바꾼다든가, 관측할 수 없는 것을 관측할 수 있는 것으로 바

[09] 이런 **환원**론은 살아 있는 생명체가 죽은 물질과 다르지 않음을 함축한다. 181116-19

[10] 모든 판단은 'S는 P이다.'라는 (단순한) 명제 형식으로 **환원**된다. 1511A27-30

어떤 판단이든 'S는 P이다'라는 기본적인 명제 형식으로 바꿀 수 있다는 뜻입니다.

[11] 논리실증주의자와 포퍼의 구분에 따르면 "총각은 총각이다."와 같은 동어 반복 명제와, "총각은 미혼의 성인 남성이다."처럼 동어 반복 명제로 **환원**할 수 있는 것은 모두 분석 명제이다. 171116-20

[12] 우리 마음의 불안한 상태를 없애고자 한다면, 우리는 알려지지 않은 것을 알려진 것으로 **환원**해야 한다. 5급13논리4

[13] 이 모든 것을 가능하게 하는 가장 큰 요소는 모든 정보를 0과 1로 구성된 비트(bit)로 **환원**하여 처리할 수 있는 디지털 기술이다. 5급03논리6

[14] 통일 과학을 구성하는 다양한 과학 분야들은 층위를 달리하는 계층 질서를 형성하게 되고, 이 계층 질서의 위쪽에 있는 **상부** 과학은 기저 역할을 하는 하부 과학으로 **환원**된다. 5급22논리39-40

[15] 모성적 기능이나 성적 대상으로 **환원**된 여성의 몸이 상품화되는 것은 남성지배의 아비투스 속에서 여성에게 특정한 몸의 개념 및 이미지가 강요되기 때문이다. 입법06논리7

[16] 자본주의 시장은 모든 것을 상품화, 즉 가격으로 **환원**하는 시장체제에 의해 작동된다. 입법08논리23

[17] 특히 모든 것을 상품의 교환 가치로 **환원**하려는 자본주의 사회에서, 대중 예술은 개인의 정체성마저 상품으로 전락시키는 기제로 작용한다는 것이다. 23094-9

[18] 민족주의 역사학은 모든 코드를 민족으로 **환원**한다. 입법12논리31

[19] 양계초가 중국인을 향해 호소하고 있었던 '덕' 혹은 도덕이란 '애국심'으로 **환원**되는 것이었다. 입법13논리34

[20] ④ 밀은 모든 쾌락을 하나의 기준으로 **환원**하여 계산할 수 있다고 보았다. 14이해10

[21] 르포르는 자유주의가 인간의 권리를 개인의 권리로 **환원**시킴으로써 사회적 실체에 접근하지

못하고, 결국 민주주의를 개인과 국가의 표상관계를 통해 개인들의 이익의 총합으로서 국가의 단일성을 확보하기 위한 수단으로 볼 뿐이라고 비판한다. [21]이해13-15

[22] 피타고라스주의자들은 자연의 온갖 변화는 조화로운 규칙으로 **환원**될 수 있다고 믿었다.
7급15논리12

[23] 그의 방정식이 표현하는 전자기장은 어떤 다른 것으로 **환원**되지 않는 궁극적인 실재가 되었
다. 08추론11-13

[24] 지금까지 과학은 기계론적 세계관에 입각해서 모든 존재를 기계와 같은 물질 구조로 ⓐ보고,
환원적이고 분석적인 방법으로 기계의 최소 부품간의 상호 인과 관계를 밝혀서 전체를 이해
하는 데 주력하였다. 940856-60

[25] 적지 않은 이들이 화학은 물리학으로 **환원** 가능하다고 주장한다. 최근 화학에는 양자화학이
라는 분야가 발달해 화학적 현상을 현대 물리학의 핵심 이론인 양자역학의 기반으로 환원시
켜 다루는 프로그램을 실행하고 있다. 10이해27-29

환원주의적 관점에서 '전체'(상위 단계)는 '부분'(하위 단계)을 탐구함으로써 온전히 이해할 수 있습니다.
그런데 이에 반대하는 입장도 있습니다. 전체는 부분의 단순한 총합이 아니므로, 부분에 대해서 모두
알더라도 여전히 설명되지 않는 전체의 특성이 있다는 겁니다.

[26] 글쓴이는 경제적 가치로 **환원**할 수 없는 다양한 가치가 존재한다는 것을 인정한다. 입법12논리11

[27] 영화의 정신적인 의미는 개별 장면들의 특성으로 **환원**될 수 없다. (정답)100647

[28] 이 반박은 자연물이 단순히 물질로만 이루어진 것이 아니며, 또한 그것의 본성이 단순히 물
리·화학적으로 환원되지도 않는다는 주장을 내포한다. 181116-19

[29] 중요한 것은 상이하고 이질적이며 '**환원** 불가능한' 역사적 시간들이 '지금 그리고 같이' 존재
한다는 것을 인식하는 것이다. 14이해17-19

[30] 아도르노는 서로 다른 가치 체계를 하나의 가치 체계로 통일시키려는 속성을 동일성으로, 하
나의 가치 체계로의 환원을 거부하는 속성을 비동일성으로 규정하고, 예술은 이러한 **환원**을
거부하는 비동일성을 지녀야 한다고 주장한다. 23094-9

문맥상 [하나의 가치 체계로의 환원] = [서로 다른 가치 체계를 하나의 가치 체계로 통일시킴]이 성립합니다.

002 조사 irradiation

'사건 현장을 조사하다'할 때의 조사investigation은 다 알죠? 그런데 '광선이나 방사선 따위를 쐬다'라는 뜻의 **조사**irradiation는 잘 모르는 경우가 많더라고요. 이번 기회에 알아두세요.

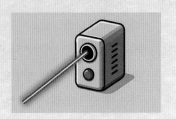

[01] CD 드라이브는 디스크 표면에 **조사**된 레이저 광선이 반사되거나 산란되는 효과를 이용해 정보를 판독한다. 1411A28-30

[02] X선 사진은 X선을 인체에 **조사**하고, 투과된 X선을 필름에 감광시켜 얻어낸 것이다. 1409A19-21

[03] 주입된 부유액이 레이저 광선이 **조사**照射되는 지점에 도달하면, 반사 거울과 조정 렌즈로 검체의 중심에 초점이 맞도록 조정된 레이저 광선이 조사된다. 21사관26-29

003 원형

1. 원형 | circle
동근 모양

[01] 대부분의 미토콘드리아 DNA는 **원형**이지만 몇몇 섬모충류의 경우는 **선형**이다. 견습06논리13

[02] **원형**과 **정방형**(사각형)의 성벽으로 둘러싸인 계획도시가 하나씩 존재하였는데, 원형의 도시가

정방형의 도시보다 위도가 낮았다. ^{10추리21}

[03] ⑤ 동생이 가마솥 속의 팥죽을 휘젓고(→**원형**으로 젓고) 있다. ^{130612 (틀린 선지)}

---

2. 원형 | original form

본디의 모양

---

[04] 향후 재복원에 대비하여 **원형**과 복원 과정에 대한 모든 정보를 정리한다. 복원된 부분이 **원형**과 구별될 수 있도록 형태나 색에 약간의 차이를 두어 흔적을 남겨야 한다. ^{견습05논리23}

[05] 자원보호질서는 사람이 사용하는 물자의 양을 통제하기 위한 질서이고, 환경보호질서는 환경의 **원형**보존을 위한 질서이다. ^{5급12논리27}

[06] 그는 헤츠헤치 계곡이 **원형**대로 보존되어야 하며 댐을 건설하여 계곡을 파괴하는 인간의 행위는 막아야 한다고 주장하였다. ^{5급12논리1}

[07] 널리 쓰이는 접미사가 어간에 붙어서 만들어진 단어는 어간의 **원형**을 밝혀 적는 것이 원칙이나, 그 어간의 뜻과 멀어진 단어는 밝혀 적지 않는다. ⁰⁸¹¹¹²

[08] 과학적 연구 방법이 전무하다시피 했던 국어학 연구에서, 그는 단어의 **원형**을 밝혀 적는 형태주의적 입장을 가지고 독자적으로 문법 현상을 분석하고 이론으로 체계화하는 데 힘을 쏟았다. ⁰⁷⁰⁹²⁰⁻²³

---

3. 원형 | prototype

같거나 비슷한 여러 개가 만들어져 나온 본바탕

독해시 2. 원형과 3. 원형을 구별하려고 애쓸 필요는 없습니다. 참고로 '프로토타입'은 전체적인 기능을 간략한 형태로 구현한 시제품(시험 삼아 만들어 본 제품)이라는 뜻으로도 곧잘 쓰입니다.

[09] 상호주의의 **원형**은 '눈에는 눈, 이에는 이'로 표현되는 탈리오의 법칙에서 발견된다. [011137-41]

[10] 개체군론자들에 따르면 특정한 유형 내에서 그 유형을 대표할 수 있는 형식의 유물, 즉 **원형**은 실재하지 않는다. [15이해33-35]

[11] 가장 컵다운 컵은 컵 범주의 **원형**prototype이라고 할 수 있는데, 이때 원형은 한 범주의 중심이 되는 구성원을 뜻한다. 범주를 이루는 구성원들 사이에 범주의 구성원으로서의 자격에 차이가 나타나는 현상을 **원형** 효과라고 한다. **원형** 효과는 범주의 **원형**과 구성원이 어느 정도 합치하는가를 판단함으로써 생기는 현상이다. [입법14논리13]

[12] 유사성 기반 접근은 범주 판단에 사용되는 심적 표상을 기준으로 원형 모형과 본보기 모형으로 다시 구분된다. 원형 모형에서는 해당 범주에 속하는 사례들이 갖는 속성들의 평균으로 구성된 추상적 집합체인 단일한 **원형**이 사용되며, 본보기 모형에서는 구체적 사례가 그대로 기억된 심적 표상인 본보기들이 사용된다. [13이해28-29]

[13] 개인의 생각은 사람에 따라서 다양한 형태로 존재하지만, 그것의 **원형**原形이 되는 사상들은 사회적 산물이다. [971161-65]

[14] 상동은 생물의 기관이 외관상으로는 다르나 본래 기관의 **원형**은 동일한 것을 가리킨다.
[5급23논리32]

[15] 집단적 체험을 나타내는 감정과 사고의 **원형**이 되는 신화와 설화의 구조를 통해 그 나라 사람의 성품을 추측할 수 있다. [입법07논리37]

[16] 소크라테스 : 그러므로 우리는 신을 **원형**의 제작자라고 부르는 걸세. [입법08논리18]

[17] 한국문화의 주체가 희미해지는 때에 그러한 순수 한국적인 것을 찾는 것이 의미있다 할 수가 있겠지만 앞으로의 한국문화에 하등의 의의도 없는, 아무 새로움도 없는 것을 굉장한 것으로 착각하고 그것을 새로운 문화적 **원형**으로 제시하는 맹목적 전통긍정론은 비판을 받아야 한다. [입법12논리24]

[18] <보기>는 '원형적 심상'을 설명하는 상징 사전의 내용을 정리한 것이다. [03118]

> ─────────〈보기〉─────────
>
> ○ 작은 배: 피안의 세계로 건너가는 수단. 부활과 재생의 요람.
>
> ○ 불: 수직적. 상승의 에너지. 공격적인 남성. 인간의 생명. 사랑. 육체의 파괴와 소멸. 정화와 재생.
>
> ○ 물: 수평적. 하강. 모성 혹은 여성. 죽음. 정화와 재생. 순환. 시간의 흐름.
>
> ○ 나무: 인간의 형상. 인간의 상승 욕구. 초월에의 의지. 크고 넉넉한 인격.

○ 하늘: 공간의 영원성. 고고한 정신. 신神. 순결. 무無. 부재不在.

문1. ㉠~㉤을 사용하여 만든 문장으로 적절하지 않은 것은?¹⁷⁰⁹³⁰

선지	문맥
② ㉡: 이 건축물은 후대 미술관의 **원형**이 되었다.	돔 지붕이 지름 45m 남짓의 넓은 원형 내부 공간과 이어지도록 하였고, 지붕의 중앙에는 지름 9m가 넘는 ㉡**원형**의 천창을 내어 빛이 내부 공간을 채울 수 있도록 하였다.

②의 선지에 쓰인 '원형'이 원형2인지 원형3인지는 헷갈리더라도, 하여튼 ㉡ 원형1이 아니라는 건 쉽게 알 수 있죠!

유리

1. **유리** | glass
2. **유리한** | advantageous
3. **유리되다** | be isolated
   괴리되다

독해시 세 번째 뜻이 중요합니다. 떨어져 분리되다는 뜻입니다.

[01] 파괴된 적혈구로부터 빌리루빈이라는 물질이 **유리**되고, 이 빌리루빈은 여러 생화학적 대사 과정을 통해 간과 소장에서 다른 물질로 변환된 후에 대변과 소변을 통해 배설된다. 5급17논리27

[02] 근대로 들어오면서 교회라는 공동체로부터 **분리**되기 시작한 '개인'은 점차 신의 존재로부터도 유리되면서 '절대 개인absolute individual'으로 남게 되었다. 입법08논리3

[03] 책이 경험과 **유리**되고, 과거의 전통이 현재의 사태에 어울리지 않는다면, 그것은 하찮거나 해롭다고 생각했다. 입법21논리40

[04] 그에 따르면 우리의 일상적 지각뿐만 아니라 고도의 과학적 지식도 지적 활동의 주체가 몸담고 있는 구체적인 현실로부터 **유리**된 것이 아니다. 1611A21-24

[05] 수리물리학, 광학, 천문학 등의 분야는 대중과 **유리**된 불연속성의 정도가 상대적으로 컸다. 7급11논리7

문1. 문맥상 ⓐ~ⓔ와 바꿔 쓰기에 적절하지 <u>않은</u> 것은? 2309국어09

선지	문맥
① ⓐ: 맞바꾸는 정답	아도르노는 대중 예술의 규격성 으로 인해 개인의 감상 능력 역시 표준화되고, 개인의 개성은 다른 개인의 그것과 다르지 않게 된다고 보았다. 모든 것을 상품의 교환 가치로 환원하려는 자본주의 사회에서, 대중 예술은 개인의 정체성마저 상품으로 ⓐ전락시키는 기제로 작용 한다는 것이다.
② ⓑ: 동떨어진	아도르노의 미학은 기존의 예술에 대한 비판적 관점을 제공한다. 가령 사과를 표현한 세잔의 작품을 아도르노의 미학으로 읽어 낸다면, 이 그림은 사회의 본질과 ⓑ유리된 '아름다운 가상'을 표현한 것에 불과할 것이다.
③ ⓒ: 바라보는	세잔의 작품은 눈에 보이는 특정의 사과가 아닌 예술가의 시선에 포착된 세계의 참모습, 곧 자연의 생명 력과 그에 얽힌 농부의 삶 그리고 이를 ⓒ응시하는 예술가의 사유를 재현한 것이 된다.
④ ⓓ: 빼앗는다 ⑤ ⓔ: 찾아내는	아도르노의 미학은 예술의 영역을 극도로 축소시키고 있다. 즉 그 자신은 동일화의 폭력을 비판하지만, 자신이 추구 하는 전위 예술 만이 진정한 예술이라고 주장하며 전위 예술의 관점에서 예술의 동일화를 시도하고 있다. 특히 이는 현실 속 다양한 예술의 가치가 발견될 기회를 ⓓ박탈한다. 실수로 찍혀 작가의 어떠한 주관도 결여된 사진에서조차 새로운 예술 정신을 ⓔ발견하는 것이 가능하다는 베냐민의 지적처럼, 전위 예술이 아닌 예술에서도 미적 가치를 발견할 수 있다.

소명

1. 소명 | calling
천직

소명은 기독교 용어에서 출발했습니다. 하나님의 자신의 일을 하도록 사람을 부르는calling 것인데, 이게 부름을 받은 입장에서는 어떤 일이나 임무를 하도록 부르는 명령으로 인식 되죠. 그래서 소명은 하늘이 준 직업/직분이라는 뜻의 천직天職과 비슷한 뜻입니다. 그런 데 현재는 종교적 색채가 옅어져서 소명 의식, 천직 의식이라고 하면 자신의 직업에 애착 을 갖고 최선을 다하는 태도, 즉 사명감을 뜻하곤 합니다.

[01]   '나'가 걸어갈 길로, 미래의 **소명**을 가리킨다. 01113

[02]   자신의 직업에 **소명** 의식을 갖고 최선의 노력을 다해야 한다. 09111

[03]   직업을 신의 **소명**으로 이해하고, 근면(부지런함)과 검약(절약)에 의한 개인의 성공을 구원의 징 표로 본 청교도 윤리는 생산 활동과 부의 축적에 대한 부정적 인식을 불식하는 계기가 되었 다. 1609B21-24

그런데 소명은 의미가 더욱 확대되어 종교나 직업과 관련 없이 '목적'이라는 뜻으로도 쓰입니다.

[04]   전통적인 철학적 미학은 세계관, 인간관, 정치적 이념과 같은 심오한 정신적 내용의 미적 형 상화를 예술의 **소명**으로 본다. 111121-24

[05]   궁극적 진리의 인식이 **소명**인 철학에서 의심을 생명으로 하는 회의주의가 수행하는 역할은 무엇일까? 09이해23-25

누군가가 잘못하거나 실수하여 징계를 논의할 때, 필히 당사자에게 **소명**(해명)할 기회를 주어야 합니다. 미처 살피지 못한 사항이 있을 수 있기 때문입니다. 의외로 자주 쓰이는 용어이며, '소명 자료', '소명을 요구하다', '소명 기회' 등으로 신문에서 많이 볼 수 있습니다.

아직 시험에 나온 적은 없지만, 재판과정에서는 '**석명**'이라는 표현도 곧잘 쓰입니다.

[06] [A]에서 태보가 받은 제원들의 위로는, [B]에서 삶을 도모하여 무죄를 **소명**하겠다는 태보의 결심으로 이어진다. [221130]

[07] 甲이 소송비용을 지출할 자금능력이 부족함을 **소명**하여 법원에 소송구조를 신청한 경우, 법원은 甲이 패소할 것이 분명하더라도 소송구조를 할 수 있다. [5급20상황25]

006 대비

'A 대비 B'는 A/B가 아니라 B/A라는 것을 꼭 기억하세요!

[01] 제시된 조건에 부합하는 사례와 그렇지 않은 사례를 **대비**시켜 개념을 명료화했다. [5급07논리13]

[02] 비어즐리는 '제도론적 예술가'와 '낭만주의적 예술가'의 개념을 **대비**시킨다. 민간17논리14

[03] 원래 '문명'은 진보 사관을 지닌 18세기 프랑스 계몽주의자들이 착안한 개념으로, 무엇보다 야만성이나 미개성에 **대비**된 것이었다. 민간13논리03

[04] 다른 사람의 관점에서 본 자아를 'me'라고 할 때, 이것은 시간에 걸쳐 발달되는 지속적인 자아 개념이다. 이에 **대비**되는 자발적·적극적인 힘은 'I'에 해당한다. 입법20논리02

[05] 디지털 영상은 2차원 평면에 격자 모양으로 화소를 배열하고 각 화소의 밝기인 화솟값을 데이터로 저장한 것이다. 화솟값은 0에서 255 사이의 값으로 나타내는데 0일 때 검은색으로 가장 어둡고 255일 때 흰색으로 가장 밝다. 화소들 사이의 밝기 차이를 명암 **대비**라 하며 명암 대비가 강할수록 영상은 <u>선명</u>하게 보인다. 1511국어20~22

[06] 설령 그 의견이 잘못된 것이라 하더라도 그 의견을 억압하는 것은 토론을 통해 틀린 의견과 옳은 의견을 **대비**시킴으로써 진리를 <u>생생</u>하고 <u>명확</u>하게 드러낼 수 있는 대단히 소중한 기회를 놓치는 결과를 낳게 된다. 5급20논리38

2. 대비하다 | preparation
대응하기 위하여 미리 준비하다.

[07] 향후 재복원에 **대비**하여 **원형**과 복원 과정에 대한 모든 정보를 정리한다. 견습05논리23

[08] 국방은 반드시 전쟁에 **대비**해서 필요한 것만은 아니다. 우리가 일정한 국방력을 갖추고 있음으로 해서 다른 나라가 우리를 업신여기거나 함부로 침략할 수 없는 것이다. 견습05논리05

[09] 검계는 원래 향도계에서 비롯하였다. 향도계는 장례를 치르기 위해 결성된 계였다. 비용이 많이 소요되는 장례에 **대비**하기 위해 계를 구성하여 평소 얼마간 금전을 갹출(같은 목적을 위하여 여러 사람이 돈을 나누어 냄)하고, 구성원 중에 상을 당한 자가 있으면 갹출한 금전에 얼마를 더하여 비용을 마련해주는 방식이었다. 7급17논리13

[10] 정부가 경기 침체를 예고하면, 많은 사람들은 이에 **대비**하여 행동을 하고, 반대로 경기 회복을 예고하면 또한 그에 따라 행동하기 때문에 경기 예측 그 자체가 경기 변동에 영향을 미친다. 941143~45

3. 대비

생존해 있는 선대의 왕비

[11] 박씨가 시비 계화로 하여금 외쳐 왈, "무지한 오랑캐야, 너희 왕 놈이 무식하여 은혜지국惠 之國을 침범하였거니와, 우리 **왕대비**는 데려가지 못하리라. [171121-26]

[12] **대왕대비**께 여쭈어 화양서원에 있는 만동묘의 제사를 정지하라는 명령을 환수하게 하소서. [입법13논리17]

4. 대비 | compare

비교하다 | A 대비 B = B/A

헷갈리면 안 됩니다. '대비' 앞이 분모, 뒤가 분자입니다. '분모 대비 분자'를 20번 정도 외쳐서 입으로 외워두면 시험장에서도 헷갈리지 않을 겁니다.

[13] 중국 인터넷 이용자는 약 8억 3,000만명(전체 인구 **대비** 약 60%)이다. [입법20논리04]

[14] 자동차의 에너지 효율은 연료량 **대비** 운행 거리의 비율인 연비(운행 거리/연료량)로 나타내며, 이는 자동차의 성능을 평가하는 중요한 잣대이다. [1106국어36~38]

[15] 행동의 결과를 평가할 때의 유일한 기준은 바로 행동의 결과가 산출할, 계산 가능한 '행복의 양'이다. 이에 따르면 불행과 **대비**하여 행복의 양을 많이 산출할수록 선한 행동이 되며, 가장 선한 행동은 최대 다수의 최대 행복을 산출하는 것이다. [1109국어44~47]

[16] 포유동물에서 단위 몸무게당 기초대사율은 몸무게에 반비례하는 경향을 나타낸다. 이는 내온 동물의 몸이 작을수록 안정적인 체온을 유지하는 에너지 비용이 커진다는 가설을 통해 설명 될 수 있다. 이 가설은 동물의 몸집이 작을수록 부피 **대비** 표면적이 커져서 주변으로 열을 더 쉽게 빼앗기기 때문에 체온 유지를 위해 더 많은 에너지를 생산해야 할 필요가 있다는 생각에 근거를 두고 있다. [5급20논리37]

[17] 2008년에 정부가 시행한 '비지팅 코리아' 사업으로 한국방문 외국인 관광객 수가 전년 **대비** 두 배로 증가하였습니다. 5급11논리35

[18] 왕은 불시에 뜻하지 않은 때에 갑자기 암행어사를 임명하여 출발하게 하였고 인력 **대비** 과중한 업무를 수행하게 하였다. 5급10논리37

문1. ⓐ ~ ⓔ를 사용하여 만든 문장으로 적절하지 <u>않은</u> 것은? 1711국어42

선지	문맥
① ⓐ: 지난해의 이익과 손실을 **대비**해 올해 예산을 세웠다.	보험 상품을 구입한 사람은 장래의 우연한 사고로 인한 경제적 손실에 ⓐ대비할 수 있다.

ⓐ의 대비는 preparation인데 반해 ①에 제시된 대비는 '비교'입니다. 따라서 ①이 정답입니다.

007 역설

1. 역설하다 | emphasize
힘주어 말하다. 강조하다.

[01] 그는 생명체의 역사에서 우발적 요인들이 얼마나 중요한지를 **역설**한다. 7급10논리18

[02] 그는 인간이 감각적인 존재라는 사실에 맞추어 제도가 운용될 것을 **역설**한다. 220612

[03] 그가 무장 투쟁의 필요성을 **역설**한 독립운동가이기도 했다는 사실 때문에, 그의 이러한 생각은 그를 투쟁만을 강조한 강경론자처럼 비춰지게 하곤 한다. 1511B17-20

[04] 바쟁은 사회적 내용에 의해 이탈리아의 네오리얼리즘을 정의했던 사람들에 반대하여 미학적 형식의 기준이 필요함을 **역설**했다. 입법09논리05

[05] 어떤 사람은 의학적으로 중요한 유전자를 발굴해 세계의 주요 국가에서 물질 특허를 받는 것은 그 나라에 진출할 수 있도록 토지나 건물을 확보하는 것보다 더 **중요**한 교두보를 확보하는 일이라고 말하며 유전자 특허의 중요성을 **역설**한다. 5급06논리26

문1. ⓐ~ⓔ의 사전적 의미로 적절하지 않은 것은? 1509국어21

선지	문맥
⑤ ⓔ: 자기의 뜻을 힘주어 말함. **(적절함. 문맥상 '강조'와 동의어!)**	맹자는 '의'의 실천을 위한 근거와 능력이 인간에게 갖추어져 있음을 제시한 바탕 위해서, 이 도덕적 마음을 현실에서 실천하는 노력이 필요하다고 ⓔ역설하였다. 그는 본래 갖추고 있는 선한 마음의 확충과 더불어 욕망의 절제가 필요하다고 보았으며, 특히 생활에서 마주하는 사소한 일에서도 '의'를 실천해야 함을 <u>강조</u>하였다.

2. 역설적

　① 모순적(=상충하는=동시에 참일 수 없는)이거나 모순적으로 보이는

　② 일반적 상식이나 기대와 달리

　③ A하기 위해 B했음에도 불구하고 (오히려 B로 인해 / 여전히) ~A인

[06] 그는 진화가 진보라는 생각을 비판한다. 복잡성이 증가하는 방향으로만 진화가 일어나는 것은 아니라는 것이다. 그는 생명체의 역사에서 우발적 요인들이 얼마나 중요한지를 **역설**한다. 시간이 흐를수록 점점 복잡한 구조의 생명체들이 등장한 것은 사실이다. 하지만 복잡한 구조의 생명체임에도 불구하고 멸종해 버린 생명체도 얼마든지 찾을 수 있다. 그런 의미에서 A는 지구의 주인이 **역설적**으로 박테리아라고 말한다. 5급10논리38

[07] 인간이 만들어낸 수학 덕분에 자연과학의 일부 영역에서 인간은 기대를 훨씬 웃도는 큰 진보를 이루었다. 실재 세계와 동떨어진 추상화가 그런 엄청난 성과를 내놓았다는 점은 ②**역설적**

이기도 하다. ^{5급11논리02}

[08] 일본인에게 명예란 죽을 때까지 싸우는 것이다. 절망적 상황에 몰렸을 때 일본군은 최후의 수류탄 하나로 자살하든가 무기 없이 적진으로 돌격하여 집단적 자살을 하든가 해야지 절대로 항복해서는 안 된다. 만일 부상당했거나 기절하여 포로가 된 경우조차도 그는 '일본에 돌아가면 얼굴을 들고 다닐 수 없다.'고 여긴다. 그는 명예를 잃은 것이다. 그러므로 그는 죽은 자나 다름없게 된 것이다. **역설적**인 것은 일본 병사들은 일단 포로가 되면 연합군에게 적극 협력한다는 점이었다. 그들은 포로라는 새로운 상황에 적응하는 방법을 알지 못했다. 심지어 어떤 포로는 죽여달라고 요청했다. 그들은 자기를 명예를 잃은 자이며 일본인으로서의 생명은 끝났다고 생각했다. 하지만 갑자기 "내가 죽는 것이 허용되지 않는다면 나는 모범적인 포로가 되겠소."하고 말하는 것이었다. 그러고 나면 이들은 모범적인 포로 이상이었다. 오랜 군생활을 한 군인이며 강력한 국가주의자였던 그들은 탄약고의 위치를 알려주고, 일본군의 병력 배치를 세밀히 설명해주며, 미국의 선전문을 쓰고, 미군의 폭격기에 동승하여 공격목표를 알려주었다. ^{견습05논리26}

[09] 히브리어의 부활은 언어의 끈질긴 생명력을 드러내는 사건인 것처럼 보이지만, ③**역설적**으로 사람들이 쉽게 언어를 버리고 채택한다는 것을 보여준다.

[10] 한자 남용(기준/목적/범위 등을 벗어나 함부로 씀)을 파해야 그만두어야 한다는 논의 자체가 위와 같은 한자 투성이 문장에 얹혀 지식 청년들에게 전달되는 ①③**역설적**인 상황을 볼 수 있는 것이다. ^{입법07논리27}

3. 역설 | paradox

① A하기 위해 B했음에도 불구하고 (오히려 B로 인해 / 여전히) 'not' A임

② 수용할 만한 전제로부터 수용할 만한 추론규칙을 통해 수용할 수 없는 결론이 도출됨

[11] 『심청전』은 효의 실현 과정에서 다양한 양상의 **모순적** 상황이 발생한다. 심청이 효를 실천하기 위해 자기희생을 선택함으로써 정작 부친 곁에 남아 있지 못하게 되는 것은 심청의 효행으로 인한 모순적 상황이다. 그리고 심청의 자기희생의 목적이었던 부친의 개안開眼이 뒤늦게 실현되는 것은 결말의 지연을 위해 설정된 모순적 상황이라 할 수 있다. 이러한 모순적 상

황들로 인해 결말은 보다 극적인 양상을 띠게 되고 심청의 효녀 로서의 면모가 더욱 강조된다. 210933

효를 실천하고자 자기를 희생했음에도 불구하고, 자기희생으로 인해 오히려 효를 실천하지 못하게 되었으므로 역설적입니다.

[12] 칼슘의 ①**역설**: 나이가 들면 뼈 조직의 칼슘 밀도가 낮아져 골다공증이 생기기 쉬운데, 이를 방지하고자 칼슘 보충제를 섭취한다. 하지만 칼슘 보충제를 섭취 해서 혈액 내 칼슘 농도는 높아지나 골밀도는 높아지지 않고, 혈관 벽에 칼슘염이 침착되는 혈관 석회화가 진행되어 동맥 경화 및 혈관 질환이 발생하는 경우가 생긴다. 2311국어10~13

뼈 조직의 칼슘 밀도를 높이기 위해 칼슘 보충제를 섭취하였으나 뼈 조직의 칼슘 밀도는 높아지지 않았으므로 역설적입니다. 건강하기 위해 칼슘 보충제를 섭취했음에도 불구하고 오히려 칼슘 보충제로 인해 동맥 경화, 혈관 질환이 발생하는 경우가 생기므로 역설적입니다.

[13] 종이 없는 '미래의 사무실'을 예견한 지 오랜 시간이 흘렀지만 전자적 형태를 띠고 있는 경영 정보는 1%에 불과하다. 더구나 새로운 기술은 능률과 생산성 측면에서 지금까지 거의 긍정적인 효과를 내지 못하였다. 그래서 '컴퓨터와 생산성 간의 ①**역설**'이 널리 퍼지고 있다. MIT의 경제학자 로버트 솔로Robert Solow는 "도처에 컴퓨터가 있지만 생산성은 여전히 정체되어 있다."고 지적하였다. 그러나 이것은 기술이 그 약속을 실현할 수 없다는 것을 뜻하지는 않는다. 문제는 기술 자체에 있는 것이 아니라 조직이 기술을 어떻게 사용하고 흡수할 것인지를 배우는 과정에 있다. 외무04논리34

생산성 향상을 위해 새로운 기술(컴퓨터)를 도입했지만 여전히 생산성 향상이 이뤄지지 않았으므로 역설적입니다.

②**역설**은 고난도 독해지문으로 나오는 경우가 많습니다. **거짓말쟁이 역설**180927~32 **그렐링의 역설**견습06논리38, **까마귀의 역설(입증의 역설)**5급11논리19~20, **무한의 역설**견습06논리12, **99피트 인간의 역설**입법15년논리38, **바-힐렐-카르납 역설**5급22논리19~20, **수리기사의 역설**23경찰논리23~25 등이 시험에 출제됐습니다. 이를 온전히 이해하려면 분석철학(논리학)과 과학철학 지식이 필요하므로 PSAT/LEET를 준비하는 분들은 『논리개념 매뉴얼』, 『강화약화 매뉴얼』을 필히 공부하길 바라고, 수능 수험생이거나 일반인 분들은 오른쪽 역설 해설 영상만 봐도 충분합니다. 굉장히 재미있을 거예요. :)

까마귀의 역설 1 소개

6:34

까마귀의 역설 2 다양한 해소법

6:34

거짓말쟁이의 역설

11:30

더미의 역설

11:54

더미의 역설은 너무 어려우니 안 봐도 됩니다. 지적인 도전을 좋아하는 분들만 보세요. :)

008 전기적

1. 전기적 | 傳奇的 | mysterious
비현실적이거나 기이(기묘하고 이상)한

[01] 사건 전개가 **전기적**傳奇的이고 우연적이다. 060931

[02] **전기적**傳奇的 요소를 활용하여 비현실적 장면을 부각하고130637

2. 전기적 | 傳記的 | biographical
어느 한 사람의 일생에 관한 내용을 기록한. 일대기적

[03] 자코메티의 작품을 그의 **전기적** 사실과 연결하여 해석하고 있다. 11추론35

[04] **전기적** 비평은 예술적 대상에만 주의를 기울이는 것이 아니라 예술적 대상과 인간 존재 간의 관계를 관찰한다. 5급03논리9

'영웅의 일대기적 구조'를 알아두면 고전소설을 읽을 때 편합니다. 마침 2008년 임용시험에 이 구조가 등장한 적 있어 제시합니다. (고등학교 문학 교과서에도 소개되어 있습니다.)

[05]　'유충렬전'은 '영웅의 **일대기**적 구조'가 잘 나타나 있는 소설이다. 위의 부분에서 찾을 수 있는 영웅의 **일대기**적 구조를 '주몽신화'와 비교하여 빈칸에 쓰시오. [3점]

〈주몽신화〉	〈일대기적 구조〉	〈유충렬전〉
천제天帝의 자손	고귀한 혈통	현직 고관인 유 주부의 아들
겨드랑이에서 알로 태어남	신이한 출생	출생 시 선녀가 내려와 아이를 씻김
탄생 직후 말을 하고 활을 잘 쏨		
금와왕의 아들들이 살해 기도	시련	
천제의 도움(어별의 다리)으로 부여 탈출	시련 극복	남경 상인에 의한 구출과 강 승상의 도움
비류국 송양의 도전	시련	정한담의 반란
송양을 굴복시키고 고구려를 건국	시련 극복과 위업 달성	

여기서 '일대기적 구조'는 전기적傳記的 구조, '신이한(기이한) 출생'은 전기적傳奇的 요소입니다. 참고로 〈일대기적 구조〉의 빈칸에는 '**비범한 능력**'이 들어가면 적절합니다.

3. 전기적 | 電氣的 | electric

전기와 관련된

양성(+), 음성(−), 중성에 대해 과학시간에 배웠죠!

[06] 1932년에 채드윅은 **전기적**으로 중성이며 질량이 양성자와 비슷한 입자인 중성자를 발견하였
다. 1606A19~21

[07] 플래시 메모리는 한 개의 트랜지스터로 셀을 구성하며, **전기적**으로 데이터를 쓰고 지울 수 있
다. 1406A19-21

[08] 우리가 뾰족한 돌을 밟았을 때 발바닥의 신경들은 **전기적**으로 들뜬 상태가 되고, 이 상태가 이
웃의 신경세포들에게 도미노처럼 전달되어 통증을 느끼게 된다. 입법10논리23

---

009 역치

---

1. 역치 | threshold

생물이 자극에 반응을 일으키는 데 필요한 최소한의 자극 세기

역치의 역閾은 문지방을 뜻하고, 영단어 threshold 역시 문턱이라는 뜻이 있습니다. 그래
서 역치를 문턱으로 번역하는 책도 제법 있습니다. 너무 작은 자극은 문턱을 넘지 못해서
감지되지 않고, 적어도 문턱을 넘을 정도의 자극이 되어야 감지될 수 있다는 뜻입니다. 우리
의 감각은 너무 작은 소리는 감지할 수 없고, 너무 작은 움직임도 감지할 수 없고, 너무 희
미한 냄새도 감지할 수 없습니다. 어느 수준(문턱)을 넘어야 우리가 감지할 수 있습니다.

[01] 냄새를 탐지할 수 있는 최저 농도를 '**탐지 역치**'라 한다. ^{1509A16}

[02] 방해 자극의 선명도를 **역치**하 수준으로 낮게 해도 방해 자극 자체에 의도적으로 주의를 가게 하면, 그 방해 자극의 정보 처리가 억제될 것이다. ^{20추리26}

[03] Shh의 농도가 특정 **역치** 이상이 되면 A전사인자가 활성화되고 역치 이하인 경우는 B전사인자가 활성화되면, (중략) 서로 다른 세포 운명이 결정될 수 있는 것이다. ^{16이해14-16}

> **2. 역치 | 力治 | governed by power ⟷ 법치 | 法治 | governed by the law**
> 역치는 힘에 의하여 (나라를) 다스린다는 뜻입니다.

---

[04] 그의 개혁은 힘에만 의존하여 다스리는 **역치**力治의 가능성이 농후(경향이나 기색 따위가 뚜렷함)하였고, 결국 국가의 엄한 형벌과 과중한 세금 수취(거둬들여 가짐)로 이어지는 폐단(옳지 못한 경향이나 해로운 현상)을 낳기도 했다. ^{11\|117-20}

자연과학에서 쓰이는 역치와 인문학에서 쓰이는 역치가 많이 다르죠? 위 예문에서 역치는 법률에 의하여 다스리는 **법치**의 반대말로 쓰였습니다. 왜 이 둘이 반대말인지 이해하는 것이 중요합니다. 흔히 '대한민국은 법치국가'라고 하죠? 권력자라 하더라도 반대 세력을 마음대로 감옥에 가두거나, 고문하거나, 죽이거나 할 수 없다는 뜻입니다. 오직 법이 정한 바에 따라 통치할 수밖에 없기에, 권력자를 비판하더라도 불법적인 행위를 한 것이 아니라면 처벌 등의 불이익을 받지 않습니다.

[05] 롤즈가 말하는 '기본적 자유'는 양심과 사고 표현의 자유, 연합의 자유, 정치적 자유, 사적 공간 및 거주와 개인적 재산에 대한 권리, **법치**를 받을 자유 등을 포함한다. ^{16사관21~23}

[06] 그는 중간 계급도 정치 득실(얻음과 잃음)을 논할 수 있도록 하여 귀족들의 정치 기반을 약화시키는 한편, 중국 역사상 처음으로 형법을 성문화(글이나 문서로 나타냄)하여 정鼎(발이 셋이고 귀가 둘 달린 솥)에 새김으로써 모든 백성이 법을 알고 법에 따라 처신하게 하는 **법치**의 체계를 세웠다. 성문법 도입은 귀족의 임의적인 법 제정과 집행을 막아 그들의 지배력을 약화시키는 조치였으므로 당시 귀족들은 이 개혁 조치에 반발하였다. ^{11\|117-20}

이 정도 개념을 이해했다면 다음 헌법재판소 판결문을 이해할 수 있을 것입니다.

[07]   우리 헌법은 <u>국가권력의 남용으로부터</u> 국민의 기본권을 보호하려는 **법치**국가의 실현을 기본
이념으로 하고 있고 _{90헌바24}

[08]   민주**법치**국가에서 모든 행정(과 재판)이 법률에 근거를 두어야 하며 ^{89헌가95}

심심

'심심한 사과'는 재미없고 지루한 사과가 아닙니다!

1. 심심하다
지루하다

[01]   동지섣달 긴긴 밤 잠이 안 오시어 **심심**하실 때 깨무십시오. (산문에 절을 한 후) 스님, 안녕히
계십시오. _{함세덕 「동승」 100948-50}

[02]   오늘이 되어 버린 내일 속에서 또 나는 질식할 만치 **심심**해야 되고 기막힐 만치 답답해해야
된다. _{이상 「권태」 1411A44-45}

2. 심심하다
(음식 맛이) 싱겁다

[03]   고혈압 환자는 음식을 전체적으로 **심심**하게 섭취하는 것이 좋다.

3. 심심하다

(마음이) 깊고 간절하다

[04] **심심**한 사과/애도/감사 말씀 드립니다.

4. 심심찮다

드물지 않고 꽤 잦다

[05] 어느 신문에나 있는 '오늘의 운세'란에는 이런 문구가 **심심찮게** 등장한다. 입법13논리6

[06] 선인들의 작품에 '난간에 기대어'라는 표현이 **심심찮게** 나올 정도로 난간에는 우리 조상들의 삶의 숨결과 미의식이 깃들어 있다. 090632-35

5. 심심파적

심심함을 잊고 시간을 보내기 위하여 어떤 일을 함. 또는 그런 일

[07] 인생이 어떠하니, 인간성이 어떠하니, 사회가 어떠하니 하여야 다만 **심심파적**으로 하는 탁상의 공론에 불과한 것은 물론이다. 염상섭 | 「만세전」 | 060944-48

[08] 참위로 다니다가 합병 후에는 다섯 해를 놀면서 시기를 엿보았으나 별 수가 없을 것 같아서 이럭저럭 **심심파적**으로 갖게 된 것이 이 가옥 중개업이었다. 이태준 | 「복덕방」 | 070915-19

잡담

뜻이 같은 단어들은 경쟁하며 공존할 수도 있지만, 한쪽이 밀려나 의미변화를 겪거나 소멸할 수도 있습니다. 예를 들어, '사람'과 '인간'은 공존하지만 '인정'은 '뇌물bribe'에서 '따뜻한 마음compassion'으로 의미가 바뀌었고, '미르'는 '용'이나 '드래곤dragon'에 밀려 옛말로 소개될 뿐입니다. 동의어 경쟁시 동음이의어가 있는 쪽이 불리합니다. 일례로, '무료하다'(지루하다)는 '무료free' 때문에 **1. 심심하다**와의 경쟁에서 뒤지고 (뒤쳐지고) 있습니다. 물론 **1. 심심하다**는 **2. 심심하다**, **3. 심심하다**의 설 곳도 없애는 중이고요.

1. 철수가 의도한 '심심하다'의 뜻과 민수가 이해한 '심심하다'의 뜻을 맞게 짝지은 것은?

> 철수: 심심한 사과의 말씀 드립니다.
>
> 민수: 뭐라고? 사과하면서 심심하다는 게 무슨 말이죠? 기분 나쁘네요!

① 철수: 지루하다   민수: (음식이) 싱겁다

② 철수: 드물지 않고 꽤 잦다   민수: 지루하다

③ 철수: (음식이) 싱겁다   민수: (마음이) 깊고 간절하다

④ 철수: (마음이) 깊고 간절하다   민수: 드물지 않고 꽤 잦다

⑤ 철수: (마음이) 깊고 간절하다   민수: 지루하다

2~3. 〈보기〉를 읽고 다음 물음에 답하시오.

> "여러분, 현재 인원 ____ 물량이 적습니다. 모두가 나눠가질 수 있도록, 부디 인 당 2개의 생수만 가져가주세요! 깨끗한 물은 우리 모두에게 필요한 자원입니다."
> 총 책임자는 필수품 분배의 필요성을 ⓐ역설했다. 하지만 ⓑ역설적이게도, 사람들은 더 악착같이 제 주머니에 물과 통조림을 하나라도 더 집어넣으려 애썼다. 사람들의 양심에 호소하려 내뱉은 말이었지만, 물량이 제한되어 있다는 사실만 강조해버린 셈이 된 것이다.

2. ⓐ와 ⓑ의 뜻으로 옳은 것은?

    ① ⓐ 힘주어 말하다   ⓑ 강조하다

    ② ⓐ 강조하다   ⓑ 일반적 상식이나 기대와 달리

③ ⓐ A하기 위해 B했음에도 불구하고 ~ A임   ⓑ 힘주어 말하다

④ ⓐ 일반적 상식이나 기대와 달리   ⓑ 모순적으로 보이는

3. 빈칸에 들어갈 단어로 적절한 것은?

① 포함   ② 보전

③ 제외   ④ 대비

4. 다음 빈칸에 공통적으로 들어갈 단어를 적으시오.

그의 일생을 다룬 작품은 _____ 접근법을 가지고 있다.

마이크로칩은 망막에 도달한 빛을 _____ 신호로 변환시켜 관찰 가능하게 만든다.

5. 다음의 단어와 그에 해당하는 정의를 연결하시오.

① 소명	ⓐ 생물이 자극에 반응을 일으키는 데 필요한 최소한의 자극 세기
② 대비하다	ⓑ 괴리되다
③ 유리되다	ⓒ 대응하기 위하여 미리 준비하다.
④ 역치	ⓓ 천직

6. 맥락을 고려할 때, 밑줄 친 '환원'의 뜻을 올바르게 설명한 사람은?

과학자들은 복잡한 현상을 더 단순한 원리로 환원하는 경향이 있다.

① 소민: '환원하다'는 본디 상태로 되돌린다는 뜻이야.

② 주민: 아니야. 과학 시간에 '환원하다' 안 배웠어? '산화'와 반대되는 단어잖아.

③ 수민: 그런 뜻도 있지만, 복잡한 걸 단순하게 하는 거니까 '환원주의' 할 때의 '환원' 아닐까?

④ 상민: 과학자들의 사회 공헌 같은 말 못 들어봤어? 사회에 '환원'하는 거랑 같은 말이야.

7. 빈칸에 들어갈 단어를 적절히 짝지은 것은?

> 새로 제출한 자료를 통해 자금 출처를 __하는 전략을 __했지만, 죄의 유무와 별개로 기존의 소박하고 청렴한 이미지와 __되는 사치스러운 소비에 실망한 대중의 마음을 되돌리기는 역부족으로 보인다.

① 소명—도모—대비
② 대비—도모—유리
③ 보전—포함—대비
④ 소명—대비—환원
⑤ 대조—대비—조사

8. 다음을 읽고 옳은 설명을 모두 고르시오.

> 신화나 전설을 ⓐ기반으로 한 영화를 ⓑ조사해봤다. 오래도록 사람들에게 구전되고 기록된 이야기를 ⓒ원형으로 삼다보니, 한 가지 이야기에도 여러 버전의 작품이 있었다. 예를 들어, 〈뮬란〉과 〈헤라클레스〉는 애니메이션과 실사 영화로 제작되었고, 〈토르〉와 같은 시리즈물도 있다. 그리고 이런 작품들은 ⓓ전기적 요소가 다수 등장한다는 공통점이 있다.

① ⓑ의 동음이의는 '햇빛 따위가 내리쬠'이라는 뜻을 가지고 있다.
② ⓐ와 ⓒ는 그 뜻이 유사하다.
③ ⓒ는 '둥근 모양'이라는 뜻이다.
④ ⓓ는 한 인물의 탄생부터 죽음까지 다루는 작품의 특성으로, '일대기적'으로 바꿔 쓸 수 있다.

정답은 362p에 있습니다.

다음 문제는 어렵지는 않으나, 항의(?)가 제법 있었습니다. ①이 적절한지 여부를 판단해보시고, 어떤 항의가 있었을지 고민해보세요.

> 포유동물의 청세포는 외부의 소리를 감지하는 역할을 하면서, 수축과 이완을 통해 특정 음파의 소리에 대한 민감도를 증가시키기도 한다. 이 과정에서 '귀의 소리'가 발생하는데 이는 청세포가 능동적으로 내는 소리이다.

'귀의 소리' 측정 기술을 활용할 수 있는 사례로 보기 어려운 것은? 100622

① 쥐를 이용한 실험에서 청력 측정을 할 경우

설명 쥐는 포유동물이므로, 당연히 ①은 적절합니다. 근데 '쥐는 포유동물이다'라는 정보가 지문에 제시되지 않았는데, 어떻게 ①을 적절하다고 판단할 수 있냐고 항의하는 학생들이 많았습니다. 문제 풀 때 배경지식을 이렇게 마음대로 써도 되느냐는 거였는데… 말도 안 되는 소리입니다. 애초에 저 글을 읽고 이해하는 것 자체가 한국어 어휘와 어순 등에 대한 배경지식이 있기 때문에 가능한 겁니다. 한국어를 모르는 외국이라면 애초에 무슨 말인지 전혀 모르겠죠. 즉, 이미 한국어로 된 독해시험을 치는 수험생은 최소한의 배경지식이 있다는 전제 하에서 시험을 치르게 됩니다. 쥐가 포유동물이라는 것은 거창한 배경지식이라기보다는 '포유동물'이라는 어휘에 기초상식에 가깝죠. '포유동물'에 대한 배경지식이라고 하려면, 오른쪽 QR코드의 영상 정도는 되어야 합니다. 그러면 출제자가 학생들이 이 정도는 알고 있겠지라고 생각하는 어휘들을 알아보겠습니다.

011 기꺼워하다

[01] ① 인부들은 불이의 집을 허무는 일에 대해 **기꺼워하지는 않았다**. 2009

> 당시 수험생들은 '기꺼워하다'가 무슨 뜻인지 잘 몰라서 많이들 틀렸습니다. 아마 출제위원도 학생들이 이 단어를 몰라서 문제를 틀릴 것이라고는 생각하지 못했을 것입니다. '기꺼워하다'의 쌍기역(ㄲ) 때문에 어감이 안 좋았는지 학생들은 '띠꺼워하다', '역겨워하다', '거리끼다' 등 부정적인 어휘로 추측했습니다. 하지만 **기꺼워하다**는 '기쁘게 여기다'라는 뜻으로, 학생들이 생각한 뜻과는 정반대입니다("기꺼이 ~ 할게."의 '기꺼이'가 바로 이 뜻이죠).

그런데 이 단어는 1996학년도 수능에 아래와 같이 출제된 적이 있습니다.

[02] 의종은 이 노인성의 출현을 **기꺼워하여** 잔치를 거듭하다가 그해 9월 정중부에 의해 왕위에서 쫓겨나고 말았다. 1996

잔치를 거듭하게 할 정도의 기분이니 그 뜻을 대략 추론할 수 있죠? 기출 지문을 충실히 읽고 풀어봤던 학생이라면 2009학년도 수능에서 '기꺼워하다' 때문에 고생하지는 않았을 겁니다.

012 관혼상제

[01] 왕실이나 조정의 각종 행사, 사대부들의 여러 가지 문인 취미의 행위나 사습士習선비의 풍습, 일반 백성들의 다양한 생활상이나 전승 놀이, 민간 신앙, **관혼상제**와 세시풍속해마다 일정 시기에 되풀이되는 고유 풍속 같은 것들을 묘사한 그림들이 모두 풍속화 개념 속에 포괄된다고 볼 수 있다. [941126-18]

문1. 다음 글의 내용과 부합하는 것은? [7급21논리01]

> 13세기 이후를 고려 후기라고 하는데, 그 시기에는 마을마다 향도가 만들어졌다. 마을 단위로 만들어진 향도는 주민들이 자발적으로 만든 것으로서 그 대부분은 해당 마을의 모든 주민을 구성원으로 한 것이었다. 이런 향도들은 마을 사람들이 관혼상제를 치를 때 그것을 지원했으며 자기 마을 사람들을 위해 하천을 정비하거나 다리를 놓는 등의 일까지 했다.

③ 고려 후기에는 구성원이 장례식을 치를 때 그것을 돕는 일을 하는 향도가 있었다.

'관혼상제'에는 장례식이 포함되므로 ③은 적절합니다.

정월

5급 공무원을 준비하는 분들 중에서 의외로 이 문제 때문에 고전한 분들이 있었습니다.

문1. 다음 글에서 알 수 있는 것은?^{5급16논리01}

> 고려 현종 1년 11월 16일 거란의 왕 성종은 직접 40만 대군을 이끌고 압록강을 건너 고려에 쳐들어왔다. 이듬해 정월에 수도인 개경이 함락되었다.

② 압록강을 건너 고려를 침공한 지 석 달이 되지 않아 거란군은 고려 수도를 함락시켰다.

정월은 (음력) 1월이므로, 11월 16일 침공하여 다음 해 1월에 함락했다면 3개월이 걸리지 않았습니다. 따라서 선지는 적절합니다. 관련 단어도 함께 알아두세요.

정월 음력으로 한 해의 첫째 달   **섣달** 음력으로 한 해의 마지막 달
그믐 그믐날 음력으로 그달의 마지막 날   **초하루** 매달 첫째 날

그렇다면 '섣달 그믐'은 언제일까요? 음력 마지막 달의 마지막 날입니다. '정월 초하루'는 음력 첫째 달의 첫째 날이고요.

014 흡착 | 탈착

흡착
고체 표면에 기체나 액체가 달라붙는 현상
탈착
흡착된 물질이 고체 표면으로부터 떨어지는 현상

문1. 다음 글의 내용과 일치하는 것은?[110948]

> 저항형 가스 센서에 가스가 다다르면, 시간이 지남에 따라 산화물 반도체 물질에 **흡착**되는 가스의 양이 늘어나다가 **흡착**된 가스의 양이 일정하게 유지되는 정상 상태正常狀態에 도달하여 일정한 저항값을 나타내게 된다. 이러한 저항값 변화로부터 가스를 감지하고 농도를 산출하는 것이 센서의 작동 원리이다. 센서는 반복적으로 사용해야 하기 때문에 산화물 반도체 물질에 정상 상태로 흡착돼 있는 가스를 가능한 한 빠른 시간 내에 **탈착**시켜 처음 상태로 되돌려야 한다.

⑤ 저항형 가스 센서는 가스의 탈착 전후에 변화한 저항값으로부터 가스를 감지한다.

⑤는 '탈착'을 '흡착'으로 바꿔야 지문과 일치합니다. 한 글자 차이이므로 집중하지 않으면 실수할 수 있습니다. 참고로 흡착, 탈착은 2011학년도에는 각주로 뜻이 주어졌지만, 2024학년도 시험에서는 지문에도 각주로도 따로 뜻풀이가 주어지지 않고 아래와 같이 나왔습니다.

문2. 다음 글의 내용과 일치하지 않는 것은?[240608]

> 고체 촉매의 촉매 작용에서는 반응물이 먼저 활성 성분의 표면에 화학 흡착되고, 흡착

된 반응물이 표면에서 반응하여 생성물로 변환된 후, 생성물이 표면에서 탈착되는 과정을 거쳐 반응이 완결된다.

③ 고체 촉매에 의한 반응은 생성물의 탈착을 거쳐 완결된다.(적절)

송축

문1. ㉠~㉢을 바탕으로 (나)와 (다)를 설명한 내용으로 가장 적절한 것은?¹⁷⁰⁶²⁶

전체적으로 애틋한 그리움의 정서를 보이는 작품에 ㉡송축의 내용을 담거나 ㉢이별의 상황과 동떨어진 시어를 붙이기도 한다. 「동동」과 「가시리」는 이러한 변화를 비교적 잘 보여주고 있다.

③ (나)의 〈서사〉에서 '아으 동동다리'를 제외한 나머지 부분은 ㉡의 예로 볼 수 있다.

당시 '송축'이 무슨 뜻인지 몰라서 이 문제를 제대로 풀지 못한 학생이 제법 됐습니다. "기쁜 일을 기리고 축하함"이라는 뜻이며 시험에 아래와 같이 나온 적 있습니다.

[01] 상대방의 덕을 **송축**頌祝하고 있다. ⁰¹¹¹⁴²

[02] 「용비어천가」는 새 왕조에 대한 **송축**, 왕에 대한 권계 등 정치적 목적으로 왕명에 따라 신하들이 창작하여 궁중 의례 에서 연행된 작품이고, 「강호사시가」는 정계를 떠난 선비가 강호에서 누리는 개인적 삶을 표현한 작품이다. ¹⁶¹¹ᴬ⁴²

[03] '뿌리 깊은 나무'와 '샘이 깊은 물'은 기반이 굳건하고 기원이 유구하다는 뜻을 내세워 왕조를 **송축**하는 표현이겠군. ¹⁶¹¹ᴬ⁴²

참고로 '송축'과 함께 같은 세트에 등장했던 '화락'도 잘 알아두세요. 일상에서 잘 쓰이는 단어는 아니지만, 문학 지문이나 문제에 등장하니 알아두세요. "화목하고 즐거움"이라는 뜻입니다.

[04] 부부 간의 **화락**和樂과 공경 恭敬¹⁷⁰⁶²⁵⁻²⁷

[05] ③ 〔A〕에서는 화락의 상황을, (다)에서는 이별의 상황을 보여 주고 있군.¹⁷⁰⁶²⁷

[06] "나의 팔자가 기박하여 도리를 모르는 자식이 아비의 가르침을 듣지 않고 부부간에 <u>화목하고</u> <u>즐겁게 지내지 않고</u> 헛되이 세월만 보내고 있으니, 내 생전에 너희 부부가 **화락**하게 지내는 것을 보지 못할 것이다."^{작자미상 |「박씨전朴氏傳」| 12경찰46-50}

[06] "아무리 금달공주라도 부인으로는 못하리니, 서모庶母가 유씨를 첩 삼는 것이 미안하거든 명 문거족名門巨族(뼈대 있는 가문과 크게 번창한 집안)에 구혼하여 백년을 **화락**하게 하소서."^{10사관14-17}

016 도량형 weights and measures

도량형은 ①길이·부피·무게, ②이를 측정하는 기구, 또는 ③그 측정시 기준단위법을 말합니다. 하여튼 뭔가를 측정하는 것과 관련이 있습니다. 참고로 중국을 최초로 통일한 진시황의 가장 큰 업적 중 하나가 도량형 통일입니다. 만약 같은 길이·부피·무게를 각자 다른 단위, 다른 숫자로 나타낸다면 거래, 납세(세금 납부), 건설이 어렵겠죠?

[01] ㉠현대 산업 체계에서 **도량형**의 통일된 표준이 없다면 큰 혼란을 초래할 수 있다. 이를 방지하기 위하여 18세기 말부터 국제적인 표준을 만들려는 노력이 꾸준히 이루어졌다.⁰⁹⁰⁶²⁵

2014학년도 6월 모의평가 사탐 | 세계사 | 1번

당시 위 지문을 주고 다음과 같은 문제가 나왔는데, 사실상 어휘력 문제입니다.

문1. ㉠의 사례로 보기 어려운 것은?

① 휴대폰 충전기가 모델마다 달라서 호환 문제가 발생한다.

② 병원의 체온계마다 측정한 온도가 달라서 오진이 우려된다.

③ 건전지 전압이 제조 회사마다 달라서 전자 제품이 고장 난다.

④ 생산된 부품들의 치수가 공장마다 달라서 자동차가 고장 난다.

⑤ 시계의 시각이 은행마다 달라서 사업자 간에 손해 배상 소송이 제기된다.

①은 측정과 관련이 없어서 정답입니다. 나머지는 온도/전압/치수/시간 측정이 통일되어 있지 않아 생긴 혼란이라 ㉠의 사례로 적절합니다.

만들려는 물건의 모양대로 속이 비어 있어 거기에 쇠붙이를 녹여 붓도록 되어 있는 틀을 가리켰으나 현재는 뜻이 확장되어 쇠붙이가 아니라 유리나 찰흙도 넣어도 주형이라고 하고, 나아가 같은 것을 찍어내거나 복제하는 틀에 대해서도 '주형○○○'이라고 합니다.

[01] 반죽 상태의 콘크리트를 **거푸집**에 부어 경화시키면 다양한 형태와 크기의 구조물을 만들 수 있다. 먼저, 거푸집에 철근을 넣고 철근을 당긴 상태에서 콘크리트 반죽을 붓는다. 170925-30

주형(틀)은 붕어빵 반죽을 넣는 '틀'을 떠올리면 됩니다. 순우리말로는 '거푸집'이라고도 합니다.

[02] 선철에는 탄소가 특히 많이 함유되어 있기 때문에 순철보다 인성과 가단성이 낮아 **주형**에 부어 **주물**로 만들 수는 있지만, 압력을 가해 얇게 펴거나 늘리는 가공은 어렵다. 5급20논리28

거푸집에서 만들어진 쇠붙이를 주물이라고 합니다. (붕어 : 붕어빵 틀 = 주물 : 주형)

[03] 판유리 제조에서 최초의 기술 혁신으로 손꼽히는 이 기술은 한 쪽에서 판유리의 원료를 주입하면 다른 쪽으로 액체 유리가 나와 **주형**鑄型으로 가도록 탱크가마를 설계함으로써, 원료 배합과 용융을 하나의 공정으로 묶어 버렸다. 051133-36

[04] 사람을 보고 찰흙으로 형태를 만드는 방법 대신 사람에게 직접 석고를 덧발라 형태를 뜨는 실물 **주형** 기법을 사용하여 사람의 형태와 크기를 똑같이 재현하였다. 180916-19

보다시피 쇠붙이가 아니더라도 주형이라고 할 수 있습니다.

[05] **주형** DNA란 시료로부터 추출하여 PCR에서 DNA 증폭의 바탕이 되는 이중 가닥 DNA를 말한다. 220614~17

[06] DNA의 두 가닥이 분리되고, 한 가닥은 RNA 전사 산물을 합성하기 위한 **주형**으로 작용한다. 입법22논리39

복제를 위한 바탕이 되는 것에도 이렇게 '주형○○○'이라고 할 수 있습니다. 참고로 이때 주형 DNA는 template DNA의 번역어입니다.

[07] 어린 아이들의 그림이나 놀이조차도 문화의 진공 상태에서 이루어지지 않는다. 어떤 사람이

예술작품을 전혀 본 적 없는 상태에서 진흙으로 어떤 형상을 만들어냈다고 가정해 보자. 이것이 지금까지 본 적이 없던 새로운 형상이라 하더라도, 그 사람은 예술작품을 창조한 것이라 볼 수 없다. 비어즐리의 주장과는 달리 예술가는 아무 맥락 없는 진공 상태에서 창작하지 않는다. 예술은 어떤 사람이 문화적 역할을 수행한 산물이며, 언제나 문화적 **주형**鑄型 안에 존재한다. 7급17논리14

심지어는 이렇게 추상적인 대상에 대해서도 주형을 쓸 수 있습니다.

018 자네

'자네'는 듣는 사람이 친구나 아랫사람일 때 쓸 수 있는 2인칭 대명사입니다. 그래서 "**자네가 주임원사인가?**" 같은 밈도 있는 거고요. 근데 일상 대화에서 잘 쓰이지 않다 보니, 어감을 잘 모르는 학생이 많습니다. 그러다 보니 아래 문제를 많이들 틀렸고요.

> 언간은 특정 청자와의 대화 상황을 전제하기 때문에 어느 자료보다 구어적 성격이 강하다.
>
> 자내 여히고 아무려 내 살 셰 업스니 수이 자내한듸 가고져 하니 날 두려 가소 자내 향히 무온물 추성 니줄 주리 업스니
> (자네 여의고 아무래도 내 살 수가 없으니 빨리 자네한테 가고자 하니 날 데려 가소. 자네 향한 마음을 이승에서 잊을 줄이 없으니)
>
> 위에서 보듯이 아내가 남편한테 '자내'라는 호칭어를 쓰면서 애틋한 마음을 드러내고 있다. 또한 조사 '에게'에 비해 구어적 성격이 강한 '한테'의 옛 형태인 '한듸'가 이미

16세기 언간에서부터 쓰이고 있었고, '하여'가 '히'로 축약된 어형이 언해에 비해 상대적으로 일찍 나타나고 있다.

<보기>는 오늘날 편지의 일부이다. 윗글과 ⓐ~ⓔ를 관련지어 이해한 내용으로 적절하지 않은 것은?⁰⁹⁰⁶⁴¹

———————<보기>———————

ⓐ자네가 성공했다는 소식을 듣고 기쁘기 그지없었네. 십 년 전을 떠올리며 자네ⓑ한테 걸었던 기대를 다시 생각해 보았네.

① ⓐ는 오늘날 높임의 의미가 약화되었고 사용 범위도 제한적이다.
② ⓑ는 오늘날에도 구어적인 말투에 더 잘 쓰이는 경향이 있다.

지문에는 16세기의 '자네' 쓰임이 소개되었습니다. 과거에는 남편이 아내보다 윗사람(?)이었던 점을 고려하면, 오늘날과 달리 높임의 의미가 강합니다. 또한 오늘날에는 지문과 같은 상황에서 '자네'라고 할 수 없으므로 사용 범위도 제한적이라고 할 수도 있습니다. 따라서 ①은 적절합니다. ②는 '한테'가 글보다 말에서 더 잘 쓰이는 경향이 있으므로 역시 적절하고요.

그런데 ①이 틀렸다고 판단한 학생이 꽤 많았습니다. "오늘날 '자네'가 높임의 의미가 약화되었다는 사실을 지문으로부터 추론할 수 없다. 따라서 적절하지 않다!"라고 주장했는데… 당연히 씨알도 안 먹히는 소리였습니다. '자네' 같은 기초적인 단어에 대한 어휘력은 지문에 없더라도 당연히 여러분이 그 뜻과 쓰임을 알아야 합니다. '국어' 시험이니까요. 생소하고 전문적인 개념어에 대한 배경지식은 필요 없지만, 이런 개념어를 이해하기 위해 서술된 일상적인 언어표현에 대한 지식은 반드시 갖춰져 있어야 합니다. 따라서 이런 부분이 부족하다면, 글을 읽으며 모르는 단어를 그때그때 부지런히 사전을 찾아가며 익혀야 합니다.

임대인 | 임차인

임대인은 돈을 받고 자기 것을 빌려주는 사람, 임차인은 돈을 내고 남의 것을 빌리는 사람입니다. 부동산의 경우 주인이 임대인, 전세나 월세를 내고 들어오는 세입자가 임차인입니다. 헷갈릴 때는 "집이나 상가를 갖고 있는 사람은 큰 사람이니 '대'인!" 이렇게 생각하면 됩니다. ㅋ

[01] **임대인**이 **임차인**에게 집을 비워 달라고 하는 소송에서 **임대차** 기간이 남아 있다는 이유로 임대인이 패소한 판결이 확정된 후 시일이 흘러 계약 기간이 만료되면, 임대인은 집을 비워 달라는 소송을 다시 할 수 있다. 1611A27-30

[02] 토지는 세금이 부과되지 않는 곳으로 옮길 수 없다는 점에서 비탄력적이며 따라서 납세 부담은 **임차인**에게 전가되지 않고 토지 소유자(임대인)가 고스란히 떠안게 된다는 점에서 토지가치세는 공정한 세금이 된다. 20이해13-15

[03] 김(**임차인**)은 박(**임대인**)으로부터 박 소유의 건물을 임차보증금 10억 원에 임차하기로 하고 계약 체결 시에 계약금으로 1억 5천만 원을 지급하고 한 달 간격으로 3번에 나누어서 중도금과 잔금을 지급하기로 약정했다. 견습05논리35

[04] 乙은 자기 소유의 A지역을 丙에게 임대하여 현재 **임차인** 丙이 이를 점유·사용하고 있다. 5급21상황3

[05] **임대인**(원고)이 **임차인**(피고)을 상대로 밀린 월세를 이유로 2천 4백만 원의 지급을 청구하는 소를 제기하였다. 5급22상황23

020 피被 | '그것을 당함'

1. 피사체 | subject

피사체는 사진 찍히는 대상입니다. 제가 사진기로 고양이를 찍으면 고양이가 피사체고, 아내를 찍으면 아내가 피사체입니다. 영단어인 subject도 시험에 왕왕 나오니 꼭 알고 있어야 합니다. 주제, 과목으로만 알면 안 됩니다.

[01] 일반적으로 카메라는 렌즈를 통해 들어온 빛이 이미지 센서에 닿아 **피사체**의 상이 맺히고, 피사체의 한 점에 해당하는 위치인 화소마다 빛의 세기에 비례하여 발생한 전기 신호가 저장 매체에 영상으로 저장된다. 210625-28

[02] 스타이컨의 작품에서 명암 효과는 합성 사진 기법으로 구현되었고 질감 변화는 **피사체**의 대립적인 구도로 실현되었다. 1609B27-30

[03] 다큐멘터리 영화는 피사체와 밀접한 연관성을 갖기 때문에 **피사체**의 진정성에 대한 믿음을 고양하여 언어적 서술에 비해 호소력 있는 서술로 비춰지게 된다. 200921-26

[04] 특징점으로는 **피사체**의 모서리처럼 주위와 밝기가 뚜렷이 구별되며 영상이 이동하거나 회전해도 그 밝기 차이가 유지되는 부분이 선택된다. 210625-28

[05] 적외선 카메라는 광원에서 발산된 적외선이 **피사체**의 표면에서 반사되어 수신되기까지 걸리는 시간을 측정하여, 피사체의 입체 정보를 포함하는 저해상도 단색 이미지를 제공한다. 220916

[06] **피사체**를 확대하여 화면 전면에 부각시키는 수법으로 관객들이 대상에 집중하도록 하였다. 08추론7

[07] 배경과 상황이 **피사체**의 특성과 조화를 이루는 때 11추론36

[08] The most common mistake made by amateur photographers is that they are not physically

close enough to their **subjects**. (아마추어 사진가들이 저지르는 가장 흔한 실수는 **피사체**와 물
리적으로 충분히 가깝게 촬영하지 않는 것입니다.)⁰⁶¹¹²⁸

---

2. **피면접자** | interviewee
면접을 당하는 사람
피고용인 | employee
고용주·고용인에게 고용 당한 사람
피착취 | exploited
착취 당하는 것
피(실)험자 | subject
실험의 대상이 되는 사람이나 동물

---

[09] 이 시간에는 예고한 대로 대학 입학 모의 면접을 진행해 볼 거예요. **피면접자**가 되는 학생은
지원하려는 학과와 희망하는 진로에 대해 소개하는 글을 간단히 써서 **면접자**에게 전해 주라
고 했었죠?^{1506B1-3}

[10] 중간 상인 집단의 중요한 특징은 경제 구조 내에서 생산자와 소비자, **고용주와 피고용인**, 소유
주와 세입자, 상류 계층과 하류 계층 사이에서 중개자의 역할을 한다는 것이다.^{09이해8-10}

[11] 오늘날 병원·정부기관·기업에서는 사람이란 '**피고용인**'으로서 '비용'을 뜻하고 있다.^{입법07논리21}

[12] 현대 조직체의 구성원은 **고용자와 피고용자**의 위치에서 생산과 비용담당으로 나누어 해석하
는 것이 바람직하다.^{입법07논리21}

[13] 자본주의 사회가 존속되는 이상 **피착취**계급인 노동자에게는 결코 그 이상의 것이 주어지지
않는다.^{2008 | 연세대}

[14] 이 연구에 참여한 **피험자**들 중 8,506명에게는 여성 호르몬인 에스트로겐과 프로게스틴의 복
합 제제를 투여하고, 8,102명에게는 위약僞藥을 투여하였다.^{09추론25}

[15] **피험자** 보고편향은 긍정적 신체 효과가 없는데도 진짜 약을 처방받았다고 생각하여 자신의
기분을 보고하는 방식에서 생기는 효과를 일컫는다.^{18추리23}

[16] 집단1~4의 모든 **피험자**는 모집단에서 무작위로 선정되었다.^{21추리25}

[17] 인간 대상 연구의 특성으로 볼 때 실험 조건이나 **피험자**의 개인 특성, 데이터 분석방법 등에 따라서 해석이 달라지는 한계가 있을 수 있다. 입법20논리8

[18] H의 실험: **피실험자**의 왼손과 오른손에 각각 버튼 하나가 주어진다. 220913

[19] 이 실험에서는 위협의수준(높음/낮음), 효능감의 수준(높음/낮음)의 조합을 달리하여 **피실험자**들을 네 집단으로 나누었다. 24066

[20] 도덕 공동체의 구성원은 도덕적 고려의 대상이 되는 존재로서 도덕 **행위자**와 도덕 **피동자**로 구분된다. 도덕 행위자는 도덕 행위의 주체로서 자신의 행위에 따른 결과에 대해 책임질 수 있는 존재이다. 반면에 도덕 피동자는 영유아처럼 이성이나 자의식 등이 없기에 <u>도덕적 행동을 할 수 없는 존재</u>이다. 23이해4-6

특강

'피○○자'(○○ 당하는 사람)에 대응하는 영단어는 접미사 '-ee'입니다. 시험에 종종 나오는 단어를 한국어와 비교해서 정리해둡시다.

단어	뜻	단어	뜻
피면접자 interviewee	(면접자에게) 면접 당하는 人	면접자 interviewer	(피면접자를) 면접하는 人
피고용인 employee	(고용자에게) 고용 당하는 人	고용인·고용주 employer	(피고용자를) 고용하는 人
피훈련자 trainee	(훈련자에게) 훈련 당하는 人	훈련자 trainer	(피훈련생을) 훈련시키는 人
피착취자 exploitee	(착취자에게) 착취 당하는 人	착취자 exploiter	(피착취자를) 착취하는 人

'피착취'가 나온 김에, '착취'에 대해서 좀 더 살펴보겠습니다. 표준국어대사전에서 착취를 찾아보면 고개를 갸우뚱하게 됩니다.

착취 계급 사회에서 생산 수단을 소유한 사람이 생산 수단을 갖지 않은 직접 생산자로부터 그 노동의 성과를 무상으로 취득함. 또는 그런 일

무슨 뜻인지 읽어도 잘 모르겠죠?『자본론』을 쓴 칼 마르크스Karl Heinrich Marx의 정의이기 때문에 그렇습니다. 일상에서 저런 뜻으로 쓰는 경우는 거의 없습니다. 참고로 권위있는 영어사전 중 하나인 웹스터 영어사전에는 착취exploit를 "to use (someone or something) in a way that helps you unfairly" 즉, "(사람이나 사물을) 당신에게 이익이 되도록 불공정한 방식으로 사용/이용하다"로 정의하고 있을 뿐입니다. 한국에서도 이 정의로 '착취'가 쓰이고요. 좀 더 생생한 인상을 받을 수 있도록 다음과 같이 기억하기 바랍니다.

착취하다 (이익을 얻기 위해) 쥐어짜다, 과도하게 이용하다, 정당한 대가를 주지 않고 이용하다

그러면 '착취'가 쓰이는 맥락을 다양하게 살펴보겠습니다.

[01] 보호관리주의자들은, 오직 소수의 이익을 위한 자연환경 **착취**를 금지해야 인간이 자연으로부터 더 오랜 시간 동안, 더 큰 이익을 얻을 수 있다고 주장하였다. [2012 논리]

[02] 서구적 근대화는 진보와 개발이라는 명목 아래 의지해야 할 자연을 정복의 대상으로 삼는 데 주력하게 했다. 약탈과 파괴가 뒤따랐고, 자연히 자연은 **착취**의 대상으로 전락했다. 신철하 |『미완의 시대와 문학』| 실천문화사 | 2007

사전적 정의로는 위 예문들을 이해하기 어렵습니다. 하지만 [동물/자연을 착취하다 = 이익을 위해 과도하게 동물/자연을 이용하다]로 받아들이면 쉽게 이해가 됩니다.

[03] 돈을 모으는 데 무얼 어떻게 해서 모았다는 거야 윤 직원 영감으로는 상관할 바 아닙니다. 사실 **착취**라는 문자를 가져다 붙이려고 하면, 윤직원 영감은 거 웬소리냐고 홀홀 뛸 겝니다. 채만식 『태평천하』

[04] 자본주의의 모순을 제거하려 했던 사회주의 실험도 결국 **착취**라는 인간 사회의 모순을 없애지는 못했습니다. 제2차 세계 대전 이후 사회주의 정권이 들어선 동유럽에서 만들어져 널리 알려졌던, "자본주의에서는 인간이 사람을 착취하고, 사회주의에서는 그와 정반대이다."라는 유명한 농담은 구조를 바꿈으로써 사회적 모순을 일소(한꺼번에 싹 제거)함하려는 노력이 헛된 것임을 웅변(의심할 나위 없이 명백하게 함)하고 있습니다. 2013 논술

[05] 당시 노동자와 농민의 절대다수를 차지했던 한국인들은 조선총독부와 일본계 부르주아지(자본가 계급, 생산 수단을 소유하고 노동자를 고용하여 이윤을 얻는 계급)에 의해 극심한 **착취**를 당하였고, 민중의 삶은 개선되지 않았다. 2009 논증

[06] 농부는 곡물법을 통해 물가 상승과 지주(자신이 소유한 토지를 남에게 빌려주고 그 대가를 받는 사람)의 **착취**에 따른 손실보전을 기대하였다. 2004 이해

[07] 생산 수단이 민중 자신의 손에 있을 때 비로소 **착취** 구조가 종식한때 매우 성하던 현상이나 일이 끝나거나 없어짐된다. 2006 검정2

끝으로 '자기 착취'에 대해 알아보겠습니다.

[08] 20세기 후반 이후의 '후근대 사회'를 '피로 사회'로 규정하는 견해가 있다. 이에 따르면 근대 사회가 '규율(규칙, 규제) 사회'였음에 비해 후근대 사회는 '성과 사회'이다. 규율 사회가 외적 강제에 따라 인간이 수동적으로 움직이는 사회라면, 성과 사회는 성공을 향한 내적 유혹에 따라 인간이 자발적으로 움직이는 사회이다. (…) '더욱 생산적으로 되어야 한다.'는 자본주의 시스템의 근본적인 요구가 규율 사회에서 외적 강제에 의한 타자 착취를 통해 관철(어려움을 뚫고 나아가 목적을 기어이 이룸)되었다면, 성과 사회에서 그 요구는 내적 유혹에 의한 자기 **착취**를 통해 관철된다. 그 결과 피로는 현대인의 만성 질환이 되었다는 것이다. 201609

[09] 자신의 능력을 극한으로 끌어올려야 한다는 현대인의 강박증(본인의 의지와 무관하게 어떤 생각이나 장면이 떠올라 불안해지고 그 불안)을 없애기 위해서 어떤 행동을 반복하게 되는 질환은 피로 사회에서 일어나는 자기 **착취**의 한 단면으로 볼 수 있겠군. [201609]

자기 착취라는 개념은 사전적 정의로는 이해하기 어렵지만, 앞서 제가 알려드린 뜻을 적당히 대입하면 이해할 수 있습니다. 즉, 자기 착취란 (이익을 얻기 위해) 자신을 쥐어짜며 과도하게 일하는 것입니다.

시험에 나온 이 내용은 철학자 한병철이 쓴 『피로 사회』(문학과지성사, 2012)에 근거하고 있습니다. 출제위원들이 읽고 얼마나 인상적이었으면 학생들도 읽어보라고 이렇게 출제를 했네요. 참고로 이 책에서는 자기 착취에 대해 '자유와 강제가 일치하는 상태', '착취자는 동시에 피착취자이다', '가해자와 피해자는 더 이상 분리되지 않는다'로 표현됐습니다.

1. 성인식, 결혼식, 장례식, 제사를 아울러 이르는 네 글자 단어는?

2. 다음 대화에 대한 설명으로 옳지 않은 것은?

> 민호: 그래, 그럼 ⓐ자네는 혼자 지내는 건가?
>
> 수호: 네, 저 한 명입니다.
>
> 민호: 옆 호실 사람들도 대게 혼자라서 조용할 걸세.
>
>   참, 202호에는 개가 한 마리 있고.
>
> 수호: (조심스럽게) 동물을 키워도 되는 건가요?
>
> 민호: 월세 잘 내고 깨끗하게 관리만 한다면야, 문제 될 것 없네.
>
> 수호: (ⓑ) 좋은 소식이네요! 본가에 같이 살던 고양이를 데려와도 되겠군요.

① 수호는 임대인이다.

② ⓐ는 아랫사람에게 쓸 수 있는 2인칭 대명사이다.

③ ⓑ에 들어갈 수 있는 단어로는 '기뻐하며', '기꺼워하며', '반색하며' 등이 있다.

④ 위 대화는 임대인과 임차인 간의 대화라 볼 수 있다.

3. 나는 회사 대표로서 ____들에게 임금을 지불하고 업무를 맡기는 ____이다.

4. 흡착된 물질이 고체 표면에서 떨어지게 만드는 현상은 무엇인가?

   ① 산화   ② 탈착

   ③ 결합   ④ 전이

5~6. 다음 문장을 읽고 질문에 답하시오.

> ⓐ____ 초하루 아침 세배를 하고 서둘러 떡국을 먹은 후 네 식구가 둘러 앉아 ⓑ____
> 분위기 속에서 윷놀이를 즐겼다.

5. ⓐ에 들어갈 말로 옳은 것은?

① 그믐   ② 막달

③ 섣달   ④ 정월

6. 맥락상 ⓑ에 들어가기 적당하지 않은 단어는?

① 화목한   ② 화락한

③ 화려한   ④ 화평한

7. '송축'의 뜻으로 올바른 것은?

① 기반이 굳건하고 기원이 유구함   ② 기쁜 일을 기리고 축하함

③ 즐거움   ④ 띠꺼워함

8. 다음 중 밑줄친 단어의 사용이 어색한 것은?

① 도량형의 통일된 표준이 없다면 큰 혼란을 초래할 수 있다.

② 모든 피험자는 모집단에서 무작위로 선정되었다.

③ 요즘은 뉴스에도 줄임말이 심심찮게 등장한다.

④ 펄펄 끓어오르는 납을 주형에 부어 모형을 만들었다.

⑤ A, B, C와 같이 종류를 표시하는 데이터를 주형 데이터라 부른다.

정답은 362p에 있습니다.

021 정치하다

나라를 다스리는 정치politics는 다 알죠? 하지만 **정교**하고 **치밀**함을 뜻하는 정치는 잘 모르는 경우가 많습니다. '정치한 설명/묘사/논리/분석' 등으로 많이 사용됩니다.

[01] 석가탑은 수십 개의 석재들이 정교하게 하나의 구조물로 짜 맞추어져 있어 **정치**한 아름다움을 보인다. ¹⁴예비국어17~18

[02] 그럼에도 개성공업지구 기업들이 경협경제협력중단에 따른 난관을 극복하는데 대한 지원이 보다 세부적이고 **정치**하게 이루어져야 한다는 주장이 제기되어 왔다. 입법21논리19

[03] 사상 체계의 제일 덕목이 진리라고 한다면, 정의正義는 사회 제도의 제일 덕목이다. 이론이 아무리 **정치**精緻하고 간명(간단+명료)하다고 할지라도 그것이 진리가 아니라면 배척되거나 수정되어야 하듯이, 법이나 제도가 아무리 효율적이고 정연한 것이라 할지라도 그것이 정당하지 못하면 개혁되거나 폐기되어야 한다. 입법05논리37

022 편재

'빚쟁이'는 다의어로서 돈을 빌린 사람을 가리킬 수도 있고, 돈을 빌려준 사람을 가리킬 수도 있습니다. 맥락을 통해서 판단할 수밖에 없는데요, 동음이의어 중에 이와 비슷한 사례가 있습니다. 바로 편재입니다. 동음이의어들의 뜻이 정반대입니다. 따라서 'X의 편재'라고 하면 맥락과 X의 속성을 고려하여 뜻을 추론해야 합니다.

1. 편재하다
한곳에 치우쳐 있다

[01] 자원의 **편재성**: 자원이 일부 지역이나 국가에 치우쳐 분포하는 특성 [1806한지15]

[02] **편재**가 심한 이 자원은 주로 선박을 이용해서 여러 지역으로 수송되기 때문에 해상에서 테러나 해적 행위의 표적이 될 가능성이 높다. [1009세지17]

[03] 석회석 자원이 지역적으로 **편재**되어 있어 광산도 강원도에 집중되어 있다. 석회석 광산수는 강원도가 전체 석회석 광산수의 50.0%를 초과하고 품위별로도 강원도가 고품위, 저품위 광산수의 50.0%를 각각 초과한다. [5급12자료30]

2. 편재하다
널리 퍼져 있다

[04] 죽음의 **편재성**이란, 우리가 언제 어디서든 죽을 수 있다는 것을 뜻한다. 죽음의 **편재성**은 부인할 수 없는 사실이고, 그 사실은 우리에게 죽음의 공포를 불러일으킨다. [5급15논리26]

[05] 나는 지금 여기에 존재한다. 하지만 동시에 저기에도 존재할 수 있다. 통신과 같은 원격기술

에 힘입어 누구나 쉽게 **편재**할 수 있게 되었다. 과거에는 신만이 이 우주의 모든 사물에 예외 없이 편재할 수 있었다지만, 이젠 인간도 나름대로 편재함을 과시할 수 있게 되었다. ^{입법08논리11}

문1. ⓐ의 문맥적 의미와 가장 가까운 것은? ^{9611국어30}

선지	문맥
① 개재介在 어떤 것들 사이에 끼여 있음.	한자와의 밀착을 특징으로 하는 전통적 방법을 떨쳐 버리고 새로운 어원 연구를 개척한 학자는 권덕규였다. 지난 1920 년대에 그가 논한 단어는 모두 합해야 여남은에 불과 하지만, 중세어中世語와 고대어古代語의 연구에서 '시내'를 '실'과 '내'의 복합어로 보고『삼국유사』에 나타나는 인명 표기와 지명 표기의 예를 들어 '실'이 골짜기를 뜻한 고대어 단어라고 한 것은 탁견卓見이었다. 그 뒤에 충청, 전라, 경상 지역의 속지명에 '밤실[栗谷]', '돌실[石谷]' 등이 ⓐ 겅성드뭇하게 흩어져 있음이 확인됨으로써 '실谷'의 존재가 확증되었다.
② 산재散在	
③ 실재實在	
④ 잠재潛在	
⑤ 편재偏在	

정답은 여기저기 흩어져 있음을 뜻하는 ②입니다. ⑤는 한곳에 치우쳐 있는 1. 편재을 가리키는데, ⓐ와 뜻이 많이 다르죠? 물론 한자를 못 읽어서 2. 편재일 가능성을 검토하더라도 역시 답이 될 수 없습니다. (참고로 한자는 저도 잘 모릅니다. 수험적으로 필요도 없고요.)

023 정상 상태

1. 정상 상태 | normal state
정상적인 상태

[01] 약물요법을 중지하면 신체 기능이 **정상 상태**로 복귀하므로 신체 기능의 훼손은 없다.[14추리8]

[02] 적혈구의 수를 혈액 내에서 일정하게 유지하는 것은 **정상 상태**의 인체를 유지하는 데 매우 중요하다.[5급18논리12]

2. 정상 상태 | steady-state, stationary state
시간에 따른 변화가 없는 상태

[03] 응답 감도는 특정 가스가 존재할 때 가스 센서의 저항이 얼마나 민감하게 변하는가에 대한 정도이며, 일정하게 유지되는 **정상 상태** 저항값(Rs)과 특정 가스 없이 공기 중에서 측정된 저항값(Rair)으로부터 도출된다.[110948-50]

024 천명

역사 지문 독해를 위한 필수 단어입니다. 예문 내용을 배경지식으로 알아두세요!

논어에 보면, 오십이지**천명**五十而知天命이 나옵니다. 공자가 나이 50에 천명을 알았다하는 뜻인데, 이때 천명은 하늘의 뜻을 말합니다. 하늘의 뜻은 맥락에 따라 크게 두 가지로 구체화됩니다. **천명**이 '○○을 어떻게 해라'라는 내용이면 하늘의 명령인 것이고, 개인의 삶이 어떻게 굴러가도록 하는 것과 관련 있으면 타고난 운명이 됩니다.

잡담

고전문학을 보면 **천명**이 타고난 수명으로 쓰인 경우를 흔하게 볼 수 있습니다. 그런데 이 뜻의 '천명'은 동의어 경쟁에서 **천수**에 밀려 요즘은 잘 사용되지 않습니다.

[00] 경업이 자점에게 매를 많이 받아 **천명**이 진하게(다하여 없어지게) 되매 분기대발하여 신음하다 죽으니, 시년 사실팜 세요, 기축 9월 26일이라.

작자 미상 | 「임장군전」 | 2019학년도 수능에서 재인용

---

1. 천명
하늘이 정한 타고난 운명

[01] "부인의 말씀도 일리가 있사옵니다. 그러나 이제 공자를 어리다 하시거니와, 천병만마에 시석矢石(전쟁에 쓰던 화살과 돌)이 비 오듯 하여 살기殺氣가 충천(하늘을 찌를 듯이 높음)한 곳에 넣어도 조금도 걱정할 바가 없을 것이니 부인은 어찌 사람의 운명을 의심하십니까? 홍문연 살기 중에 패공이 살아나고, 파강산 천경사의 부인이 살아났으니 어찌 **천명**을 근심하리오."

「조웅전」 | 2009_6 재인용

[02] 덕보는 선비들과 수만 글자의 필담(글로 써서 서로 묻고 대답함)을 나눴는데, 그 내용은 경전의 취지, 사람에게 **천명**이 부여된 이치, 고금의 인물들이 살아간 도리 등에 관한 것이었다. 그의 견해는 웅대하고 걸출(남보다 훨씬 뛰어남)하여 사람들을 놀라게 하였다.

박지원 | 「홍덕보 묘지洪德保墓誌銘」 | 2007_6 재인용

[03]　창 밖에 밤비가 속살거려 / 육첩방은 남의 나라, / 시인이란 슬픈 **천명**인 줄 알면서도 / 한 줄 시를 적어 볼까 윤동주 「쉽게 씌여진 시」 1연

2. 천명
하늘의 명령

[04]　일반적으로 '결연(인연을 맺음)' 모티프는 개인적 욕망과 사회적 규범(인간이 행동하거나 판단할 때에 마땅히 따르고 지켜야 할 가치 판단의 기준)의 긴장 관계 속에서 남녀 간의 인연이 맺어지는 과정을 그린 이야기 단위인데, **천명**에 따르거나 주체적 의지에 따라 결연하는 주인공, 결연에 반대하거나 동의하는 부모, 결연을 합리화하는 장치 등으로 구성된다. 2014.6

[05]　"폐하 즉위하신 후에 은덕이 온 백성에게 미치고 위엄이 온 세상에 진동하여 열국 제신이 다 조공을 바치되, 오직 토번과 가달이 강포몹시 우악스럽고 사나움함만 믿고 **천명**을 거스르니, 신 등이 비록 재주 없사오나 남적을 항복 받아 충신으로 돌아오면 폐하의 위엄존경할 만한 위세가 있어 점잖고 엄숙함이 남방에 가득하고 소신의 공명공을 세워 이름을 떨침. 명예는 후세에 전하리니, 엎드려 바라옵건대 폐하는 깊이 생각하옵소서." 「유충렬전」 2006.11 재인용

그런데, 위와 같이 아는 것만으로는 충분하지 않습니다. '천명'은 동양 인문 지문에서 워낙 중요한 주제이므로, 다음 지문들을 통해서 깊게 이해할 필요가 있습니다. 당장은 좀 빡세보여도, 비슷한 지문을 시험장에서 만나면 독해가 훨씬 쉬워질 겁니다.

[06]　동양의 '천天' 개념

　　동양에서 '천天'은 그 함의가 넓다. 모든 존재의 근거가 그것으로부터 말미암지 않는 것이 없다는 면에서 하나의 표본이었고, 모든 존재들이 자신의 생존을 영위하고 그 존재 가치와 의의를 실현하는데도 그것의 이치와 범주를 벗어날 수 없다는 면에서 하나의 기준이었다. 그래서 현실 세계 안에서 인간의 삶을 모색하는 데 관심을 두었던 동양에서는 인간이 천을 어떻게 이해하느냐에 따라 삶이 길이 달리 설정되었을 만큼 천

에 대한 이해가 다양하였다. 천은 자연현상 가운데 인간에게 가장 크게 영향을 미치는 것이자 가장 크고 뚜렷하게 파악되는 현상으로 여겨졌다. 농경을 주로 하는 문화적 특성상 자연현상과 기후의 변화를 파악하는 것이 중시된 만큼 천의 표면적인 모습 외에 작용 면에서 천을 파악하려는 경향이 짙었다. 그래서 천은 자연적 현상과 작용 등을 포괄하는 '자연천 自然天' 개념으로 자리를 잡았다. 이러한 천 개념하에서 인간은 도덕적 자각이 없었을 뿐만 아니라 자연 변화의 원인과 의지도 알 수 없었다. 이에 따라 천은 신성한 대상으로 숭배되었고, 여러 자연신 가운데 하나로 생각되었다. 특히 상제上帝와 결부됨으로써 모든 것을 주재하는 절대적인 권능을 가진 '상제천 上帝天' 개념이 자리 잡았다. 길흉화복을 주재하고 생사여탈권까지 관장하는 종교적인 의미로 그 성격이 변화한 것이다. 가치중립적이었던 천이 의지를 가진 절대적 권능의 존재로 수용되면서 정치적인 개념으로 **천명天命**'이 등장하였다. 그리고 통치자들은 천이 명령을 통해 통치권을 부여받았고, 천의 의지인 천명은 제사 등을 통해 통치자만 알 수 있는 것으로 규정되었다. 그리하여 천명은 통치자가 권력을 행사하고, 정권의 정통성을 보장하는 근거가 되었다.

그러나 독점적이고 배타적인 천명에 근거한 권력 행사는 부작용을 가져왔다. 도덕적 경계심이 결여된 통치자의 권력 행사는 백성에 대한 억압의 계기로 작용하였다. 통치의 부작용이 심화됨에 따라 천에 대한 반성이 제기되었고, 도덕적 반성을 통해 천명의식은 수정되었다. 그리고 '천은 명을 주었다가도 통치자가 정치를 잘못하면 언제나 그 명을 박탈해 간다.', '천은 백성들이 원하는 것을 들어준다.'는 생각이 현실화되었다. 천명은 계속 수용되었지만, 그것의 불변성, 독점성, 편파성 등은 수정되었고, 그 기저에는 도덕적 의미로서 '의리천義理天' 개념이 자리하였다.

천명 의식의 변화와 맞물려 천 개념은 복합적으로 수용되었다. 상제로서의 천 개념이 개방되면서 주재적 측면이 도덕적 측면으로 수용되었고, '의리천義理天' 개념은 더욱 심화되어 천은 인간의 도덕성과 규범의 근거로 받아들여졌다. 천을 인간 내면으로 끌어들여 인간 본성을 자연한 것이자 도덕적인 것으로 간주하였다. 천이 도덕 및 인간 본성과 결부됨에 따라 인간 내면에 있는 천으로서의 본성을 잘 발휘하면 도덕을 실현함은 물론, 천의 경지에 도달할 수 있다고 여겨졌다. 내면화된 천은 비도덕적 행위에 대한 제어 장치 역할을 하는 양심의 근거로도 수용되어 천의 도덕적 의미는 더욱 강조되었다. 천명 의식의 변화와 확장된 천의 개념의 결합에 따라 천은 초월성과 내재성을 가진 존재로서 받아들여졌고, 인간 행위의 자율성과 타율성을 이끌어 내는 기반이 되어 인간 삶의 중요한 근거로서 그 위상이 강화되었다. 090913~17

[07] 조선 시대의 조의朝儀는 군신君臣이 만나는 유교적 의식을 총칭했다. 조선은 조의 절차를 조정하여 국왕을 유교적 군주로 부각시키고자 했는데, 그 과정에서 이상적 형식과 현실적 편의성 사이의 적절한 절충점을 찾기 위해 고심했다. **천명**天命을 받은 유교적 군주는 모든 것의 기준이 되는 북극성과 같은 존재여야 했다. 조의에서 이를 드러내기 위해서는 국왕은 움직이지 않고, 관원이 국왕을 찾아가서 뵙고 나오는 형식을 갖춰야 했다. 11추론08~10

[08] 15세기 조선은 명明의 정치·문화·군사적 우월성을 인정하고 사대외교事大外交를 전개하였다. 그러나 조선이 명에 대해 사대한 것은 어디까지나 신생국인 조선이 강대국인 명으로부터 국제적으로 승인받고, 이를 통해 정치적 안정을 꾀하려는 의도에서 비롯된 것으로 주체성이나 독립성을 방기한 것은 아니었다. 명에 대한 사대를 표방하면서도 정도전의 요동정벌 시도나 세조 연간 여진에 대한 관할권을 둘러싼 명과의 긴장 국면에서도 볼 수 있듯이, 조선은 경우에 따라서는 명과의 대결을 시도할 정도로 독자적 움직임을 드러내었다. 이는 조선이 중국과 마찬가지로 **천명**天命을 받아 성립된 국가이므로 독자적 영역을 이룬다는 의식이 존재하고 있었음을 보여준다. 5급10논리23

[09] 정한담과 최일귀 두 사람이 이때를 타서 천자께 여쭈오되, "폐하 즉위하신 후에 은덕이 온 백성에게 미치고 위엄이 온 세상에 진동하여 열국 제신이 다 조공을 바치되, 오직 토번과 가달이 강포함만 믿고 **천명**을 거스르니, 신 등이 비록 재주 없사오나 남적을 항복 받아 충신으로 돌아오면 폐하의 위엄이 남방에 가득하고 소신의 공명은 후세에 전하리니, 엎드려 바라옵건대 폐하는 깊이 생각하옵소서." 작자 미상, 「유충렬전」 2006학년도 수능 재인용

[10] 고전 소설에 형상화된 세계에는 옥황상제라는 주재자(어떤 일을 중심이 되어 맡아 처리하는 사람)가 등장하는 경우가 있다. 이때 옥황상제의 뜻이 '**천명**天命'이며 모든 존재는 그 뜻을 따라야 한다. 050654

자, 그러면 아래 지문을 읽어봅시다. 비록 '천명'이라는 단어는 등장하지 않지만, 이 개념 없이는 이해할 수 없는 지문입니다! (비슷한 지문이 PSAT 언어논리에도 나온 적 있습니다.)

자연 현상과 인간사를 인과 관계로 설명하는 동아시아의 대표적 논의는 재이론災異論
이다. 한대漢代의 동중서는 하늘이 덕을 잃은 군주에게 재이를 내려 견책한다는 천견
설과, 인간과 하늘에 공통된 음양의 기氣를 통해 하늘과 인간이 서로 감응한다는 천
인감응론을 결합하여 재이론을 체계화하였다. 그에 따르면, 군주가 실정失政을 저지
르면 그로 말미암아 변화된 음양의 기를 통해 감응한 하늘이 가뭄과 홍수, 일식과 월
식 등 재이를 통해 경고를 내린다. 이때 재이는 군주권이 하늘로부터 비롯된 것임을
입증하는 것이자 군주의 실정에 대한 경고였다.

양면적 성격의 재이론은 신하가 정치적 논의에 참여할 수 있는 명분을 제공하였고, 재
이가 발생하면 군주가 직언을 구하고 신하가 이에 응하는 전통으로 구체화되었다. 하
지만 동중서 이후, 원인으로서의 인간사와 결과로서의 재이를 일대일로 대응시켜 설
명하는 개별적 대응 방식은 억지가 심하다는 평가를 받았다. 이 방식은 오히려 예언화
경향으로 이어져 재이를 인간사의 징조로, 인간사를 재이의 결과로 대응시키는 풍조
를 낳기도 하였고, 요망한 말로 백성을 미혹시켰다는 이유로 군주가 직언을 하는 신하
를 탄압하는 빌미가 되기도 하였다.

이후 재이에 대한 예언적 해석은 비판의 대상이 되었고, 천인감응론 또한 부정되기도
하였다. 하지만 재이론은 여전히 정치 현장에서 사라지지 않았다. 송대宋代에 이르
러, 주희는 천문학의 발달로 예측 가능하게 된 일월식을 재이로 간주하지 않는 경향을
수용하였고, 재이를 근본적으로 이치에 의해 설명되기 어려운 자연 현상으로 간주하
였다. 하지만 당시까지도 재이에 대해 군주의 적극적인 대응을 유도하며 안전한 언론
활동의 기회를 제공했던 재이론이 폐기되는 것은, 신하의 입장에서 유용한 정치적 기
제를 잃는 것이었다. 이 때문에 그는 군주를 경계하는 적절한 방법을 찾고자 재이론을
고수하였다. 그는 재이에 대한 개별적 대응 대신 군주에게 허물과 잘못이 쌓이면 이에
하늘이 감응하여 변칙적인 자연 현상이 일어날 것이라는 전반적 대응설을 제시하고,
재이를 군주의 심성 수양 문제로 귀결시키며 재이론의 역사적 수명을 연장하였다.

3. 천명하다 | declaration

의지나 각오 등을 드러내어 밝힘

선언하다

1. 천명, 2. 천명은 명사로 쓰이는 데 반해, 3. 천명은 주로 '천명하다', '천명되다'처럼 동사로 쓰입니다. 목적어로 의지, 각오 따위가 온다는 데 주의하세요.

[12] 프랑스 시민 혁명 후에 나온 인권 선언문은 모든 인간이 평등하다고 **천명**하였다. 그러나 그 당시 법적인 평등권은 상당한 재산을 소유한 남성에게만 주어졌을 뿐이다. ^{9511국어44~49}

[13] '종교 상징물 착용 금지법'이다. 이 법은 공화국의 원칙을 **천명**하려는 의지의 한 소산이라고 할 수 있다. ^{5급08논리22}

[14] 미국의 한 회사가 **천명**한 6시그마 품질 향상 계획은 기본적으로 규격 하한과 규격 상한이 제품의 규격 평균으로부터 각각 6시그마의 거리에 위치하도록 공정을 관리하겠다는 것이다. ^{070633~36}

[15] 이 법은 공화국의 원칙을 **천명**하려는 의지의 한 소산이라고 할 수 있다. ^{5급08논리22}

[16] 〈관습이론〉에서는 이런 관습을 확인하고 재**천명**하는 것이 법이 된다고 본다. 곧 법이란 제도화된 관습이라고 보는 것이다. ^{19이해1-3}

[17] 양 정상은 한반도에 더 이상 전쟁은 없을 것이며 새로운 평화의 시대가 열리었음을 8천만 우리 겨레와 전 세계에 엄숙히 **천명**하였다. ^{입법19논리4}

[18] 모두가 알고 있는 바와 같이 혁명적 사회주의자들은 이미 전쟁 중에 하나의 원칙을 **천명**했는데 이 원칙을 요점만 요약하자면 다음과 같습니다. "우리가 만약, 앞으로 몇 년 동안 전쟁을 더 계속하면 혁명이 일어날 것이고, 지금 강화를 맺으면 혁명이 일어나지 않을 것이다. 두 가지 대안 중 하나를 선택해야 한다면, 우리는 몇년 동안 더 전쟁하기를 선택할 것이다." ^{입법22논리25}

문2. ⓐ∼ⓔ를 바꿔 쓴 말로 적절하지 <u>않은</u> 것은? [1점]^{0711국어36}

선지	문맥
① ⓐ: 천명闡明되기도	지식의 유형은 '안다'는 말의 다양한 용례들이 보여 주는 의미 차이를 통해서 ⓐ<u>드러나기도</u> 한다. 예컨대 '그는 자전거를 탈 줄 안다'와 '그는 이 사과가 둥글다는 것을 안다'에서 '안다'가 바로 그런 경우이다. 전자의 '안다'는 능력의 소유를 의미하는 것으로 '절차적 지식'이라고 부르고, 후자의 '안다'는 정보의 소유를 의미하는 것으로 '표상적 지식'이라고 부른다.
② ⓑ: 습득習得한	'자전거가 왼쪽으로 기울면 핸들을 왼쪽으로 틀어라'와 같은 정보를 이용해서 자전거 타는 법을 ⓑ<u>배운</u> 사람이라도 자전거를 익숙하게 타게 된 후에는 그러한 정보를 전혀 의식하지 않고서도 자전거를 잘 탈 수 있다.
③ ⓒ: 의거依據하여	표상적 지식은 다시 여러 가지 기준에 ⓒ<u>따라</u> 나눌 수 있는데, 그중에서도 '경험적 지식'과 '선험적 지식'으로 나누는 방법이 대표적이다. 경험적 지식이란 감각 경험에서 얻은 증거에 의존하는 지식으로, '그는 이 사과가 둥글다는 것을 안다'가 그 예이다. 물리적 사물들의 특정한 상태, 즉 사과의 둥근 상태가 감각 경험을 통해서 우리에게 입력되고, 인지 과정을 거쳐 하나의 표상적 지식이 ⓓ<u>이루</u>어진 것이다.
④ ⓓ: 형성形成된	
⑤ ⓔ: 별개別個의	어떤 철학자들은 인간에게 경험 이외에 지식을 산출하는 ⓔ<u>다른</u> 인식 능력이 있다고 생각하며, 수학적 지식이 그것을 보여 주는 좋은 예가 된다고 믿는다.

① 천명은 '드러내어 밝힌다'는 뜻이므로 언뜻 ⓐ와 바꿔쓸 수 있을 것 같지만, 의지나 각오 따위를 드러내는 상황이 아니므로 바꿔쓰면 매우 어색합니다. 따라서 ①이 정답입니다.

전위

1. 전위

전하의 위치 에너지

[01] 충전지가 방전될 때 양극 단자와 음극 단자 간에 **전위**차, 즉 전압이 발생하는데, 방전이 진행되면서 전압이 감소한다. [22예시30-34]

[02] 전자전달계와 ATP 합성은 **전위**차를 통해 서로 연결되어 있다. [19추리37]

[03] 표준 조건에서 전지를 구성하는 두 전극의 **전위**차를 '표준전지전위'라 하며, 이 값은 환원 전극의 표준환원전위 값에서 산화 전극의 표준환원전위 값을 빼서 얻는다. (중략) A와 B를 이용한 전지에서 양쪽 전극의 **전위**차는 1.05V이다. [20추리40]

2. 전위적 | 아방가르드avant-garde

(예술이나 사상이) 선구적/혁신적/급진적/실험적인

[04] 아도르노는 쇤베르크의 음악과 같은 **전위** 예술이 그 자체로 동일화에 저항하면서도, 저항이나 계몽을 직접적으로 드러내지 않는다는 것을 높게 평가한다. [23094-9]

[05] 미술가들이 취미, 판단과 창의의 영역에서 커다란 자유를 누리게 되었다는 것은 모네에서 피카소에 이르기까지 이들 **전위** 미술가들의 작품에 이전 선배들의 것과는 다른 특질이 주어지게 되었음을 의미한다. [12경찰11-14]

[06] 진보를 외친 소비에트의 미술이 왜 **전위**적인 미술 형식을 버리고 복고적인과거 사상/전통으로 되돌아가려는 형식으로 나아갔을까? [입법14논리25]

승화의 기본 뜻은 어떤 현상이 더 높은 상태로 올라가는 것을 말합니다.

[01] '화산, 꽃, 별, 하늘, 나무, 독사, 바람' 같은 소재들을 수직적 이미지와 수평적 이미지로 분류하고, **승화**(수직적 이미지)와 **확산**(수평적 이미지)이라는 관점에서 각 계열의 의미를 구성하며 읽었다. 10임용

승화는 공예를 예술로, 음악을 철학으로, 구체적 문제를 보편적/추상적 차원의 문제로 끌어올리는 등 다양한 맥락에서 승화가 쓰일 수 있습니다.

[02] 화성일정한 법칙에 따른 화음의 연결을 철학으로 **승화**시킨 드뷔시의 음악 세계 08112

[03] 실향민의 문제를 실존적 관점에서 다룸으로써 분단의 문제를 인류 보편적인 차원으로 **승화**시키고 있다. 07추론18

[04] 이 두 천재도 인생의 완숙기에 이르러서야 비로소 최고의 지성적 통찰을 진정한 예술미로 **승화**시킬 수 있었네. 22118

[05] 베를린 신국립미술관은 철골의 기술적 장점을 미학적으로 **승화**시킨 건축물이다. 170929

[06] 애초에 마티스의 마음속에는 아마 명확한 이미지가 있었을 터이지만, 완성된 작품에서 그것은 추상적으로 **승화**되었다. 07064-5

물리학에서 승화는 고체가 (액체를 거치지 않고) 기체로 변하는 것을 가리킵니다.

[07] 얼음 결정의 표면에서는 **승화**가 일어난다. 1209과탐(지1)

[08] 0℃, 1기압에서 고체 상태의 물질 A는 **승화**된다. 0506과탐(화2)

> 심리학에서는 충동, 욕구가 정신적 가치가 있는 것으로 변하는 것을 가리키는데, 예술 지문, 문학 〈보기〉나 선지에 등장하는 승화가 대부분 이 뜻입니다.

[09] 하늘: '불'로 상징되는 모든 인간적 고뇌가 **승화**된 정신적 경지를 표상한다. 03118

[10] 서구의 미술가들은 인간의 욕망을 **승화**시키기 위해 누구를 평생의 소재로 삼았다. 1996

[11] 우리 고전 시가에 유달리 많이 나타나는 정조는 이별의 정한이다. 그러나 그 이별의 정한이 슬픔으로만 끝나는 것은 아니다. 그것은 영원한 사랑으로 **승화**되어 나타난다. 05사관18

[12] 6연의 천상의 '별빛'은 번뇌에서 벗어난 초탈의 세계를 환기하면서 **승화**의 의미로 이어지게 된다. 101133

027 적자

1. 적자 | loss
지출이 수입보다 많아서 생기는 결손액

[01] 지난달 적자를 메꾸려면(메우려면) 쓸데없는 지출을 줄여야겠어. 11추론3

2. 적자 | fitter

적응하는 개체, (환경에) 적합한 개체

[02] 그에 따르면 **적자**생존은 치열한 경쟁을 정당화해 주는 것이다. [10_추론20-22]

적자생존은 (강한자가 아니라) 적합한 자가 살아남는다는 뜻입니다.

3. 적자 | baby

붉은 핏덩이(갓난아기)

고전문학에서는 '백성'을 가리키기도 합니다(임금이 백성을 갓난아이로 여기고 사랑하기 때문에 그렇대요).

[03] 너희들 처지에서 백성을 볼 때에는 구별이 있을지 모르나, 과인이 볼 때에는 모두 나의 **적자**赤子이니, 어찌 애증이 다를 수 있겠는가? [2010_추론]

[04] 베 짜서 세금 바치기 쌀 찧어 요역徭役(나라에서 시키던 의무 노동)하기 / 옷 벗은 **적자**赤子(붉은 핏덩이, 즉 갓난아기. 여기서는 백성을 가리킴)들이 배고파 서러워하니 원컨댄 이 뜻 아시어 은혜 고루 베푸소서. [이덕일 | 「우국가憂國歌」 제11장]

4. 적자

첩(정식 아내 외에 데리고 사는 여자)이 아닌 처(적처, 정실)가 낳은 아들

축첩(첩을 두는 것)은 과거에 흔했습니다.

[05] 고려 말에는 관료들이 동시에 여러 처를 두는 경우나 **처**와 **첩**의 구분이 모호한 경우가 많았다. 20이해4-6

[06] "부부는 인륜의 근본이니 **적처**와 **첩**의 분수를 어지럽히면 안 됩니다. 20이해4-6

[07] '교씨'가 신분 불안을 느낀다며 악행을 모의하는 것으로 보아 **축첩** 관행이라는 사회적 문제가 환기되는군. 14예비A33

[08] **적처**는 양반가에서 **적자**의 배우자로 집안을 온전하게 유지하는 가정의 관리자다. 5급20논리22

정식 아내(적처, 정실)의 아들은 적자, 적자 중 가문/제사를 이을 맏아들을 **적장자**라고 불렀습니다. 반면 첩의 아들은 **서자**라고 합니다. 조선시대 때는 **적자**와 **서자**의 사회적·제도적 차별이 극심했는데, 이를 **적서 차별**이라 합니다.

[09] 홍 판서와 시비 춘섬 사이에서 **서자**로 태어난 길동은 자신의 처지를 괴로워하다가 부친께 호부호형을 허락받고, 집을 나와 활빈당 활동을 벌여 조정과 대립하다가 병조판서 벼슬을 받는다. 1411A41-43

[10] **적서** 차별의 시대상이 드러난다. 15고졸(2)

[11] 서얼도 **적자**와 같은 뿌리이니 족보를 만들 때 기재상의 차별을 두지 말게 하소서. 12이해5

[12] 친왕의 **적장자**는 군왕, 나머지 적자는 불입팔분공(불입팔분진국공 또는 불입팔분보국공), 서자는 진국장군의 작위를 각각 받았다. 5급10상황38

[13] 국자國子란 원래 왕실의 **적자**嫡者와 공경대부의 **적자**을 가리켰다. 5급14논리1

[14] **적자**와 서자의 차별이 강화되고 적자를 통해 가계를 계승해야 한다는 인식이 확산되면서, 적자는 없지만 서자가 있는 양반가에서도 양자를 들였다. 5급17논리25

[15] 아래에서 ☆는 적장자, △는 적자, ▽는 서자를 의미한다. 5급10상황39

[16] 왕세자는 **적장자** 세습 원칙에 따라 왕비 소생의 장자가 책봉되어야 하는 것이 원칙이었다. 7급12논리4

[17] "네 이놈 진아, 네가 성 부인의 위세를 빙자하고 선친先親을 우롱하여 **적장자**嫡長子 자리를 빼앗고자 하나 하늘이 돕지 않아 대사大事가 틀어졌더니, 도리어 요망한 누이와 흉악한 종과 함께 불측不測한 일을 꾀하였도다." 조성기 | 『창선감의록彰善感義錄』을 2003 재인용

적자는 정통성이 있고, 서자는 차별 당하고 주主(main)가 되지 못한다는 점에서 다음과 같이 비유적

으로 쓰기도 합니다.

[18] 코페르니쿠스가 지동설을 주장하기 전에는 프톨레마이오스의 천동설이 학문적 **적자**嫡子의 위치를 점유하고 있었다. ^{09사관21}

[19] 기상예측에 컴퓨터가 사용된 역사는 컴퓨터의 역사보다 훨씬 짧다. 사실 1960년대까지만 해도 대부분의 사람들은 이 '성능 좋은 계산기'가 이론과학의 도구가 되리라고 생각하지 못했다. 자연히 계량적인 방식의 기상 모델링은 **서자** 취급을 받으며 출발했다. ^{5급09논리27-28}

---

028 채권

1. 채권
특정 행위를 요구할 수 있는 권리

---

[01] 의사 표시를 필수적 요소로 하여 법률 효과를 발생시키는 행위들을 법률 행위라 한다. 계약은 법률 행위의 일종으 로서, 당사자에게 일정한 청구권과 이행 의무를 발생시킨다. **청구권**(특정인에게 일정한 행위를 요구할 수 있는 권리)을 내용으로 하는 권리가 **채권**이고, 그에 따라 이행을 해야 할 의무가 **채무**이다. 따라서 채권과 채무는 발생한 법률 효과가 동전의 양면처럼 서로 다른 방향에서 파악되는 것이라 할 수 있다. 채무자가 채무의 내용대로 이행하여 채권을 소멸시키는 것을 **변제**라 한다. ^{1911국어16~20}

[02] **채권**은 어떤 사람이 다른 사람에게 특정 행위를 요구할 수 있는 권리이다. 이 특정 행위를 급부라 하고, 특정 행위를 해주어야 할 의무를 **채무**라 한다. 채무자가 채권을 가진 이에게 급부를 이행하면 채권에 대응하는 채무는 소멸한다. 급부는 재화나 서비스 제공인 경우가 많지만 그 외의 내용일 수도 있다. ^{2111국어26~30}

[03] **물권**은 **채권**(특정 행위를 요구할 수 있는 권리)과 달리 특정한 물건에 대한 권리(예:소유권, 지상

권, 전세권, 저당권 등)이므로, 그 권리를 제3자에게도 주장할 수 있다. 5급10상황3

위 내용을 잘 이해했다면 이제 **반대급부**를 이해할 수 있습니다.

[04] 일반적인 다른 약속처럼 **계약**도 서로의 의사 표시가 합치하여 성립하지만, 이때의 의사는 일
      정한 법률 효과의 발생을 목적으로 한다는 점에서 차이가 있다. 한 예로 매매 계약은 '팔겠
      다'는 일방의 의사 표시와 '사겠다'는 상대방의 의사 표시가 합치함으로써 성립하며, 매도인
      은 매수인에게 매매 목적물의 소유권을 이전하여야 할 의무를 짐과 동시에 매매 대금의 지급
      을 청구할 권리를 갖는다. 반대로 매수인은 매도인에게 매매 대금을 지급할 의무가 있고 소유
      권의 이전을 청구할 권리를 갖는다. 양 당사자는 서로 권리를 행사하고 서로 의무를 이행하는
      관계에 놓이는 것이다. 1911국어16~20

      "A가 B에게 급부 x를 제공할 의무가 있다" 혹은 "B가 A에게 급부 X를 제공받을 권리가 있다"를 다음과 같이 나타내겠
      습니다. (x: 급부, X→: 급부 제공) 예를 들어, 증여는 당사자 일방만 채무를 부담하는 편무계약입니다.

$$\boxed{A} \quad X\to \quad \boxed{B}$$

      반면 지문에 제시된 매매계약은 당사자 쌍방이 대가적 채무를 부담하므로 쌍무계약입니다. 매도인이 매수인에게 목적물
      의 소유권을 이전하는 급부에 대한 대가적 급부(반대급부)는 매수인이 매도인에게 매매 대금을 지급하는 급부입니다.

$$\boxed{매도인} \quad \begin{array}{c}목적물 \to \\ \leftarrow 대금\end{array} \quad \boxed{매수인}$$

      즉, 반대급부는 반대방향의 급부, 반대편의 급부이며, 일상어에서도 대가라는 뜻으로 곧잘 쓰이니 잘 알아두세요.
      저는 살면서 '반대급부'를 뭔가에 반대하고 항의한다는 의미로 잘못 쓰는 분들을 여럿 봤습니다.

[05] 물질적 **반대 급부**(대가)를 기대하고 예술가를 돕는(급부) 후원자가 보기에는, 예술가의 재능은
      하나의 경제적 가치를 가진 대상일 뿐이다. 030947~51

[06] 중세 동아시아 의학의 특징은 강력한 중앙권력의 주도 아래 통치수단의 방편으로서 활용되었
      다는 점이다. 권력자들은 최상의 의료 인력과 물자를 독점적으로 소유함으로써 의료를 **충성**
      (급부)에 대한 **반대급부**(대가)로 삼았다. 7급13논리01

[07] 실제로 승부를 겨루고 그 승부에 따라 **반대급부**가 돌아갈 수 있도록 해야, 적어도 놀이하는 동
      채꾼들이라도 신명풀이를 할 수 있다. 입법06논리31

[08] '금의 후손'은 통치자이다. 통치자는 폴리스를 지배하기 위해 태어난 사람들이다. 언뜻 보면

동의 후손으로 태어난 이들은 불공정하다고 느낄 것 같다. 금의 후손이나 은의 후손처럼 명예로운 직책에 오를 가능성이 타고난 신분에 의해 원천적으로 봉쇄된 것 아닌가? 그러나 그에 대한 **반대급부**가 명확하기 때문에 마냥 불공정한 것만은 아니다. 입법19논리39

[09] 근로자에 대한 보상조치가 경업금지약정에 반드시 포함되어야 그 약정이 유효한가에 대해서는 논란이 있다. 이와 관련해서는 두 견해가 있다. 첫 번째 견해는 경업금지의 문제에서는 직업의 자유 등 근로자의 권리와 기업의 재산권이 충돌하는데, 이 두 권리가 조화될 수 있도록 하려면 대가 제공 같은 보상조치가 반드시 필요하다고 본다. 이 견해는 대가가 경업하지 않는 것에 대한 **반대급부**의 성격을 띤다고 간주하여, 대가액은 **쌍무**관계를 인정하는 정도의 균형을 고려하여 산정되어야 한다고 하였다. 15이해30-32

[10] 고려시대의 신분은 크게 양신분(양인)과 천신분(천민)으로 나뉘었다. 양인과 천민을 구분하는 가장 중요한 기준은 **국역**(국가나 공공 단체가 특정한 공익사업을 위하여 보수 없이 국민에게 의무적으로 책임을 지우는 노동)을 지는가 지지 않는가 하는 것이었다. 양인은 국가에 대한 의무로서 국역을 지는 대신, 그 **반대급부**로서 양인 신분을 법적으로 보장받고, 국가의 보호를 받으며, 관리가 될 수 있었다. 반면, 천민은 국역을 부담하지 않는 대신, 양인과 같은 권리를 인정받지 못했다. 5급22상황22

2. 채권
일종의 차용증

[11] **채권**은 사업에 필요한 자금을 조달하기 위해 발행하는 유가 **증권**(증거가 되는 문서나 서류)으로 **국채**(국가가 발행한 채권)나 **회사채**(회사가 발행한 채권) 등 발행 주체에 따라 그 종류가 다양하다. 채권의 **액면**(화폐나 유가증권에 표면) 금액, 액면 이자율, **만기일**(기한이 다 차는 날) 등의 지급 조건은 채권 발행시 정해지며, 채권 소유자는 매입 후에 정기적으로 이자액을 받고, 만기일에는 마지막 이자액과 액면 금액을 지급받는다. 이때 이자액은 액면 이자율을 액면 금액에 곱한 것으로 대개 연 단위로 지급된다. 채권은 만기일 전에 거래되기도 하는데, 이때 채권 가격은 현재 가치, 만기, 지급 불능 위험 등 여러 요인에 따라 결정된다. 11년144-46

음... 확 와닿는 게 별로 없죠? 실제 시험장에서 이 지문을 제대로 이해한 학생이 거의 없었을 거라 생각합니다. 용어도

어렵거니와 채권을 판매하는 입장에서 설명해놨기 때문입니다. 사는 입장에서 보면 쉽습니다. 채권은 일종의 차용증입니다(큰 돈을 빌려줄 때는 아무리 가깝더라도 차용증을 받아야 합니다!). 차용증에는 얼마를 빌려주는지, 이자율은 얼마로 할 것인지, 언제까지 갚을 건지 등을 쓰겠죠? 이게 각각 액면 금액, 액면 이자율, 만기일에 대응됩니다. 참고로 여기서 액면 금액이란 채권 앞면에 적힌 금액인데, 차용증에 적힌 금액이라는 것과 대응됩니다. 이렇게 돈을 빌려주면 정기적으로 이자(액)을 받고, 만기일에는 마지막 이자와 함께 빌려준 원금을 받습니다. 개인 간 돈거래를 하면 보통 월마다 이자를 지급하는데, 예문을 보면 채권은 대개 연 단위로 한다는 것이 좀 다르네요. 정리하자면, 국채는 국가에 돈을 빌려주고 받는 차용증, 회사채는 회사에 돈을 빌려주고 받는 차용증입니다. 이런 이유로 채권은 주식과 달리 (회사가 파산하지 않는 한) 원금이 보장된다는 점에서 안정적인 재테크 수단으로 여겨집니다.

[12] **채권**은 정부나 기업이 자금을 조달하기 위해 발행하며 그 가격은 채권이 매매되는 채권 시장에서 결정된다. 채권의 발행자는 정해진 날에 일정한 이자와 원금을 투자자에게 지급할 것을 약속한다. 채권을 매입한 투자자는 이를 다시 매도하거나 이자를 받아 수익을 얻는다. 그런데 채권 투자에는 발행자의 지급 능력 부족 등의 사유로 이자와 원금이 지급되지 않을 가능성인 신용 위험이 수반된다. [190921-25]

[13] 토지는 귀금속, 주식, **채권**, 은행 예금만큼이나 좋은 투자 대상이다. [7급20논리10]

[14] NFT는 소유권, 저작권 등의 진위 여부를 확인하는 수단이다. '디지털화한 자산'은 이 NFT를 등에 업고 '유동화' 시장으로 진출이 본격화될 것이라 예상된다. 그동안 유동화 대상 자산은 **채권**, 부동산 등 실물 위주였으나, NFT를 도입할 수 있는 대상이 지식재산(IP)전반으로 확대되고 있어 전에 없던 형태의 거래 발생이 점쳐진다. [입법22논리21]

[15] 예금 인출이 쇄도하는 상황에서 예금 인출 요구를 충족시키려면 은행들은 현금 보유량을 늘려야 한다. 이를 위해 은행들이 앞다투어 **채권**이나 주식, 부동산과 같은 자산을 매각하려고 하면 자산 가격이 하락하게 되므로 은행들의 지불능력이 실제로 낮아진다. [17이해14-17]

[16] 화폐의 물리적 구현 형태는 제각기 다를 수 있지만 그와 무관하게 금융경제학에서는 다음의 세 가지 기능인 교환 매개, 가치 척도 및 가치 저장 기능을 모두 가지는 것을 화폐로 정의한다. 특히, 교환매개 기능은 유동성을 제공하는 근원이 되며, 주식, **채권** 등 가치 저장 기능을 가지고 있는 다른 유가증권과 화폐를 구분하는 가장 큰 특징이다. [입법18논리35]

유가 증권은 재산적 권리를 나타내는 증서입니다. 그렇다면 복권은 유가 증권일까요? 네. 언제까지 어디로 이 증서를 가져오면 얼마를 주겠다고 하니까요. 상품권은 유가 증권일까요? 네. 금전적 가치가 있는 물건과 바꿀 수 있으니까요. 수표는 유가 증권일까요? 네. 은행에 가면 수표에 적혀 있는 금액으로 바꿔주니까요. 생각보다 쉬운 개념이죠? ㅋ

삽화

1. 삽화 | illustration
내용을 보충하거나 이해를 돕기 위하여 삽입된 그림

[01] 그림책의 그림은 순수 회화와 구별해서 **일러스트레이션**illustration이라고 한다. 일러스트레이션은 'illustrate'라는 동사에서 나온 말로, '예를 들어 쉽게 설명한다'라는 뜻이다. 그림책에서 일러스트레이션은 그림책이 전하는 이야기를 설명해 준다. 041139-42

[02] 제가 그리고 싶은 그림은 소설이나 동화의 **삽화**입니다. 좋은 삽화를 보면 이야기의 일부라는 느낌을 받는데, 바로 그런 삽화를 그리는 게 제 꿈입니다. 1506B1-3

[03] (나)의 내용을 바탕으로 **삽화**를 그리려고 한다. 〈보기〉에서 (나)의 내용을 잘 반영한 것을 골라 바르게 묶은 것은? 061150

[04] '편지'의 내용을 바탕으로 **삽화**를 그리려고 한다. 〈보기〉에서 '편지'의 내용과 잘 어울리는 것을 골라 바르게 묶은 것은? 07사관18

[05] ⓒ의 당위성을 높이기 위해, 남북이 뒤바뀐 이 지도를 **삽화** 자료로 활용한다. 001110

2. 삽화 | episode
이야기나 사건의 줄거리에 끼인 짤막한 토막 이야기

[06] 동시에 벌어진 사건들을 **삽화**처럼 나열하여 이야기의 흐름을 지연시킨다. 190643

[07] 인물들의 체험을 **삽화** 형식으로 나열하여 주제를 다각적으로 조명하고 있다. 1406B41

[08] 여러 개의 **삽화**가 병렬적으로 연결되어 있다. 050952

[09] 다양한 인물들의 경험을 **삽화** 형식으로 나열하고 있다. 071115

[10] 인물들의 다양한 체험을 **삽화** 형식으로 나열하고 있다. [110935]

[11] 다양한 사건들을 **삽화** 형식으로 나열하고 있다. [13사관23]

[12] 다양한 인물들의 경험을 **삽화** 형식으로 나열하고 있다. [14사관A34]

[13] 인물들의 체험을 **삽화** 형식으로 나열하여 주제를 다각적으로 조명하고 있다. [1406B41]

[14] 인물의 경험을 **삽화** 형식으로 제시하여 사건에 입체감을 부여하고 있다. [23사관19]

[15] 각각의 **삽화**들은 서로 긴밀하지는 않지만 주인공의 도술 사용을 연결고리로 하여 결합된다. 엄준 토벌 **삽화**와 역모 누명 **삽화**가 그 예로서 주인공이 조력자 없이 도술로 문제를 해결해 가는 것은 그에게 신비감을 부여하고 이야기에 환상성을 더한다. [1606B39]

---

030 연유

1. **연유**
   우유를 1/2~1/3로 농축한 액체. 팥빙수에 뿌려먹으면 맛있음

2. **연유** | reason
   까닭/이유

---

[01] 마마님, 무엇이옵니까? 무슨 **연유**로 이리 하시는지 알려 주시옵소서. 김영현 「대장금」 울120637-39

[02] 주인은 말을 몰아 양생에게 다가가 그 **연유**를 물었다. [101116-19]

[03] 어떤 **연유**로 이 환자의 장이 이렇게 망가진 것일까? [입법20논리21]

[04] 좋은 일이나 나쁜 일은 각기 서로 끌리어 생겨나는 것인데, 사람들은 보통 그 **연유**를 알지 못하여 우연으로 치부해 버린다. [08추론33]

[05] 의무에서 비롯하는 행위는 그 도덕적 가치를 행위에서 기대되는 결과에 의존하지 않으며 대신에 행위를 결정하는 동기인 의지에서 구한다. 결과는 다른 원인으로 성취될 수도 있으며,

이성적 존재자의 의지가 요구되지도 않는다. 반면에 무조건적인 최고선은 이성적 존재자의 의지에서 만날 수 있을 뿐이다. 이런 **연유**로 오직 법칙에 대한 표상, 즉 법칙 자체에 대한 생각만이 우리가 도덕적이라고 부르는 탁월한 선을 이룬다. 20이해22-24

[06] 밤에 잘 때에도 그는 시계를 머리맡에 풀어 놓거나 호주머니에 넣은 채로 버려두지 않는다. 반드시 풀어서 등기 서류, 저금통장 등이 들어 있는 비상용 캐비닛 속에 넣고야 잠자리에 드는 것이었다. 거기에는 또 그럴 만한 **연유**가 있었다. 이 시계는 제국 대학을 졸업할 때 받은 영예로운 수상품이다. 뒤쪽에는 자기 이름이 새겨져 있다. 전광용 | 『꺼삐딴 리』 | 1409A34-37

3. **연유하다** | origin
유래하다

영단어 fall의 뜻은 동사로 쓰일 때는 '떨어지다'지만 명사로 쓰일 때는 '가을', '폭포' 등입니다. 가을은 낙엽이 떨어지는 계절이고, 폭포는 절벽에서 물이 곧장 떨어지는 물줄기니 서로 연관성이 있습니다. 한국어에도 품사에 따라 뜻이 달라지는 단어가 있습니다. **연유**緣由가 바로 그렇습니다. 동사로 쓰일 때는 '비롯되다'를, 명사일 때는 '까닭'을 뜻합니다. 까닭은 어떤 결과가 비롯된 원인이니 서로 연관성이 있습니다.

[07] '엑기스'는 '뽑아내다'는 뜻의 네덜란드어 'extract'에서 일본인들이 'ex-'만 취하여 '에키스'라고 부르는 데 **연유**한 것이므로 '진액津液'이라고 바꾸어 쓰는 것이 옳다. 030911

[08] 그녀들로서는 문자의 두 뺨에 서린 발그레한 홍조와 노래를 몸에 휘감고 있는 듯한 그 발랄한 생기가 어디에서 **연유**하는지 더욱 몰라졌다. 09이해17-19

[09] 양심발생의 자연적 기원은 양심이 어디서부터 **연유**되고 있는가를 보여주고 있고, 양심발생의 신적 기원은 양심이 어디를 향하고 있는가를 보여주고 있다. 입법06논리35

[10] 시왕도의 주요 내용은 인간이 죽어서 거치지 않으면 안 되는 시왕 세계의 모습을 순차적으로 묘사하는 것이다. 죽어서 다음 생을 받을 때까지의 49일 동안은 중음中陰의 신세가 되는데 이 기간 동안 7일 간격으로 7명의 시왕 앞에 나아가 생전에 지은 죄업의 경중과 선행·악행을 심판받는다고 한다. 불가에서 49재四十九齋를 지내는 것도 여기에서 **연유**한다. 입법16논리1

1. 한국을 포함한 대부분의 국가들은 ____를 원칙으로 국가를 운영한다.

   ① 역치   ② 법치

   ③ 전위적   ④ 피착취

2. 다음 중 밑줄친 단어의 사용이 어색한 것은?

   ① 이혼이나 재혼으로 가족이 편재되는 경우도 많아졌다.

   ② 왕은 자신의 결정이 천명임을 강조했다.

   ③ 그 화가는 전위적인 예술 행보로 유명하다.

   ④ 이 회사는 올해 또 적자를 기록했다.

   ⑤ 그의 행동 뒤에는 깊은 연유가 있다고 그녀는 주장했다.

3. 다음 문장에 대한 설명으로 옳은 것은?

   ┌───┐
   │   │
   │ 작금의 부의 편재는 정상 상태라 할 수 없다.   │
   │   │
   └───┘

   ① 오늘날의 상황이 변화 없이 멈춰있다는 뜻이다.

   ② 작금이에게는 어머니만 있고, 아버지가 없다.

   ③ 누구나 윤택한 현 상황이 비정상적이란 뜻이다.

   ④ 불균형한 재산의 분포를 문제 삼고 있다.

4. 다음 중 '승화'의 사용이 적절하지 않은 문장을 모두 고르시오.

① 공기 온도가 0℃ 이하로 냉각되면, 기체에 접촉된 수증기가 승화한다.

② 드뷔시의 음악은 화성을 철학으로 승화시켰다.

③ 신국립미술관은 철골의 기술적 장점을 미학적으로 승화시킨 건축물이다.

④ 아내의 죽음을 종교적 상징으로 승화 하고 있는 관점을 이어 간 작품이군.

⑤ 가격 승화로 생산자의 이윤이 증대되자 소비자의 불만이 증가했다.

5～8. 다음을 읽고 옳으면 ○, 틀리면 ×에 표기하시오.

> ⓐ적자에 대한 차별이 ⓑ편재해있다. 나는 이러한 부당함을 없애는 데 일조하겠다고
> ⓒ이 자리를 빌려 선언한다.

5. 맥락을 고려할 때, ⓐ는 '적자생존'의 '적자'와 같은 의미다.　　　　　　(○, ×)

6. 맥락을 고려할 때, ⓑ는 '잠재'와 바꿔 쓸 수 있다.　　　　　　　　　(○, ×)

7. 맥락을 고려할 때, ⓒ는 '천명한다'로 바꿔 쓸 수 있다.　　　　　　　(○, ×)

8. 화자는 사회적 차별이 적자에게 치우쳐 있다고 생각한다.　　　　　　(○, ×)

9. 다음 중 '정치'가 <보기>의 밑줄과 같은 의미로 사용된 문장을 모두 고르시오.

─────────────<보기>─────────────

수십 개의 석재들이 정교하게 하나의 구조물로 짜 맞추어져 있어 <u>정치</u>한 아름다움을 보인다.

① 사람 사는 곳에는 반드시 정치가 필요하다.

② 당대의 정치 이념을 비판하고 있다.

③ 난관을 극복하는데 대한 지원이 보다 세부적이고 정치하게 이루어져야 한다

④ 예술이 주는 정치적, 교육적, 도덕적인 여러 종류의 영향을 고려해야 한다.

⑤ 군사정권은 대중문화를 정치적으로 이용하려 했다.

10. 단어와 빈칸을 적절하게 연결하시오.

① 연유	ⓐ 약물요법을 중지하면 신체 기능이 ___로 복귀한다.
② 정상 상태	ⓑ 충전지가 방전될 때 양극 단자와 음극 단자 간에 ___차, 즉 전압이 발생한다.
③ 전위	ⓒ 마라톤은 고대 그리스 마라톤 전쟁의 고사에서 ___하였다.
④ 삽화	ⓓ 그 책은 중요 개념마다 ___가 있어 이해하기가 쉬웠다.

11. 급부가 이행되면 ___의 ___에 대한 ___가 소멸된다.

정답은 362p에 있습니다.

다음 두 문항처럼 동음이의어를 직접적으로 문제화됐거나, 앞으로 출제될 만한 어휘들 10개 살펴보겠습니다.

문1. 문맥을 고려할 때, 밑줄 친 말이 ⓐ~ⓔ의 동음이의어가 <u>아닌</u> 것은?[181142]

선지	문맥
① ⓐ: 공항에서 해외로 떠나는 친구를 <u>전송</u>餞送할 계획이다.	디지털 통신 시스템은 송신기, 채널, 수신기로 구성되며, ⓐ<u>전송</u>할 데이터를 빠르고 정확하게 전달하기 위해 부호화 과정을 거쳐 전송한다. 영상, 문자 등인 데이터는 ⓑ<u>기호</u> 집합에 있는 기호들의 조합이다. 예를 들어 기호 집합 a, b, c, d, e, f에서 기호들을 조합한 add, cab, beef 등이 데이터이다.
② ⓑ: 대중의 <u>기호</u>嗜好에 맞추어 상품을 개발한다.	
③ ⓒ: 나는 가난하지만 귀족이나 <u>부호</u>富豪가 부럽지 않다.	송신기에서는 소스 부호화, 채널 부호화, 선 부호화를 거쳐 기호를 ⓒ<u>부호</u>로 변환한다. 소스 부호화는 데이터를 압축하기 위해 기호를 0과 1로 이루어진 부호로 변환하는 과정이다.
④ ⓓ: 한번 금이 간 인간관계를 <u>복원</u>復原하기는 어렵다.	전송된 부호를 수신기에서 원래의 기호로 ⓓ<u>복원</u>하려면 부호들의 평균 비트 수가 기호 집합의 엔트로피보다 크거나 같아야 한다. 정답. '복원'은 동음이의어라고 할 만한 게 없음.

선지	문맥
⑤ ⓔ: 이 작품은 그 화가의 오랜 노력의 결정結晶이다.	채널 부호화를 거친 부호들을 채널을 통해 전송하려면 부호들을 전기 신호로 변환해야 한다. 0 또는 1에 해당하는 전기 신호의 전압을 결정하는 과정이 선 부호화이다. 전압의 ⓔ결정 방법은 선 부호화 방식에 따라 다르다.

문2. 문맥을 고려할 때, 밑줄 친 말이 ⓐ~ⓔ의 동음이의어인 것은?[210925]

선지	문맥
③ ⓒ: 이 문제에 대해서는 이론異論의 여지가 없다.	하나의 작품이 어떤 특정한 기준에서 훌륭하므로 예술 작품이라고 부를 수 있다는 평가적 ⓒ이론들과 달리, 디키의 견해는 일정한 절차와 관례를 거치기만 하면 모두 예술 작품으로 볼 수 있다는 분류적 이론이다.

전송

전송1

배웅하다. 서운하여 잔치를 베풀고 보내다

주로 문학, 특히 고전문학에 곧잘 나옵니다.

[01] 선형은 하얀 양복에 맨머리로 창 밑에 서서 **전송** 나온 사람들의 인사를 대답하고,[14예비B37]

[02] "내 관아가 비록 작으나 수일 후 형을 **전송**하리니 벼슬이 높다고 사양하지 마오."

『낙성비룡』| 110647-50

전송2

데이터를 전파를 이용하여 먼 곳에 보냄

[03] 내 컴퓨터는 원래의 단어와 암호화된 단어를 함께 전송하고, 이 두 정보를 **전송** 받은 책마을 컴퓨터는 암호화된 단어를 공개키 A로 해독한 후에 **전송** 받은 원래 단어와 일치하는지 확인한다. 050957-60

[04] 송신기에서 부호를 **전송**하면 채널의 잡음으로 인해 오류가 발생하는데 이 문제를 해결하기 위해 잉여 정보를 덧붙여 전송한다. 채널 부호화 중 하나인 '삼중 반복 부호화'는 0과 1을 각각 000과 111로 부호화한다. 이때 수신기에서는 수신한 부호에 0이 과반수인 경우에는 0으로 판단하고, 1이 과반수인 경우에는 1로 판단한다. 즉 수신기에서 수신된 부호가 000, 001, 010, 100 중 하나라면 0으로 판단하고, 그 이외에는 1로 판단한다. 이렇게 하면 000을 **전송**했을 때 하나의 비트에서 오류가 생겨 001을 수신해도 0으로 판단하므로 오류는 정정된다. 이

렇게 하면 000을 전송했을 때 하나의 비트에서 오류가 생겨 001을 수신해도 0으로 판단하므로 오류는 정정된다. [181138-42]

032 기호

기호¹
무엇을 즐기고 좋아하는 일. 또는 그런 취미

[01] 대중의 **기호**嗜好에 맞추어 상품을 개발한다. [181142]

[02] 계량화(어떤 현상의 특성·경향 등을 수량으로써 표시하는 것)가 불가능한 창작자의 재능, 관객의 변덕스런 **기호** 등의 변수로 야기될 수 있는 흥행의 불안정성 [1506A16-19]

[03] 교환되는 내용이 양과 질의 측면에서 정확한 대등성을 결여하고 있음에도 불구하고, 교환에 참여하는 당사자들 사이에 비대칭적 상호주의가 성행하는 이유는 무엇인가. 그것은 셈에 밝은 이른바 '경제적 인간Homo economicus'들에게 있어서 선호나 **기호** 및 자원資源이 다양하기 때문이다. [011137-41]

[04] 새로운 낱말을 만들 때에는 몇몇 선학들이 시도했듯이 '매가름, 목'처럼 일상어와 인연을 맺기가 어려운 것을 쓰거나, '엮, 묶'과 같이 낱말의 한 부분을 따오는 방식보다는 역시 일상적으로 쓰는 말에 새로운 개념을 불어넣은 방식을 취하는 것이 언어 대중의 **기호**를 충족시킬 수 있겠다고 생각된다. [971156-60]

[05] 비판자들은 혹시라도 사물놀이가 대중의 일시적인 **기호**에 영합(남의 마음에 들도록 아첨하여 좇는 것)하는 방향으로 흘러갈 경우 머지않아 위기를 맞게 될지도 모른다고 경고하고 있다. [021148]

[06] 개인은 자신의 취향이나 **기호**에 따라 어떤 상품을 선택했다고 착각할 수 있지만 실은 선택해야 할 상품을 기업이 이미 정해 놓은 것이다. [5급23논리17]

기호²
어떠한 뜻을 나타내기 위하여 쓰이는 부호, 문자, 표지 따위를 통틀어 이르는 말

[07] 시그마(σ)는 표준 편차를 나타내는 **기호**로 그 값이 작다는 것은 평균을 중심으로 품질 특성 값이 덜 흩어져 있음을 의미하며, 이는 곧 생산된 제품의 품질이 상대적으로 균일하다는 것을 의미한다. 070633-36

[08] 이때 영웅은 그저 비범한 능력의 소유자에 그치지 않고 민족의 영광과 상처를 상징하는 육화사람으로 구체화/현실화되어 나타난된 **기호**로서 구성원에게 동일시할 대상으로 나타난다. 090916-19

[09] 상류층은 사치품을 사회적 지위 및 위계질서를 나타내는 **기호**記號로 간주하여 피지배계층의 사치품 소비를 금지했다. 5급18논리26

[10] 퍼스는 기호를 <u>도상, 지표, 상징</u>이라는 세 유형으로 분류했다. **기호**가 **기호**의 대상과 어떤 관계를 맺느냐에 따라 그 유형이 결정되는 것이다. 입법09논리26

- <u>도상</u> 기호가 대상과 유사하거나 대상을 흉내내는 것으로서 인식되며 서로 유사한 특성을 공유한다. 즉, 도상 기호는 대상을 유사성에 의거해서 재현한다. 예를 들어, 건물을 찍은 사진은 실제 건물을 유사하게 재현한 도상 기호라 할 수 있다.

- <u>지표</u> 기호가 대상과 자의적(일정한 질서를 무시하고 제멋대로 하는 것)이 아닌 인과관계나 물리적 근접성으로 직접 연결되어 있으며, 이 지표 관계는 직접 관찰하거나 추론을 통해 관찰할 수 있다. 예를 들어, 모래 위에 발자국 두 개가 나란히 찍혀 있다면 우리는 누군가가 지나갔음을 추론할 수 있다. 즉, 발자국은 두 사람이 지나갔음을 인과적으로 알게 해주는 지표 기호가 되는 것이다.

- <u>상징</u> 기호와 대상 사이에 아무런 유사성이 없으며 근본적으로 자의적이고 관습적이다. 학습하지 않으면 기호와 대상 사이의 관계를 이해할 수 없다. 상징은 일반적 의미의 상징과 구분해야 하는데, 예를 들어 '나무'라는 단어는 사회적 약속에 의해 만들어진 상징 기호이다.

부호

부호¹
일정한 뜻을 나타내기 위하여 따로 정하여 쓰는 기호

[01] 현대의 문장 **부호**는 독서의 편의를 위해 사용하는 보조적 기호의 일종이다. [091113-15]

[02] 현대 디지털 통신 체계와 같이 이진 **부호** 체계를 도입하여 각각의 아궁이에 불을 지핀 경우를 1로, 지피지 않은 경우를 0으로 하여 이산화한다면 봉수에서도 원리상 5가지 이상의 정보를 전송할 수 있다. [5급22논리4]

부호²
재산이 넉넉하고 세력이 있는 사람. 부자

[03] 이 대목은 가족의 생계 문제를 걱정하는 몰락 양반의 출현과 향촌 사회에 새롭게 등장한 신흥 **부호**의 생활상을 보여 주고 있다. [200932]

[04] 정치가들은 **부호**들의 재산을 몰수하거나 토지소유에 제한을 가하고 국유지를 소농민, 군인, 퇴역군인에게 분배하는 정책을 시행하였다. [입법09논리38]

[05] 이 그림은 러시아의 **부호** 시츄킨의 의뢰로 탄생한 걸작이라 한다. 「춤」이 너무나 마음에 든 시츄킨은 그것과 짝이 될 만한, 음악을 주제로 한 그림을 또 의뢰하였다. 그리고 마티스는 「춤」과 같은 색, 같은 형태의 구성이지만 조용하고 차분한 「음악」을 그렸다고 한다. [11사관4]

결정¹ | decision

행동이나 태도를 분명하게 정함

[01] 물질적 행복은 객관적인 조건에 의해 **결정**되는 것이기 때문에 피동적인 행복이다. ⁰⁵⁰⁶¹²

[02] 초기의 경제학 이론에서는 상품 가격이 수요와 공급의 요인에 따라 **결정**되는 것으로 보고 있었다. 05예비56-60

[03] 사람들은 자신은 대중 매체의 전달 내용에 쉽게 영향받지 않는다고 생각하면서도 다른 사람들이 영향받을 것을 고려하여 자신의 태도와 행위를 **결정**한다. 071120-23

결정2

1. 물질이 특수하게 뭉쳐진 고체(crystal)
2. (비유) 노력하여 이룬 보람 있는 결과

[04] 우리가 계승해야 할 민족 문화의 전통으로 여겨지는 것이, 과거의 인습因襲을 타파打破하고 새로운 것을 창조하려는 노력의 **결정**結晶이라는 것은 지극히 중대한 사실이다. 940814-16

[05] **결정체**結晶體 따위가 액체 속에서 풀어져 섞이다. 1606B13

이론¹
사물이나 현상의 이치를 논리적으로 일반화한 체계

[01] 만일 한 **이론**이 어떤 대상을 도입하여 주어진 현상을 잘 설명할 수 있다면, 그 대상은 설사 직접 관찰할 수 없다 하더라도 실재한다고 보아야 한다. 5급12논리36

[02] 과학 **이론**은 보편 법칙의 형태를 띠는데, 몇 가지 관찰 사례를 담은 관찰 문장으로는 보편 법칙을 결정적으로 증명할 수 없다. 5급07논리34

이론²
다른 의견이나 주장

'**이론**의 여지(가능성)가 없다'는 확실하고 명백하다는 뜻입니다. '의심의 여지가 없다'와 비슷합니다. 반면 '**이론**의 여지가 있다'는 다르게 생각해 볼 수 있다, 반대의견이 있다, 확실하지는 않다 정도의 뜻입니다.

[03] 처거제에서 부거제로 전환된 시점을 정확하게 지목하기는 힘들지만, 조선 후기에 부거제가 시행된 점에 대해서는 **이론**의 여지가 없다. 5급13논리27

[04] 유행성 독감 백신이 고위험군의 사람들에게 매우 효과적이라는 것은 별 **이론**의 여지가 없다. 5급11논리39-40

[05] ㉠의 '이샤매'는 **이론**의 여지가 많지 않은 해독이다. 18경찰27

표면적 1 ⟷ 이면적, 내면적, 심층적

겉으로 드러난 겉으로 보이지 않는

[01] **표면**과 이면(뒷면)의 의미가 다른 반어 反語040646

[02] 독자는 글 **표면**에 드러난 내용을 정확하고 충분하게 읽기, 글 **이면**의 내용을 추론하고 비판하며 읽기, 여러 관점을 비교하고 종합하며 읽기와 같은 방법을 적절히 조합하여 선별한 내용을 읽게 된다. 22062

[03] 인공 지능은 겉으로 드러난 인간의 말과 행동을 분석하지만 인간은 말과 행동 **이면**의 의미까지 고려하여 사고한다. 20114-7

[04] **표면**적 수치만 나열하기보다 학생과 성인의 설문 조사 결과들을 대비하여 조사 결과의 의미를 해석하는 것이 좋겠어. 22예시45

[05] 도시 문명에 가리어진 도시의 **이면**적 풍경, 인정이 메마른 도시인의 초상, 그리고 도시 현실에 대한 비판적 의식 등이 어우러져 도시 소설의 한 줄기를 이룬다. 131120

[06] 이 소설은 **표면적**으로는 또철이의 악행을 기사화하는 것과 관련된 사건을 다루고 있지만, 사실 작가는 이러한 사건을 통해 당대 현실의 모습을 풍자하고자 한 것으로 볼 수 있다. 08사관38

[07] 문화산업은 자극적이며 유희적인 오락거리를 지속적으로 제공해줌으로써 **표면적**으로는 피로와 스트레스를 풀어 줄 정신적 해소처 解消處를 마련해 주고 있다고 선전하고 있지만, **내면적**으로는 그러한 유희적 공간의 상시적 공급을 통해 마치 현실 사회는 아무런 문제가 없는 바람직한 사회인 양 간주하게 만들면서, 사회적 현안이나 정치적 사안에 대해 무관심을 유발토록 조장하고 특정 이념체계에 순응하도록 조종·통제하는 문화적 도구로서 기능하고 있다.

입법10논리12

참고로 구의 용적(물건을 담을 수 있는 부피)은 반지름의 세제곱에 비례하지만, 겉넓이는 제곱에 비례합니다.

[08] 손은 부피당 **표면적**이 커서 수중에서 열손실이 쉽게 일어나는 부위이다. 7급20논리18

[09] 바닥에 뿌려진 뜨거운 물은 온도가 높고 **표면적**이 넓어져서 증발이 빨리 일어나고 증발로 물의 양이 줄어들어 같은 양의 찬물보다 어는 온도까지 빨리 도달하기 때문이다. 061135-39

[10] 별의 실제 밝기는 별의 **표면적**이 클수록, 표면 온도가 높을수록 밝다. 1506B25-26

[11] 19세기의 초기 연구는 체외로 발산되는 열량이 체몸표 면적에 비례한다고 보았다. 231114-17

037 전제

전제¹
결론의 기초가 되는 판단

'전제'의 논리적 쓰임에 대해 깊게 알고 싶은 분들은 제가 쓴 『논리개념 매뉴얼』(법률저널)을 참고해주세요.

[01] 루소의 사상은 인간이 자연 상태에서는 선하고 자유롭고 행복했으나, 사회와 문명이 들어서면서 악해지고 자유를 상실하고 불행해졌다는 **전제**에서 출발한다. 001140-44

[02] 차별은 차이를 **전제**로 하므로 사람 사이의 차별은 차이에서 비롯된다. 09069

[03] 논리학에서는 어떤 추론의 **전제**가 참일 때 결론이 거짓일 가능성이 없으면 그 추론은 '타당하다'고 말한다. 110613-14

[04] '반례'란 그 논증이 부당함을 보여주는 반박 사례의 준말로서, **전제**들이 모두 참이면서 결론은 거짓인 논증의 사례를 말한다. 5급08논리33

> **전제²**
> 국가의 권력을 한 개인個人이 장악하고 그의 힘에 의하여 모든 일을 처리함
> **전제²정**
> 국가 권력을 개인이 장악하여 민의나 법률에 제약을 받지 않고 실시하는 정치

[05] 1603년 엘리자베스 1세가 죽은 후 즉위한 제임스 1세는 의회를 무시하고 왕권신수설을 주장하면서 억압적인 **전제정치**를 실시하려 했다. 입법16논리37

[06] 입법부에서 정부의 집행권이 분리되는가의 여부에 따라 공화정과 **전제정**을 구분할 수 있다. 5급12논리7

[07] 중간집단의 부재를 그 주요 원인으로 들었던 토크빌이 지적했듯이, 민주주의는 혁명을 통해 절대왕정을 무너뜨렸지만 동시에 중앙집권화에 기반한 거대 권력에 의존함으로써 '이성'과 '덕성'이 약화되어 **전제정**으로 귀결되었다. 10이해16-18

[08] 만민공동회는 **전제** 정부의 법적 제한에 맞서 국민의 정치 참여를 쟁취하고자 했다. 7급15논리13

[09] 근대적 정치행위가 실패한 것은 인민들의 한계가 아니라, **전제**황실 권력의 탄압이나 개혁파 지도자 내부의 권력투쟁 때문이라고 설명한다. 5급13논리3

고사

고사¹ | test
학생들의 학업 성적을 평가하는 시험

[01] 동생은 중간**고사**를 보고 나서 친구와 답을 맞추어 보았다. ²²⁰⁹¹⁷

고사²하다
나무가 말라 죽다

[02] 창중이 도시 가로수의 **고사**를 방지하기 위한 방안을 알고자 하므로 가로수에 수분을 공급하는 다양한 방안을 설명한다. ²²⁰⁶³⁶

[03] 나무 재선충이 우리나라 소나무를 멸종 위기에 몰아넣고 있다. 소나무 재선충에 감염된 나무는 잎이 마르면서 생육이 부진해져 ㉠자멸하고 만다. ⁰⁷⁰⁶¹²
① ㉠은 '자멸'이라는 어휘가 적절하지 않으므로 '고사'로 바꿔야겠어. (적절함)

고사³하다
배제하다

'X는 고사하고 Y라도' 형식으로 곧잘 쓰입니다.
X보다 Y의 의미가 더 강합니다.

[04] 몇 푼 안 되는 퇴직금은 **고사**하고라도 몇 달째 밀린 봉급이라도 받을 수 있을까 하는 기대조차 사라진 지 오래였다. _{임철우 | 『눈이 오면』 | 110628-31}

[05] 음료수가 떨어져서 전 연대원이 전투는 **고사**하고 타는 듯한 갈증과 싸우고 있다는 소식이었어. ₂₁₁₁₂₀

[06] 실제로 아우슈비츠 등지에서의 유대인 희생은 공산 정권 시기에 비판적 자기 성찰의 계기는 **고사**하고 아예 '말소된 기억'이었다. _{18이해4-6}

고사⁴하다

굳이 사양하다

---

[07] 그 교수는 장관직을 **고사**했다.

고사⁵

유래가 있는 옛날의 일. 또는 그런 일을 표현한 말

고사성어(옛이야기에서 유래한, 한자로 이루어진 말)할 때의 **고사**가 바로 이 뜻입니다. 새옹지마塞翁之馬는 고사성어는 인생의 길흉화복(운의 좋고 나쁨, 재앙과 축복)이 변화가 많아 예측하기 어렵다는 뜻입니다. 하지만 한자를 그대로 풀면 '새옹의 말horse'라는 뜻밖에 없습니다. 관련 이야기를 모르면 왜 그런 뜻을 갖게 되었는지 어리둥절할 수밖에 없죠.

[08] '춘향'은 **고사**를 활용하여 자신의 상황이 역사적 사건과 관련되어 있음을 말하고 있다. ₁₈₀₉₃₃

[09] 흥보가 자신에게 유리한 **고사**를 인용하자, 놀보 또한 자신에게 유리한 **고사**를 이용하여 반박하려 하였다. ₀₄₀₉₅₇

[10] **고사**故事와 비유를 사용하여 효과를 높이고 있다. ₉₈₁₁₄₁

[11] 〈보기〉는 윗글에서 사용한 **고사**를 정리한 것이다. 이를 바탕으로 윗글을 이해한 내용으로 적

절하지 않은 것은?^{1511A45}

[12] 의도적으로 **고사**故事를 오용(잘못 사용)하여 긴장감을 낳는다.¹⁰⁰⁶⁴³

참고로 마지막 예문과 관련해서, 당시 시험 지문에는 맥락에 맞게 고사를 잘 인용한 사례가 나왔습니다. 따라서 위 선지는 적절하지 않았습니다.

[13]

> 유자柚子가 아니라도 품음 직도 하다마는,*박인로 | 「조홍시가早紅柿歌」
>
> * 후한後漢의 육적이 남의 집에 갔다가 대접 받은 귤(유자)을 먹지 않고 어머니를 위해 품고 왔다는 고사에서 끌어온 표현.

② '유자柚子' 관련 고사故事를 인용한 효과는? → 주제를 효과적으로 부각시킴⁰⁴⁰⁶⁴⁶

원 작품은 붉은 감을 보며 고사처럼 어머니께 드리고 싶은데, 돌아가셨기 때문에 드릴 수 없는 것이 서럽다는 내용이었습니다. 고사도 어머니를 생각하는 마음이고, 작품의 주제도 어머니를 그리워하는 마음이니 주제가 효과적으로 부각됩니다.

[14]

> 기산箕山의 늙은 고불 귀는 어찌 씻었던가*
> 박 소리 핑계하고** 조장操狀***이 가장 높다^{정철 | 「성산별곡」}
>
> * 기산에 숨어 살던 허유가 임금의 자리를 주겠다는 요임금의 말을 듣자, 이를 거절하고 귀를 씻었다는 고사.
> ** 허유가 표주박 하나도 귀찮다고 핑계하고.
> *** 기개 있는 품행.

③ 고사를 들어 '고불'의 '조장'이 높다고 하면서 화자는 세상에 초연했던 '고불'의 인생관을 긍정하고 있다.(적절함)¹³¹¹⁴⁷

[15]

> "ⓔ옛 말씀에 '토끼를 다 잡으면 사냥개를 삶아 먹고 높이 뜬 새 없어지면 좋은 활이

숨는다.' 하였사오니 선생 말씀이 옳사오나 주부는 만리타국의 정성을 다하여 공을 이루고 왔삽거늘 제후로 봉하기는 **고사**3하고 죽이는 것은 이웃나라가 알게 해서는 안 되는 일이나이다. 특별히 권도權道를 좇아 암자라로 대용하심을 바라나이다."

작자미상 | 『토끼전』

④ ㉣ : **고사**5를 활용하여 상대에게 화자의 의견을 전달하고 있다.(적절함)1611B38

고사6
집안에서 섬기는 신神에게 음식을 차려 놓고 비는 제사

[16] "점순이의 키 좀 크게 해 줍소사. 그러면 담엔 떡 갖다 놓고 **고사** 드립죠니까." 하고 치성있는 정성을 다함. 또는 그 정성도 한두 번 드린 것이 아니다. 김유정 | 『봄봄』

039 표적

표적1 | target
목표로 삼은 대상

[01] **표적** 항암제는 암세포(목표로 삼은 대상)에 선택적으로 작용하도록 고안된 것이다. 1609B25-26

[02] 현대 의학에서 사용되는 **표적** 치료제들은 대부분 이러한 유전자에서 나온 특정 단백질을 공격 대상으로 한다. 입법16논리26

[03] 주형 DNA에서 증폭하고자 하는 부위를 **표적** DNA라 한다. 220614-17

[04] 하나의 세포가 **표적**세포로 신호를 전달하는 방법에는 여러 종류가 있다. _{7급13논리14}

[05] **표적**의 매력성이란 범죄자가 범행대상(표적)을 원하는 정도, 그 대상을 가치 있다고 생각하는 정도를 의미한다. _{2013.논증}

[06] 교감신경과 부교감신경은 눈의 홍채와 같은 다양한 **표적**기관의 기능을 조절한다. _{5급21논리31}

표적²

겉으로 드러난 자취

---

[07] 굳은살과 뼈만 남은 손—그것은 일생에 쉼 없는 노동과 근심과 영양 불량으로 살아온 **표적**이었다. _{이광수 | 『흙』}

040 구도

구도¹

1. 그림이나 사진에서 모양, 색깔, 위치 따위의 짜임새
2. (추상적) 구조

---

[01] 고려 시대의 불화 중 부처가 윗단에 배치되고 보살이 아랫단에 배치된 **구도**를 지닌 그림에는 신분을 구별하던 고려 사회의 분위기가 반영되어 있다고 보는 학자들이 있다. _{5급20논리1}

[02] 한 폭의 그림 속에서 물과 바다, 하늘과 땅, 그리고 정자와 인간을 포함한 모든 대상이 화가의 시선에 의해 재구성되어 회화의 **구도**상 의미를 지닌 자리에 놓일 때야말로 진정한 그림의 요체가 드러나기 때문에, 겸재의 그림은 실물과 똑같이 그리는 것이 능사가 아니라는 점을 증명

하고 있다. [231126]

[03] 연속된 장면들을 인과적 관계로 배열하여 갈등 **구도**를 형성하고 있다. [14예비B43]

구도[2]
진리나 종교적인 깨달음의 경지를 구함
구도[2]자
진리, 깨달음을 추구하는 사람

---

[04] **구도**적인 자세를 통해 사물이 지닌 의미를 새롭게 발견하고 있다. [100921]

[05] 「알 수 없어요」를 비롯한 한용운의 시는 '절대자'라는 궁극적 존재를 탐구하는 시이다. 동시에 그것은 역설에 의한 **구도자**로서의 자기 정립 또는 자기 극복의 시이기도 하다. 「알 수 없어요」에서는 이런 점이 물음의 방식을 통해 강화되어 나타난다. [130615]

1~2. 다음을 읽고 질문에 답하시오.

> 수연은 건강상의 ⓐ이유로 수상식 참석을 ⓑ고사했다. 하지만 실상은 ⓒ정치적 이유 때문이라는 데 다들 ⓓ이론이 없었다. 전제 정부가 수여하는 훈장을 넙죽 받을 리 만무한 인물이기 때문이다.

1. 윗글에 대한 설명으로 옳은 것은?
   ① 수연은 수상식에 참석했다.
   ② 수연이 수상식 참석을 고사한 이면적인 이유는 건강이다.
   ③ 맥락을 고려할 때, 수연은 왕정을 찬성하는 입장일 것이다.
   ④ 수연에 대한 사람들의 평가가
   ⑤ 훈장 수여에 대해 수연은 기꺼워하지 않았다.

2. ⓐ~ⓓ와 바꿔 쓸 수 있는 단어로 적절하지 않은 것은?
   ① ⓐ연유
   ② ⓑ시험
   ③ ⓒ정치와 관련된
   ④ ⓓ다른 의견
   ⑤ ⓐ사유

3. 다음 중 '결정'의 뜻이 아닌 것은?

  ① 어떤 문제와 관련된 일이나 사람에 대하여 잘잘못을 가리는 일

  ② 행동이나 태도를 분명하게 정함

  ③ 노력하여 이룬 보람 있는 결과

  ④ 어떤 물질이 공간적으로 일정한 대칭적, 주기적 배열을 가진 고체

4. 다음 중 밑줄 친 단어의 사용이 어색한 것을 고르시오.

  ① 그들은 커다란 돼지머리와 과일을 상에 올리고 고사를 지냈다.

  ② 인물의 성격을 고사에 빗대어 풍자의 효과를 높이고 있다.

  ③ 좋은 사진의 시작은 구도를 잘 잡는 것이다.

  ④ 여기서 실리카는 표적이 넓고 열적 안정성이 높다.

  ⑤ 그는 출가하여 평생을 산속에서 구도에 정진했다.

5. 다음 대화를 읽고 빈칸에 들어갈 단어를 적으시오.

민지: 나는 사람들이 좋은 행동을 할 때에는 그에 따른 보상이 있어야 한다고 생각해.
　　　그래야 사람들이 더욱 좋은 행동을 지속적으로 할 것이라고 생각하니까.

영지: 나는 사람들이 나쁜 행동을 할 때에는 그에 따른 처벌이 있어야 한다고 생각해.
　　　그래야 사람들이 나쁜 행동을 자제할 것이라고 생각하니까.

수지: 너희 둘의 ⓐ___ 모두 '사람들의 행동은 그에 따른 결과에 영향을 받는다'고
　　　ⓑ__하고 있구나.

---

① ⓐ추리　ⓑ유추

② ⓐ의견　ⓑ유추

③ ⓐ이론　ⓑ전제

④ ⓐ사례　ⓑ전제

⑤ ⓐ이론　ⓑ논증

6~8. 다음 문장을 읽고 참, 거짓을 판별하시오.

> 데이터를 한눈에 보기 쉽도록 ⓐ기호를 활용해 정리하고 ⓑ삽화를 덧붙인 자료를 이메일로 전송했다.

6. 정리된 자료를 전기적 신호를 통해 전달했다.   (○, ×)

7. ⓐ는 '부호'라고 바꿔 써도 의미가 통한다.   (○, ×)

8. ⓑ의 동음이의어에는 '짤막한 토막 이야기'라는 뜻이 있다.   (○, ×)

9. 다음 문장에 사용된 단어들에 대한 설명으로 옳은 설명을 모두 고르시오.

> 광학적 메커니즘에 따라 피사체로부터 비롯된 영화의 이미지는 그 피사체가 있었음을 지시하는 지표적 기호이기도 하다.

① '피사체'는 '대상'으로 바꿔 쓸 수 있다.
② '이미지'는 '상'이라고 이해해도 된다.
③ '지시하는'은 '시키는'으로 바꿔 쓸 수 있다.
④ '지표적'은 '목표로 삼은 대상'이라는 뜻이다.
⑤ '기호'는 '좋고 싫음'이라는 뜻이다.

정답은 362p에 있습니다.

서로 반대 뜻을 가진 대립어를 쌍으로 공부하면, 각 단어의 의미를 좀 더 명확히 알 수 있습니다. 또한 지문에 대립어가 같이 등장하는 경우가 많으므로 예측을 통해 더 빠르게 읽을 수 있고, 대립구조를 통해 더 많은 내용을 기억할 수 있습니다.

041 종속적, 예속적 vs 자율적, 주체적, 독립적, 독자적

종속적, **예속적**이란 남의 지배/지휘 아래 매이는 것, 또는 기본이 되는 것에 딸려 붙는 것을 말합니다. 이와 대립하는 단어는 **자율적**, **주체적**, **독립적**, **독자적**입니다.

맥락을 통해 다양한 대립 관계를 확인해두기 바랍니다. 시험에 정말 잘 나옵니다.

[01] 오늘날 일상사적 역사 이해 및 서술과 관련하여 '**종속**'의 관점과 '**자율**'의 관점이라는 두 관점이 있다. 07추론28-31

[02] '도요새'는 인물에 **종속**된 존재를 표상하고, '매화'는 화자에게서 **독립**된 존재를 상징한다. 1509B37

[03] 모든 홀론은 두 가지 성향, 즉 **자율적** 경향과 **예속적** 경향을 갖는다. **자율적** 경향은 **독립**의 형태로 나타나는데 이를 홀론의 전체성이라 하고, 홀론의 부분성을 의미하는 **예속적** 경향은 **복종**의 형태로 나타난다. 941149-51

[04] 고대 사회를 대토지 소유자인 귀족층과 직접 생산자인 하호층(농민층)·노예 사이에 인신 **예속**을 기초로 한 생산 관계가 전개된 노예제 사회로, 중세 사회를 토지소유자인 지주와 경작자인

전호 사이의 생산관계와 신분제가 결합된 봉건제 사회로 보았다. 특히 순장(한 집단의 지배층 계급에 속하는 사람이 죽었을 때 그 사람의 뒤를 따라 강제로 혹은 자진하여 산 사람을 함께 묻던 일)을 강력한 인신 예속의 지표로 보고 삼국 말기 순장의 소멸을 중세 사회가 성립되는 주요 계기로 파악하였다. 5급13논리21

[05] 위기지학의 출현은 종래 과거제에 **종속**되어 있던 교육에 **독자성**을 부여했다는 점, 또 해석하고 외우는 공부의 수준을 넘어서기 어려웠던 경학經學이 교육의 힘을 가진 진정한 학문으로 승격할 수 있는 길을 열었다는 점에서 하나의 역사적 사건으로 평가 받아 마땅한 것이다. 040618-22

[06] 현대 사회가 추구하는 효율성의 원칙만을 내세워 집단을 개인의 우위에 두면 '진정한 인간성'이 계발되기 어렵다. 그러므로 우리는 개인이 조직 사회에 **종속**됨으로써 정신적 **독립성**을 잃게 되는 위험성을 항상 경계해야 한다. 991123

[07] 「황후의 탄식」은 이미지의 나열로 일관한다. 모든 장면은 하나의 서사적 구조에 **종속**되지 않으며, 나름대로의 **독자성**을 지닌다. 061145

[08] 현실에 **종속**되면서도 그 현실을 넘어서려는 절박한 요구는 영화라는 재현 체계 속에서 대중들과 끊임없이 교감하면서 멜로드라마를 생산하도록 했다는 것이다. 12이해33-35

[09] 몬드리안의 예술이 혁명적으로 새롭다는 것은 그가 최초로 비대칭적인 것 속에서 균형의 가능성을 인식하고 이를 그림으로 실현시켰다는 점이다. 이전의 미술가들은 균형이란 항상 중심축을 둘러싸고 대칭되게 배치될 때, 다시 말해 측면부가 중심부에 **종속**되어 중심부가 측면부보다 우세할 때만 이루어질 수 있다고 생각했다. 대칭은 하나의 계층적 질서로서 복종과 지배의 관계에서만 가능한 것으로 여겨졌다. 하지만 몬드리안은 대칭 개념의 오랜 속박에서 벗어나, 대등 관계를 자유롭게 하는 데서 조화를 이룩할 수 있다고 믿었고 실제로도 그것을 완성했다. 11사관33-36

주의. 일반적으로 예속과 자율은 대립적으로 쓰이지만, 반드시 그런 것은 아닙니다.

[10] 여기서 **자유**란 스스로 법칙을 제정하고 동시에 자신이 제정한 법칙에 스스로 **예속**되는 '자기입법'과 '자기**예속**'으로서 '**자율**'의 능력을 의미한다. 18이해13-15

[11] 절충이나 종합은 흔히 은폐와 호도糊塗의 다른 이름일 뿐, 역사의 특정한 시점에서는 그 사회, 그 시대가 당면하고 있는 객관적 제 조건에 비추어, 비록 상당한 진리를 내포하고 있는 주장이라 하더라도 그 경중(가벼움과 무거움, 중요함과 중요하지 않음), 선후를 준별(매우 엄격히 구

별함)하고 하나를 다른 하나에 **종속**시키는 실천적 파당성派黨性이 도리어 '시중時中'의 진의
이며 중용의 본도本道라고 생각됩니다. 신영복 「매직펜과 붓」 050616-19

042 통시적 vs 공시적

공시적, 통시적은 사전을 찾아봐도 뜻을 알기 어렵습니다. 그런데 마침 수능 문제 1311직탐(인간)16에 이 둘
을 잘 비교해놓은 도식그림이 있었습니다. 이를 통해 설명을 전개해 보겠습니다.

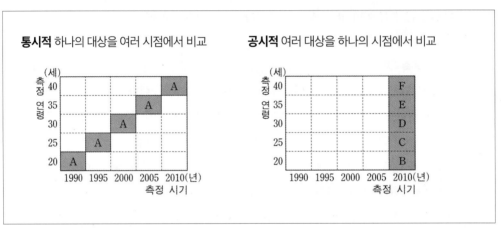

통시적은 하나의 대상이 시간의 흐름에 따라 어떻게 변화하는지 비교하는 것입니다. 그림을 보면, 하
나의 대상 A를 1990년부터 5년이 지날 때마다 여러 시점에서 측정하고 있습니다. 20년에 걸쳐 측정
해야 하니 꽤 장기간이 필요하죠? 이를 통해 A에 어떤 변화/사건이 있었는지 알 수 있습니다. 참고
로 시간에 따른 변화를 **변천**, **추이**라고 하는데, 통시적 접근인 경우 곧잘 언급됩니다.

공시적은 동시에(특정 시점에) 여러 대상의 관계가 어떤지 비교하는 것입니다. 그림을 보면, 2010년
에 여러 대상 B~F를 동시에 측정했습니다. 동시에 측정하니 단기간에 끝마칠 수 있겠죠? 이를 통해
B~F가 측정 당시 어떤 관계(공통점, 차이점 등)를 갖는지 알 수 있습니다.

예를 들어, 자신과 친구들(여러 대상)의 3월 모의고사(한 시점) 점수를 비교하는 것은 **공시적**입니다.
반면, 자신(한 대상)의 3월, 6월, 9월, 11월 모의고사(여러 시점) 점수의 추이를 살피는 것은 **통시적**입
니다.

아래 도식 [23이해15]처럼 공시적, 통시적 연구도 가능합니다.

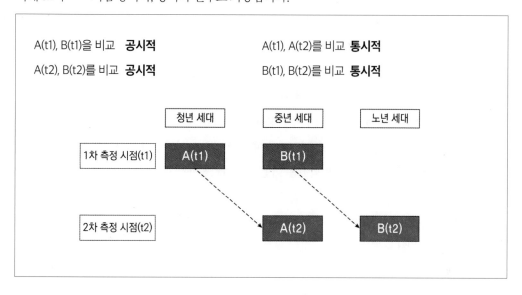

[01] 소쉬르에 따르면, 공시태는 오른쪽 그림에서 가로축에 해당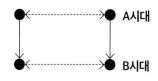
한다. 공시태는 공존하는 사항 간의 관계를 말하는 동시성의
축이며, 시간의 어떠한 개입도 배제된 정적인 언어 상태이다
(A시대, B시대). 통시태는 한 상태에서 다른 상태로의 이행이
다(A시대→B시대). **공시적, 통시적**이라는 말은 현상 자체를 말하기도 하고, 언어 현상을 기술
하는 언어학자의 방법론이나 관점을 말하기도 한다. **공시적 연구**는 언어의 <u>한 상태를 고찰하</u>
는 것이고, **통시적 연구**는 <u>한 상태에서 다른 상태로의 이행을 고찰하는 것이다.</u> [080640-42]

[02] 이론의 변모 과정에 대한 **통시적** 고찰 [060927]

[03] 단어의 의미 변화 과정을 **통시적**으로 밝히려 했다. [070921]

[04] 대상의 발전 과정을 **통시적**으로 제시하고 있다. [09경찰32]

[05] 전체적으로는 화제에 대한 인식의 변화 과정을 **통시적**으로 설명하고 있지. [051148]

[06] (나)와 달리 (가)는 특정한 철학적 방법의 **통시적**인 변화 과정을 적용하여 철학사를 단계적으
로 설명하고 있다. [22114]

[07] (가)는 특정 제도의 발전을 **통시적**으로, (나)는 특정 제도에 대한 학자들의 상반된 입장을 **공시
적**으로 언급하고 있다. [210616]

[08] 슬픔과 분노, 기쁨과 공포 등의 감정과 달리 죄와 수치의 감정은 문화권에 따라서 그리고 시

대적인 거리에 따라서 상이한 방식으로 체험되며, 이는 이 두 감정이 **통시적** 관점에서 이해될 필요가 있음을 말해 준다. 입법21논리28

[09] 교사의 해결 방안 : **공시적**으로 설명하기 어려운 현상은 **통시적** 관점으로 설명되는 경우가 많으므로 **통시적** 현상을 살펴본다. 08임용12

[10] 영화의 **변천** 과정을 **통시적**으로 밝혀 사료로서 영화가 지닌 의의를 강조하고 있다. 200921

[11] 과학의 **변천** 과정을 분야별로 나누어 설명하였다. 05예비39

[12] 물리학자는 하나의 물리 법칙을 발견했을 때, "이 법칙은 어떤 **변천** 과정을 거쳐서 지금과 같이 되었을까?", "변하기 전의 법칙은 어떤 모습이었을까?" 등등의 의문으로 골머리를 앓지 않는다. 060953-56

[13] 영웅이 어떻게 만들어지는가, 어떻게 신비화되고 통속화되는가, 영웅에 대한 기억이 시대에 따라 어떤 **변천**을 겪는가를 탐구하는 것은 '더 사실에 가까운 영웅'의 모습에 다가서려는 이들에게 필수적이다. 090916-19

[14] 특정한 사상의 개념을 이해하기 위해서는 그 개념의 어원에서 출발하여 개념의 의미 **변천**, 해당 개념에 대한 주요 사상가의 견해, 그리고 현대적 적용 양상을 폭넓게 다룰 필요가 있다. 100914

[15] 각 표제 개념을 다룸에 있어 그 개념의 어원, 중국 사상 속에서의 의미 **변천**, 조선 유학사 속에서의 쟁점, 그리고 현대적 함의를 함께 다루는 것을 원칙으로 삼았다. 입법08논리34

[16] 비교 언어학은 언어 간의 친족 관계를 밝히고, 친족 관계가 확인된 언어들의 조어祖語(조상 언어)를 추정하며, 각 언어들이 조어에서 분화된 후의 역사적 **변천**에 대해 연구하는 것을 목적으로 한다. 100933-35

[17] 중심 개념의 **변천**을 역사적으로 개관하고 있다. 120633

[18] 시대적 흐름에 따른 핵심 개념의 **변천** 과정을 규명하고 있다. 120917

[19] 여러 대상의 역사적 **변천** 과정을 설명하고 있다. 131136

[20] (나)는 국가별 유서의 **변천** 과정을 설명하였다. 23114

[21] 나는 옷의 기능은 자신을 보호하는 데에서 상대방에게 자기의 이미지를 전달하는 것으로 **변천**되었다고 생각한다. 971112

[22] 공공 미술의 역사는 세 가지 서로 다른 패러다임(한 시대의 사람들의 견해나 사고를 근본적으로 규정하고 있는 인식의 체계)의 변천으로 설명할 수 있다. 5급21논리20-30

[23] 예술의 단계적 **변천**은 인간 정신의 보편적 발전에 의해 추동되므로, 작품들의 미적 수준의 차

이는 그것들의 장르적 상이성과 무관하다. 15이해7

[24] 게임물에 관한 입법의 **변천** 과정은 규제의 중심이 콘텐츠에서 매체로 옮겨갔음을 보여 준다.
20이해1

필연적 vs 개연적

필연적은 반드시(100%) 그렇게 된다는 것입니다. 예를 들어, 사람은 누구나 100% 죽기 때문에 "죽음의 필연성"2002이라고 표현할 수 있습니다. 반면 **개연적**은 그럴 법한, 즉 그렇게 될 가능성이 있지만 반드시(100%) 그런 것이라고 단정할 수 없다는 뜻입니다. 기본적인 뜻은 이러한데, 분야에 따라 필연적, 개연적과 대립하는 단어가 조금씩 다릅니다.

1. 논리학: 필연적 ←→ 개연적

논리학에서는 개연적과 필연적이 반대말입니다. 100%(반드시) 그렇게 되는지 아닌지를 기준으로 구분하기 때문에 그렇습니다.

[01] 집단 수준의 인과를 **필연적**인 것이 아니라 **개연적**인 것으로 파악해야 한다고 주장하는 사람들이 있다. 091140-42

[02] 법칙들과 초기 조건들이 모두 만족된다면, 현상은 그것들로부터 **개연적**으로가 아니라 **필연적**으로 유도되어야 한다. 05추론42-43

2. 서사문학: 필연적←→우연적

소설, 극 등 이야기가 있는 서사문학에서는 어떤 사건이 일어날 만한 이유가 있을 때, 특히 사건 간에 인과 관계가 있을 때 필연적(필연성)이라고 합니다.

[03]   사건 전개의 **필연성** 부여 09068

[04]   사건 전개가 **전기적**傳奇的(기이하여 세상에 전할 만한 것)이고 우연적이다. 060931

[05]   윗글을 읽고 사건 전개의 **필연성**과 관련하여 제기할 수 있는 의문은? 001151

위 발문은 고전문학에 딸린 문제였는데, 이때는 우연히/홀연히/갑자기/이유 없이 일어난 사건을 찾으면 됩니다. 예를 들어, 위기의 순간에 때마침 누군가 홀연히 나타나 도와준다거나 어려운 처지의 친구를 이유도 없이 죽이려고 한다거나 하는 식의 전개는 필연성이 없다고 할 수 있습니다.

3. 서사문학: 개연적(있을 법함)←→ 비현실적/초현실적/전기적

소설은 사실을 기록한 것이 아니라 있을 법한 일을 그럴 듯하게 꾸며 낸 것입니다. '있음직한', '있을 법한', '그럴 듯하게'를 다른 말로 개연성이라고 하니, 개연성은 소설의 특징이라고 할 수 있습니다. 그리고 구체적 배경(시간과 공간)을 제시하면 개연성을 높이는 데 도움이 됩니다.

[06]   소설에서 시간 표지는 배경을 지시할 뿐 아니라, 우연하게 일어날 수 있는 사건들에 **개연성**을 부여하거나 사건의 전개나 장면의 전환 등에 관여된 서사적 정보를 제시하기도 한다. ① "이때 마침"은 **우연**으로 보이는 감사의 이방 선발이, 필성이 송이와 만나기 위해 애써 왔던 시간과 맞물려 있음을 드러냄으로써 필성의 관아 입성에 **개연성**을 부여한다. 220631

[07]   비현실적 배경이 아닌, 구체적인 시간과 공간을 사건 전개의 배경으로 삼아 **개연성**이 높은 사건들을 통해 이야기를 전개한 점이 뛰어납니다. 04사관26

개연성의 반대말은 **비현실적/초현실적/전기적**입니다. 바닷속 용궁(초현실적인 배경), 선녀(초월적 존재)가 내려와서 구출(초현실적인 사건), 공중부양 등 도술 사용(비현실적), 시신의 한으로 인해 여러 사람이 들어도 관이 움직이지 않음(비현실적), 귀신과 사랑 연애함(비현실적) 같은 상황은 현실에 있을 법한 상황이 아니죠.

[08] **비현실적**이고 **환상적**인 성격을 강조하였다. 030948

[09] 양생과 여인의 사랑을 최대한 강조하되, **비현실적**인 요소는 줄이는 것이 좋겠어. 101118

[10] 이 작품은 고전 비극의 형식을 모방하여 '바보 온달과 평강 공주 이야기'를 재창작하면서 설화가 지니는 **비현실적** 요소를 여전히 남겨 놓았다. 110933

[11] **전기적**傳奇的 요소를 활용하여 **비현실적** 장면을 부각하고 있다. 130634

[12] ㉠에서 ㉡으로 변신하는 **비현실적** 사건을 설정함으로써 작품의 분위기가 **신비화**된다. 2011 추론

[13] 죽은 이와의 사랑은 다소 생소한 소재이지만 원작에 최대한 충실하려 한다. 때로는 **비현실적** 요소가 더 진지하게 받아들여질 때가 있다. 현실에서 소외된 양생은 절박한 외로움 때문에 현실 너머에 있는 여인과 만나서 사랑을 할 수 있었다. 가벼운 만남에 익숙한 현대의 시청자들에게 양생의 사랑은 현재의 삶을 새롭게 인식할 기회를 줄 것이다. 101118

[14] 숙향이 겪는 고난은 그 당시 '숙향전'의 향유층이 겪었을 법한 **현실적**인 경험이다. 그런데 고난의 해결은 **초현실적**이다. 당시 독자들이 숙향과 같은 고난에 부딪혔을 때, **현실적**인 방법으로 해결할 수 없었기 때문이다. 숙향과 자신들을 동일시하였던 당시 독자들은 숙향의 패배와 죽음을 자신들의 것으로 여겼을 것이다. 이것이 숙향의 고난을 해결하는 방법으로 **초월적** 존재를 설정한 까닭이다. 070946

---

4. 언어학: 필연적 ⟷ 자의적, 임의적 | arbitrary

일반적으로 자의적은 일정한 질서를 무시하고 제멋대로, 마음대로 하는 것을 뜻합니다. 일정한 기준이나 원칙 없이 하고 싶은 대로 한다는 임의적과 비슷한 뜻입니다.

[15] 안락사는 환자의 희망에 따른 **자의적** 동의에 의해 이루어져야 한다. 5급05논리27

[16] 음양 이론의 화신으로 추앙받는 주역은 무의미한 음양 막대기 6개씩의 조합과 유학자들의 사유(공자가 『주역』에 붙인 해설인 십익+翼을 말한다)를 **자의적**으로 결합한 것이다. 그러나 이 십익역시 64괘에 대한 **자의적** 해석이므로 주역의 이론 체계와는 아무런 관련이 없다. 입법19논리7

[17] 민주주의의 이상은 모든 자의적인 권력을 억제하는 것으로 이해되었는데 이것이 오늘날에는 **자의적** 권력을 정당화하기 위한 장치로 변화되었다. 5급10논리30

[18] 자유를 지속적으로 누릴 수 있는지 없는지가 어떤 타인의 **자의적** 의지에 달려 있다면 현재 사실상 자유를 마음껏 누리고 있다고 해도, 그 사람은 자유인이 아니다. 입법09논리8

[19] 그림에 그려진 사물의 경우 그것은 화가의 붓에 의해 변형된 사물이라는 관념이 강하게 작용하여 감상자들은 자신의 **자의적** 해석에 앞서 작가의 의도를 먼저 찾으려는 경향이 훨씬 강하다. 06사관B5-8

[20] 근대 초기의 합리론은 이성에 의한 확실한 지식만을 중시하여 미적 감수성의 문제를 거의 논외로 하였다. 미적 감수성은 이성과는 달리 어떤 원리도 없는 **자의적**인 것이어서 '세계의 신비'를 푸는 데 거의 기여하지 못한다고 여겼기 때문이다. 1511B27-30

[21] 경제적인 것과 비경제적인 것은 명확하게 구분하기 어렵고 그 크기를 재는 것 또한 **자의적**일 수밖에 없으므로, 국제적 자본주의를 정당화하는 정반대의 결론이 도출될 수도 있다. 07추론37

그런데 '자의적'이 언어학에서는 필연적의 반대말입니다. 필연적이 '반드시 그렇게 된다'는 뜻이라면, 자의적/임의적은 '반드시 그렇게 되어야 할 이유가 없다'는 뜻이기 때문입니다. 이를 좀 자세히 살펴보겠습니다.

언어는 일종의 기호입니다. 기호는 기호 의미(내용)와 기호 표현(형식)이 결합되어 있습니다. 마치 음식이 그릇에 담겨 있는 것처럼요. 단어의 경우 기의는 단어의 뜻, 기표는 단어의 소리가 됩니다. 그런데 이 둘은 필연적 관계가 아니라 관습에 따른 자의적/임의적 관계입니다. 예를 들어, '고양이'라는 기호는 다음과 같이 이루어져 있습니다.

기의(내용)

'고양이'라는 소리

기표(형식)

[01]   롤랑 바르트Roland Gérard Barthes에 따르면 의미작용-signification은 일종의 과정으로서 그것은 **기표**signifiant와 **기의**signifié를 결합시키는 행위이다. 입법08논리9

[02]   하나의 기호를 만들어서 기호작용을 하게 만들기 위해서 우선 "나는 너를 사랑한다."는 **기의**와 그것을 운반하는 **기표**가 필요한데, 영희는 선희의 조언에 따라 장미를 기표로 택한 것이다. 입법08논리9

[03]   김춘수는 언어와 이미지의 유희, 즉 **기의**記意 없는 **기표**記標의 실험을 시도하였다.

16이해7-10

그런데 이 고양이를 부르는 소리는 언어마다 똑같은 것은 아닙니다. 한국어(고양이), 영어(캣), 일본어(네코), 중국어(마오), 프랑스어(쉬흐), 필리핀어(푸사), 스페인어(가또) 등 언어마다 다릅니다.

이처럼 굳이 고양이를 반드시(필연적으로) '고양이'라고 부를 이유가 없습니다. 즉, **기의**와 **기표** 관계는 필연적이지 않고 자의적입니다.

[04] 언어 표현(기표)과 그것이 지시하는 내용(기의) 사이의 결합이 **자의적**이라는 점을 들 수 있다. 001119-24

[05] 언어의 형태와 의미는 **자의적** 관계로 이루어진다. 050941

[06] 말소리와 그것이 싣고 있는 뜻 사이의 관계는 **자의적**(혹은 **임의적**)이다. 밤하늘에 떠서 세상을 비춰 주는 물체를 반드시 [달]이라고 불러야 할 **필연적**인 이유가 있는 것은 아니다. 만약 필연적인 이유가 있다면 어떤 언어에서나 [달]이라고 해야 할 텐데 그렇지 않기 때문이다. 영어에서는 [문]이라 하고 스페인어에서는 [루나], 헝가리어에서는 [홀드], 일본어에서는 [쓰키]라고 한다. 그것은 마치 붉은 교통 신호등이 정지를 표시하는 것과 같다. 붉은색이 정지를 뜻해야 할 필연적인 이유는 없다. 푸른색을 정지, 붉은색을 진행 표시로 정해도 상관없다. 그것은 약속으로 통용되기만 하면 된다. 9급(지방직)08

[07] '머리'는 하나의 언어 기호인데 여기에는 두 가지 면이 있다. 하나는 알기 쉽게 말해서 [məri]라는 소리의 면이고 또 하나는 '頭'라는 의미의 면이다. 전자를 표현, 후자를 내용이라고 한다. 스위스의 유명한 언어학자 소쉬르는 전자를 시니피앙(기표), 후자를 시니피에(기의)라고 불렀다. 그러므로 언어 기호는 표현(혹은 시니피앙)과 내용(혹은 시니피에)이 결합한 것이다. 그런데 여기서 문제가 되는 것은 언어 기호의 표현과 내용의 관계이다. '頭'를 한국 사람은 [məri](머리), 영국 사람은 [hed](head), 프랑스 사람은 [tet](tête)라고 한다. 이렇게 동일한 내용에 대해서 표현이 각각 다른 것은 무엇을 의미하는가? 그것은 한 마디로 말해서 '頭'를 부르는 언어 습관이 각기 다르기 때문이다. 만일 인간이 '頭'를 이러이러하게 불러야 한다는 필연성이 있다면, 그 표현은 모든 언어에서 동일해야 할 것이다. 그러나 사실은 정반대이다. 이와 같이 언어 기호의 내용과 표현 사이에는 자연적이고 필연적인 관계가 있는 것이 아니라, 관습에 의해서 내용과 표현이 결합된 것임을 알 수 있다. 외무04논리1

아날로그analogue vs 디지털digital

아날로그와 디지털은 사전을 펼쳐서는 뜻을 알기 어렵습니다. 일상에서 친숙하게 볼 수 있는 아날로그 시계와 디지털 시계를 통해 그 의미를 알아보겠습니다.

아날로그 시계

디지털 시계

두 시계의 가장 큰 차이점은 시간의 흐름을 어떻게 보여주느냐입니다. 아날로그 시계는 시곗바늘을 통해 시간의 흐름을 나타냅니다. 시간의 흐름이 연속적이듯이, 시곗바늘 또한 연속적으로(끊어짐 없이) 움직입니다. 그런데 디지털 시계는 바늘 대신 숫자로 시간의 흐름을 나타냅니다. 숫자로 나타내다 보니 시간을 불연속적으로(중간중간 끊어지게) 나타낼 수밖에 없습니다.

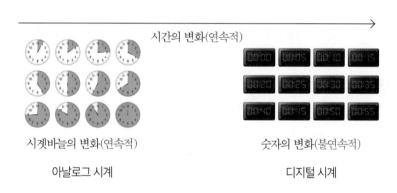

시간의 변화(연속적)

시곗바늘의 변화(연속적)

숫자의 변화(불연속적)

아날로그 시계

디지털 시계

디지털 시계가 시간을 불연속적으로 보여준다는 것이 이해가 잘 안 될 수 있습니다. 분까지만 나오는 디지털시계라면, 12시 00분 30초를 나타낼 수 없습니다. 12:00과 12:01만 표시할 수 있을 뿐입니다. 초까지 나타내는 디지털 시계를 쓰면 어떨까요? 12:00:30과 12:00:31은 나타낼 수 있겠지만 그 사이에 존재하는 12시 00분 30.55초는 나타낼 수가 없습니다. 아무리 세밀하게 시간을 나눠서 표현할 수 있는 디지털 시계라고 하더라도 마찬가지입니다. 나타낼 수 있는 숫자의 자릿수가 유한하기 때문에 이런 일이 생깁니다.

반면 아날로그 시계는 시곗바늘이 12:00를 가리키는 것에서 시작해 12:01까지의 모든 시간의 점들을 스쳐지나갑니다. 따라서 12시 00분 30.55초는 물론이고, 12시 00분 30. 5555555555…초 또한 시곗바늘로 나타낼 수 있습니다.

아날로그와 디지털의 차이점이 느껴지나요? 정리하자면 다음과 같습니다.

아날로그   자료를 연속적인 방식으로 나타내는 방식

디지털   자료를 불연속적으로 나타내는 방식

여기까지 이해했다면 다음 예문을 읽어 보겠습니다.

[01]   **아날로그-디지털** 신호 변환기의 원리가 들어 있는 방목은 시보 장치가 자동으로 작동할 수 있는 동력을 제공한다. 즉, 수수호에 물이 차올라 잣대가 떠오르면서 방목 안에 설치된 장치가 구리로 만든 작은 구슬을 차례대로 떨어뜨린다. 연속적으로 흘러내리는 물의 양인 **아날로그** 신호가 일정한 간격마다 구슬이 떨어지는 불연속적인 **디지털** 신호로 변환되는 것이다. 050645-48

흘러내리는 물은 연속적인 신호입니다. 반면 구슬은 1개, 2개, 3개처럼 뚝뚝 끊어져 있는 불연속적인 신호입니다. 물은 3.141592658리터 같은 것이 가능하지만, 구슬은 3개 아니면 4개밖에 못 나타냅니다.

생각을 좀 더 확장해보겠습니다. 어떤 대상을 유한한 자릿수의 숫자 혹은 기호를 사용해서 불연속적인 **수치화/부호화**를 한다면 디지털 방식입니다. 숫자와 숫자 사이에 빈틈, 즉 끊어진 곳이 있을 수밖에 없기 때문입니다. 거꾸로 어떤 정보를 디지털 신호로 변환했다면 불연속적인 방식으로 나타냈구나 하고 이해하면 됩니다(주로 유한한 자릿수의 숫자를 사용하죠!).

여기까지 이해했다면 다음 예문들을 읽어보기 바랍니다. '디지털'이라는 말이 없어도 디지털 방식이라는 것을 알 수 있을 것입니다.

[02]   디지털 영상은 2차원 평면에 격자 모양으로 화소를 배열하고 각 화소의 밝기인 화솟값을 데이터로 저장한 것이다. 화솟값은 0에서 255 사이의 값으로 나타내는데 0일 때 검은색으로 가장 어둡고 255일 때 흰색으로 가장 밝다. 1511A20-22

[03]   디지털 카메라로 촬영한 영상은 컴퓨터 안에서 영상을 구성하는 점인 수많은 화소의 집합으

로 저장되고, 각각의 화소는 <u>숫자로 표현된 밝기 값과 색상 값</u>을 가진다. 090913-15

[04] 이미지 센서는 빛의 세기를 **디지털** 신호로 변환하여 지문 영상을 만든다. 1606A16-18

[05] 특징 벡터는 음소를 구별하는 데 필요한 정보를 <u>수치로 나타낸</u> 것으로, 음소 추정 구간의 길이에 상관없이 1개로만 추출된다. 131143-45

[06] 학습 데이터를 만들기 위해서는 사과 사진을 준비하고 사진에 나타난 특징인 색깔과 형태를 **수치화**해야 한다. 이 경우 색깔과 형태라는 두 범주를 수치화하여 하나의 학습 데이터로 묶은 다음, '정답'에 해당하는 값과 함께 학습 데이터를 인공 신경망에 제공한다. 170616-19

[07] 사람의 눈이나 귀 같은 감각기관은 **아날로그** 연산에 바탕을 둔 정보 처리 조직을 가지고 있지만 이로부터 발생되는 정보는 **디지털** 정보이다. 감각기관에 분포하는 수용기는 특별한 목적을 가지는 아날로그–디지털 변환기로 볼 수 있는데, 이것은 전달되는 입력의 특정 패턴을 감지하여, 디지털 신호와 유사한 부호를 발생시킨다. 이 신호는 다음 단계의 신경세포에 입력되고, 이 과정이 거미줄처럼 연결된 무수히 많은 신경세포의 연결 구조 속에서 반복되면서 뇌의 다양한 인지 활동을 형성한다. 사람의 감각기관에서 일어나는 아날로그 연산은 감각되는 많은 양의 정보 중에서 필요한 정보만을 걸러 주는 역할을 한다. 그렇기 때문에 실제 신경세포를 통해 뇌에 전달되는 것은 지각에 꼭 필요한 내용만이 축약된 디지털 정보이다. 5급14논리13

다음 지문은 내용이 꽤 어렵습니다. 직업탐구 '컴퓨터 일반' 과목에서 배우는 내용인데, 읽어도 시각적으로 잘 떠오르지 않습니다. 마침 직업탐구 기출문제 중 이와 관련 것이 있어서 넣어두었으니 다음 세 기출 예문을 연달아 읽어보세요.

[08] 저장 장치에 저장되어 있는 각 건반의 소리는 어떤 과정을 거쳐 **디지털** 데이터로 바뀐 것일까? 각 건반의 소리는 샘플링과 양자화 과정을 거쳐 **디지털** 데이터의 형태로 녹음된다. 샘플링은 시간에 따라 지속적으로 변하는 소리 파동의 모양에 대한 정보를 얻기 위해 파동을 일정한 시간 간격으로 나누고, 매 구간마다 파동의 크기를 측정하여 수치화한 샘플을 얻는 것이다. 이때의 시간 간격을 샘플링 주기라고 하는데, 이 주기를 짧게 설정할수록 음질이 좋아진다. 하지만 각 주기마다 데이터가 하나씩 생성되기 때문에 샘플링 주기가 짧아지면 단위 시간당 생성되는 데이터도 많아진다.

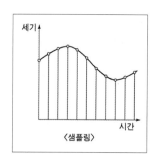

〈샘플링〉

양자화는 샘플링을 통해 얻어진 측정값을 양자화 표를 이용해 **디지털** 부호로 바꾸는 것이다. 양자화 표는 일반 피아노가 낼 수 있는 소리의 최대 변화 폭을 일정한 수의 구간으로 나눈 다음, 각 구간에 이진수로 표현되는 부호를 일대일로 대응시켜 할당한 표이다. 양자화 구간의 개수는 부호에 사용되는 이진수의 자릿수에 의해 결정된다. 가령, 하나의 부호를 3자리의 이진수로 나타낸다면 양자화 구간의 개수는 000~111까지의 부호가 할당된 8개가 된다. 즉 가장 작은 소리부터 가장 큰 소리까지 8단계로 구분하여 나타낼 수 있다. 만일 자릿수가 늘어나면 양자화 구간의 간격이 좁아져 소리를 세밀하게 표현할 수 있지만 전체 데이터의 양은 커진다. 이렇게 건반의 소리는 샘플링과 양자화 과정을 통해 변환된 부호의 형태로 저장 장치에 저장된다. 120947-50

[09] 그림은 **아날로그 신호**를 **디지털 신호**로 변환하는 과정이다. [조건]에 따라 아날로그 신호가 디지털 신호로 변환된 경우 만들어진 파일의 크기로 옳은 것은?(3점) 2011직탐(컴퓨터 일반)

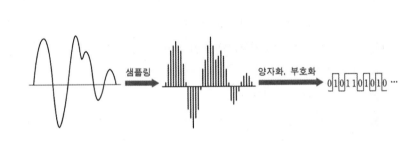

[조건]

○ 샘플링 단계에서 입력되는 아날로그 신호는 1초에 20회 추출된다.

○ 매회 추출된 신호는 양자화, 부호화 단계를 거쳐 16비트 디지털 신호로 만들어진다.

○ 입력되는 아날로그 신호의 길이는 총 1분 분량이다.

[10] 다음 [부호화 표]를 이용하여 (가) 구간 표본 시점 A ~ D의 **아날로그 신호**를 **디지털 값**으로 **부호화**하였다. 그 결과로 옳은 것은?(단, 표본화된 신호 값은 [부호화 표]에 주어진 가장 근접한 양자 값을 이용하여 **부호화**된다) 2013직탐 | 정보기술기초

양자 값	부호 값
0	00
1	01
2	10
3	11

[부호화 표]

참고로 **불연속적**과 비슷한 말로 이산적(헤어져 흩어진), 단속적(끊어졌다 이어졌다 하는)이 있습니다.

[11] 유충렬이 일곱 살에 부모와 이별하여 고난을 겪은 것에서, 유충렬의 첫 번째 시련은 '유심'의 유배로 인한 가족의 **이산**에서 비롯된 것임을 알 수 있군. 1509AB41

[12] 최척에게서 체험의 전말을 전해 듣고 이 작품을 썼다는 후기로 보면 이 작품이 실제 체험에 바탕을 둔 인물들의 **이산**離散과 귀향의 과정을 그린 유랑의 서사임을 알 수 있다. 170645

[13] 최척 가족의 **이산**의 사연을 듣고 주변 사람들이 눈물 흘린 것 은 전쟁의 참상에 대한 인류애적인 연민을 보여 준 사례이겠군. 170645

[14] 어떤 이에게 영화는 일종의 조우의 예술, 즉 파편적이고 순간적이며 **단속적**이고 실패로 귀결되고 마는 조우의 예술로서 정의되기도 했다. 일법09논리5

[15] 유형론자들은 유형의 변화를 **단속적**이라고 파악하여 자체적이고 내부적인 진화의 과정에 대한 고려를 배제한 채, 외부로부터의 유입이나 새로운 발명 등의 요인으로만 설명하려고 하였다. 15이해33-35

조금 어려웠나요? 여러 번 읽으며 그 뜻을 잘 이해해두기 바랍니다. 분명 시험에서 도움이 될 거에요! 그런데 이렇게 배우고 또 일상을 살다 보면 혼란스러울까봐 설명을 덧붙입니다. 요즘은 '디지털'이라는 말이 일상에서 컴퓨터, 스마트폰 등 디지털 기기(전자제품)을 의미합니다. 그래서 **디지털 치매**는 (불연속적 치매가 아니라) 디지털 기기에 지나치게 의존하는 바람에 예전에는 당연히 기억했던 것

들을 기억하지 못하는 것을 말합니다. 예전에는 친한 친구라면 서로 전화번호를 기억하고 다녔던 시절이 있었습니다. 요즘은 부모님 전화번호도 가물가물하죠. **디지털 혁명/시대**는 모든 정보가 디지털 데이터로 저장되고, 디지털 기기를 사용해 생활하고, 인터넷을 통해 서로 연결되는 것, 또는 그런 시대를 뜻합니다.

디지털이 전자제품, 컴퓨터, 인터넷과 밀접하게 연관을 맺다 보니, '아날로그 감성' 같은 희한한 단어가 사용되기 시작합니다. (전자제품이 아니라) '손으로 직접 하는' (최신 디지털 제품을 이용하는 것이 아니라) '옛날 방식의' 같은 의미로 쓰인 것 같은데, 시험에 나올 만한 뜻은 아닌 것 같습니다.

자연의 연속적인 아날로그 데이터를 불연속적인 디지털 데이터로 나타낼 때는 오차가 생길 수밖에 없습니다. 근데 아주 작은 오차가 매우 큰 차이를 만들 수 있습니다.

[16] 어떤 계의 초기조건을 거의 정확히 알면 그 계의 미래 상태를 거의 정확하게 예측할 수 있다. 그것은 이제껏 알려진 모든 상황에서 문제없이 통용되었다. 1950년대 후반 기상예측 분야의 선구자들도 당연히 그렇게 믿었고, 당시의 경제 예측가들도 이런 가정을 공유하였다. 1960년대에 로렌츠는 컴퓨터로 기상현상을 모델링했다. 컴퓨터가 한 줄씩 계산해 내는 바람과 기온은 상당히 현실적인 것처럼 보였다. 그는 날씨가 이 계산에 따라 반복되리라고, 기압의 상승과 하강이 날로 익숙한 형태를 드러낼 것이라고 생각했다. 그러던 어느 날 로렌츠는 초기조건을 입력하는 단계에서 이전에 컴퓨터가 계산한 결과를 보고 그대로 타이핑한 후, 한 시간 뒤에 돌아와 출력된 결과를 검토하던 중에 기후가 아주 빠르게 이전의 계산 결과와 어긋나고 있음을 발견했다. 문제는 입력에 있었다. 1,000분의 1 미만의 차이는 의미가 없다고 생각한 그가 소수점아래 네 번째 자리에서 반올림한 숫자를 입력했던 것이다. 그 차이는 기껏해야 한 줄기 미풍 정도였겠지만 컴퓨터의 계산 결과는 그 정도의 아주 미세한 차이가 예측 불가능할 정도로 심각한 변화를 초래한다는 사실을 말해주고 있었다. 5급09논리27-28

[17] 기후 시스템이 카오스적 성질을 가지고 있다는 것도 장기 기후 예측을 어렵게 한다. **카오스적 성질**이란 초기 조건의 미미한 차이가 시간이 지남에 따라 예상할 수 없는 방향으로 급속히 확대되어, 초기에는 같은 것처럼 보였던 상태가 나중에는 전혀 다른 상태로 변해 가는 성질을 말한다. 이러한 성질을 갖는 시스템은 시간에 따라 불규칙하게 변화하기 때문에 두 번 다시 똑같은 상태가 나타나지 않는다. 기후 모델의 입력 자료로 사용되는 기상 관측 자료에는 필연적으로 오차가 포함되기에, 예측 기간이 길어질수록 예보 결과는 사실과 동떨어진 결과를 산출하게 된다. 08추론20-22

045 정량적quantitative vs 정성적/질적qualitative

정량적은 구체적 **양**을 헤아려 정하는 것을 뜻합니다. 그래서 문맥에 **구체적 양/숫자(수치)**, 단위, 또는 이를 바탕으로 한 <u>수학적 기법</u>(사칙연산, 미적분 등)이 언급될 때가 많습니다. 참고로 **정량화, 계량화, 수량화**는 수량을 측정하는 것을 가리킵니다. 단일한 기준으로 정량화/계량화/수량화가 불가능한 것들은 **정성적/질적**으로 평가됩니다.

[01] 신입사원 선발 전형에서 **정량** 평가를 마친 후 면접을 통해 성실성과 창의성에 대한 <u>질적</u> 평가를 덧붙이고자 한다. 12추리13

[02] 하비는 생리학에 근대적인 **정량적** 방법을 도입했다. 그는 심장의 **용적**(부피)을 측정하여 심장이 밀어내는 피의 양을 추정했다. 그 결과, 심장에서 나가는 동맥피의 양은 섭취되는 음식물의 양보다 훨씬 많았다. 먹은 음식물보다 더 많은 양의 피가 만들어질 수 없으므로 하비는 피가 순환되어야 한다고 생각했다. 081134-36

[03] <u>수학적인</u> **정량적** 분석의 방법은 인문·사회과학 전반에 적용되면서 이들 분야에 커다란 진전을 가져왔다. 이 점은 **계량** 경제학이 경제 현상을 해명하는 데서 이룬 괄목할 만한 업적이나 실험심리학이 심리 현상에 대해서 제시한 인과적 설명 방식 등에서 찾아볼 수 있다. 5급06논리16

[04] 우량을 **정량적**으로 <u>측정</u>하여 보고하는 제도는 측우기 도입 이전에도 있었는데, 비가 온 뒤 땅에 비가 스민 깊이를 <u>측정</u>하여 이를 조정에 보고하는 방식이었다.

[05] 현대 바둑 이론으로도 형세의 유불리를 판단하는 기준이 몇 집인지 **정량적**으로 환산하기는 어렵다. 5급20상황38

[06] A : 저는 인간의 신체 질병을 순전히 자연현상으로만 이해합니다. 이것은 인체 질병을 자동차의 오작동과 비슷한 방식으로 이해하는 것입니다. B : 자동차의 구조와 기능은 모두 알려져 있지만 인간 신체는 그렇지 않습니다. **정량적** <u>수치</u>만으로 질병 유무를 판단할 수 없다고 생각합니다. 5급12논리37

[07] 그는 귀족이 독점하던 토지를 백성들도 소유할 수 있게 하였고, 이것을 문서화하여 세금을 부과하였다. 이에 따라 백성들은 개간開墾(거친 땅이나 버려 둔 땅을 일구어 논밭이나 쓸모 있는 땅으로 만듦)을 통해 경작지를 늘려 생산을 증대하였고, 국가는 경작지를 **계량**하고 등록함으로써

민부民富를 국부國富로 연결시켰다.[111117-20]

[08] 나노미터 : 물리학적 **계량** 단위. 1nm =10^{-9}m.[1406A16-18]

[09] 서구인이 생각한 인식의 범주란 대상이 **계량화**될 수 있는 경우로서, 이럴 경우에만 인식되었다고 규정한다.[09경찰19-21]

[10] 갑은 한식, 중식, 일식, 양식 각각에 대한 선호도를 **정량화**할 수는 없지만, 그 좋아하는 정도는 한식이 제일 크고 일식이 제일 작다는 것은 분명히 알고 있다.[5급22논리28]

---

046 상향식bottom-up vs 하향식top-down

상향식은 밑에서부터 위로 올라가는 방식, **하향식**은 위에서 아래로 내려가는 방식입니다. 추상적 개념인 만큼 다양한 분야에서 곧잘 쓰입니다. 아래 예문들을 잘 음미해두세요.

[01] 인공생명론에서는 생명체의 행동을 구성 요소로 분석하는 방법 대신에 구성 요소를 모아서 행동을 합성하는 방법으로 생명을 연구한다. 생물학은 생명을 다양한 계층 구조에 의하여 구성된 하나의 생화학적 기계로 보기 때문에, 상위 계층부터 하위 계층까지 더듬어 내려가는 '**하향식**top-down **방법**'으로 물질을 분석하여 생명의 기제機制를 연구한다. 따라서 오로지 탄소 화합물의 생화학에 의존하는 생물학은, 모든 생명체가 본질적으로 공유하고 있는 특성인 역동적인 형식을 설명할 수 없는 한계를 노출하고 있다. 이에 반해 인공생명론은 생명을 구성 요소 간의 상호 작용에서 생겨나는 특성으로 보기 때문에, 상호 작용하는 간단한 구성 요소를 모아서 거대한 집합체를 만들어 내는 '**상향식**bottom-up **방법**'으로 행동의 합성을 시도하여 생명의 역동적인 형식을 연구한다.[040656-60]

[02] 계층법은 개체들을 거리가 가까운 것들부터 차근차근 집단으로 묶어서 모든 개체가 하나로 묶일 때까지 추상화 수준을 높여가는 **상향식**으로 알고리즘이 진행되어 계통도를 산출한다.[22이해16-18]

[03] 최근의 증거에 따르면 약 40만 년 전에 살았던 네안데르탈인과 현대인의 공통 조상은 이미 꽤 정교한 언어를 사용했을 것으로 추정됩니다. 언어가 유전자를 기반으로 하고 문화 진화의

핵심이며 네안데르탈인에게 언어가 있었다면 네안데르탈인의 도구 키트에는 왜 문화적 변화가 거의 없었을까요? 게다가 20만 년 전 이후 인류 혁명 과정에서 유전자는 의심할 여지없이 변화했을 것이지만, 그 원인보다는 새로운 습관에 대한 반응으로 더 많이 변화했을 것입니다. 초기에는 요리를 하면 내장과 입이 작아지는 돌연변이가 선택되었고, 그 반대는 아니었습니다. 나중에 우유를 마시는 것은 서유럽과 동아프리카계 사람들이 성인이 된 후에도 유당 소화를 유지하기 위한 돌연변이를 선택했습니다. 문화적 말이 유전적 수레보다 우선합니다. 진화를 주도하는 유전적 변화에 대한 호소는 유전자–문화 공진화를 거꾸로 뒤집는 것으로, **상향식** 과정에 대한 **하향식** 설명입니다. ¹³¹¹²⁷ 영어

[04]   읽기가 일어나는 방식에는 세 가지 주요 모델이 있습니다. '**상향식** 이론'은 독자가 가장 작은 단위(글자에서 단어로, 단어에서 구문으로, 구문에서 문장으로)로 텍스트를 구성하며, 이러한 작은 단위로 텍스트를 구성하는 과정이 너무 자동적이어서 독자가 그 작동 방식을 인식하지 못한다고 주장합니다. '**하향식** 이론'은 독자가 텍스트에 많은 지식, 기대, 가정, 질문을 가져오고, 어휘에 대한 기본적인 이해가 있으면 텍스트가 자신의 기대를 확인하는 한 계속 읽게 된다고 주장합니다. 이 이론은 독자가 이미 가지고 있는 지식(문화적, 구문적, 언어적, 역사적)에 텍스트를 끼워 맞춘 다음, 새롭거나 예상치 못한 정보가 나타나면 다시 확인한다고 주장합니다. 현재 대부분의 연구자들이 지지하는 '**상호작용** 이론'은 **하향식** 및 **상향식** 프로세스가 번갈아 가며 또는 동시에 발생한다고 주장합니다. 이 이론은 텍스트의 유형뿐만 아니라 독자의 배경 지식, 언어 능력 수준, 동기 부여, 전략 사용, 문화적으로 형성된 독서에 대한 신념에 따라 상향식 및 하향식 프로세스가 모두 작동한다고 설명합니다. 상향식 및 하향식 프로세스는 독자가 텍스트에서 의미를 구성할 때 상호 작용적으로 발생합니다. ^{12사관36} 영어

047   미관말직 vs 고관대작

미관말직이란 지위가 아주 낮은 벼슬, 또는 그런 위치에 있는 사람을 뜻합니다. 일반적으로 말단직 공무원이라고 하죠. 이와 반대되는 말은 **고관대작**입니다. 지위가 높고 훌륭한 벼슬, 또는 그런 위치에 있는 사람을 뜻합니다. 간단히 고관으로 쓰이기도 합니다.

[01] 최현은 34세에 **미관말직**微官末職으로 있다가 임진왜란이 일어나자 고향에서 의병에 가담(같은 편이 되어 일을 함께 하거나 도움)하였다. 왜란이 끝난 뒤인 44세에 문과에 급제하여 여러 벼슬을 지냈다. 그가 지은 『명월음』은 임진왜란 당시 피난길에 오른 임금의 안위와 나라의 운명을 걱정하는 마음을 노래하고 있다. ^{2013 사관}

[02] 왕이나 대비 또는 왕족, **고관대작**이 세상을 떠났을 때 왕이 짓는 제문祭文(죽은 사람을 애도하는 글)도 많았다. ^{입법22논리27}

[03] 쌍기雙冀가 등용된 이래로 임금께서는 문사文士를 받들고 중히 여겨 은혜로운 예禮가 지나치게 풍성하였습니다. 이로 말미암아 문사들이 적재適才가 아닌데도 분에 넘치게 진출하였고 차례를 뛰어 승진하였으며, 심지어는 한 해를 채우지 않고 **고관**이 되기조차 했습니다.

^{06추론5-7}

[04] 조선시대에는 6조의 수장인 판서가 공적인 절차와 내용에 따라 무엇을 행하라 명령하는데 아랫사람이 시행하지 않으면 사안의 대소에 관계없이 아랫사람을 파직(관직에서 물러나게 함)하였다. 그러나 판서가 공적인 절차를 벗어나 법 외로 사적인 명령을 내리면 비록 **미관말직**이라 해도 이를 따르지 않는 것이 올바른 것으로 인정되었다. 이처럼 공적인 것에 반드시 복종하는 것이 기강(규율과 법도)이요, 사적인 것에 복종하지 않는 것도 기강이다. ^{7급15논리1}

[05] 오늘 서대문과 청량리 사이에 처음 설치된 전차의 개통식이 있다고 해서 명동 성당 앞에서 친구를 만나 함께 구경을 갔다. 식장에는 **고관대작**, 각국의 공사(국가를 대표하여 파견되는 외교 사절) 그리고 민간 유지(마을이나 지역에서 명망 있고 영향력을 가진 사람) 등 초청받은 사람들뿐만 아니라 소문을 듣고 온 지방 사람들까지 많은 사람들이 운집하여 매우 혼잡스러웠다.

^{2011사탐 | 근현대사}

[06] 11세기 말 이슬람 제국의 **고관** 알 물크는 어려운 문제에 직면하였다. ^{5급16논리23}

[07] 단체의 일원이 홍커우 공원에서 일본군 **고관**을 폭살(폭탄이나 폭약 따위를 터뜨려서 죽임)하였다. ^{2013_사탐(근현대사)}

플로피 디스크와 마중물

미국의 한 대학 암센터에서 "IF YOU KNOW WHAT A FLOPPY DISK IS, IT MAY BE TIME FOR YOU CANCER SCREENING(플로피 디스크가 뭔지 안다면, 암검진이 필요할 겁니다)."라는 옥외광고를 해서 화제였습니다. 10대 청소년들은 저장버튼 아이콘이라고만 생각하겠지만, 예전에는 그 아이콘 모양의 물건이 실제로 존재했습니다. '플로피 디스크'라는 손바닥 크기의 얇은 저장매체인데, 1.4MB 정도 저장할 수 있었습니다. 지금은 1.4MB의 1,000배 크기의 USB도 흔하지만요.

플로피 디스크처럼, 이미 사라져버린 문물에 대한 어휘는 계륵(닭의 갈비라는 뜻으로, 그다지 큰 소용은 없으나 버리기에는 아까운 것을 이르는 말) 같습니다. 알아둔다고 딱히 써먹을 데는 없지만, 모르고 지나가자니 윗세대들은 다들 알고 쓰는 말이니까요. 그런 대표적인 예가 바로 '마중물'입니다.

지금은 수도꼭지를 돌리면 물이 콸콸 나오지만, 수십 년 전에는 펌프질을 통해 땅속에서 물을 퍼올렸어야 했습니다. 이때 펌프에 먼저 물을 한 바가지 넣어야 펌프질시 물이 잘 나오게 되는데, (펌프로 나올 물을) 마중나가는 물이라 하여 '마중물'이라는 이름이 붙었습니다. 물론 이제는 수동펌프를 보기 어려워졌고, 마중물을 부어본 분들은 치매검진이 필요한 나이가 되었습니다. 하지만 플로피 디스크가 저장 버튼 아이콘이 된 것처럼, '마중물'도 '얻기 위해서는 먼저 내놓아야 한다'는 깨달음의 상징이 되어 여전히 많이 쓰입니다.

수험생이라면 귀찮더라도 **플로피 디스크**, **마중물** 같은 단어도 알아둘 필요가 있습니다. 출제위원(장) 나이대에서는 여전히 친숙한 표현이고, 또 옛날 문학작품에서도 얼마든지 등장할 수 있기 때문입니다.

덧 그럼에도 '노둣돌' 같은 단어는 몰라도 된다고 봅니다. '노둣돌'은 '말에 오르거나 내릴 때에 발돋움하기 위하여 대문 앞에 놓은 큰 돌을 가리키는데, "우리가 다시 평화로 가는 오작교를 다 만들 수는 없어도 노둣돌 하나는 착실히 놓겠다(이인영 전 통일부장관)"처럼 뉴스에서 종종 접할 수 있습니다. 하지만 이 단어가 쓰이는 것보다, 이 단어를 쓰는 사람이 더 빨리 사라지고 있고, 또 '디딤돌', '발판' 같은 쉬운 대체표현도 있으므로 몰라도 아무 지장이 없을 것으로 믿습니다. 시험에 나온다면 반드시 각주로 뜻을 알려줄 것 같기도 하고요.

048 상보적complementary vs 배타적exclusive

상보적은 '서로 모자란 부분을 보충하는 관계에 있다'는 뜻입니다. 모자란 부분을 보충하려면, 서로 달라야 합니다. 차이가 있어야 합니다. 이를 염두에 두고 예문을 음미하세요.

[01] 마음의 두 가지 상태와 그 **상보적** 관계에 대한 장자의 견해 [1606B17]

[02] 자국의 전통과 외래적인 문화는 **상보적**일 수도 있다. [940815]

[03] 양자역학과 고전물리학은 절묘하게 서로 연결된다. (중략) 이런 연결을 통해 고전물리학과 양자역학은 물리학을 구성하는 **상보적**인 부분들로 자리를 잡는다. [11이해15-17]

[04] 방언과 표준어는 대립적이라기보다는 **상보적**이다. [95116]

[05] tRNA 한쪽 끝에는 3개의 염기로 구성된 mRNA 결합 부위가 있다. 이 3개의 염기로 이루어진 염기서열은 mRNA의 코돈과 **상보적**인 결합을 하므로 안티코돈이라고 한다. [고려대 논술]

반면 **배타적**은 '남을 따돌리거나 거부하여 밀어 내친다'는 이라는 뜻입니다. 따라서 A와 B가 배타적이라고 하면 서로 중복되는 부분이 없다, 서로를 동시에 선택할 수 없다는 뜻입니다. 반면 배타적이지 않다고 하면 서로 중복을 허용/수용/인정한다, 동시에 둘을 선택할 수 있다는 뜻입니다. **배타적**은 다른 것을 제외하는(독점적)이라는 뜻으로도 쓰입니다. 배타적 경제 수역(EEZ: Exclusive Economic Zone)은 자원에 대한 독점적 권리를 행사할 수 있는 바다 구역을 말합니다. 만약 모든 외부적인 것에 대해 배타적이면 **폐쇄적**(외부와 통하거나 교류하지 않는)이 됩니다.

[06] 각 항목들은 서로 **배타적**이며 중복이 일어나지 않는다. 5급09상황37

[07] P1과 P2는 상호 **배타적**인 투자안이다. 즉, P1과 P2를 동시에 선택할 수 없다. 견습05판단34

[08] 독점적이고 **배타적**인 천명에 근거한 권력 행사는 부작용을 가져왔다. 100913-17

[09] 자신의 종교적 신앙에 배치(서로 반대로 되어 어그러지거나 어긋남)되는 것을 인정하지 않으려는 **배타적** 사고971133

[10] '팬덤'은 특정 인물이나 분야를 열정적으로 좋아하는 집단을 말합니다. (중략) 팬덤은 다른 팬덤에 대해 **배타적**인 경향이 있습니다. 그래서 청소년들이 팬덤 활동을 하면 인간관계가 확장되는 것이 아니라 오히려 편협(한쪽으로 치우쳐 도량이 좁고 너그럽지 못함)한 이기주의에 빠질 수밖에 없습니다. 1606B1-3

[11] 회원국은 특허권에 의하여 인정된 **배타적** 권리를 제한하는 예외규정을 둘 수 있다. 5급10상황30

[12] 같은 입장과 목적을 가진 사람들이 함께 활동한다고 시민적 덕목(덕을 분류하는 명목)이 길러지지는 않는다. 오히려 동질적 가치관이 강화되고 다른 집단에 대한 **배타적** 태도가 심화된다. 15추리32

[13] 세종이 중국의 음악에 대해 **배타적**인 자세만을 견지한 것은 아니었다. 중국계 아악에 편성되는 악기를 새로 제조하거나 아악을 정비하는 사업에 막대한 지원을 아끼지 않았던 것은 **국수주의적**(자기 나라의 고유한 역사·전통·정치·문화만을 가장 뛰어난 것으로 믿고, 다른 나라나 민족을 배척하는) 사고 방식에서 벗어나 외래 음악의 좋은 점을 수용하려는 의도였다. 001113-18

일반적으로 상보적과 배타적은 **대립적**(서로 반대되거나 모순되는)으로 쓰입니다.

[14] 과학과 종교는 상호 **배타적**인 것이 아니며 **상호 보완적**이다. ^{2014 국가9급}

[15] 외국어 교육 문제와 국어발전 전략은 **상보적**이어야지 **배타적**으로 나가서는 안 될 것입니다. 대담 | 국립국어원 새로 맡은 이상규 원장 | 한겨레 | 20060319

그런데 상보적과 배타적이 같은 현상을 가리킬 때가 있습니다. 다음 그림처럼, A를 선택하면 B가 제외되고 B를 선택하면 A가 제외될 때입니다. 일단 서로 양립할 수 없기 때문에 배타적입니다. 한편 A와 B 둘을 합치면 전체가 되기 때문에, 즉 서로 모자란 부분을 보충해야 전체가 되기 때문에 상보적입니다. 이처럼, A와 B가 서로 중복되지 않으면서, 합쳤을 때 전체가 되는 경우는 배타적이면서 상보적이라 할 수 있습니다. (참고로 A와 B는 논리학에서 말하는 엄밀한 '모순 관계'입니다.)

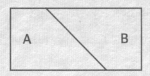

[16] **상보** 반의어는 '금속', '비금속'과 같이 한 영역 안에서 상호 **배타적** 대립 관계에 있다.
20166

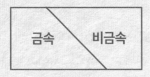

위 예문에서 '금속'과 '비금속'은 서로 양립할 수 없기 때문에 배타적이며, 동시에 둘을 합치면 물질 전체가 되기 때문에 상보적입니다.

049 정맥vein vs 동맥artery

동맥은 심장에서 나가는 혈액이 흐르는 혈관, **정맥**은 심장으로 들어오는 혈액이 흐르는 혈관, 그리고 **모세혈관**은 동맥과 정맥을 이어주는 아주 얇은 혈관입니다. 동맥은 폐를 거치며 이산화탄소를 제거하고 산소를 풍부하게 공급 받고, 이를 온 몸에 실어 나릅니다.

다음은 2015학년도 수능 과학탐구 생명과학1에 제시된 그림에 제가 명칭을 덧붙인 것입니다. 그런데 폐로 '들어가는' 혈관에 제가 '폐□맥'이라고 썼습니다. 아직 폐를 거치지 않았기 때문에 이산화탄소가 많고, 산소가 적은 피가 흐르는 이 부분! 폐정맥일까요, 폐동맥일까요?

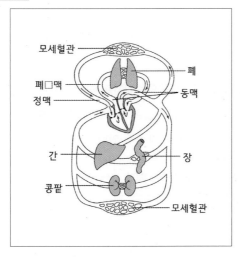

어휘를 정확하게 이해했다면 망설임 없이 '**폐동맥**'이라고 해야 합니다. 왜냐하면 동맥과 정맥을 구분하는 기준은 '심장'이었기 때문입니다. (위로 올라가서 다시 정의를 살펴보세요!) 흔히 헷갈려하는 것이라서 짚어봤습니다. 관련 주제가 나온다면 문제화될 가능성도 높고요!

[01] 하비는 1628년에 '좌심실→대동맥→각 기관→대정맥→우심방→우심실→폐동맥→폐→폐정맥→좌심방→좌심실'로 이어지는 피의 순환 경로를 제시했다. 081134-36

(폐동맥을 제외한) 동맥은 각 기관에 산소 공급을 하다 보니, 비유적으로 다음과 같이 쓰이기도 합니다.

[02]   공직의 기강은 곧 국가의 **동맥**이니, 이 맥이 찰나라도 끊어지면 어떤 지경에 이를 것인가? 공
직자들은 깊이 생각해 보아야 할 것이다.^{7급15논리1}

정맥은 동맥과 달리 역류방지용 판막valve이 있습니다. 다음 그림은 2013학년도 6월 모의평가(생명
과학1)에서 가져온 것입니다. 판막으로 인해 혈액은 [A→B], [B→C]로만 이동할 수 있습니다. 근육이
수축하면 가운데가 볼록해지면서 B를 누르게 되고, 그러면 B에 있던 혈액이 C로 이동합니다.

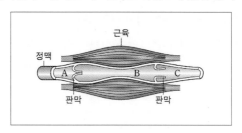

판막 자체가 시험에 나온 적은 없지만, 이 밸브 개념이 시험에 나온 적 있습니다.

[03]   하천 인근의 배수펌프 관에는 두 개의 **역류 방지용 밸브**가 연결되어 있다. 펌프에서 배출된 물
이 금방 빠지지 않을 경우 펌프 쪽으로 물이 역류할 우려가 있다. 두 개의 밸브는 '중복 설계'
된 것이므로 한 개만 작동해도 역류를 막을 수 있다.¹⁰¹¹⁴⁹

050 · 할인율discount rate vs 이자율interest rate

할인율은 2008학년도 수능에 처음 등장했습니다. 정의뿐만 아니라 구체적인 계산 방법까지 예시로
나왔습니다. 그런데 시간이 지나며 이 개념이 수험생들에게 익숙해졌고, 또 사회적으로도 이 개념이
폭넓게 쓰이면서, 요즘은 정의도 없이 툭툭 언급되곤 합니다.
먼저 수능에 나왔던 정의와 예시를 보겠습니다.

[01] 정부나 기업이 사업에 투자할 때에는 현재에 투입될 비용과 미래에 발생할 이익을 비교하여 사업의 타당성을 진단한다. 이 경우 물가 상승, 투자 기회, 불확실성을 포함하는 할인의 요인을 고려하여 미래의 가치를 현재의 가치로 환산한 후, 비용과 이익을 공정하게 비교해야 한다. 이러한 환산을 가능케 해 주는 개념이 **할인율**이다. **할인율**은 이자율과 유사하지만 역으로 적용되는 개념이라고 생각하면 된다. 현재의 이자율이 연 10%라면 올해의 10억 원은 내년에는 $(1+0.1)$을 곱한 11억 원이 되듯이, 할인율이 연 10%라면 내년의 11억 원의 현재 가치는 $(1+0.1)$로 나눈 10억 원이 된다. [081144-46]

이것만 읽고도 할인율이 이해가 될 수도 있을 겁니다. 하지만 좀 더 이해가 쉽도록 직관적인 그림을 그려봤습니다.

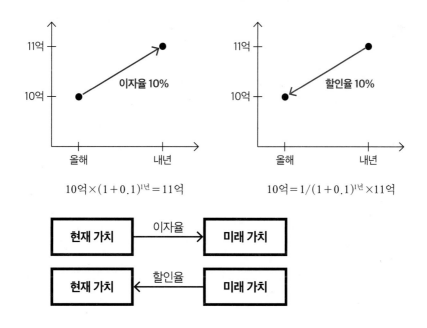

그림을 보니 '이자율과 유사하지만 역으로 적용되는 개념'이 무슨 뜻인지 알겠죠? 이자율이 현재 가치를 미래 가치로 환산할 때 사용된다면, 할인율은 미래 가치를 현재 가치로 환산할 때 사용됩니다. 수식적으로도 이자율은 곱할 때, 할인율은 나눌 때 쓴다는 점에서도 역으로 적용되는 개념입니다.

[02] 하나의 공공사업에 여러 가지의 대안이 있을 때에는 비용·편익분석을 통해 순편익(편익[이

익]-비용)이 가장 큰 것을 선택하는 것이 바람직하다. 이 때 공공사업의 편익과 비용은 일시에 발생하는 것이 아니라 수 년에 걸쳐 발생한다. 공공 사업에 대한 타당성 여부는 현재시점에서 평가되어야 하므로 미래에 발생하는 편익과 비용을 모두 현재가치로 환산시켜 비교할 필요가 있다. 이 때 사용되는 이자율을 **할인율**discount rate(r)이라고 한다. 예를 들어 어떤 공공사업이 실시된 해부터 연간 1,000억원의 편익이 발생되고 할인율이 15%라면, 그 공공사업의 현재 가치는 사업 첫 해에는 1,000억원, 2차 년도에는 870억원(1,000억원×할인계수[1/(1+r)t])이 되는 것이다. 5급08상황30

[03] 채권 보유로 미래에 받을 수 있는 금액을 현재 가치로 환산하여 평가할 때는 **금리**(이자율)를 반영한다. 가령 **금리**가 연 10%이고, 내년에 지급받게 될 금액이 110원이라면, 110원의 현재 가치는 100원이다. 즉 **금리**는 현재 가치에 반대 방향으로 영향을 준다. 따라서 **금리**가 상승하면 채권의 현재 가치가 하락하게 되고 이에 따라 채권의 가격도 하락하게 되는 결과로 이어진다. 111144-46

위 예문에서 보듯, 할인율은 미래에 발생하는 가치를 현재가치로 환산시켜 비교할 때 사용되는 이자율입니다. 즉, 이자율과 할인율은 방향이 반대일 뿐입니다.

1~2. 다음 글을 읽고 질문에 답하시오.

현대 사회를 'ⓐ디지털 사회'라 부르는 만큼, ⓑ아날로그는 구시대적이라 여기기 쉽다. 하지만 아날로그와 디지털은 서로 배타적이지 않다. 오히려 많은 경우 두 기술이 ⓒ상보적으로 작동하며 서로의 장점을 극대화 하는 경우가 많다.

1. 윗글에 대한 설명으로 옳은 것을 모두 고르시오.

   ① 현대 사회는 아날로그 기술을 도외시한다.

   ② 아날로그 대비 디지털이 현대적이라고 여겨진다.

   ③ ⓑ는 자료를 이산적으로 나타내는 방식이다.

   ④ ⓐ와 ⓑ는 서로 보완적인 개념이다.

2. ⓒ에 대한 설명으로 옳지 않은 것은?

   ① '배타적'과 대립되는 단어다.

   ② '보완적'으로 바꿔 쓸 수 있다.

   ③ 동질적인 두 요소나 개념이 서로의 능력을 향상시키는 성질을 의미한다.

   ④ '전통과 외래 문화는 상보적일 수 있다'처럼 사용하면 적절하다.

3~5. 다음을 읽고 빈칸에 알맞은 단어를 고르시오.

최근 몇 년 동안 이자율이 지속적으로 상승하는 추세를 보이고 있다. 이에 따라 대출에 대한 부담이 늘면 기업뿐 아니라 개인의 장기 전략에도 ⓐ____으로 큰 영향을 미칠 것이다. 큰 수익은 ⓑ____하고, 일부 투자자들은 적자 상황을 ⓒ____하기 위해 안정적인 자산으로의 이동을 고려할 것으로 전망된다.

3. ⓐ에 들어가기 적절한 단어는 (필연적, 우연적)이다.

4. ⓑ에 들어가기 적절한 단어는 (도모, 고사)이다.

5. ⓒ에 들어가기 적절한 단어는 (보존, 보전)이다.

6. 현재 국가별 스마트폰 보급률을 살펴보면 ____ 분석이고, 한국의 년도별 스마트폰 보급률을 살펴보면 ____ 분석이다.

7~8. 다음 글을 읽고 질문에 답하시오.

조사 결과 부자들은 럭셔리 브랜드에 대한 소비 경향이 서민들보다 높았다. 이런 경향은 수치화해 ⓐ___으로 나타낼 수 있지만, 그들이 럭셔리 브랜드를 선호하는 이유는 ⓑ___인 조사를 통해 알아볼 수 있다. 이는 그들의 가치관, 취향, 사회적 지위 등 다양한 요소와 연관되어 있을 수 있다.

7. 빈칸에 들어갈 단어로 올바른 것은?

① ⓐ 정성적 ⓑ 정량적
② ⓐ 정성적 ⓑ 심층적
③ ⓐ 정량적 ⓑ 표면적
④ ⓐ 정량적 ⓑ 정성적
⑤ ⓐ 심층적 ⓑ 정성적

8. 윗글에 대한 설명으로 옳지 않은 것은?

① 윗글의 '부자'는 '부호'로 대체할 수 있다.
② 부자와 서민의 가치관 차이가 필연적임을 전제하고 있다.
③ 윗글의 '부자'는 '부유층'으로 대체할 수 있다.
④ 부자들이 서민들보다 럭셔리 브랜드를 향유한다.
⑤ 윗글의 '취향'은 '기호'로 대체할 수 있다.

9 ~ 11. 다음을 읽고 질문에 답하시오.

> 이슬람이 국교인 곳에서 자란 그가 이슬람 신자가 된 것은 _____이라기보단 _____인 것
> 에 가까웠다. 주변의 모든 ⓐ구도자들이 이슬람의 가르침을 따르는 환경이었다. 그의
> 가장 오래된 기억도, ⓑ적자인 동생을 안은 부모가 신성한 기도를 바치는 모습이었다.

9. 빈칸에 들어갈 말을 적절하게 짝지은 것은?

   ① 개연적—논리적

   ② 종속적—주체적

   ③ 예속적—종속적

   ④ 독자적—현실적

   ⑤ 자의적—필연적

10. ⓐ의 뜻으로 올바른 것은?

   ① 진리, 깨달음을 추구하는 사람

   ② 그림의 구성을 만드는 사람

   ③ 구두를 제작하는 장인

   ④ 나무를 조각하는 사람

   ⑤ 한 마을의 지도자

11. 다음 중 '적자'가 ⓑ와 같은 뜻으로 사용된 문장은?

   ① 올해 회계 연도의 적자는 전년도보다 20% 증가하였다.

   ② 왕실에서 적자의 운명은 날 때부터 정해진 것이었다.

   ③ 적자색 드레스를 입은 그녀가 파티의 주목을 받았다.

   ④ 숨진 어미 옆에 홀로 남겨진 적자의 울음소리가 울려 퍼졌다.

   ⑤ 치열한 경쟁에서 적자만이 살아남는다.

12. ____은 심장에서 나가는 혈액이 흐르는 혈관, ____은 심장으로 들어오는 혈액이 흐르는 혈관, 그리고 ____은 동맥과 정맥을 이어주는 아주 얇은 혈관이다.

정답은 362p에 있습니다.

다음은 명확히 구별해야 할 단어를 구별하지 않아 문제가 있는 모 언론사 기사입니다.

'전문직 성범죄' 1위는 의사

'2019년 경찰범죄통계'를 보면, 전문직(의사·변호사·교수·종교인·언론인·예술인·기타) 피의자는 5만2893명이다. 이 가운데 의사가 5135명(9.7%)으로 가장 많았다. 종교인(4887명), 예술인(3207명), 언론인(1206명), 교수(1205명), 변호사(679명)가 뒤를 이었다. 의사와 변호사는 법정단체(대한의사협회, 대한변호사협회)를 둔 대표적 전문직종이다. 같은 해 전체 의사 수는 12만여명(보건산업통계 기준)이고 변호사는 3만여명(대한변호사협회 기준)이었다. 전체 인원 대비 비율로 봐도 범죄를 저지른 의사 비율(4.1%)이 변호사(2.2%)보다 2배 가까이 많은 셈이다.

먼저 분모가 고려되어 있지 않으므로, 단순히 '의사가 가장 많았다'는 서술은 별 의미가 없습니다. 독자에게 잘못된 인상을 전달하기 위한 표현으로밖에 안 보입니다. 게다가 이 기사에는 사실 왜곡이 두 가지 더 있습니다.

첫째 기자는 '의사 비율(4.1%)' 계산시 분자에는 **의사+치과의사+한의사**를 넣고, 분모에는 의사만을 넣었습니다(왜 분자에서 **수의사**를 뺐는지 의문입니다 ㅎㅎ). 이는 변호사 성범죄율 계산시, 분자에는 변호사, 법무사, 공인중개사를 모두 넣고, 분모에는 변호사만 넣은 것과 같습니다.

둘째 '피의자'와 '범죄자'는 다릅니다. **범죄자**는 범죄를 저지른 사람이지만, **피의자**는 범죄혐의가 있는 사람, 범죄를 저질렀을 것으로 의심되는 사람일 뿐입니다. 아직 범죄를 저질렀다고 확인된 게 아닙니다. 즉, 피의자 중 일부는 유죄가 확정되어 범죄자로 분류되겠지만, 나머지는 무죄이므로 범죄자가 아닙니다.

종합하면 기사에서 '범죄를 저지른 의사 비율(4.1%)'는 굉장히 과대추정된 수치입니다. 기자가 통계적 사고가 부족했기 때문인지, 의도적으로 의사를 악마화하려고 한 것인지는 모르겠으나 어떤 경우든 부적절한 기사임은 틀림없습니다.

필요조건 vs 충분조건

고등학교 수학 '집합과 명제'에서 **필요조건**necessary condition, **충분조건**sufficient condition을 배웠습니다. 이를 논리학과 독해에 응용하는 법을 배울 겁니다.

> X가 Y를 함축할 때, 즉 X가 참이면 반드시 Y가 참일 때
> X는 Y이기 위한 충분조건, Y는 X이기 위한 필요조건입니다.

X가 참이면 Y가 참이기에 충분하고/넉넉하고, X가 참이기 위해서는 Y가 참인 것이 필요하기/필수적이기 때문에 이런 용어가 붙었습니다. 예를 들어, 자연수 x가 10의 배수라는 것은 x가 2의 배수이기 위한 충분(한) 조건(10의 배수→2의 배수)입니다. 또한 자연수 x가 10의 배수이기 위해서 x가 2의 배수인 것은 필요(한)/필수(적) 조건(10의 배수→2의 배수)입니다.

다음과 같이 기억하면 평생 안 헷갈릴 겁니다.

총을 쏘는 쪽이 충분조건(ㅊㅊ)　　　피를 흘리는 쪽이 필요조건(ㅍㅍ)

이렇게 기억하면 평생 안 헷갈릴 겁니다!

일상어에서 '필요하다'는 '있으면 좋다', '원하다' 정도로 쓰일 때도 있습니다. 그런데 시험에서 '필요하다'는 의미가 굉장히 강합니다.

필요하다 = 필수적이다 = 없으면 안 된다 = (반드시) 있어야 한다 ≒ 요구되다

X→Y가 반드시 참이라고 하여, Y이기 위한 충분조건이 X밖에 없다고 단정해서는 안 됩니다. <u>Y이기 위한 충분조건은 여럿일 수 있습니다.</u> 따라서 Y가 참이라고 하여 X가 참이라고 단정할 수 없습니다. 예를 들어, 구조가 그림과 같을 경우, X가 참이 아니더라도 다른 충분조건 A에 의해 Y가 참일 수 있습니다.

만약 X가 Y이기 위한 **충분조건**(X→Y)이면서 또 **필요조건**(Y→X)이면, X와 Y는 서로의 **필요충분조건**(X↔Y)입니다. 다시 말해, X가 참이면 반드시 Y가 참(X→Y)이고, 거꾸로 Y가 참이면 반드시 X가 참(Y→X)이 성립합니다.

X는 Y의 필요충분조건이다 ≡ X는 Y의 필요조건이다 and X는 Y의 충분조건이다

$$X \equiv Y \qquad\qquad (Y \to X) \qquad\qquad (X \to Y)$$

A≡B는 한국어로 "**A일 때, 그리고 오직 그때만 B이다**", "**A는 B인 경우 그리고 오직 그 경우에 한한다**"로 나타냅니다. 표현이 좀 어색하죠? 논리학을 들여올 때 <u>if and only if</u>(줄여서 iff)에 딱 들어맞는 한국어 표현이 없어서, 학자들이 영어표현을 직역하다 보니 이렇게 됐습니다. 그런데 이 어색함 때문에 시험장에서 오히려 좋습니다. 눈에 딱 들어오거든요.

if and only if는 수능 영어에도 나오는 표현입니다.

With the advance of science, there has been a tendency to slip into scientism, and assume that any factual claim can be authenticated if and only if the term 'scientific' can correctly be ascribed to it.[201131]

이러한 표현은 A로부터 B가 도출되고, B로부터 A가 도출됨을 나타냅니다.

"A일 때, 그리고 오직 그때만 B이다" ≡ "A일 때 B이다" and "오직 A일 때만 B이다"

$$A \equiv B \qquad\qquad (A \rightarrow B) \qquad\qquad (B \rightarrow A)$$

특강

다음 영상을 보면, 필요조건, 충분조건에 대해 좀 더 직관적으로 이해할 수 있을 겁니다.

초등학생도 이해하는
필요조건, 충분조건

특강

● 논리적인 독해의 핵심은 조건문을 잘 처리하는 것입니다. 아래 표현들을 구구단 외우
듯 기억해두길 바랍니다.

1~18은 전부 □→△, ~△→~□으로 기호화할 수 있습니다.

헷갈리면 □: 인간/4의 배수, △: 동물/2의 배수 등을 대입해서 읽어보세요!

1. □는 △에 포함된다/속한다. ≡ □는 △의 일종이다.

2. □는 △의/이기 위한 충분조건이다. ≡ △는 □의/이기 위한 필요조건이다.

3. □이면/일 때/인 한/인 경우에/인 이상/하에서/이기만 하면/인 것**만으로도** △이다.

4. □가 성립하면/보장되면 △임이 보장된다/성립한다.

5. □라는 전제/가정/조건 하에서 △이다.

6. □이면서 △가 아닌 경우는 없다/불가능하다.

7. (오직) △이어야(만)/일 때만/인 경우에만/인 (전제/가정/조건) 하에서만/를 통해서**만**
   □이다/일 수 있다/가 보장된다.

8. □이려면/이기 위해서/이기 위하여 △이어야(만) 한다.

9. □는 △에 국한/한정/한한다. ≡ △에 국한/한정/한하여 □이다/일 수 있다.

10. □는 △이기 위해 **충분하다/충분한** 조건이다.

    ≡ △는 □이기 위해 **필요하다/필요한** 조건이다/필수적 조건이다.

11. △이지 않으면/않는 한/않는 이상 □일 수 없다.

12. □는 △를 함축/전제한다.

13. △는 □의 논리적 귀결/필요조건/요건/전제조건/선결조건/요구조건/핵심조건이다.

14. △가 아니면/성립되지 않으면 □가 아니다/일 수 없다/가 성립될 수 없다.

15. △는 □의 본질적 속성/요소/조건이다.

16. △는 □이기 위해 필요하다/요구된다/없으면 안 된다/반드시 있어야 한다/
    필수적이다/필수불가결하다.

17. □일 수 있는 <u>유일한 것은/것은 오직</u> △이다.

18. ○만으로는 □가 아니다. △이면 <u>비로소</u> □이다.

    (○는 □의 불충분조건, 맥락상 (○∧△)→□성립함!)

●   □→△이면 □⊂△가 성립합니다. 즉, 충분조건이 필요조건에 포함됩니다. 이는 일반적으로 ①처럼 나타내나, ②와 같을 가능성도 배제해서는 안 됩니다. □→△뿐만 아니라 △→□도 성립할 가능성, 즉 □≡△일 가능성이 있기 때문입니다.

따라서 □→△는 **성립하나 그 역은 성립하지 않는다는 표현이 명시되지 않는 한**, ②와 같은 <u>가능성을 임의로 배제하지 않도록 주의</u>하세요.

정리!

○   □→△는 범위상 □≤△으로 나타낼 수 있습니다.

○   □≡△는 범위상 □=△으로 나타낼 수 있습니다.

○   □→△는 성립하지만 그 역은 성립하지 않는 경우,

    즉 □≡△인 경우가 배제될 경우 □ <△으로 나타낼 수 있습니다.

052 피고 vs 피고인

두 단어는 비슷하지만 쓰이는 맥락이 아주 다릅니다. 이를 위해 먼저 민사소송과 형사소송을 알아야 합니다.

	민사소송	형사소송
소송을 제기한 사람	원고	검사
소송을 당한 사람	피고	피고인
변호사의 지위	소송대리인	변호인
재판결과	승소, 패소	유죄, 무죄
기타	제소	고소, 고발

1. 민사: 원고 ⟷ 피고

민사소송은 개인 간 권리를 다툴 때 합니다. 주로 상대방이 빌린 **돈**을 안 갚는다거나, 상대방이 나를 때려서 치료비, 위자료 등의 **돈**을 받아내야 한다거나, 유산 상속 비율이 부당해서 돈을 더 받아야 한다고 느끼거나, 연예인이 밀린 출연료(**돈**)를 받지 못한 때 등입니다. 물론 소송까지 안 가고 대화로 해결하면 좋겠지만, 살다 보면 그렇게 안 될 때도 있습니다. 이때 민사소송을 제기한 사람을 **원고**, 소송을 당한 사람을 **피고**라고 합니다. 다만 원고나 피고는 법적 지식이 없는 경우가 많으므로, **변호사**가 원고측, 피고측을 대리하여 **소송대리인**의 지위로 재판에 참여합니다.

[01] 소송에서 입증은 주장하는 사실을 법관이 의심 없이 확신하도록 만드는 일이다. 어떤 사실의 존재 여부에 대해 법관이 확신을 갖지 못하면, 다시 말해 입증되지 않으면 **원고**와 **피고** 가운데

명확히 구별해야 할 단어   155

누군가는 **패소**의 불이익을 당하게 된다. 이런 불이익을 받게 될 당사자는 입증의 부담을 안을 수밖에 없고, 이를 **입증 책임**이라 부른다.[20146]

2. 형사: 검사 ⟷ 피고인

형사 소송은 누군가 **범죄**를 저질렀을 때, 이를 처벌하기 위해 하는 것입니다. 범죄를 저지른 혐의가 있는 사람(**용의자**, **피의자**)을 상대로 검사가 **공소**(검사가 형사사건에 대하여 법원의 재판을 청구하는 신청)를 제기하면, 즉 **기소**하면 그때부터 피의자를 **피고인**이라고 부릅니다. 피고인은 소송을 당한다는 면에서 민사의 피고에 대응됩니다. 원고에 대응하는 사람은 **검사**인데, 형사소송을 제기할 수 있는 사람은 **검사**밖에 없습니다. 이때 피고인은 법적 지식이 없는 경우가 많으므로, 변호사가 **변호인**의 지위로 소송에 참여하여 피고인을 보호합니다.

주의!
피의자나 **피고인**은 범죄자일 수도 있고 아닐 수도 있습니다. 형사재판을 통해 무죄가 확정될 수도 있으니까요.

[02] 검사: **피고인**은 이 사건 당시에 가해 트럭을 운전하였다.[12추리4]

[03] 10명의 **피고인**이 있고 그들 각각이 90%의 확률로 **범죄자**일 가능성이 있다고 생각해 보자. [20추리23]

[04] 미국 연방대법원은 어빈 사건 판결에서 지나치게 편향적이고 피의자를 유죄로 취급하는 언론 보도가 예단을 형성시켜 실제로 재판에 영향을 주었다는 사실이 입증되면, 법관이나 배심원이 **피고인**을 **유죄**라고 확신하더라도 그 유죄판결을 파기하여야 한다고 했다.[16이해1-3]

[05] **형사**절차에서 **변호인**은 단순히 '소송대리인'에 그치지 않고 **검사**에 비하여 열악한 지위에 있는 **피고인**의 정당한 이익을 보호하는 자이다.[17이해33-35]
민사소송을 제기하는 것을 제소라고 하고, 피해자가 수사기관에 범인을 처벌해달라고 하는 건 고소라고 합니다. 피해자가 아닌 제3자가 범인을 처벌해달라고 하는 고발이라고 하고요.

형사소송에서 검사가 사형이나 징역 5년을 **구형**(형벌을 요구)하더라도 판사는 구형대로 하지 않고, 징역 7년이나 징역 3역을 선고할 수도 있습니다.

[06] 두 사람은 결국 부부 간의 재산문제를 해결하기 위해 대한민국 법원에 **제소**하였다. 5급10상황20

[07] 범죄**피해자**의 **고소**권은 그 자체로 헌법상 기본권의 성격을 갖는 것이 아니라 형사절차상의 법적인 권리에 불과하므로, 이에 관하여는 원칙적으로 입법자가 그 나라의 고유한 사법문화와 윤리관, 문화전통을 고려하여 합목적적으로 결정할 수 있는 넓은 입법형성권을 갖는다. 입법13논리18

[08] 미국과 EU는 한국에 대해서도 소주와 위스키의 주세율을 조정해줄 것을 요구했는데, 받아들여지지지 않자 한국을 WTO에 **제소**했다. 7급19논리4

위와 같은 경우에도 '제소'를 씁니다.

덧 이렇게 전문적인(?) 법학 내용을 왜 알아야 하는지 짜증이 날 수도 있습니다. 근데 이 정도는 상식 범위에 속하는 내용입니다. 중학교 **사회②** 교과서에 나오는 것보다 오히려 덜 설명한 거니까요. 이 정도는 학생들이 당연히 알 것이라고 가정하고 출제되니, 위 내용이 상식이 아니었다면 이번 기회에 잘 기억해두세요.

덧 **피고인**은 유죄, 무죄로 판결이 납니다. 반면 피고는 (범죄를 저지른 것이 아니라) 단지 개인 간의 다툼이 있는 경우에 소송을 당한 쪽이라는 의미일 뿐입니다. 따라서 승소, 패소로 결과가 납니다.

덧 용의자든 피의자든 피고인이든 간에, 재판에서 최종적으로 유죄라고 판정된 자만이 범죄인이라 불려야 하며, 단지 용의자/피의자/피고인이 된 것만으로는 범죄인으로 단정할 수 없습니다. 이를 '무죄추정의 원칙'이라고 합니다.

예시하다 vs 예화하다

예시하다

'예시'가 '사례 제시'라는 건 다들 아는데, '예시하다'(사례를 제시하다)는 낯설어하는 경우가 있습니다. 선택지의 '예시하다'가 적절하려면, 지문에 구체적 사례가 언급되어야 합니다.

[01] 잡상의 다양한 형상을 **예시**하고 잡상을 지붕 위에 올리는 이유를 설명해야겠다. 잡상은 건물 규모에 따라 다르지만, 보통 여러 개를 동시에 지붕 위에 올리는데 그 형상이 매우 다양합니다. 예를 들어 봉황이나 용, 해태와 같은 전설 속의 동물도 있고 서유기에 등장하는 손오공, 저팔계, 사오정처럼 친숙한 것도 있습니다. 1506A9-10

[02] 경전의 사상과 현실 사이의 괴리를 해석하는 두 가지 상반된 시각을 **예시**한 것이다. 961146

[03] 과학 탐구의 과정에서는 직접 관찰이 불가능한 대상의 존재가 가정되기도 하는데, '가'와 '나'는 공통적으로 이 점을 **예시**한다. 외무04논리40

[04] 여자가 **예시**한 사례들 중에서, 주장을 뒷받침하는 논거로 적절하지 않은 것은? 97112

[05] (가)에서 **예시**된 것들이 (나)에서 상세하게 분석되고 있다. 941125

예화하다

'예화'는 예로 들어서 하는 이야기입니다.

[06] (라)는 논점에 대한 이해를 돕기 위해 구체적인 **예화**를 사용하고 있다. 080633

[07] **예화**를 열거하는 방식으로 인물의 성격을 나타내고 있다. [1409B34]

[08] 뒷문단은 앞 문단의 **예화**를 풀어서 설명하고 있다. [961148]

그런데 '**예화하다**'는 뜻이 완전히 다르며 좀 어렵습니다.

[09] 오늘날 플라톤주의자들은 속성과 대상 간의 인과 관계를 인정하지 않지만, 속성은 추상적 존재자로서 시공간 밖에 존재하며 푸른 사물들은 이 속성이 **예화**例化된 것으로 본다. [5급07논리16]
예를 들어, 플라톤주의자들은 '붉음'이라는 속성이 시공간 너머의 비물질적 영역에 실제로 존재하며, 시공간 속의 붉은 구체적 대상들(빨간 펜, 붉은 노을, 군대 교관들의 빨간 모자 등)은 속성이 예화(사례화)exemplification된 것으로 봅니다.

054 콜라주collage vs 몽타주montage

콜라주란 화면에 인쇄물, 천, 쇠붙이, 모래, 사진 따위를 오려 붙이고, 일부에 가필(글이나 그림 따위에 붓을 대어 보태거나 지워서 고침하여 작품을 만드는 일)하여 작품을 만드는 것을 말합니다. 순화어로 '붙이기'가 선정됐는데 아무도 순화어를 쓰지 않죠.

몽타주란 영화나 사진 편집 구성의 한 방법으로, 콜라주와 비슷합니다. 따로따로 촬영한 화면을 적절하게 떼어 붙여서 하나의 장면이나 내용으로 만드는 일을 말합니다. 인터넷에서 흔히 볼 수 있는 합성사진이 다 몽타주의 일종입니다.

[01] 해프닝은 우리 삶의 고통이나 희망 등을 논리적인 말로는 더 이상 전달할 수 없다는 것을 내세운다. 이러한 해프닝의 발상은 미술의 **콜라주**, 영화의 **몽타주**와 비슷하고, 삶의 부조리를 드러내는 현대 연극, 랩과 같은 대중 음악과도 통한다. [2003]

[02] 소설 구성에서도 유기적인 구성보다는 유기적인 구성으로 **환원**되지 않는 **몽타주**, 병치, 자유 연상 등의 단편화 기법을 주로 사용함으로써 상대적으로 실험적인 특성을 드러낸다. [입법11논리7]

위 예문에는 몽타주에 각주가 없었지만, 대부분의 경우 각주를 달아줍니다.

[03] 이 작품은 일정한 줄거리가 없는 대신, 상이한 연상을 불러일으키는 다양한 장면들로 구성된 **몽타주**＊와 같다. 061144-47

　＊ 둘 이상의 장면을 하나로 편집하는 영화나 사진 등의 기법

[04] 이들의 면모가 다양하고 자세하게 묘사되며 **몽타주**＊된다. 091137-39

　＊ 넓은 의미로는 편집 작업을, 좁은 의미로는 서로 다른 화면을 결합하는 방식을 가리킴

[05] S#18. **몽타주**＊220922-27

　＊ 따로따로 촬영된 장면을 결합하여 새로운 의미를 나타내는 편집 방식

[06] '**몽타주**'란 따로따로 촬영된 필름의 단편을 창조적으로 접합해서 현실과는 다른 영화적 현실을 구축하는 작업을 말한다. 입법09논리5

[07] 우리는 영화나 텔레비전 드라마의 편집 방법으로 **몽타주 기법**＊을 생각할 수 있다. 어린아이, 신발, 나무, 바다의 **쇼트**shot＊＊가 연결된 장면을 떠올려 보라. 12사관

　＊ 촬영된 쇼트들을 적절히 끊고 잇는 편집 과정의 조작을 통해 새로운 의미 효과를 만들어 내는 편집 기법

　＊＊ 컷cut. 촬영의 기본 단위로서, 한 번의 연속 촬영으로 찍은 장면을 이르는 말

덧　범죄 목격자가 범인의 얼굴을 나타낼 때 몽타주 기법이 이용됩니다. 컴퓨터 프로그램에 다양한 얼굴 윤곽, 눈, 코, 입, 귀, 눈썹, 머리 모양이 입력되어 있고, 목격자는 범인과 유사한 것들을 선택합니다. 그러면 이것들이 합성되어 범인의 얼굴이 그려집니다. 이처럼 따로따로 떼어진 얼굴 부위를 적절하게 붙여서(합성해서) 하나의 얼굴로 만드는 일이기 때문에 이를 몽타주라고 합니다.

덧　다음 랩 가사는 몽타주, 콜라주의 뜻을 정확히 살렸다는 점에서 아주 교육적입니다.

　　"너네 꿈을 그려 그거 우리 몽타주 / 우린 너네 원하는 거 붙여 콜라주" 현상수배Wanted ｜ C JAMM & REDDY

재고하다 vs 제고하다

창고에 있는 물건이라는 의미의 **재고**stock는 누구나 아는 단어죠?

[01] 노동시장을 통해서 상품화되는 노동력은 여타 상품과는 달리 **재고**로 쌓여 있을 수 없으며 끊임없이 재생산되어야 한다. 입법08논리23

재고하다rethink

어떤 일이나 문제를 다시 생각한다는 뜻의 재고는 낯설게 느끼는 학생들이 많습니다. "X를 재고한다"고 하면, X를 실행하거나 유지하는 것을 반대하는 입장으로 이해할 수 있습니다. 너무 확실해서 다시 생각할 필요가 없을 때 "재고의 여지도 없다"는 표현도 자주 쓰이니 알아 두세요.

---

[02] 양자역학의 불확정성 원리는 우리가 물체를 '본다'는 것의 의미를 **재고**하게 한다. 책을 보기 위해서는 책에서 반사된 빛이 우리 눈에 도달해야 한다. 다시 말해 무엇을 본다는 것은 대상에서 방출되거나 튕겨 나오는 광양자를 지각하는 것이다. 121147-50

[03] 카피라이트 진영이 저작권을 강화하려는 것에 대하여 카피레프트 진영은 순수한 창작은 있을 수 없고, 인터넷 공간에서 창작을 촉진시키는 것은 독점이 아니라 오히려 공유로부터 시작되며, 저작권이 창작자가 아닌 창작자를 고용한 기업의 이익을 보호하고 있기 때문에 기존의 저작권은 **재고**되어야 한다고 주장한다. 입법08논리24

[04] 오늘날 권력에서 소외된 대중은 자발적으로 자신의 영역에서 투쟁을 시작한다. 그러한 투쟁에서 지식인이 갖는 역할에 대해 **재고**해 보자. 과거 지식인들은 궁극적인 투쟁의 목표와 전반적인 가치기준을 제시하면서 대중의 현실 인식과 그들의 가치판단에 큰 영향을 미쳤다. 그러나 세계의 모든 기준을 독점하고 대중을 이끌던 지식인의 시대는 지나갔다. 나는 지식인의 역

할이 과거처럼 자신의 현실 인식과 가치기준에 맞춰 대중의 의식을 일깨우고 투쟁의 방향을 제시하는 것을 목표로 삼아서는 안 된다고 본다. 오늘날의 대중은 과거와 달리 지식인이 정해준 기준과 예측, 방향성을 피동적으로 받아들이는 존재가 아니다. 그들은 자신들의 가치기준과 투쟁 목표를 <u>스스로</u> 설정한다. 그러므로 진정한 지식인은 대중과 함께 사회의 여러 영역에서 구체적인 변화를 위한 투쟁에 참여해야 하며, 그러한 투쟁이야말로 현실 사회의 문제점을 해결할 수 있는 것이다. _{5급15논리24}

덧붙여서 국어 교과서에 작문의 퇴고와 관련해서 '**재고와 조정**' 단계가 소개됩니다. 이때 '재고' 또한 '<u>다시 생각함</u>'입니다. 글 쓴 것을 다시 생각하며 검토하고 수정하는 것을 말합니다.

> **제고하다** raise, improve, boost, enhance, strengthen
>
> '<u>높인다</u>/'는 뜻입니다. 이미지·생산성·효율성·경쟁력·만족도·수익률·<u>인식 제고</u> 등으로 엄청나게 많이 쓰입니다. '제고'는 제트기가 승/ 올라가는 느낌으로 기억하세요.

[05] 약소국은 강대국과의 협상을 시작하기 전에 내부의 협의 과정을 통해 자신의 협상력을 **제고**할 필요가 있다. ₀₄₀₆₃₃₋₃₇

[06] 평가의 공정성 **제고**를 위하여 **정량**(그 물징이나 분석의 목표가 얼마나 되는지의 양을 측정) **평가**의 비중을 높인다. _{5급07상황37}

[07] 환경 영향 평가 제도는 환경 훼손을 최소화하고 환경 보전에 대한 사회적 인식을 **제고**하는 등 개발과 보전 사이의 균형추 역할을 수행해 왔다. 따라서 신도시 개발 사업은 사전에 환경 영향 평가를 받아야 한다. ₀₈₁₁₁₀

[08] 능력주의적 태도는 기회를 줌으로써 개방성을 **제고**하여 사회적 유동성 역시 증대시험뿐 아니라 관리의 업무에 대한 평가에도 적용되었다. ₂₁₀₆₁₆₋₂₁

[09] 유명인 모델의 광고 효과를 높이기 위해서는 유명인이 자신과 잘 어울리는 한 상품의 광고에만 지속적으로 나오는 것이 좋다. 이렇게 할 경우 상품의 인지도가 높아지고, 상품을 기억하기 쉬워지며, 광고 메시지에 대한 신뢰도가 **제고**된다. ₂₁₀₉₃₃

[10] 효율성을 **제고**하기 위해서는 당사자가 모두 만족할 수 있도록 중재의 합의율과 질적 수준을 높여야 할 것이다. 100638-42

[11] 청소년 공연 예술의 가치에 대한 관객들의 인식이 부족함을 들어, 청소년 공연 예술에 대한 이해를 **제고**할 수 있는 방안이 모색되어야 함을 강조한다. 04118

[12] 병역 혜택의 효과도 있겠지만 그 한계 또한 분명하다고 생각합니다. 국가 경쟁력 **제고**의 측면에서 좀더 근본적인 대책을 논의해 봐야 하지 않겠습니까? 03094

[13] 약소국은 강대국과의 협상을 시작하기 전에 내부의 협의 과정을 통해 자신의 협상력을 **제고**할 필요가 있다. 040633-37

[14] 국제화, 세계화의 시대에 중요한 할 일이 많이 있는데 개인과 사회의 문제 따위나 생각하다니, 이런 문제보다는 국제 경쟁력 **제고**를 위한 방안을 다루어야 한다. 951124

[15] 수출 기업이 환율 상승만 믿고 경쟁력을 **제고**하기 위한 방책을 강구하지 않는다는 말이군. 110931

[16] 유명인 모델의 광고 효과를 높이기 위해서는 유명인이 자신과 잘 어울리는 한 상품의 광고에만 지속적으로 나오는 것이 좋다. 이렇게 할 경우 상품의 인지도가 높아지고, 상품을 기억하기 쉬워지며, 광고 메시지에 대한 신뢰도가 **제고**된다. 110632-35

[17] 계층 간 의료비 지출의 격차가 커지는 현상에 대한 사회적 관심과 인식을 **제고**해야 한다. 06069

[18] 환경 영향 평가 제도는 환경 훼손을 최소화하고 환경 보전에 대한 사회적 인식을 **제고**하는 등 개발과 보전 사이의 균형추 역할을 수행해 왔다. 081110

[19] 창조 계층을 끌어들이고 유지하는 것이 도시의 경쟁력을 **제고**하는 관건이 된다. 091124-27

참고로 시험에 '제고하는'을 '높이는'으로 바꿔 쓸 수 있다는 문제가 나오기도 했습니다.

선지	문맥
③ ⓒ: 높이는	창조 계층을 끌어들이고 유지하는 것이 도시의 경쟁력을 ⓒ제고하는 관건이 된다. 091127

056 방증 vs 반증

방증circumstantial evidence

방증이란 어떤 주장에 대한 (직접적인 증명/증거는 아니지만) 간접적인 증명/증거를 뜻합니다. **정황 (상황)적 증거**와 비슷한 말입니다. 어쨌든 주장을 지지한다는 것이 핵심입니다. 이에 반해, **반증**은 방증과 모양새는 비슷하지만 뜻이 완전히 반대입니다. 어떤 주장에 대한 반대 증명/증거를 뜻합니다. 표준국어대사전에 "(주로 '-는/ -다는 반증이다' 구성으로 쓰여) 어떤 사실과 모순되는 것 같지만, 거꾸로 그 사실을 증명하는 것."라는 뜻풀이가 나오긴 하는데… 저는 이 뜻풀이가 삭제되어야 한다고 생각합니다. 이렇게 쓰이는 문맥이 거의 없기도 하고, 있다고 하더라도 '잘못' 사용됐다고 생각합니다.

자칫 헷갈리기 쉽기 때문인지 7급 공무원 시험에 다음과 같이 출제된 적도 있습니다.

밑줄 친 부분을 문맥에 맞게 바꾼 말로 적절하지 않은 것은?⁹급12지15

⑤ 명절에 어김없이 부는 고스톱 열풍은 척박한 우리 놀이 문화를 보여 주는 **방증**이다.→**반증**이다.

명절에 부는 고스톱 열풍은 우리 놀이 문화가 척박하다는 것을 지지하는 증거이기 때문에 '방증이다'로 두는 것이 맞습니다. 바꾸면 적절하지 않기 때문에 ⑤가 정답!

[01] 참여 기회가 확대되었다고 실질적 참여가 확대되는 것은 아니다. 그리고 정기적이고 공정한 선거 경쟁을 통해 대표와 정부가 구성되고 국민을 대변하는 절차가 확보되었다고 해서 반드시 경제적 균열과 사회적 갈등이 해소되는 것도 아니다. 오늘날 상당수의 민주주의 국가에서 권력 및 자원 배분상의 불합리로 권력 남용과 사회적·경제적 불평등이 만연하여 갈등과 긴장이 조성되고 있는 것은 이를 **방증**한다. ⁰⁹이해 | 예비

[02] 검사측에서 피고가 평소에 가정 폭력을 일삼았다는 것을 유력한 **정황 증거**로 삼아, 피고가 바로 이 살인 사건의 범인이라는 주장은 근거가 없어 보입니다. 5급09논리40

[03] 화춘은 **정황**을 근거로 의견을 말하였다. 031128

[04] 거짓말탐지기의 검사는 일정한 조건이 모두 충족되어 증거능력이 있는 경우에도 그 검사 결과는 검사를 받는 사람의 진술의 신빙성을 가늠하는 **정황 증거**로서의 기능을 하는데 그친다. 2014 경찰직 | 형사소송법

반증counter-evidence

[05] 우주 배경 복사는 펜지아스와 윌슨이 발견할 당시에 등방적이라는 사실까지는 알려지지 않았지만, 후에 그 등방성이 밝혀짐에 따라 표준 대폭발 이론의 지지 증거에서 **반대 증거**로 역전되었다. 06추론40

[06] 추정推定이란 어떤 사실에 대하여 **반대 증거**가 없을 때 그 사실을 그대로 인정하는 것을 말한다. 5급08상황5

[07] 중국인들의이 견해는 『삼국사기』에서 얻을 수 있는 명확한 **반대 증거**로 인해 반박된다. 『삼국사기』는 신라가 695년에 측천무후의 역법을 도입하는 등 당나라의 새로운 정책을 자발적으로 수용하고 있었음을 보여준다. 7급17논리21

[08] 모든 '역사적 서술'은 반증이 가능하고 언제라도 또다시 시험의 대상이 될 수 있다. 060953-56

[09] "까마귀는 모두 검다."(H1)라는 가설을 생각해보자. 이 가설을 입증해주는 관찰사례는 어떤 것일까? 이에 대답하기는 아주 쉬워 보인다. 만약 a가 까마귀이고 색이 검다면 그 가설을 입증해주고, b가 까마귀인데 검지 않다면 그 가설을 **반증**해준다고 보아야 할 것이다. 2011논리

[10] 사이비 과학은 잘못된 과학과 분명히 다르다. 과학은 오류를 통하여 성장하고 발전한다. 과학사를 보면 과학은 항상 오류를 점진적으로 제거해 나가는 방식으로 발전해 왔다. 과학적 수행에서 등장한 가설들은 관찰과 실험 등과 같은 경험적 수단에 의한 반박 시도를 통과해야 한다. 만약 가설이 반박 시도를 이겨내면 그것은 잠정적으로 참이라고 인정되어 수용된다. 진정한 과학은 이처럼 **반증**을 이겨낸 가설들로 구성된다. 반박 시도를 통과하지 못한 가설들은 반증되었기 때문에 과학자 사회에서 폐기될 것이다. 5급08논리37

[11]   자연과학에서 이루어지는 테스트의 과정은 연역적이다. 우리는 이전에 수용된 다른 진술들에
         의존하여, 관찰을 통해 확인가능한 예측 진술들을 새로운 이론으로부터 연역적으로 이끌어
         낸다. 이것들 중에서도 기존의 이론으로부터는 도출될 수 없는 진술들, 특히 기존의 이론과
         모순되는 진술들을 선택하고, 실제 실험 및 적용의 결과에 따라 이 진술들을 판정한다. 만약
         이 진술들이 수용 가능하다고 판정된다면, 다시 말해 검증된다면, 그 새로운 이론은 테스트를
         통과한 것이 된다. 따라서 그 이론을 폐기할 어떤 이유도 없다. 그러나 만약 이 진술들이 수용
         불가능하다고 판정된다면, 다시 말해 **반증**된다면, 이 진술들을 도출한 새로운 이론 전체가 반
         증된다. 08논술(모의)

특강

과학이 어떻게 발전하는가에 대해 철학자 포퍼Karl Popper는 **반증가능성**이라는 개념을 제시했
습니다. 과학 이론들이 반증됨으로써 발전한다는 것입니다. 이에 대한 내용이 2013학년도 수
능에 지문으로 나왔고, 다른 시험에도 계속 출제되어 왔습니다.

[12]   연구자는 올바른 절차를 거쳐 사회·문화 현상을 검증했을지라도 자신의 연구 결과에
         대한 다른 연구자의 **반증가능성**을 인정해야 한다. 1409 사탐 | 사문

[13]   포퍼에 따르면, 지금 우리가 받아들이는 과학적 지식들은 이런 **반증**의 시도로부터 잘
         견뎌 온 것들이다. 참신하고 대담한 가설을 제시하고 그것이 거짓이라는 증거를 제시
         하려는 노력을 진행해서, 실제로 **반증**이 되면 실패한 과학적 지식이 되지만 수많은 **반
         증**의 시도로부터 끝까지 살아남으면 성공적인 과학적 지식이 되는 것이다. 그런데 포
         퍼는 반증 가능성이 없는 지식, 곧 아무리 **반증**을 해 보려 해도 경험적인 **반증**이 아예
         불가능한 지식은 과학적 지식이 될 수 없다고 비판한다. 가령 '관찰할 수 없고 찾아낼
         수 없는 힘이 항상 존재한다.'처럼 경험적으로 반박할 수 있는 사례를 생각할 수 없는
         주장이 그것이다. 131121-24

[14]   결국 학문이 어떤 대상의 기술을 목표로 한다고 해도, 그것은 기술하는 사람의 주관에

좌우되지 않고, 원리적으로는 "누구에게도 그렇다."라는 식으로 이루어져야 합니다. "나는 이렇게 생각한다."라는 것만으로는 불충분하며, 왜 그렇게 말할 수 있는가를 논리적으로 누구나가 알 수 있는 방법으로 설명하고 논증할 수 있어야 합니다. 그것을 전문용어로 '**반증가능성**falsifiability'이라고 합니다. 즉 어떤 지知에 대한 설명도 같은 지知의 공동체에 속한 다른 연구자가 같은 절차를 밟아 그 기술과 주장을 재검토할 수 있고, 경우에 따라서는 반론하고 반박하고 갱신할 수 있도록 문이 열려 있어야 합니다. 9급12지

057 　현존existence, alive　vs　실존existence, real

현존現存은 **현재 존재**한다는 뜻입니다. 현존 인물은 현재 살아 있는 인물이라는 뜻이겠죠? 현존과 비슷한 말로 **실존**實存이 있습니다. **실제**로 **존재**한다는 뜻입니다. 실존 인물은 허구의 인물이 아니라 실제로 존재하는 혹은 존재했던 인물을 뜻합니다. 베토벤의 경우 죽었기 때문에 현존 인물은 아니지만 실존 인물입니다. 차이를 알겠죠?

[01]　지구에 **현존**하는 모든 생물종은 DNA를 통해 그 정체성을 유지하고 있다. 16추리26

[02]　우리 나라에 **현존**하는 지도는 조선 시대 이후에 제작된 것이다. 031137-41

[03]　민주주의가 **현존**하는 최선의 정치 제도라는 데에는 대체로 동의할 수 있다. 13논술

[04]　한 언어학자는 **현존**하는 북미 인디언 언어의 약 80％인 150개 정도가 빈사 상태에 있다고 추정한다. 071157-60

[05]　첨성대는 일본인 천문학자 와다和田에 의해 처음으로 학계에 소개되었다. 와다는 첨성대가 **현존**하는 동양 최고最古(가장 오래됨)의 천문대라고 평가했다. 5급06논리23

[06]　과학은 사물의 현상과 작용을 밝히는 데 만족하고, **현존**하는 사물의 성질과 과정에만 시야를 국한(범위를 일정한 부분에 한정함)한다. 과학자는 천재의 창조적 진통뿐만 아니라 벼룩의 다리

에도 흥미를 느낀다. [961156-60]

[07] 고대 그리스인들이 향유하던 음악이 실제로 어떠했는지는 분명치 않다. 그 이유는 음악적 실체를 밝힐 문헌 자료가 충분치 않고, **현존**하는 자료의 대부분이 음악 그 자체보다는 이론이 어떠했는지의 정보에 편중되어 있기 때문이다. [110939-43]

[08] 다윈Darwin은 **현존**하는 여러 동물들의 상이한 눈을 비교하여, 정교하고 복잡한 인간의 눈이 진화해 온 과정을 추적하였다. [050657-60]

[09] 헤겔의 최종 미학적 결론은 오히려 이와 모순되는 것처럼 보인다. 그는 "우리에게 예술은 더 이상 진리가 **실존**하는 최고의 방식이 아니다. 물론 우리는 예술이 더 융성하고 완전하게 되기를 바랄 수 있다. 그러나 예술의 형식은 더 이상 정신의 최고 욕구가 아니다."라고 말한다. [090l해29-31]

[10] 근대적 시간으로 포섭할 수 없는 '이질성'이 역사적으로 **현존**함을 인정하고, 근대가 갖는 보편성이나 동질성을 균열시킬 수 있는 그 이질성을 적극적으로 끌어안아야 한다. [140l해17-19]

특강

앞서 살펴 본 현존과 실존은 전부 동사 '현존하다', '실존하다' 꼴로 쓰였습니다. 하지만 명사로 쓰이면 뜻이 좀 다릅니다. 철학용어라 다소 어렵고, 일치된 의미로 쓰이는 것도 아닙니다. 하지만 시험에는 곧잘 나오기 때문에 교육과정 내에서 거칠게나마 다뤄 보겠습니다.

실존

실존은 본질과 대립하는 개념입니다. **본질**은 본디부터 가지고 있는 사물 자체의 보편적 성질이나 모습을 뜻합니다. 반면 **실존**은 구체적/실질적/개별적인 존재 자체를 뜻합니다. 예를 들어, '의자'의 본질은 사람이 걸터앉는 기구입니다. 이러한 쓰임새, 모양을 먼저 생각한 뒤에 나무를 잘라 구체적/실질적/개별적 의자가 만들어집니다.

저 나무로 앉을 수 있는 의자를 만들어야지.

사물(의자)은 본질(의자의 용도, 모양)이 실존(의자)에 앞섭니다.

의자의 본질   의자의 실존

이를 두고 '사물은 본질이 실존에 우선한다'라고 말할 수 있습니다.

그런데 철학자 사르트르Jean Paul Sartre는 사물과 달리 "(인간의) 실존은 본질에 앞선다"라고 말했습니다. 인간은 본질이 따로 존재하지 않는다고 합니다. 왜 그렇게 말한 것일까요? 만약 (사람이 의자를 만들 듯) 신이 사람을 만들었다면, 만들 때 떠올린 본질이 있을 것입니다. 그런데 샤르트르는 그러한 신이 존재하지 않는다고 생각했습니다. 그는 인간을 이유/근거/목적도 없이 우연히 '세계에 던져진 존재'로 봤습니다. 이런 관점에서 보면 인간은 자신을 만든 사람이 없으므로, 자신의 삶에 책임을 지고, 스스로의 선택과 결단을 통해 주체적으로 살아가야 합니다. 그러기 위해 반드시 필요한 것은 바로 자유입니다. 자유가 있어야 주체적으로 살아갈 수 있기 때문입니다. 자, 여기까지 읽었다면 다음 예문을 봅시다!

[11]   비가 내린다. 파리 이폴리트맹드롱 거리. 비는 허공에 머물다 하강한다. 비는 <u>스스로 자신의 무게를 벗고</u> 지면을 향한다. 도로를 흥건히 적신 비. 비는 수직선線의 형상을 벗고 지상과 만나 면面이 된다. 산화散華하는 비. 세상에 부치는 마지막 인사. 수직의 빗줄기는 <u>세계 속에 던져진 존재</u>를 연상시킨다. 비는 실존의 감각적 형상이다. ^{11추론35-37}

브레송 | 자코메티 | 1961

비는 스스로(자유로운 선택에 의해) 지면으로 향하고, 동시에 '세계 속에 던져진 존재'이기 때문에 인간의 실존을 시각적(감각적) 형상으로 나타낸 것으로 볼 수 있다는 뜻입니다. 실존에 대한 개념이 없다면 무슨 말인지 이해하기 어려웠겠죠?

[12] 그는 자기 희생의 시인이었다. 그의 시에는 순교자적 희생을 통해 부정적 현실에 저항하려는 **실존적 결단**의 태도가 자주 나타난다. 040616

[13] 만약 자아실현의 문제를 전적으로 **개인의** 주관적인 **실존적 결단**에만 맡긴다면 우리는 이기주의나 나르시시즘에 빠질 우려가 있다. 좋은 삶의 문제는 상위선을 바탕으로 합리적으로 다루어질 수 있으며 도덕 철학은 이를 위해 기여해야 한다. 12이해12-14

이때 실존적 결단은 주체적 결단으로 바꿔 읽을 수 있습니다.

철학자 하이데거Martin Heidegger는 샤르트르처럼 무신론적 관점에서 **실존**을 **현존재**(지금 여기에 구체적으로 있는 인간)로 규정합니다. 그런데 현존재에게 가장 확실한 것은 언젠가 죽는다는 것입니다. 그래서 인간은 불안을 느끼게 됩니다. 하지만 이 불안을 통해 죽음을 미리 예견해 보고, 이를 수용함으로써 지금 여기에 정말로 중요한 것이 무엇인지 깨달을 수 있습니다. 이런 관점은 애플의 창립자였던 스티브 잡스Steve Jobs의 스탠포드대 졸업축사에서도 볼 수 있습니다. 췌장암 진단을 받고 수술한 뒤에 깨달은 것을 다음과 같이 말했습니다. "이런 경험을 해보니, '**죽음**은 유용하다'를 머리로만 알고 있을 때보다 좀 더 확실하게 말할 수 있습니다. 죽기 원하는 사람은 아무도 없습니다. 심지어 천국에 가기 원하는 사람조차 그곳에 가기 위해 죽는 것을 원하지 않습니다. 그럼에도 불구하고 죽음은 우리 모두가 공유하는 숙명입니다. 아무도 죽음을 피할 수 없습니다. 그리고 그래야만 합니다. 왜냐하면 **죽음**은 삶이 만든 최고의 발명품이기 때문입니다. (중략) 당신의 삶은 한정되어 있습니다. 그러니 다른 사람의 삶을 사느라 시간을 낭비하지 마세요. 다른 사람이 어떻게 생각할까에 얽매이지 마세요. 다른 사람들의 의견 때문에 당신 내면의 소리가 파묻히지 않도록 하세요. 가장 중요한 것은, 당신의 가슴과 직관을 따를 수 있도록 용기를 갖는 것입니다."

[14] 죽음은 세계 안의 존재인 **현존재**Dasein에게 가장 확실한 가능성이며, 죽음에 내던져져 있다는 사실은 불안 속에서 더욱 철저하게 드러난다. 죽음을 회피하지 말고 양심에 따라 <u>스스로의 삶을 결정</u>해야 한다. ^{1611사탐 | 윤사}

[15] 인간은 '**현존재**'에 대한 물음을 통해서 존재의 의미를 묻는 존재자이다. 인간은 자신이 <u>죽음에 이르는 존재라는 것을 수용</u>함으로써 자신의 본래적 모습을 만날 수 있게 된다. ^{1409사탐 | 윤사}

[16] 인간은 세계에 던져진 '**현존재**Dasein'이다. 인간은 주어진 것을 그대로 받아들이는 수동적인 존재가 아니라, 주어진 것을 좀 더 나은 것으로 바꾸어 나가는 <u>능동적인 존재</u>이다. ^{1606사탐 | 윤사}

죽음을 비롯해서 고통, 싸움, 죄의식을 **실존적 위기** 또는 **실존적 한계상황**이라고 합니다. 무슨 국어 책이 윤리와 사상 참고서마냥 개념을 깊게 다루나 싶죠? 그런데 이 정도로 공부해야 다음 예문들을 깔끔하게 이해할 수 있습니다.

[17] ① [A]의 '밑둥'은 실존적 위기감을 상징한다. ^{1409A32}

원 시를 보면 밑둥이 잘리는 상황입니다. 죽음과 관련 있기 때문에 실존적 위기라는 표현이 쓰였습니다. 넓게 보면, 삶을 자유롭고 주체적으로 살아가는 데 위기를 느끼는 상태를 다 실존적 위기라고 할 수 있습니다.

[18] 위 작품은 가진 자와 못 가진 자의 대립 구도 아래, 가진 자의 음모를 보여주는 한편, 악의적 세계에 짓눌린 **사람들의 실존**을 그리고 있다. 작가는 급박한 생존의 현실을 감내하려는 인물을 통해 부조리한 상황을 부각하였다. ¹¹⁰⁹³⁸

[19] **인간의 실존**이 죄의식에 사로잡혀 있음을 알면서도 법에 대한 무조건적 복종을 계속 요구하는 것은 보편적 입법의 원칙에 비추어 정당화되기 어렵다. ^{13이해32}

이때 인간/사람들의 실존은 <u>개별적</u> 사람들의 <u>구체적</u> 삶으로 번역할 수 있습니다.

현존

명사 **현존**은 아래와 같이 단순히 '있음'을 뜻할 때도 있습니다.

[20] 소극적 속박으로부터의 자유란 무언가가 없어서 하고 싶은 것을 하지 못하는 상태로
 부터의 자유를 의미하며, 이것은 하지 못하던 것을 할 수 있음을 의미한다. 그러므로
 그것은 소정의 행위를 할 수 있는 어떤 조건의 **현존**인 것이다. 조건의 **현존**이 어떤 사
 람에게 외적일 때에는 기회라 하고 내적일 때에는 능력이라고 한다. [11추론32-34]

또한 맥락에 따라 새로운 의미를 획득할 때도 있습니다.

[21] 현대 공연 예술은 단순한 재현을 넘어 표현 주체의 행위와 상태를 상징적으로 보여 주
 는 언어이자, 기승전결이라는 우회로를 거치지 않은 **현존**의 언어가 된다. 이미지의 표
 면이 이야기 그 자체가 되는 것이다. [061144-47]

이때 현존은 문맥상 '기승전결이라는 <u>우회로를 거치지 않</u>'는다는 뜻입니다.
그런데 철학자 칸트Immanuel Kant에 대한 내용이 시험에 나왔을 때가 문제였습니다. '대상의
현존'이 무슨 뜻인지 파악하기 어려웠기 때문입니다. 이때 현존은 <u>일정한 시간, 공간 속에 구
체적으로 존재하는 것</u>을 뜻합니다. 앞서 사람을 현존재라고 했을 때랑 정의가 비슷하죠? '현
존재'를 '현존'이라고 쓴 것이기 때문입니다.
이를 염두에 두고 다음 세 지문을 읽어보기 바랍니다. 꽤 어려운 지문이었는데, 각기 다른 시
험에 3번이나 출제되었기 때문에 언젠가 시험에 다시 나올 수 있습니다. 여러 번 곱씹어 읽어
보기 바랍니다.

[22] 어떤 것이 아름다운지 아닌지를 판단하려 할 때, 우리는 그 대상의 **현존**이 우리 자신
 에게나 다른 사람에게 무슨 상관이 있는지 문제 삼지 않는다. 만약 어떤 사람이 나에
 게 눈앞에 있는 궁전이 아름다운지를 묻는다면, '단지 사람을 놀라게 하기 위해 만들

어진 이런 종류의 것을 좋아하지 않는다'고 말할 것이다. 또는 아예 루소 식으로 그렇게 불필요한 것을 위해 민중의 고혈을 짜내는 왕들의 허영심을 비난할 수도 있다. 더나아가 나는 그 궁전에 대해 이렇게까지 말할 수 있다. 즉 내가 다시는 사람들 사이로 되돌아갈 수 있으리라는 희망 없이 어느 무인도에 살게 되었다고 할 때, 내가 원하기만 하면 그 화려한 궁전을 마술 부리듯이 손쉽게 만들 수 있다 하더라도, 편안하게 지낼 수 있는 오두막을 하나 가지고 있다면 그런 궁전을 짓기 위해 단 한 번이라도 그런 수고를 하지 않을 것이다. 그러나 중요한 것은, 내가 궁전의 **현존**에 대해 아무리 무관심한 상태에 있다 하더라도, 궁전의 표상 자체가 나에게 만족감을 불러일으키는가 아닌가 하는 것이다. 누구라도 쉽게 알 수 있는 일이지만, 어떤 대상이 아름답다고 말할 때, 그리하여 나름의 심미안을 가지고 있다는 것을 증명하려 할 때, 중요한 것은 이 표상으로부터 나 자신 속에서 만들어내는 미적인 느낌이지, 나로 하여금 그 대상의 현존에 관심을 가질 수밖에 없도록 만드는 어떤 요인이 아니다. 아름다움에 대한 판단에 조금이라도 관심이 섞이게 되면, 그 판단은 당파적인 것이 되며, 결코 순수한 취미 판단일 수가 없다. 우리가 취미의 문제에서 재판관의 노릇을 하기 위해서는 대상의 현존에 조금이라도 현혹되어서는 안 되며, 그에 대해서는 전적으로 무관심하지 않으면 안 된다. 5급06논리30

[23] 한 떨기 흰 장미가 우리 앞에 있다고 하자. 하나의 동일한 대상이지만 그것을 받아들이는 방식은 다양하다. 그것은 이윤을 창출하는 상품으로 보일 수도 있고, 식물학적 연구 대상으로 보일 수도 있다. 또한 어떤 경우에는 나치에 항거하다 죽어 간, 저항 조직 '백장미'의 젊은이들을 떠올리게 할 수도 있다. 그런데 이런 경우들과 달리 우리는 종종 그저 그 꽃잎의 모양과 순백의 색깔이 아름답다는 이유만으로 충분히 만족을 느끼기도 한다. 가끔씩 우리는 이렇게 평소와는 매우 다른 특별한 순간들을 맞본다. 평소에 중요하게 여겨지던 것들이 이때에는 철저히 관심 밖으로 밀려나고, 오직 대상의 내재적인 미적 형식만이 관심의 대상이 된다. 이러한 마음의 작동 방식을 가리키는 개념어가 '미적 무관심성'이다. 칸트가 이 개념의 대표적인 대변자인데, 그에 따르면 미적 무관심성이란 대상의 아름다움을 판정할 때 요구되는 순수하게 심미적인 심리 상태를 뜻한다. 즉 'X는 아름답다.'라고 판단할 때 우리의 관심은 오로지 X의 형식적 측

면이 우리의 감수성에 쾌·불쾌를 주는지를 가리는 데 있으므로 '무관심적 관심'이다. 그리고 무언가를 실질적으로 얻거나 알고자 하는 모든 관심으로부터 자유로운 X의 존재 가치는 '목적 없는 합목적성'에 있다. 대상의 개념이나 용도 및 **현존**으로부터의 완전한 거리 두기를 통해 도달할 수 있는 순수 미적인 차원에 대한 이러한 이론적 정당화는, 쇼펜하우어에 이르러서는 예술미의 관조를 인간의 영적 구원의 한 가능성으로 평가하는 사상으로까지 발전하였다. 불교에 심취한 그는 칸트의 '미적 무관심성' 개념에서 더 나아가 '미적 무욕성'을 **주창**했다. ⁰⁸⁰⁹³³⁻³⁵

[24]   주관적 즐거움이 모두 다 미일 수는 없다. 왜냐하면 그러한 즐거움 중에는 우리의 식욕이나 성욕 혹은 소유욕이나 지배욕 등으로 인한 즐거움이 있을 수 있기 때문이다. 이에 대해 취미론은 '무관심성disinterestedness'이라는 기준을 제시한다. 즉, 이해관계interest에서 벗어나 대상을 그 자체로서 지각할 때 얻는 특수한 즐거움이 무관심적 즐거움이며, 이것이 곧 미적 즐거움이라는 것이다.

(중략)

태도론자들은 우리들 누구나 가지고 있는 지각 능력을 일상적 지각과 미적 지각으로 구분할 것을 제안한다. 대표적인 미적 태도론자인 쇼펜하우어에게 있어 미적 지각은 대상에 대한 관조적 태도라고 할 수 있는데, 그는 그 태도의 특징이 무관심적이라고 한다. 미적 태도론은 대상이 무엇이든 간에 그것에 대해 미적 태도를 취하기만 하면 그것이 곧 아름다운 대상이라는 결론으로 귀결된다.^{LEET예시문항}

058 증가율 vs (증)배율

제 몸무게가 50kg에서 100kg으로 변했을 경우, **증가율**은 (100비교값−50기준값)/50기준값×100＝100%인 반면 **(증)배율**은 (100[비교값])/50[기준값]＝2배입니다. **(배율-1)×100=증가율%**로 정리할 수 있습니다.

[01] 감염병 유행 이후 부정적 감정을 겪는 청소년의 **증가율**[230644]

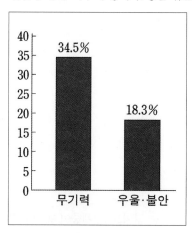

[02] 최근의 실증 연구들에 따르면, 채무불이행은 GDP **증가율**을 약 0.6% **포인트**, 은행 위기를 동반할 경우에는 2.2% **포인트**나 감소시키는 것으로 나타났다.[11이해4-5]

참고로 %끼리 비교할 때는 %가 아니라 %p 혹은 % 포인트를 씁니다. 예를 들어, [01] 그래프의 경우 무기력과 우울·불안의 차이는 16.2%가 아니라 16.2%p 또는 16.2% 포인트라고 해야 합니다.

[03] 기준 금리가 4%로부터 **1.5%p***만큼 변하면 물가 상승률은 위 표의 각 분기 값을 기준으로 1%p만큼 달라지며, 기준 금리 조정과 공개 시장 운영은 1월 1일과 4월 1일에 수행된다.[180623]
* %p는 퍼센트 간의 차이를 말합니다.

참고로 2015학년도 수능 영어영역 출제자들이 이 둘을 헷갈려서 출제오류 사태가 발생한 적 있습니다. 아래에서 ⑤는 percent를 percent points로 바꾸거나, 아니면 eighteen을 900으로 바꿔야 합니다.

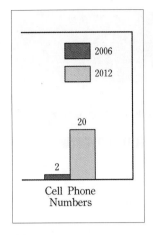

⑤ Compared to 2006, 2012 recorded an eighteen percent increase in the category of cell phone numbers.

[04]   더 높은 **배율**의 망원경을 사용함·⁰⁷¹¹⁴⁷

[05]   풀무원 증숙 꼬들라면(**증배율**1.8배)

[06]   정미율은 현미를 깎아서 남은 부분의 **배율**을 퍼센트로 나타낸 것

여기까지 배웠다면, 아래 수능지문의 오류가 보일 겁니다.

[07]   어떤 변수의 증가율은 증가 후 값을 증가 전 값으로 나눈 값이므로, 체중이 W에서 2W로 커
지면 체중의 증가율은 (2W)/(W)＝2이다. ²³¹¹¹⁴⁻¹⁷
'증가율'을 '증배율' 혹은 '배율'로 고쳐써야 적절합니다. 증가율은 100%가 되고요.

059 해학 vs 풍자

해학은 유머입니다. ①과장해서 표현하거나, ②말장난을 하거나, ③진지한 상황과 어울리지 않는 말
이나 행동을 하는 경우에는 (웃기지 않더라도) '해학'이라고 판단할 수 있어야 합니다. 구체적인 사례
는 다음과 같습니다.

①   이마가 넓어서 여기서 야구해도 되겠다.

②   문 들어온다. 바람 닫아라.

③   창窓 내고자 창을 내고자 이 내 가슴에 창 내고자 / 고모장지 세살장지 들장지 열장지 암돌져귀 수돌져귀 배목걸쇠 크나큰 장도리로 둑닥 박아 이 내 가슴에 창 내고자. / 잇다감 하 답답할 제면 여다져 볼가 하노라.

[01]   **해학**을 유발하는 오브제로서 연극의 유희성을 확대하는 기능을 한다. 07추론9

[02]   **해학**을 통해 심리적 긴장을 이완시킨다. 951126

[03]   겉으로 보아서는 슬프지만 슬픔과 함께 **해학**을 가지고 있어서 민요에서의 ⓓ해학은 향유자들이 슬픔에 빠져 들어가지 않도록 차단하는 구실을 하고 있다. 예컨대 "나를 버리고 가시는 님은 십 리도 못 가서 발병 났네"라고 하는 아리랑 사설 같은 것은 이별의 슬픔을 말하면서도 "십 리도 못 가서 발병 났네"라는 **해학적** 표현을 삽입하여 이별의 슬픔을 차단하며 단순한 슬픔에 머무르지 않는 보다 복잡한 의미 구조를 창조한다. 08경찰23

반면 **풍자**는 '비웃음', '부정적 웃음' 이렇게 알고 있는 경우도 많으나, 이렇게 알고 있으면 문제를 못 풉니다. 직접적인 비판이 아니라, 빗대어 에둘러 비판한다는 게 핵심입니다. 미워하는 사람을 직접적으로 폭행할 수는 없으니, 증오인형을 만들어 그 인형을 송곳으로 찌르는 느낌이랄까요? 신분제 사회 때, 왕이나 양반 등을 직접 비판하면 잡혀가서 두들겨 맞을 수 있으니, 비판하고 싶을 때 풍자를 사용할 수밖에 없었습니다.

[04]   민화가 농도 짙은 해학을 깔면서도 그러한 웃음을 통해당시 부조리한 현실을 **풍자**했다는 것은 잘 알려진 사실이다. 15경찰22-24

[05]   작가는 **풍자**적인 묘사를 통해 등장인물들의 허위의식을 드러내고 있어. 060946

060 상징 vs 상징어

[01] **상징어**는 주로 소리, 동작 형태를 모사하는 것으로서, 구체적이고 감각적인 표현 수단의 하나이다. 상징어는 국어에 특히 발달되어 있고, 음상의 차이에 의해 다양하게 분화될 수 있다.

031157-60

상징어는 '음성 상징어'를 뜻합니다. 아마 여러분들 모두 초등학교 1, 2학년 때 '흉내 내는 말'을 배웠을 겁니다. 삐약삐약, 야옹, 꿀꿀, 칙칙폭폭처럼 소리를 흉내내는 말, 아장아장, 꿈틀꿈틀, 엉금엉금처럼 모양/움직임을 흉내내는 말. 그런데 이 둘은 무를 칼로 자르듯 양분되지는 않습니다. 펄럭펄럭, 보글보글처럼 소리와 모양을 동시에 흉내내는 말도 있습니다(종종 소리와 모양을 둘 다 흉내내는 단어를 찾으라는 문제가 모의고사에 나오기도 합니다).

학년이 올라가면서 흉내 내는 말의 한자 용어를 배웁니다. 소리를 흉내내는 말은 **의성어**, 모양(형태)을 흉내내는 말은 **의태어**. 여기까지는 어렵지 않죠? 그런데 둘을 아울러 **음성 상징어** 또는 간단히 **상징어**라고 하는 건 좀 낯설게 느껴질 겁니다. 왜 '상징어'라는 이름을 쓸까요?

상징은 추상적 관념을 구체적 대상으로 나타내는 일입니다. 식상한 사례지만, 비둘기로 평화를 나타내는 시/그림/영화 등이 있다면, 비둘기는 평화의 상징으로서 사용된 것입니다. 그런데 음성 상징어도 이와 비슷합니다. 사람의 말(음성)이 아닌 소리나 모양을 구체적인 사람의 음성으로 흉내냈기(빗대어 표현했기) 때문에 의성어, 의태어를 음성 상징어라고 합니다.

예를 들어, 동물의 소리는 아무리 노력해도 인간의 음성 언어로는 온전히 표현하기 어렵습니다. 애초에 발성 기관 차이가 있기 때문입니다. 동물의 소리를 그대로 표현할 방법이 없으니 그나마 비슷하게 흉내 내어 삐약삐약, 야옹, 멍멍 등으로 표현할 뿐이죠. 즉, 의성어는 자연의 소리를 인간의 음성으로 빗대어 표현한 겁니다. 다음 예문을 읽으면 좀 더 감이 잡힐 거예요. "소의 울음을 국어에서는 '음매'라고 발음하지만, 소는 그 소리대로 울지 않는다. '음매'라는 발음으로 우는 소가 있다면 그 소는 한 국어를 구사하는 소라고 하겠다." _{2000학년도 수능}

주의할 점! 2017학년도 수능 국어영역에서 '분분하다'를 음성 상징어라고 생각해서 틀린 학생들이 많았습니다. 그런데, '-하다', '-거리다'가 붙은 단어를 음성 상징어로 보기는 어렵습니다. 예를 들어, '뒤뚱뒤뚱'은 의태어(음성상징어)지만, '뒤뚱뒤뚱거리다' 전체를 음성상징어라고 하지는 않습니다. 또한 '탱글탱글'은 의태어지만, '탱글탱글하다' 전체는 음성상징어가 아닙니다. '-하다', '-거리다'가 음성 상징어가 아니기 때문입니다. 또한 한자어 '분분'(어지러울 분+어지러울 분)도 음성상징어로 보기도 어렵긴 하고요.

음성 상징어의 효과는 크게 세 가지입니다. **첫째**, 생동감(생기 있게 살아 움직이는 듯한 느낌)을 부여합니다. '바닥에 떨어졌다'보다 '바닥에 철푸덕 떨어졌다'가, '기차가 간다'보다 '기차가 칙칙폭폭 간다'가 좀 더 구체적으로 상상할 수 있게 하고, 여기서 생동감이 나옵니다.

[02]　**음성 상징어**를 활용하여 **역동**적인 느낌을 연출하고 있다. _{16사관A31}

[03]　다양한 **음성 상징어**로 **생동**감 있게 표현하고 있다. _{10사관22}

[04]　**의성어**와 **의태어**를 사용하여 **생동**감을 높이고 있다. _{1509B43}

[05]　**의성어**와 **의태어**를 사용하여 **생동**감을 주고 있다. _{15검정│중졸}

[06]　**의성어**나 **의태어**를 빈번하게 사용하여 **생동**감을 주고 있다. _{09사관36}

[07]　**의성어**를 통해 구체적인 **생동**감을 부여한다. ₁₁₁₁₁₅

[08]　**의태어**를 통해 **생동**감을 부여한다. _{11국학평│고2}

[09]　**의태어**를 활용하여 대상의 움직이는 모습을 **생생**하게 보여 주고 있다. ₁₆₁₁₃₈

[10]　**의태어**를 활용하여 대상의 **생동**감을 부각하고 있다. _{12사관25}

참고로 '생동감'을 드러내는 방식은 의성어 외에도 다양하게 있습니다. 대표적으로 **현재 시제**가 있습니다.

[11] **현재 시제**를 사용하여 **생생한 현장감**을 자아내고 있다. 060615, 08사관9

[12] **현재 시제**를 사용하여 **현장감**을 부각한다. 111115

[13] (가)는 종가 구성원들의 행동을 **현재 시제**로 **생동감** 있게 표현함으로써 종가의 이야기와 현실이 연관되도록 서술하고 있군. 220931

[14] [B]는 **현재형 시제**를 활용하여 관찰하고 있는 사실을 **생생**하게 나타내고 있다. 211122

[15] **현재 시제**의 문장을 활용하여 사건의 **현장감**을 높여 준다. 12추론15

[16] **현재형 어미**를 활용하여 제시된 장면에 **현장감**을 부여하고 있다. 23사관16

[17] **현재형 진술**을 통해 대상의 **역동적** 성격을 보여 주고 있다. 180920

[18] [A]는 시제가 과거형에서 **현재형**으로 바뀌면서 장면에 긴장감을 더하고, [B]는 **현재형** 진술을 활용하여 인물 간 갈등을 더욱 생생하게 전달한다. 200616

[19] **현실감**이란 무엇보다도 영상과 음향과 움직임이 지속적인 흐름, 즉 화면상의 모든 것이 **현재 시제**로 진행되고 있는 것처럼 보이도록 만들고, 이로 인해 관객이 스크린에 투사되는 환영에 전적으로 몰입하게 만드는 기본적인 영화적 특성이다. 06경찰41-45

[20] 삶의 과정과 시간의 흐름을 담은 사건은 주로 과거형으로, 대상의 특징을 감각적으로 형상화하는 이미지는 주로 **현재형**으로 표현한다. 하지만 과거형과 **현재형**의 적용은 작품 내적 상황에 따라 달라질 수 있다. 과거의 사건이나 동작의 변화를 실감나게 드러내기 위해 **현재형**으로 표현하기도 하고, 이미지 묘사를 시간의 흐름이 드러나도록 과거형으로 표현하기도 한다. 180626-29

[21] **과거 시제**를 사용하여 생동감을 느끼게 하고 있다. 991113
여기까지 잘 이해했다면, [21] 선지는 무조건 틀렸음을 단박에 알 수 있을 겁니다.

둘째, <u>분위기를 드러냅니다</u>. 문학에서 분위기는 다양한 방식으로 조성될 수 있습니다. 특히 구체적 이미지(심상)는 분위기에 많은 기여를 하는데, 의태어는 시각적 이미지, 의성어는 청각적 이미지와 직결됩니다. 예를 들어, '두근두근'은 설레거나 혹은 불안한 상황, '살금살금'은 뭔가 조심스러운 상황, '째깍째깍'은 시계소리가 들릴 만큼 조용하거나 긴장되는 상황/분위기 등을 암시할 수 있습니다.

[22] **음성 상징어**를 사용하여 이동을 앞둔 여유로운 <u>분위기</u>를 드러내고 있다. [171144]

[23] **의태어**를 나열하여, 임의 부재로 인한 외로움을 <u>시각적 이미지</u>로 제시하고 있다. [1511A43]

[24] **의태어**를 활용하여 <u>표현 효과를 높이고</u> 있다. [050943]

[25] **의성어**와 **의태어**를 구사하여 화자의 <u>상황</u>을 구체화하고 있다. [130613]

[26] **의성어**와 **의태어**를 구사하여 화자의 <u>심정</u>을 선명하게 제시하고 있다. 1509A31

선택지가 다들 비슷하죠? 서로 나눠 쓰고, 바꿔 쓰고, 다시 쓰고 해서 그렇습니다.

셋째, 음악성을 부여할 수 있습니다. 의성어, 의태어는 보통 같은 말이 두 번 이상 **반복**되는 구조입니다. 졸졸, 철철철, 두둥실두둥실, 째깍째깍, 쓱쓱, 빙글빙글 등처럼요. 이런 반복은 운율을 형성하죠. 참고로 의성어, 의태어는 자음과 모음의 차이에 따라 어감이 달라질 수 있습니다.

자음 차이	졸졸-쫄쫄, 대굴대굴 - 때굴때굴, 데굴데굴 - 떼굴떼굴, 좍좍 - 쫙쫙
모음 차이	졸졸 - 줄줄, 오똑 - 우뚝, 하하하 - 허허허, 보글보글 - 부글부글, 때굴때굴 - 떼굴떼굴, 팔락팔락 - 펄럭펄럭, 소곤소곤 - 수군수군

자음은 보통소리(ㄱ)-거센소리(ㅋ)-된소리(ㄲ) 차이에 의해, 모음은 양성모음-음성모음 차이에 의해 어감이 달라집니다. 느낌의 강도/크기는 일반적으로 [보통소리＜거센소리＜된소리], [양성모음＜음성모음]입니다. 예를 들어, **대굴대굴(때굴때굴)**은 작은 물건이 잇따라 구르는 모양이지만, **데굴데굴(떼굴떼굴)**은 큰 물건이 계속 구르는 모양을 뜻합니다.

1~2. 다음을 읽고 질문에 답하시오.

> 윤진이는 체력을 ⓐ____하기 위해 주말 아침마다 8km를 달린다. 매번 스마트워치를 활용해 속도와 거리를 측정하고, 운동하며 본 풍경이나 경로 따위를 우측 이미지처럼 기록하고 있다. 지난 일요일에는 시원한 카페라떼를 마셨고, 공원에서 바싹 마른 나무 사진을 찍었다.

1. 윗글에 대한 설명으로 옳지 않은 것을 고르시오.
   ① 윤진은 목표보다 더 먼 거리를 달릴 때도 있다.
   ② 윤진은 지난 일요일 달리기 중 고사하는 나무를 봤다.
   ③ 윤진은 몽타주 기법을 활용해 달리기를 기록하고 있다.
   ④ 지난 일요일, 윤진은 바닷가를 중심으로 달렸다.
   ⑤ 윤진이 기록하는 이미지의 예화가 제시되어 있다.

2. ⓐ에 들어가기 가장 적절한 단어를 고르시오.
   ① 제고   ② 방증
   ③ 재고   ④ 상향
   ⑤ 표적

3. 다음 지문의 빈칸 ⓐ~ⓒ에 들어갈 단어를 올바르게 선택하시오.

한 데이터 분석 팀은 회사의 성장 전략을 구체화하기 위한 새로운 방식을 도입했다. 우선 각 부서의 요구사항과 기대치를 아래에서 위로 쌓아 올리며 체계화하는 방식을 택했다. 이처럼 ⓐ_____으로 정리한 정보를 기반으로 회사가 ⓑ_____하는 미래상을 만들었다. 이렇게 정한 성장 방향에 맞춰 부서별 맞춤 전략을 전달할 계획이다. 이 방식은 구성원들이 회사 운영에 ⓒ_____으로 참여한다는 느낌을 주기 때문에 새 성장 전략이 보다 효과적으로 진행될 거라 기대하고 있다.

① ⓐ상향식 ⓑ지양 ⓒ주체적
② ⓐ상향식 ⓑ지향 ⓒ주체적
③ ⓐ상향식 ⓑ지향 ⓒ개연적
④ ⓐ하향식 ⓑ추구 ⓒ상향식
⑤ ⓐ하향식 ⓑ수용 ⓒ소명

4~5. 다음 일기를 읽고 질문에 답하시오.

 이번 의뢰인은 채권 관련 사기로 기소되었다. 나는 의뢰인의 무죄 판결을 위해 최선을 다했고, 검사의 주장을 뒷받침하는 자료들은 직접 증거가 아니라고 피력했으나, ⓐ___하는 데에는 실패했다. 그래도 검사의 구형보다 훨씬 낮은 형량을 받았다.

4. 맥락을 고려할 때, 일기에 등장하는 재판에서 화자의 역할은 무엇이었을까?
   ① 피고
   ② 원고
   ③ 검찰
   ④ 변호인
   ⑤ 법관

5. 윗글을 토대로 유추할 수 없는 내용을 고르시오.
   ① 화자가 참가한 재판은 형사소송이었을 것이다.
   ② 검사는 '의뢰인'의 혐의를 방증했다.
   ③ '의뢰인'은 소송의 피고로써 형량을 선고 받았다.
   ④ 맥락상 ⓐ에는 반박, 무효화, 반증 등이 들어갈 수 있다.
   ⑤ '의뢰인'은 유죄 판결을 받았다.

6~7. 다음 글을 읽고 질문에 답하시오.

웹에서 사용되기 시작한 '츄릅', '옴뇸뇸' 등 ⓐ기존 사전에 없는 ⓑ___들은 그 기원을 명확히 알 수 없는 경우가 더 많다. 이런 단어들도 '신조어'라고 일컫는다.

6. 윗글에 대한 이해로 옳은 것은?

① '츄릅'은 그 기원을 알 수 없는 단어다.

② ⓐ는 '실존'으로 바꿔 쓸 수 있다.

③ 기원을 알 수 없는 단어라면 신조어이다.

④ 웹에서 유행하기 시작한 것은 신조어라 불리기 위한 충분조건이다.

⑤ 신조어이면서 기존 사전에 있는 경우는 없다.

7. ⓑ에 알맞은 단어는 (상징, 상징어)이다.

8. 빈칸에 알맞은 단어를 순서대로 나열한 것은?

전통적인 민화는 단순한 그림을 넘어서 당시 사회의 이야기와 문화를 담아내고 있다. 민화가 농도 짙은 ___을(를) 깔면서도 그러한 웃음을 통해 당시 부조리한 현실을 ___ 했다는 것은 잘 알려진 사실이다. 이러한 웃음의 요소는 민화가 단순한 장식이 아닌, 그 시대의 사람들의 심리와 반항을 표현하는 수단으로 활용되었다. 그래서 오늘날까지 많은 이들에게 민화는 단순한 예술을 넘어서 교훈을 주는 작품으로 인식되고 있다.

① 상징―해학

② 상징―풍자

③ 해학―풍자

④ 해학―상징

⑤ 풍자―해학

9. 단어와 그 뜻을 적절히 연결하시오.

① 심심파적		ⓐ	미래에 발생하는 가치를 현재가치로 환산시켜 비교할 때 사용되는 이자율
② 현존		ⓑ	어떤 일에 대응하는 이익
③ 미관말직		ⓒ	특정한 물건에 대한 권리
④ 반대급부		ⓓ	어떤 행동이나 견해, 제안 따위에 따르지 아니하고 맞서 거스르다
⑤ 할인율		ⓔ	심심함을 잊고 시간을 보내기 위해 하는 일
		ⓕ	지위가 아주 낮은 벼슬
		ⓖ	지금 있는
		ⓗ	드물지 않고 자주, 빈번하게
		ⓘ	한 단위를 다른 단위로 환산하는 비율
		ⓙ	현격하게 드러나는

10. 몸무게가 50kg/중에서 100kg/중으로 변했을 경우, _____은 2배이고,
   _____은 100%이다.

정답은 362p에 있습니다.

2

시험 빈출 개념어

061-101

061 분절 segment

분절의 사전적 정의는, 사물을 **마디**로 나누거나, 그렇게 나눈 **마디**입니다. 그런데 이것만으로는 의미가 충분하지 않습니다. 대나무의 마디를 '분절'의 이미지로 보면 정확합니다. 대나무를 보면 어떤가요? 하나로 쭉 이어져 있는 나무는 마디라는 <u>단위로 구분</u>되며, 동시에 이 <u>단위가 결합</u>하여 나무를 이룹니다. 이것이 분절의 핵심 이미지입니다. 악보에 있는 마디도 분절의 예입니다. 하나로 쭉 이어져 있는 음의 진행을 악보는 마디라는 단위로 **구분**하고, 이 마디가 **결합**하여 전체 악보를 이룹니다.

대나무의 마디

이 의미가 확대되어 아래와 같은 예문이 가능합니다.

[01] 이 복합체는 아래 부분을 에워싸게 지면에 세우는 기단부, 전후좌우로 에워싸게 세우는 본체부, 공간의 윗부분을 에워싸게 세우는 상단부 등 세 부분으로 **분절**된다. [11추론29-31]

[02] 척수는 31개의 **분절**로 이루어져 있으며, 각 분절에서 좌우 한 쌍의 척수신경이 뻗어 나간다.
[13추리34]

[03] 전 세계적인 노동 시장의 유연화 경향에 따라 정규직과 비정규직, 생산직과 사무직 등 다양

한 형태로 **분절**화된 노동자들이 이제는 계급적 연대 속에서 이해관계를 공유하지 못하게 되었다. 1606B21-24

[04]   개미의 다리 끝 **분절**은 개미의 이동에 필수적인 부위이다. 7급20논리9

인간은 연속적(쭉 이어진) 세상을 분절적으로 이해하는 경향이 있습니다. 즉, 어떤 구분된 단위가 있고, 이 구분된 단위가 연결된 것으로 세상을 인식한다는 것입니다. 예를 들어, **땅덩어리**는 연속되어 있는데, 우리는 ○○도, ○○시, ○○구 등의 단위로 구분하여 분절적으로 인식합니다.

시간은 연속되어 있지만, 우리는 초, 분, 시 등의 단위로 구분하여 분절적으로 인식합니다. 또한 어제와 오늘 사이, 오늘과 내일 사이를 경계짓는 마디가 자연에 따로 있을 리 없습니다. 그런데 인간은 하루(24시간)라는 단위를 만들어서, 어제-오늘-내일 이런 식으로 구분하여 인식합니다.

무지개는 빨강부터 보라까지 색깔이 연속적으로 변하기 때문에, 그 안에는 무한한 색깔이 있습니다. 1과 7사이에 무한한 실수가 있는 것처럼요. 그런데 우리는 빨/주/노/초/파/남/보 7가지로 색을 구분하여 분절적으로 인식합니다.

말소리는 연속되어 있는 물리적 음성인데 우리는 분절된 음운(자음+모음)이 연결된 것으로 인식합니다. 물리적인 소리는 끊어짐 없이 이어지지만, 이 소리를 듣는 한국 사람은 분절된 단위가 결합한 것으로 인식합니다. 즉, 음절 단위로는 [이+문+제+를]로, 음운 단위로는 [ㅣ+ㅁ+ㅜ+ㄴ+ㅈ+ㅔ+ㄹ+ㅡ+ㄹ]로 인식합니다.

이처럼 연속적인 세상을 분절된 단위가 결합된 것으로 인식하고 표현하는 것을 **분절성**이라고 합니다. 관련 예문을 쭉 보여드리겠습니다.

[05]   인간은 연속적인 세계를 **분절적**으로 인식하여 표현한다. 050941

[06]   인간은 자음과 모음으로 **분절**되는 다양한 말소리를 발음할 수 있는 능력이 있다. 080917-19

[07]   사람의 말소리는 물리적으로 연속되어 있으나, 우리는 이것을 음소, 음절 등으로 **분절**하여 인식한다. 081131-33

[08]   인간이 대화할 때 듣는 말소리는 **분절성**을 띤 규칙 체계로서의 음운이 아니라, 자연 상태의 연속적 속성을 지닌 물리적 음성을 듣는다. 05추론4

[09]   우리는 언어를 매개둘 사이에서 양편의 관계를 맺어 줌로 하여 살고 있으며, 언어가 노출시키고 **분절**分節시켜 놓은 세계를 보고 듣고 경험한다. 941158-60

[10]   단기 기억에서 곧 사라지는 이러한 **연속**된 **흐름**을 **음절**과 **단어**로 **분절**하여 지각하기 위해서는

글의 경우보다 더 많은 노력과 지식이 적용되어야 한다. 입법10논리11

[11] 다음에서 알 수 있는 언어 기호의 특성으로 적절한 것은? 139급(국)

> ○ 언어는 문장, 단어, 형태소, 음운으로 <u>쪼개어 나눌 수 있다</u>. 특히 한정된 음운을 결
> 합하여서 수많은 형태소, 단어를 만들고 무한한 문장을 만들 수 있다.
> ○ 언어는 외부 세계를 반영할 때 있는 그대로 반영하지 않고 <u>연속적으로 이루어져</u>
> <u>있는 세계를 불연속적인 것으로 끊어서 표현한다</u>. 실제로 무지개 색깔 사이의 경
> 계를 찾아볼 수 없는데도 우리는 무지개 색깔이 일곱 가지라고 말한다.

① 추상성   ② 자의성   ③ 분절성(정답)   ④ 역사성

062 음소phoneme

음소는 문법 개념입니다. 그런데 다음과 같이 독해 지문에도 종종 나옵니다.

[01] 김춘수는 언어 기호를 **음소** 단위로까지 분해하거나 시적 언어를 주문이나 염불 소리 같은 리
듬 혹은 소리 이미지에 근접시키기도 하였다. 16이해7-10

[02] 우리가 다른 문화권의 사람이라는 것을 인지하는 가장 기본적인 요소 중의 하나가 언어라면,
언어가 다르다고 인지하는 가장 핵심적인 요소 중의 하나가 바로 **음소** 목록의 차이이다.
5급18논리30

[03] 음성 인식 기술은 컴퓨터가 사람이 말하는 소리를 인식하여 해당 문자열로 바꾸는 기술이다.
사람의 말은 **음소**들의 <u>시간적 배열</u>로 볼 수 있다. 컴퓨터는 각 단어의 음소들의 배열을 '기준
패턴'으로 미리 저장해 두고, 이를 입력된 음성에서 추출한 '입력 패턴'과 비교하여 단어를
인식한다. 131143-45

여기서 '사람의 말은 음소들의 시간적 배열로 볼 수 있다'는 것은 '이 문제를'을 [ㅣ→ㅁ→ㅜ→ㄴ→ㅈ→ㅔ→ㄹ→ㅡ→ㄹ]
로 볼 수 있다는 뜻입니다.

위 예문에서는 음소가 무엇인지 설명되어 있지 않았습니다. 당연히 수험생들이 알 것이라고 가정한 것입니다. 음소에 대해서는 중고등학생 때 배우니까요. …하지만 다 잊어버린 분들을 위해 간단한 실험을 해보겠습니다.

다음 글자들은 다 같은가요, 다른가요?

물 물 물 물 물 물 물 물 물

하나하나의 모양은 다 다르지만, 우리는 모두 '물'이라는 같은 글자로 인식합니다. 소리도 마찬가지 입니다. 사람들이 '물'이라고 실제 발음하는 구체적이고 물리적인 소리, 즉 **음성**은 전부 다릅니다. 높 거나 낮거나, 빠르거나 느리거나, 날카롭거나 부드럽거나. 그런데 우리는 이 서로 다른 소리들을 모 두 [ㅁ+ㅜ+ㄹ]이라는 **음운**의 결합으로 인식합니다. 이처럼 머릿속에 있는 말소리에 대한 추상적이고 관념적인 **말소리**를 **음운**이라고 합니다.

그런데 언어마다 음운 체계가 조금씩 다릅니다. 영어의 /f/와 /p/를 한국어 사용자는 모두 /ㅍ/으로 인식합니다. 또한 /r/과 /l/을 모두 /ㄹ/로 인식합니다. 그래서 한국어 사용자는 fun(재미)과 pun(말장 난)을, rice(밥)과 lice(이[벌레])를 구별하기 어려워 합니다. 그리고 바보[pabo], 고기[kogi]에서 보듯이, 앞 글자의 자음과 뒷 글자의 자음의 실제 소리가 다르지만 같은 음운으로 인식합니다.

[04] 일반적으로 표음 문자는 언어의 음성적 차원이 아닌 음소적 차원에서 말소리를 적는다. 이를 테면 '부부[pubu]'의 경우 음성적 차원에서 무성음 [p]와 유성음 [b]로 발음하는 것을 음소적 차원에서는 모두 'ㅂ'으로 표시한다. 이것은 출현 환경이 다른, 어두의 [p]와 모음 사이의 [b] 가 국어 화자들에게는 **동일한 말소리로 인식**되기 때문이다. '가구'의 'ㄱ', '다도'의 'ㄷ'도 마찬 가지이다. 이처럼 한글의 표음성은 국어 화자들의 '예민한 귀'보다는 '지혜로운 머리'에 맞춰 진 합리성을 보여 준다. 121140-42

이러한 음운은 소리 마디(경계)를 그을 수 있는 **분절 음운**과 그럴 수 없는 **비분절 음운**으로 나뉩니다. 분절 음운은 다른 말로 **음소**라고 하는데, 자음과 모음이 있습니다. 비분절 음운은 **운소**라고도 하는데 말의 길이, 억양 등을 가리킵니다.

음운은 말의 뜻을 구별해주는 소리의 가장 작은 단위입니다. 음운이 달라지면 말의 뜻이 달라진다고 생각하면 됩니다. 상식적으로도, 자음이나 모음이 바뀌면 다른 글자가 되죠.

음운이 모이면 음절이 됩니다. **음절**은 발음의 최소단위입니다. '국어의 기술'을 발음하면 [구거의기술]이 되고, 이때 '구, 거, 의, 기, 술'이 각각 음절입니다. 음절의 개수는 글자 수(정확하게는 '모음의 개수')와 일치합니다.

[05] 한글과 한자는 음절 단위로 끊어 적을 수 있다는 공통점이 있다. 그러나 알파벳은 **음소** 문자라는 점에서는 한글과 같지만 문자를 운용할 때에는 한글과 달리 음절 단위로 끊어 적어서는 안 된다. [110645]

[06] 인간은 한정된 수의 **음소** 및 단어와 그것들을 결합시키는 규칙을 토대로 새로운 단어와 문장 등을 만들어 낼 수 있다. [001119-24]

[07] **음소**가 말소리의 기본 단위이며 음절은 언어 인식의 기본 단위가 된다는 점을 훈민정음은 글자의 제작과 운용에서 모두 충족시키고 있기 때문이다. [9급14(지)]

[08] **음소**들이 결합하여 음절이 되고, 이것들이 다시 결합하여 단어가 되고 문장이 되면서 언어의 주요 기능인 의미 전달이 이루어진다. [7급13(국)]

[09] 한 언어에서 **음소**로 분류되지 않는 변이음이 다른 언어에서는 서로 다른 **음소**로 인식되기도 한다. '바람'[param]의 [r]과 '물'[mul]의 [l]은 /ㄹ/이라는 한 음소의 변이음이지만 영어에서는 다른 음소이고, 반대로 위에서 보았듯이 '산'의 /ㅅ/과 '싼'의 /ㅆ/은 영어에서는 같은 음소지만 국어에서는 다른 음소로 인식된다. [10사관29-32]

063 변별적 變別, distinctive

변별은 사물의 옳고 그름이나 좋고 나쁨을 가림을 뜻합니다. 구별과 비슷한 뜻입니다. 수능이 너무 쉽거나 너무 어려우면 변별력 논란이 일죠? 너무 쉬우면 모두 고득점이 나오니 실력의 좋고 나쁨을 가릴 수 없고, 너무 어려우면 모두 점수가 낮게 나오니 역시 실력의 좋고 나쁨을 가릴 수 없기 때문에 그렇습니다.

변별적은 일상적 의미보다 **변별적 자질(특질, 특성)**이라는 언어학 용어를 아는 것이 중요합니다. 이 뜻이 확장되어 인공지능 학습에 쓰이는 등 시험에 곧잘 나오기 때문입니다. 좀 어려운 개념일 수 있는데, 이미지로 나타내면 다음과 같습니다.

뭔가를 **분석**(쪼개서 나눔)한다는 개념도 바로 이런 이미지입니다. 어떤 대상을 특정한 **기준**(도끼)으로 **나눈다**(쪼갠다)는 뜻입니다. 변별적 자질은 아래 그림에서 도끼에 해당합니다. 두 대상이 어떤 특성feature의 있음(+)과 없음(-)으로 구분될 때, 그 특징을 가리킵니다. 말이 좀 어렵죠? 예를 들어 보면 별 것 아닙니다.

사례1

결혼하지 않은 성인은 성별에 의해 처녀와 총각으로 **변별**(구별)됩니다. 이를 어떤 특징의 있음(+)과 없음(-)으로 표현하면 다음과 같습니다.

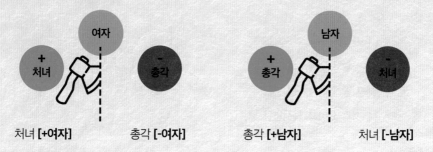

위의 두 구분은 사실상 같은 것입니다. 단지 기준을 '남자'로 하느냐, '여자'로 하느냐 차이일 뿐입니다.

사례2

성인 남자은 결혼 여부에 의해 총각과 유부남으로 **변별**(구별)됩니다. 이를 어떤 특징의 있음(+)과 없음(-)으로 표현하면 다음과 같습니다.

유부남 [+결혼]　　　총각 [-결혼]　　　총각 [+미혼]　　　유부남 [-미혼]

역시 위의 두 구분은 사실상 같은 것입니다. 단지 기준을 '결혼'으로 하느냐, '미혼'으로 하느냐 차이일 뿐입니다.

'총각'에서 보듯이, 한 단어에 변별적 자질이 두 개 이상 붙을 수 있습니다.

　　총각 [+남자] [-결혼] …

일반적으로 **포함 관계**(상하 관계)의 단어에서 상의어일수록 자질 수가 적고, 하의어일수록 자질 수가 많아집니다.

　　인간　[+사람]
　　남자　[+사람] [-여자]
　　남성　[+사람] [-여자] [+성년]
　　총각　[+사람] [-여자] [+성년] [-결혼]

이제부터가 중요합니다(2015년 EBS 인터넷 수능에 실린 내용이기도 함). 하의어가 상위어보다 의미 자질 수가 많죠? 이를 '하의어가 상의어를 의미적으로 **함의/함축**(말이나 글 속에 어떠한 뜻이 들어 있음)한다', '하의어가 상의어의 의미를 포함한다'라고 합니다. 좀 헷갈리죠? 일반적이고 포괄적인 상의어가 의미 자질면에서는 하의어에 오히려 포함된다니! 어떤 관점에서 보느냐 차이인데, 내용일치 문제를 풀 때 중요한 개념입니다.

예를 들어, 내용일치 문제의 지문과 선지가 다음과 같다고 합시다.

이때 선지는 지문로부터 이끌어 낼 수 있기 때문에 적절합니다. 왜냐하면 의미자질 측면에서 미혼남이 사람을 포함하기 때문입니다. 하지만 반대의 경우는 다릅니다.

지문 사람이 죽었다. → 선지 총각이 죽었다. (×)

이때 선지는 지문으로부터 이끌어 낼 수 없기 때문에 적절하지 않습니다. 처녀가 죽은 것일 수도, 어린아이가 죽은 것일 수도, 유부남이 죽은 것일 수도, 할아버지가 죽은 것일 수도 있기 때문입니다. 즉, 의미자질 측면에서 **사람**은 총각을 함의/함축하지 않습니다.
좀 어렵나요? 시간을 두고 자꾸 반복해서 보기 바랍니다. 분명 이해될 겁니다!

[01] <보기>의 낱말 짝의 의미를 <예시>와 같이 분석해 볼 때, ㉠과 ㉡에 알맞은 것은?^{05추론2}

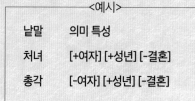

<예시>	
낱말	의미 특성
처녀	[+여자] [+성년] [-결혼]
총각	[-여자] [+성년] [-결혼]

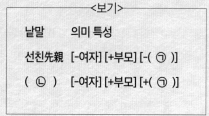

<보기>	
낱말	의미 특성
선친先親	[-여자] [+부모] [-(㉠)]
(㉡)	[-여자] [+부모] [+(㉠)]

	㉠	㉡
①	생존	자친慈親(남에게 자기 어머니를 높여 이르는 말)
②	생존	엄친嚴親(남에게 자기 아버지를 높여 이르는 말)(정답)
③	사망	자당慈堂(남의 어머니를 높여 이르는 말)
④	사망	가친家親(남에게 자기 아버지를 높여 이르는 말)
⑤	사망	빙장聘丈(다른 사람의 장인丈人을 이르는 말)

[02] 단어는 여러 의미 요소의 복합체로 이해할 수 있는데, 한 단어가 가지고 있는 의미의 영역을 '단어장'이라고 한다. 어휘 구조는 상위의 장으로 층위가 올라가면서 점점 큰

영역의 장으로 묶이든가, 한 층위씩 점점 작은 하위의 장으로 쪼개진다. 단어를 의미의 요소들로 쪼개는 것을 ㉠성분분석이라고 한다. 실제로 성분분석은 [ ] 기호를 사용하여 의미자질을 표시한다. 예를 들어 '총각'의 의미 자질을 분석하면 [-기혼], [+남자], [+사람]으로 표시할 수 있다. 이 때, [+남자]라는 것은 '남자'라는 의미 자질을 가리키는 것이고, [+사람]이라는 단어장은 [+남자]라는 단어장에 비해 큰 영역이므로 상위어 上位語이다.

윗글과 <보기>를 참조하여 ㉠을 이해한 내용이 적절하지 않은 것은? 0911(고2)

------------------<보기>------------------

○ 까투리   [-수컷] [+ 꿩] [+새]

○ 할머니   [-남자] [+늙은이] [+사람]

○ 딸   [-남자] [+자식] [+사람]

○ 아들   [+남자] [+자식] [+사람]

① 반의 관계의 단어는 의미자질이 둘 이상 다르다.

② 같은 계열의 단어는 상위어가 같은 단계가 있다.

③ 의미자질을 지닌 경우는 '+'로, 반대는 '-'로 표시한다.

④ 의미자질이 같은 것이 많을수록 단어의 관련성이 커진다.

⑤ [-남자] [-수컷]의 표기로 보아 의미자질의 표시에 성별기준이 정해져 있다.

중요한 내용을 하나 더 알아둡시다. 반의 관계는 의미자질(변별적 자질)이 하나만 다를 때 성립합니다. 즉, 다른 하나를 제외한 나머지 자질은 모두 같아야 합니다. 그래서 정답은 ①입니다. ②는 '딸'과 '아들'의 상위어로 '자식', '사람'이 있는 것을 가리킵니다. ③, ④는 당연한 이야기죠? ⑤는 자질에 이미 성별기준이 들어가 있다는 것인데, [-남자] [-수컷]에는 성별기준이 ♂으로 되어 있다는 것입니다. 똑같은 내용이라도 [+여자] [+암컷]으로 표현할 수 있었죠? 이때는 성별기준이 우입니다.

다음은 직접적으로 변별적 자질을 다뤘던 수능 지문입니다. 여러 번 읽어두세요!

[03] 언어학에서 **변별적 자질**은 두 대상이 어
떤 특성에서 **구별**된다는 것을 나타내는
유용한 개념이다. 이것은 본래 음운을
변별하는 데 필요한 음성적 특성을 나
타내어 음운 간의 **대립**을 **체계적**으로 설

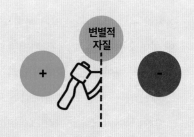

명하기 위한 것이었다. **변별적 자질**은 [+F]나 [−F]와 같은 형식으로 표시되는데, 이때
'F'는 음성적 특성을, '+/−'는 그러한 특성이 있고 없음을 나타낸다. 예컨대 두 음운
/ㅁ/과 /ㅂ/은 두 입술로([양순성]) 공기를 막았다가 터뜨리는 공통점이 있으나, 공기
가 코를 통과한다는([비음성]) 점에서는 차이를 보이므로 /ㅁ/은 [+양순성, +비음성],
/ㅂ/은 [+양순성, −비음성]이라는 변별적 자질들의 묶음으로 표시될 수 있다.
(중략)
변별적 자질은 일반적으로 +나 −의 **양분적인 값**을 가지므로, 말소리가 인간의 기억
속에서 범주적인 양상으로 지각되거나 저장된다는 사실을 설명해 준다. 또한 이러한
양분적인 값의 사용은 한 개의 **자질**을 선택함으로써 동시에 두 개의 정보를 알려 주는
효과, 즉 상호 예측성을 지니므로 정보 전달의 효율성을 극대화할 수 있다. 이와 같이
변별적 자질을 통해 우리는 음운과 음운 현상을 **체계적**으로 이해할 수 있다. 101130-31

당시 내용이 일치하지 않은 선지로 다음이 제시됐습니다.

④ 어떤 한 음운은 [+F]이면서 동시에 [−F]인 변별적 자질을 가질 수 있다.

대립적으로 양분하는 것이기 때문에 +와 − 둘 중 하나만 가질 수 있습니다.

[04] 우리가 '산'과 '쌴'의 첫소리를 다른 소리로 인식하는 이유는 무엇일까? 그 이유는 우
리의 머릿속에 있다. 우리 두뇌는 다양한 음성을 '음소音素'라고 부르는 심리적이고
추상적인 소리 단위로 구분하여 받아들인다. 이 음소는 음성의 의미를 변별하여 주는
소리의 최소 단위로서 음소가 바뀌면 사람들은 서로 다른 소리로 인식하게 된다.

이처럼 서로 다른 두 소리가 어떤 특정한 언어에서 언중들에게 다른 소리로 인식되고 또 의미를 **변별**하는 기능을 가지면 그 두 음은 **대립관계**에 있다고 한다. 또 어떤 한 가지 소리의 차이만으로 의미가 달라지는 소리의 짝을 '**최소대립쌍**'이라 한다. 예를 들어 '산'과 '싼'은 중간소리, 끝소리는 모두 같은데 단지 첫소리에 /ㅅ/과 /ㅆ/ 중에서 어느 것이 들어가느냐에 따라 그 의미가 달라진다. 여기에서 /ㅅ/과 /ㅆ/은 서로 대립관계에 있으며, /ㅅ/과 /ㅆ/은 최소대립쌍이다. 두 소리가 서로 다른 음소인지 아닌지를 판별하려면 최소대립쌍이 있는지를 찾아보면 된다. ¹⁰사관29-32

[05] 최소 대립쌍이란 하나의 소리로 인해 뜻이 구별되는 단어의 짝을 말해요. 가령 최소 대립쌍 '살'과 '쌀'은 'ㅅ'과 'ㅆ'으로 인해 뜻이 달라지는데, 이때의 'ㅅ', 'ㅆ'은 음운의 자격을 얻게 되죠. 이처럼 최소 대립쌍을 이용해 음운들을 추출하면 음운 체계를 수립할 수 있어요. ¹⁹¹¹¹¹

[06] 어떤 사진 속 물체의 색깔과 형태로부터 그 물체가 사과인지 아닌지를 구별할 수 있도록 인공 신경망을 학습시키는 경우를 생각해 보자. 먼저 학습을 위한 입력값들 즉 학습 데이터를 만들어야 한다. 학습 데이터를 만들기 위해서는 사과 사진을 준비하고 사진에 나타난 **특징**인 색깔과 형태를 수치화해야 한다.

(중략)

판정의 오류를 줄이기 위해서는 학습 단계에서 대상들의 **변별적 특징**이 잘 반영되어 있는 **서로 다른** 학습 데이터를 사용하는 것이 좋다. ¹⁷⁰⁶¹⁶⁻¹⁹

① 학습 데이터를 만들 때는 색깔이나 형태가 다른 사과의 사진을 선택하는 것이 좋겠군.

모양과 색깔이 다른 다양한 사과를 입력해줘야, 인공 신경망이 사과에 대한 공통적인 변별적 특징을 추출할 수 있습니다. 만약 색깔과 모양이 똑같은 사과만 계속 학습 데이터로 제공한다면? 사과의 색이나 모양이 조금만 달라져도, 그것은 사과가 아니라고 판단할 겁니다.

위 예문과 연관성이 높은 지문이 2010학년도 9월 모의평가에 제시됐는데, 그때 나온 그림과 지문을 소개하겠습니다. 5 5 5 𝟻 𝟓 5 5 5 5 5 𝟻 5처럼 모양이 다른 '5'가 학습 데이터로 제공되어야 '5'의 변별적 특징을 잘 뽑아낼 수 있고, 이를 토대로 다른 '5'와 '5'가 아닌 것을 구분한다는 것입니다.

[07] 추출된 특징으로 학습할 때 분류기에 목표치를 제공함으로써 학습을 감독할 수 있다. 즉, 입력 **특징**에 대한 목표치가 제시되면 분류기는 데이터를 제시된 목표치로 분류하도록 학습한다. 이렇게 목표치를 이용하는 학습을 감독학습이라 한다. 숫자 분류기에 0부터 9까지 각각의 숫자에 대한 목표치가 제공되면, 분류기는 감독학습을 수행한다.

	학습 데이터				실험 데이터
필기체 숫자					
입력 특징					
목표치	5	5	0	0	

위의 그림에서 분류기는 네 개의 학습 데이터에 대한 **입력** 특징과 목표치를 통해 학습한다. 이 학습을 통해 두 개의 '5'와 두 개의 '0'을 각각 같은 숫자로 인식하면서, 동시에 '5'와 '0'을 서로 다른 숫자로 분류해 내는 함수를 만든다. 감독학습을 통해 올바르게 학습하였다면, 그림의 실험 데이터는 숫자 '5'로 인식된다.[100936-39]

특강

+와 −로 양분하는 것은 매우 명쾌하게 느껴집니다. 이런 단순한 이분법은 현상을 간결하고 효율적인 장점도 있지만, 단점이 되기도 합니다. 모든 것이 이렇게 단순하게 구분되는 것은 아니기 때문입니다. 한쪽은 진하게 하고 점점 엷게 하여 흐리게 되는 그라데이션은 이분법/양분법이 아닌 정도의 차이로 설명하는 것이 더 효과적입니다. 이와 관련된 지문을 몇 제시하겠습니

다. 수능에는 아직 이와 관련해서는 나온 적이 없기 때문에 언젠가 이 내용들이 적중(?)될 수 있습니다. 충분히 음미하며 읽어주세요!

[08] 많은 외국어들이 조음점이 같은 자음들을 **성대 진동 여부**로 **변별**하는 것과 달리, 한국어는 **/h/ 소리를 동반하는 정도**에 따라 이런 자음들의 차이를 **변별**한다. 그래서 한국인에게는 매우 쉬운 /ㄱ, ㅋ, ㄲ/, /ㄷ, ㅌ, ㄸ/, /ㅂ, ㅍ, ㅃ/, /ㅅ, ㅆ/의 구별이 어떤 외국인들에게는 넘지 못할 산이 된다. 한국어의 유성음에는 모음과 유성 자음인 /ㄴ, ㄹ, ㅁ, ㅇ/이 있다. 그런데 무성 자음은 유성음과 유성음 사이에서 동화를 통해 유성음으로 발음될 수도 있다. 이를테면 '고고학'의 첫째 음절과 둘째 음절은 음소 수준에서 둘 다 /ㄱ/으로 시작되지만, 음성 수준에서는 무성음 [k]와 유성음 [g]로 각각 실현된다. 그래서 '고고학'은 [ko ːgohak]으로 발음된다. 한국어 화자들은 어려서부터 이런 규칙이 깊이 내면화되어 있어 그것을 깨닫지 못한 채 구사하고 있지만, 자신의 모국어에 이런 규칙이 없는 외국인들은 이를 익히기가 쉽지 않다. 그래서 그들은 '고고학'을 [고코학], [고꼬학], [코꼬학] 비슷하게 발음하기 쉽다.13사관13-16

[09] 언어 현상을 기술하고 설명하는 방법 가운데 흔히 볼 수 있는 것에는 **양분적 방법**에 의한 것과 **정도적 방법**에 의한 것이 있다. 언어 현상을 체계화하여 기술하기 위해, 야콥슨은 어떤 **언어적 자질의 있고 없음**에 따라 양분하는 방법을 도입하였다. 이러한 방법을 통해 언어학자들은 여러 언어 현상과 그 규칙을 간결하게 일반화할 수 있었다. 그러나 지나치게 엄격한 양분적 방법에 의한 기술은 인간의 사고를 일정한 범위와 틀 안에 묶어 두게 만들고, 결과적으로 언어 현상의 다양한 국면을 제대로 포착하기 어렵게 하였다.

국어 문장의 의미를 기술하는 데에도 이와 같은 양분적 접근만으로는 한계를 가질 수밖에 없는데, '요청성'은 **비범주적 규칙** 또는 **정도성**으로 기술하는 것이 필요하다는 것을 보여 주는 좋은 사례이다. 국어에서 청자의 행동적 응답을 요구하는 문장은 일반적으로 명령문으로 범주화되어 왔는데, 이와 같은 요청성은 명령문에만 유일하게 나타나는 의미 자질이 아니다. 누군가에게 문을 닫아 줄 것을 요청하기 위해 우리는 일상의 언어생활에서 다음과 같은 문장들을 사용해 본 경험이 있을 것이다.

ㄱ. 문을 닫아라.　　ㄴ. 문 좀 닫을 수 없겠니?

ㄷ. 문을 닫자.　　ㄹ. 문을 닫아 주기 바란다.

위의 사례들을 살펴보면 명령문뿐만이 아니라 의문문, 청유문, 평서문의 경우도 단순히 의문, 청유, 서술의 의미로만 사용되는 것이 아니라 그것이 쓰이는 상황에 따라서는 모두 요청성의 의미 자질을 가질 수 있음을 알 수 있다. 선생님께서 "문 좀 닫을 수 없겠니?"라고 했을 때, 그것을 긍정과 부정의 대답을 요구하는 것으로 받아들이는 학생은 아마 없을 것이다. 이처럼 어떤 문장의 의미 자질은 범주화된 문장의 형식과 그대로 일치하는 것이 아니다. 한편, 각각의 문형이 가지는 요청성의 정도에는 차이가 있다. 이 네 가지는 모두 화자가 청자에게 문을 닫아 달라는 요청을 하고 있음에 틀림없지만, 그 문장들은 강압성이나 정중성의 정도에서 차이가 있다. ㄱ은 강압성이 가장 강하고, ㄴ은 강압적일 때와 온건할 때가 있을 수 있으며, ㄷ은 온건한 표현으로 보인다. 그리고 ㄹ은 정중한 표현이라고 할 수 있다. 이처럼 강압성과 정중성의 차이에 따라 요청성의 정도를 파악해 보면, ㄱ이 가장 강하고 ㄹ로 가면서 그 정도가 조금씩 낮아지는 것으로 나타난다.

이런 점에서 볼 때, 명령문, 의문문, 청유문, 평서문이라고 부르던 모든 문장 유형들이 공통적으로 가지는 요청성의 의미 자질은 각각의 문형에서만이 아니라 통합적으로 다루어질 필요가 있으며, 또한 그 의미 자질은 양분적인 것보다는 정도적인 방법에 의해 기술될 필요가 있다. 국어에는 이 밖에도 동의성, 반의성, 사동성, 피동성 등 범주적 규칙만으로 명쾌하게 기술하기 어려운 언어 현상들이 많이 있다. 이러한 현상들을 이해하는 데에도 비범주적이거나 정도적으로 기술하는 방법이 활용될 수 있을 것이다. 0903교3

[10]　'새'의 의미를 생각해 보자. 여러분 머릿속에는 지금 구체적인 새의 모습이 떠오를 것이다. 참새? 까치? 제비? 혹은 그것들의 공통점만이 추려진 실재하지 않는 상상 속의 새? 아마 그 짧은 시간에 모든 새들의 공통점을 추려 내어 상상 속의 새를 머릿속에 떠올린 사람은 없을 것이다. 또 새를 생각해 보라고 했는데, 닭이나 펭귄을 떠올리는 사람도 거의 없을 것이다.

'새'는 하나의 범주이다. [+동물] [+날 것]과 같이 성분 분석을 한다면 우리 머릿속에 떠오른 '새'의 의미를 충분히 설명했다고 보기 어렵다. 아마 조금 전에 '새'를 머릿속에 그린 여러분은 성분 분석 이론의 단순한 의미자질 분석에 약간 맥이 빠질 것이다. 우리가 실망하는 이유는 성분 분석 이론의 '새'에 대한 의미 기술이 고작해야 다른 범주, 즉 조류가 아닌 다른 동물 범주와 구별해 주는 정도밖에 되지 못했기 때문이다.

아리스토텔레스 이래로 하나의 범주는 경계가 뚜렷한 실재물이며, 범주의 구성원은 서로 동등한 자격을 가지고 있다고 믿어 왔다. 그리고 범주를 구성하는 단위는 자질들의 집합으로 설명될 수 있다고 생각해 왔다. 앞에서 보여 준 성분 분석 이론 역시 그런 고전적인 범주 인식에 바탕을 두고 있다. 어휘의 의미는 의미 성분, 곧 의미자질들의 총화로 기술될 수 있다고 믿는 것, 그것은 하나의 범주가 필요충분조건으로 이루어져 있다는 가정에서만이 가능한 것이었다. 그러나 '새'의 범주를 떠올려 보면, 범주의 구성원들끼리 결코 동등한 자격을 가지고 있지 않다. 가장 원형적인 구성원이 있는가 하면, 덜 원형적인 것, 주변적인 것도 있는 것이다. 이렇게 고전 범주화 이론과 차별되는 범주에 대한 새로운 인식은 인지 언어학에서 하나의 혁명으로 간주되었다. 이제, '새' 중 새다운 새에서부터 새답지 않은 새까지를 물어본 후, '새'의 원형적인 보기에서 주변적인 보기까지 인식의 정도(대표성)를 바탕으로 정리해보면 동심원과 유사한 모양이 나타난다. 이때 범주의 구성원은 가족적 유사성처럼 연쇄적인 망으로 구성되어 있고, 범주의 경계는 불분명하다. 그리고 범주의 구성원들끼리 가장 원형적인 보기에서 주변적인 보기로 퍼지면서 서로 비대칭적인 모습을 나타낸다. 즉, 범주의 원형적인 보기가 주변적인 보기에 비하여 더 특징적이고 우월적인 모습을 보이는데, 이를 원형 효과prototype effect라고 한다. 이때, 원형적인 보기는 해당 범주에 속한다는 것을 판단하는 데 비원형적인 보기보다 훨씬 시간이 덜 걸린다. '참새'와 '타조' 중 새의 범주에 속하는 것이 무엇인가를 확인할 경우, '참새'가 '타조'보다 훨씬 시간이 짧게 걸리는 것이다. 이것은 언어 습득에서도 원형적인 것이 비원형적인 것보다 먼저 습득된다는 것을 의미한다. [1109]口2

윗글을 바탕으로 <보기>를 탐구한 것으로 적절하지 않은 것은?

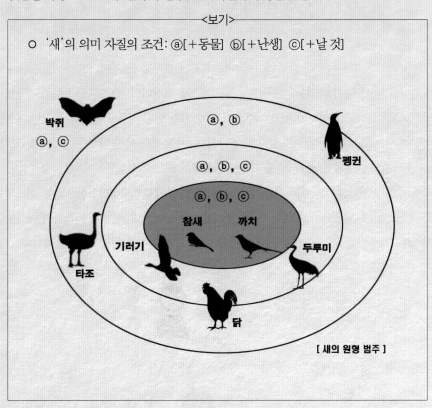

───── <보기> ─────

○ '새'의 의미 자질의 조건: ⓐ[+동물] ⓑ[+난생] ⓒ[+날 것]

[새의 원형 범주]

① '까치'는 새들 중에서 대표성이 매우 높다.

② '두루미'는 '참새'보다 대표성이 낮고 '타조'보다는 높다.

③ '기러기'와 '닭'은 ⓑ의 조건 때문에 대표성이 달라진다.

④ '펭귄'은 ⓒ의 조건을 충족하지 못한다는 점에서 '타조'와 같은 범주에 있다.

⑤ '박쥐'는 ⓒ의 의미자질이 있지만, ⓑ의 조건을 만족하지 못해 새의 대표성에서 가장 벗어나 있다.

그림을 보면, '기러기'는 ⓒ[+날 것]지만, '닭'은 ⓒ가 없습니다, 즉 [-날 것]이므로, 이 조건에 의해 대표성이 달라졌습니다. 따라서 정답은 ③번입니다. 나머지 선택지는 다 적절합니다.

모 출판사 문학 교과서에 '심상은 언어에 의해 <u>제한된</u> 감각적 표상'이라고 써있었습니다. 순간 갸우뚱했습니다. 아마 독자 여러분들도 언뜻 이해가 안 될 것입니다. 잘못된 내용이기 때문입니다. 교과서민원바로처리센터에 오탈자 제보를 했습니다. 이미지에 대한 표준적 정의는 "언어에 의해 <u>재현된</u> 감각적 체험의 표상"인데 잘못 표시된 것 같다고. 이미 올해분 책이 인쇄 중이라 당장 고치기는 어렵고 내년 쇄부터는 고치겠다는 답변을 해당 출판사에서 해왔습니다.

문득 의구심이 생겼습니다. 이미지를 '**언어에 의해 재현된 감각적 체험의 표상**'이라고 설명하면 과연 학생들이 이해할 수 있을까. 심상은 시의 가장 기본적인 개념인데, 이렇게 이해하기 어렵다면 뭔가 문제가 있는 것이 아닐까. 그래서 이 책에서 제가 쉽게, 그리고 깊게 설명해보려고 합니다.

심상은 언어에 의해 재현된 감각적 체험의 표상이다⋯   외우긴 했는데 이게 도대체 무슨 뜻이지?

간단한 실험을 해보겠습니다. 다음 이미지를 5초간 봐주세요.

파란 동그라미를 봤죠? 이제 5초간 <u>눈을 감고</u> 파란 동그라미를 떠올려보기 바랍니다. 파란 동그라미를 볼 수 있었나요? 네. 분명히 눈을 감고도 파란 동그라미를 봤을 것입니다. 이것이 심상입니다. 눈을 뜨고 본 건 **상**image이고, 눈을 감고 본 것은 **심상**mental image입니다.

이상하지 않나요? 눈을 감고 있었는데 어떻게 볼 수 있었을까요? 사실 이상한 일은 아닙니다. 생각해 보면 잘 때도 눈을 감고 있지만 꿈에서 뭔가를 보기 때문입니다. 조용한 방에서 자더라도 꿈에서는 뭔가 들을 수 있습니다. 어떻게 이런 일이 가능한 것일까요? 이를 설명하기 위해서는 약간의 심리학(뇌과학) 지식이 필요합니다. 원래 심상은 심리학에서 쓰던 용어이기 때문에 그렇습니다.

파란 동그라미를 눈으로 봤을 때 뇌에서는 다음과 같은 반응이 일어납니다.

① 파란 동그라미에서 나온 빛이 눈에 들어옴

② 눈에 있는 세포가 이 빛을 흡수하여 활성화됨

③ ②의 자극이 시신경을 따라 후두엽 뒤통수쪽으로 흘러감

④ 도착한 정보를 처리하여 파란 동그라미를 봄

⑤ 파란 동그라미를 기억하는 곳으로 보내어 정보를 저장함

④단계까지 가야 '본' 것이 됩니다. 즉, 어떤 대상을 보는 것은 눈의 작용이 아니라 뇌의 작용입니다. 눈이 아니라 뇌가 보는 것입니다. 이런 이유로 눈이 멀쩡해도 시각 피질이 손상되면 색깔이나 모양이 왜곡되기도 합니다(다들 뒤통수를 맞아서 눈에서 별이 번쩍한 경험이 있죠? 후두엽에 자극이 가서 그렇습니다. 물론 이 글을 읽고 일부러 뒤통수를 때릴 필요는 없습니다).

그렇다면 눈을 감고 파란 동그라미를 볼 때는 어떤 일이 일어난 것일까요? 이번에는 '기억'이 중요한 역할을 합니다.

① '눈을 감고 파란 동그라미를 떠올려보기 바랍니다.'를 봄

② 뇌가 문장의 의미를 해석함

③ 기억을 담당하는 부위가 활성화됨

④ 이로 인한 자극이 후두엽으로 흘러감

⑤ 도착한 정보를 처리하여 파란 동그라미를 봄

이처럼 눈을 통해서 뇌가 볼 수도 있지만, 기억을 통해서도 뇌가 볼 수 있습니다. 후자를 **심상**이라고 하는 것이고요.

여기까지 뇌를 들여다 봤으면, 이제 '언어에 의해 재현된 감각적 체험의 표상'이라는 심상의 정의를 온전히 이해할 수 있습니다. 이전에 파란 동그라미를 눈을 통해 뇌로 봤고(감각적 체험), 이것이 기억되어 있습니다. 이후 언어로 '파란 동그라미'를 읽거나 듣게 되자(언어에 의해), 기억하는 부위가 활성화되었고, 이로 인한 자극이 후두엽으로 가서 파란 동그라미(표상)를 보게 됩니다(재현).

이때 표상은 마음 속에 떠오른 상을 뜻하고, 재현은 말 그대로 다시 나타난다는 뜻입니다. 이전에 눈으로 봤던 것이 마음 속에 다시 나타나니 재현이라고 하는 것입니다.

"언어에 의해 재현된 감각적 체험의 표상"이 한 줄을 이해하기 위해서 꽤 많은 글을 읽었습니다. 좀 돌아온 것 같긴 하지만, 훨씬 선명하고 쉽게 이해되지 않나요? 청각적 심상, 후각적 심상, 촉각적 심상, 미각적 심상도 이런 식으로 생각하면 됩니다.

공감각적 심상은 어떤 대상에 대한 감각을 다른 감각으로 **전이**시킨 것을 말합니다. 전이란 뭔가를 다른 곳으로 옮기는 것을 말하는데, 의학에서는 암이 다른 곳으로 이동하는 것도 전이라고 합니다. 옛날에는 어떤 표현을 보고 공감각적 심상인지 아닌지만 구별할 수 있으면 됐어요. 근데 최근에는 그렇게 단순하게 묻지 않고, 어떤 감각이 어떤 감각으로 전이되었는가를 묻습니다.

[01]   **감각**의 **전이**가 일어나는 이미지에 의해 시적 상황을 생생하게 묘사하고 있다. [13경찰22]

[02]   공감각적 표현이란, 한 종류의 감각을 다른 종류의 감각으로 전이 轉移시켜 표현하는 것이다. [09사관8]

[03]   **감각**을 **전이**시키는 방법을 통해 계절감을 효과적으로 드러내고 있다. [18사관35]

[04]   **감각**을 **전이**시켜 작중 상황의 전달 효과를 높이고 있다. [17사관35]

[05]   **청각**의 **시각화**를 통해 소재의 생동감을 부각하고 있다. [190628]

[06]   **청각**의 **시각화**를 통해 음산한 시적 상황을 조성하고 있다. [191134]

시험에 나온 대표적인 기출 표현들을 살펴보겠습니다.

● 새파란 초생달이 시리다. [김기림] |「바다와 나비」

'새파란 초생달'은 시각적 심상인데, 이걸 보고 시리다고 해요. '시리'다는 촉각이니까 시각이 촉각으로 전이됐다, 시각의 촉각화(시각→촉각)고 할 수 있습니다.

● 분수처럼 흩어지는 푸른 종소리 [김광균] |「외인촌」

청각적인 종소리가 시각적으로 푸르다, 분수처럼 흩어진다고 했으므로 청각의 시각화(청각→시각)입니다.

● 피부의 바깥에 스미는 어둠 [김광균] |「외인촌」

이것도 마찬가지입니다. '주어'의 감각이 어떤 감각으로 변환되는지를 살펴보면 돼요. 어둠은 시각적인 이미지인데, 스민다는 촉각이므로 시각의 촉각화(시각→촉각)입니다.

● 흔들리는 종소리의 동그라미 [정한모] |「가을에」

청각적 종소리가 동그라미라는 시각으로 나타냈으니, 청각의 시각화(청각→시각)입니다.

● 달은 과일보다 향그럽다. 장만영 「달·포도·잎사귀」

달은 시각적인 이미지인데, 후각적으로 향긋하다고 했으므로 시각의 후각화(시각→후각)입니다.

● 향기로운 님의 말소리 한용운 「님의 침묵」

청각적인 말소리가 후각적으로 향기롭다라고 했으니까, 청각의 후각화(청각→후각)입니다.

여담으로… TV를 보는데 걸스데이 유라가 혜리와 이런 이야기를 했습니다. "저는 검은색 맛나는 음식을 별로 안 좋아해요." 그러니까 이제 상대방이 당황하죠. 이게 무슨 소리지? 김을 이야기하는 건가? 김은 진짜 색깔이 검은색이니까요. 그런데 이제 그런 게 아니라, 자기는 굴이나 생선머리 같은 걸 먹으면 검은색 맛이 난대요 그리고 성게알이나 조개 같은 건 **초록색 맛**이 난대요. 그러자 혜리는 **흰색 맛**이 나는 음식을 잘 못 먹는다고 해요.

지금 이 이야기를 읽고 뭔가 기묘하다고 생각이 드는 학생도 있을 거고 혹은 당연한 걸 왜 그렇게 이상하게 호들갑 떨며 이야기하지? 라고 생각하는 학생도 있을 거예요. 후자에 해당하는 학생은 공감각이 있는 거예요. 전체 인류의 1에서 2%는 공감각을 갖고 있어요. 그래서 실제로 내가 음식을 먹는데 시각 부위가 같이 활성화돼서 뭔가 색깔이 보이고, 혹은 어떤 소리를 듣는데 그게 색깔로 보일 수도 있어요. 공감각을 가진 사람들은 내가 이러니까 당연히 남들도 똑같지 않을까? 이렇게 생각하며 살아오다가 우연치 않은 기회에 남들은 그렇지 않다는 걸 깨닫고 엄청 놀라곤 해요. 그런데 그게 뭐 이상한 건 아니에요. 역사적으로 뛰어난 예술가나 통찰력이 뛰어났던 사람은 공감각을 가졌다라고 추정되거든요. 이런 사례들과 뇌과학적인 연구들을 같이 묶은 책도 있는데, 그 책 제목이 『소리가 보이는 사람들-뇌과학이 풀어낸 공감각의 비밀』(흐름출판)입니다. 앞서 살펴본 공감각적 표현을 쓴 시인들도 실제 공감각자일 가능성이 높아요. 정말로 소리를 들으면 뭔가 보이는 식인 거죠. 그런데 일반인들은 어때요? 그런 게 이상하고 이해가 안 가죠? 따라서 이건 뭔가 문학적인 기교인가 해서 이런 독특한 표현에 대해서 **'공감각적 심상'**이라고 이름을 붙인 거죠. 참고로 이런 공감각이 없는 사람들도 약물 등을 통해서 환각 상태가 되면 소리가 보인다는 등의 보고를 하는 경우가 있습니다.

이런 공감각적인 표현은 지문을 읽다 보면 쉽게 티가 나요. 일반 학생들은 무슨 말인지 이해가 안 가니까요. 그런 학생들은 그저 이런 표현을 만나면 "아, 문제화가 되겠구나"라고 예상하면 충분합니다.

결론. 공감각적 표현을 만나면, 주어에 해당하는 감각이 뭔지 보고 그 다음에 서술어에 해당하는 감각이 뭔지 보면 된다. 주어의 감각이 서술어에 감각으로 전이되었다고 판단하면 끝.

표상의 뜻 3가지입니다. 하나하나 뜻을 소개하겠습니다.

첫째, 표상은 **마음속에 떠올린 정보 감각에 의하여 획득한 현상이 마음속에서 재생된 것** 등을 뜻합니다. 심상과 의미가 비슷하죠?

[07]　'이 사과는 둥글다'는 것을 알기 위해서는 둥근 사과의 이미지가 되었건 '이 사과는 둥글다'는 명제가 되었건 어떤 정보를 마음속에 떠올려야 한다. '마음속에 떠올린 정보'를 표상이라고 할 수 있으므로, 이러한 지식을 표상적 지식이라고 부른다. ⁰⁷¹¹³³⁻³⁶

[08]　우리는 특별한 장애가 없는 한 대상을 있는 그대로 정확하게 지각한다고 생각한다. 예를 들어 책상이 네모 모양이라고 할 때 감각을 통해 지각된 '네모 모양'이라는 **표상**은 책상이 지니고 있는 객관적 성질을 그대로 반영한 것이라고 생각한다. ¹²⁰⁹¹⁷⁻²⁰

[09]　법문法文은 '의미의 폭'을 보유하고 있습니다. 예컨대, "음란한 문서를 반포, 판매 또는 임대한 자는 1년 이하의 징역에 처한다."라는 법률 규정에서 '음란한' 문서가 무엇을 의미하는지에 대해서는 사람마다 다른 **표상**表象을 가질 수 있습니다. 이런 경우 법문의 의미를 바르게 한정하는 것이 법률가가 행해야 하는 법해석의 과제입니다. 문제는 법해석시 누구의 표상을 기준으로 삼을 것인가입니다. ¹⁴추리

둘째, 추상적 개념을 구체적 사물로 나타낸 **상징**을 뜻할 때도 있습니다. [표상하다=나타내다]로 이해하면 쉽습니다. 예문에서 추상적 개념에 해당하는 것과 구체적 사물에 해당하는 것을

구별하며 읽어보세요.

[10] '화만산'과 '월만대'는 화자의 충만감을 자아내는 정경의 **표상**이다. ^{1506B44}

[11] '신사복'은 주인공이 사회생활의 시작 단계에서 가졌던 희망찬 기대를 **표상**하는 소재이다. ^{1409A36}

[12] 수레바퀴 자국: 화자가 지향하는 미래를 **표상**한다. ¹³¹¹³⁵

[13] (나)는 역사가의 덕목인 정확성과 객관성을 '거울'로 **표상**하고 있군. ¹³⁰⁶²⁰

[14] 작품 그 자체가 지니는 의미와 가치에 관심을 갖는 작품미학의 영향에 따라 작곡자들은 음악이 내용을 지시하거나 **표상**하도록 할 필요가 없게 되었고, 오로지 음악 그 자체로서 고유한 가치를 갖는 절대음악을 탄생시켰다. ¹²⁰⁶³³⁻³⁶

[15] 5연의 '동상'은 현실에 타협하지 않고 신념을 지키려는 당당함의 **표상**이겠네. ¹⁰⁰⁹²⁴

[16] 화자는 자신이 긍정하는 삶을 '도롱이' 입고 '삿갓' 쓴 어부로 **표상**하고 있군. ⁰⁸⁰⁹²²

[17] 이 시의 제목은 나라를 위한 시인의 절개와 기상을 **표상**한 것이다. ⁰⁷¹¹³⁰

[18] '고인古人'은 본받고자 하는 도리와 덕행의 **표상**이다. ⁰⁴⁰⁶²⁰

[19] 하늘:'불'로 상징되는 모든 인간적 고뇌가 승화된 정신적 경지를 **표상**한다. ⁰³¹¹⁸

[20] (라)의 '산협촌'은 화자의 외로운 내면 세계를 **표상**한다. ⁰⁰¹¹³¹

[21] (나)에서 꽃은 극한 상황을 극복하려는 의지의 **표상**이다. ⁹⁹¹¹¹⁴

[22] 「진달래꽃」의 서정적 자아인 '나'는 여성이고, '꽃'은 자아의 분신이다. 이 시는 '즈려 밟히는' 외상外傷과 내면적 희생을 달게 받아들이겠다는 역설적 의미를 **표상**하고 있다. ⁹⁴¹¹²³

[24] 〈일월오봉도〉는 하늘과 땅, 다섯 개의 산봉우리로 상징되는 '삼라만상'과 해와 달로 **표상**되는 '음양오행'의 원리를 시각화한 것이다. ^{5급15판단12}

[25] ㉠~㉤ 중, <보기>의 '회의'를 가장 잘 **표상**하고 있는 것은? ^{08추론9}

<u>셋째</u>, 표상은 **본 받을 만한 대상(본보기)**로 쓰이기도 합니다. 시험에는 잘 안 나오고, 신문에서는 종종 볼 수 있습니다. "국어 4등급에서 100점을 받은 이해황은 모든 수험생들의 **표상**(본보기)이 되었다" 정도로 쓸 수 있습니다.

파란색이라고 다 같은 파란색이 아닙니다. 위 이미지처럼 그 빛깔은 수없이 많습니다. 파랗다. 퍼렇다. 푸르다. 검푸르다. 푸르스름하다. 새파랗다. 시퍼렇다 등⋯. 그런데 이 모든 것을 단순하게 파랑이라고 인식해 버린다면 빛깔의 풍부함을 다 잃어버리는 것이 됩니다.

감정도 마찬가지입니다. 슬픔이라고 다 같은 슬픔은 아닙니다. 친구/자식/배우자/부모님의 죽음으로 인한 슬픔, 나라를 잃은 슬픔, 친구와 적으로 만날 수밖에 없는 슬픔, 돈을 빼앗긴 슬픔, 직장을 잃은 슬픔, 승진을 하지 못한 슬픔, 대학에 떨어진 슬픔, 생일인데 아무도 몰라 주는 슬픔, 연인과 헤어진 슬픔, 유통기한이 지나서 먹어 보지도 못하고 음식을 버리는 슬픔, 얼굴에 여드름이 많이 난 슬픔, 다이어트를 해도 살이 안 빠지는 슬픔, 기껏 뺀 것보다 살이 더 많이 찌는 슬픔, 어제 산 물건이 오늘부터 세일 시작할 때 느끼는 슬픔 등 수없이 많은 슬픔의 빛깔이 있습니다.

만약 단순히 내가 슬프다는 것을 남에게 알리는 게 목적이라면, "나는 너무너무 슬프다." 또는 "정말 정말 슬프다."라고만 써도 됩니다. 근데 이렇게만 쓰면 내가 느끼는 슬픔이 어떤 슬픔인지는 전달할 수 없습니다. 슬픔이라고 다 같은 슬픔이 아니기 때문입니다. 그렇다면 감정을 정확하게 전달하기 위해서는 어떻게 해야 할까요? 감정을 촉발시킨 구체적인 상황을 알려 주는 겁니다. 즉, 구체적인 자연물, 구체적인 시간과 공간, 구체적인 사건을 제시해서 내가 느낀 감정을 상대방도 체험할 수 있게 해 주는 겁니다. 그래서 단순히 "너무 슬프다."가 아니라 "벚꽃이 흩날리는 봄/ 아내는 밤하늘의 별이 되었고 / 나는 방 안에서 홀로 여름을 맞았다." 라고 알려 주는 거죠. 슬픔이라는 감정이 하나의 장면이 되어 눈에 보이는 것 같죠? 이처럼 눈에 보이지 않는 추상적인 감정(관념)을 구체적인 감각으로 나타내는 것을 '**형상화**'라고 합니다.

이러한 시 창작 원리는 거꾸로 시 감상 원리가 될 수 있습니다. 시에 표현된 자연물/시간과 공간/사건들은 모두 시인이 정서를 전달하려는 의도하에 정교하게 선택된 결과물이라는 것을 이제 알잖아요. 그렇다면 역으로 자연물/시간과 공간/사건들을 모두 화자의 정서와 연관 지어 읽을 수 있는 거죠.

참고로 자연물, 시간과 공간, 사건을 좀 더 선명하게 전달하기 위해 시인이 자주 사용하는 도 구로는 '대비'와 '대조'가 있습니다. '둥근 열매'라고만 하는 것보다 [날카로운 가시나무 둥근 열매]로 대조하는 편이 더 구체적으로 느껴지죠. 현재 폐허가 된 모습만 보여 주는 것보다 과 거의 아름다웠던 모습을 같이 제시해서 [과거의 아름다웠던 모습↔현재 폐허가 된 모습]과 같이 대비하면 현재의 씁쓸함이 더 선명하게 전달됩니다. 또 내가 좋아하는 사람의 특징만 나 열하는 것보다 내가 싫어하는 사람의 특징도 함께 나열해서 [내가 좋아하는 사람의 특징 내가 싫어하는 사람의 특징]을 대조하면 내 관점을 선명하게 보여 줄 수 있습니다.

객관적 상관물

'객관적 상관물'이란 작품 속에서 화자의 정서와 관련된(상관된) 사물을 말합니다. 어떤 감정 을 '외롭다. 즐겁다. 화가 난다'와 같이 직접적으로 서술하지 않고, 어떤 사물의 특징이나 모 양, 행동 등을 통해 간접적으로 표현하는 거죠. 무슨 말인지 잘 모르겠죠?

이 개념을 이해하기 위해서는 먼저 '객관화'에 대해서 알아야 합니다. 앞서 '감정을 구체적으 로 전달하는 방법'에 관해 설명했죠? 감정을 정확하게 전달하기 위해 시인은 구체적인 자연 물, 구체적인 시간. 공간, 구체적인 사건을 제시한다고요. 이러한 과정을 좀 어려운 말로 '객관 화'라고 합니다. 즉, 객관화란 주관적인 내적 감정을 날것 그대로 표현하는 것이 아니라, (감정 과 관계가 없는) 객관적인 외부 세계를 통해 표현하는 것을 말합니다.

예를 들어, 슬픔이라는 감정을 "너무 슬프다."라고 표현하는 것은 어떤 사물을 통해 정서를 간접적으로 나타낸 것이 아니니까 객관화라고 볼 수 없습니다. 대신 "그녀가 떠난 날 하늘에 서 차가운 비가 내렸다."와 같은 표현은 어떨까요? 비가 내리는 것은 인간의 감정과 아무런 관련이 없는 객관적인 자연 현상일 뿐입니다. 그런데 사랑했던 사람과 이별한 상황에 내리는 비는 어떨까요? 화자의 슬픔을 더 심화하겠죠! 그리고 독자 역시 '슬프다'라는 단어 없이도 화자의 심정을 유추할 수 있게 됩니다. 이와 같이 외부 세계의 객관적인 대상물이 화자의 감 정을 간접적으로 나타내는 것을 객관적 상관물이라고 하는 겁니다. 별거 아니죠? 그럼 고전 작품을 하나 살펴보겠습니다.

"펄펄 나는 저 꾀꼬리 암수 서로 정답구나 외로울사 이 내 몸은 뉘와 함께 돌아갈꼬" 유리왕 | 「황조가」

이 작품에서 화자는 짝이 없어서 외로워하는 상황입니다. 그런데 '꾀꼬리'는 암수 정답게 노닐고 있대요. 화자의 처지가 꾀꼬리의 상황과 대조되면서 외로움이 심화되고 있습니다. 이때 '꾀꼬리'는 화자의 정서에 관여하고 있으니까 객관적 상관물에 해당합니다. 이처럼 객관적 상관물은 화자의 정서와 굳이 동일하지 않아도 됩니다. 다시 말하면, 객관적 상관물이란 정서가 비슷하거나 전혀 반대이거나 상관없이 화자의 정서와 관련된 모든 대상을 가리키는 것으로 볼 수 있습니다.

감정 이입
감정 이입은 두 가지 뜻이 있습니다. 하나는 작품 밖의 독자가 작품 속의 인물에 자신을 동일시하는 감상 방법입니다.

[26]   영화는 클로즈업을 통해 관객들이 인물에 감정 이입을 하게 하기 쉬웠고, 통속성과 스펙터클을 만들어 내기에도 적절했으며, 음악을 통해 과잉된 정서를 표현하기에 효과적이었기 때문이다. 12이해33-35

다른 하나는 작품 속 화자가 작품 내의 어떤 대상에 감정을 이입(주입)하는 것을 말합니다. 작품을 하나 살펴봅시다. 조선 시대의 문신 이개의 시조입니다.

"방 안에 켜 놓은 촛불은 누구와 이별하였기에 / 겉으로 눈물 흘리면서 속이 타 들어가는 것을 모르는가. / 저 촛불도 나와 같아서 속이 타는 줄 모르는구나." 이개

'촛불'이 누군가와 이별해서 눈물을 흘리며 속이 타들어가고 있대요. 실제로 촛불이 우는 것은 아니겠죠? 촛불은 아무 감정이 없는 사물이니까요. 화자의 감정이 촛불에 주입된 거니까 촛불은 감정 이입의 대상물이라고 할 수 있습니다. 화자의 정서와 관련이 있으니 객관적 상관물이기도 하고요.

자, 이제 좀 수준을 올려보겠습니다.

"진주 남강 맑다 해도 / 오명 가명 / 신새벽이나 밤빛에 보는 것을, / 울 엄매의 마음은 어떠했을꼬, 달빛 받은 옹기전의 옹기들같이 / 말없이 글썽이고 반짝이던 것인가." 박재삼 「추억에서」

③ (나)의 '말없이 글썽이고 반짝이'는 '옹기'에는 화자 자신의 감정이 이입되어 있다. 021116

화자의 엄마는 신새벽에나 집에 돌아온다고 합니다. 그런 엄마를 기다리는 화자는 얼마나 쓸쓸하고 외롭고 슬플까요? 그런데 옹기들이 말없이 눈물을 글썽인대요. 화자의 외로움과 슬픔이 옹기에 이입되어 있으니 감정 이입이라고 볼 수 있습니다. 종종 화자가 아니라 (화자의) 엄마 감정이 이입된 것 아니냐고 반문하는 학생도 있는데, 이 부분은 화자가 상상하는 엄마의 마음이므로, 결국 화자의 정서가 이입된 것으로 볼 수 있습니다.

객관적 상관물과 감정 이입의 관계

감정이입의 대상은 객관적 상관물입니다. 하지만 객관적 상관물이라고 해서 꼭 감정이입의 대상은 아닙니다. 시에 등장하는 모든 사물은 시인이 선택한 객관적 상관물로서, 구체적인 심상으로 등장하고, 여기서 일부만이 감정 이입의 대상이 됩니다.

> 시인은 자신이 표현하고자 하는 어떤 정서나 사상을 그대로 나타내지 않고 그 감정과는 직접적으로 관계가 없는 어떤 사물이나 사건 등을 통해 객관화하여 표현하기도 한다. 이때 사용되는 사물이나 사건을 객관적 상관물이라 한다. 10경찰18
>
> 시적 화자의 처지를 객관적 상관물을 통해 표현하고 있다. 06사관B24

[27] ⓐ, ⓑ는 모두 글쓴이의 **감정**이 **이입**된 대상이다. 080924

[28] 대상에 **감정**을 **이입**하여 화자의 애상감을 심화하고 있다. 1409A38

[29] (라)에서는 대상에 **감정**을 **이입**하여 심리적 변화를 우회적으로 표출하고 있다. ¹⁷⁰⁹¹⁶

[30] (가)의 '새'와 (나)의 '자규'는 모두 화자의 **감정**이 **이입**된 대상물이다. ²³⁰⁶²⁵

[31] 사물에 화자의 **감정**을 **이입**하고 있다. ¹⁶경찰30

[32] [A]와 <보기>는 모두 눈에 띄는 대상에 **감정 이입**을 하고있다. ¹⁷경찰20

[32] (가)와 (다)에서는 자연물에 **감정**을 **이입**하여 화자의 정서를 드러내고 있다. ¹⁹경찰32

[33] ⓒ의 '이상한 새'는 화자의 스산한 **감정**이 **이입**된 소재로 볼 수 있다. ¹⁰사관12

[34] **자연물**에 **감정**을 **이입**하여 체념적 정서를 부각하고 있다. ¹⁹사관42

[35] **대상**에 **감정**을 **이입**하여 화자의 애상감을 표현하고 있다. ¹⁶사관B37

[36] '매화'는 **감정**이 **이입**된 **대상**이고, '석류'는 **감정**을 **환기하는**(불러일으키는) **대상**이다. ¹³사관18

[37] (가)는 **자연물**에 화자의 **감정**을 **이입**하여 애상감을 심화하고 있다. ²²사관26

065 갈등 葛藤, conflict

갈등葛藤은 **칡 갈葛**과 **등나무 등藤**이 결합한 단어입니다. 칡은 반시계방향으로, 등나무는 시계방향으로 감으며 올라가기 때문에, 한 곳에 심어두면 둘이 서로 다른 방향으로 인해 단단히 엉키게 되므로 '갈등'을 뜻하게 됐습니다.

이중 **내적 갈등**은 매우 중요한 문학 기초개념입니다. 그래서 시험에도 자주 나옵니다. 문제는 단순히 사전적 정의를 아는 것으로는 부족하다는 것입니다. 좀 길더라도 사전, 교과서, 기출문제를 폭넓게 훑으며 그 뜻을 이해해보겠습니다.

국어사전에 제시된 정의

'내적 갈등'이 사전에 등재되어 있지는 않지만, '갈등'의 세 번째 뜻을 내적 갈등으로 볼 수 있습니다 (밑줄 및 ①, ② 표시는 필자가 함).

<table>
<tr><td>갈등</td><td>3. <심리> ①두 가지 이상의 상반되는 요구나 욕구, 기회 또는 목표에 직면<u>하였을 때</u>, ②선택을 하지 못하고 괴로워함. 또는 그런 상태</td></tr>
</table>

국어사전은 내적 갈등을 ①인 상황에서 ②한 상태로 보고 있습니다.

교과서에 제시된 정의

모 출판사 문학 교과서에는 다음과 같이 나옵니다(밑줄 및 ①, ② 표시는 필자가 함).

> **내적 갈등은** ①<u>한 인물의 마음 속에서 일어나는 상반되거나 분열된 심리가 원인이 되는 갈등</u>이다. ②<u>인물이 겪는 고민, 근심, 방황, 분노</u> 등이 모두 내적 갈등에 해당한다.

교과서도 사전과 비슷하죠? 역시 ①인 상황이 있어야 한다는 겁니다. 교과서에서는 ②의 구체적인 양상을 열거해주었는데, 이를 잘 봐두기 바랍니다. 경우에 따라 ①, 즉 마음 속의 상반된 심리가 명시적으로 안 나타날 수 있습니다. 하지만 ②, 즉 인물의 고민, 근심, 방황, 분노 등이 보인다면 내적 갈등을 겪고 있다고 생각해도 좋습니다.

내적 갈등을 나타내는 잘 나타내는 이미지는 갈대입니다. 마음이 이쪽저쪽으로 쉽게 흔들리는 사람을 두고 마음이 갈대 같다고 합니다. 트로트 가수 장윤정의 〈어머나〉에 이 내용이 잘 표현되어 있습니다. 노래 속 화자는 내적 갈등을 겪고 있습니다. 처음 만난 당신이 무엇을 하려고 하는지는 모르겠지만 '이러지 마세요', '안 돼요'라고도 하고, 또 반대로 '괜찮아요', '다 줄게요'라고도 합니다. 이렇게 내적 갈등을 겪는 모습이 가사에는 '여자의 마음은 **갈대**'라고 표현됐습니다. 눈에 보이지 않는 '내적 갈등'을 눈에 보이는 형상인 '갈대'로 **형상화**했습니다.

이런 사례를 현대시에서도 찾아볼 수 있습니다. 바로 신경림 시인의 「갈대」입니다.

> 언제부턴가 갈대는 속으로 / 조용히 울고 있었다. / 그런 어느 밤이었을 것이다. 갈대는 /
> 그의 온몸이 흔들리고 있는 것을 알았다.
>
> 바람도 달빛도 아닌 것, / 갈대는 저를 **흔드는 것**이 제 조용한 **울음**인 것을 / 까맣게 몰랐다.
> ㅡ산다는 것은 속으로 이렇게 / **조용히 울고 있는 것**이란 것을 / 그는 몰랐다.

⑤ 내면적 갈등이 나타나 있다. (○)⁰⁴⁰⁹¹⁴

여기서 '제 조용한 울음', '그(갈대)의 온몸이 흔들리고'는 내적 갈등을 형상화한 것으로 볼 수 있습니다. 두 가지 이상의 상반되는 요구나 욕구, 기회 또는 목표로 인해 선택을 하지 못하고 괴로워하며 마음이 흔들리는 것을 이렇게 표현한 것입니다.
참고로 시험에는 눈물(울음)을 포함해서 미련, 자책, 머뭇거림, 주저주저함, 동요, 절제가 다 내적 갈등의 사례로 제시됐습니다.

시험에서 내적 갈등은 내면적 갈등, 내면적 갈등상태, 심리적 갈등 등으로도 표현됩니다. 당연한 이야기죠? 구체적으로 작품에서 어떻게 드러나는지 여러 사례를 통해 살펴보겠습니다.

사례1 좋아하는 사람에게 마음을 고백할지, 말지 고민하는 것은 내적 갈등의 대표적인 예입니다. 저도 그렇고 여러분들도 이런 내적 갈등을 겪은 적이 있을 겁니다.

그녀에게 고백해! 어쩌면 그녀도 너를 좋아할거야. 고백하지마! 거절 당하면 친구도 될 수 없어.

괴로워!

주로 선택 상황에서 갈등을 겪기 때문에 다음과 같은 선지도 있었습니다.
① (가), (나)의 화자는 선택 상황에서 심리적 갈등을 겪고 있다. ^{07사관27}

사례2

> 그립다   그냥 갈까
>
> 말을 할까   그래도
>
> 하니 그리워   다시 더 한 번…
>
> 김소월 | 「가는 길」

① '말을 할까'와 '그냥 갈까'에 사용된 어미를 통해 **행동**과 **행동의 멈춤**에 대한 **내적 갈등**을 드러낸다.

1509 | 고1

[그립다 말을 할까 ↔ 그냥 갈까] 하는 머뭇거림은 내적 갈등을 드러냅니다.

사례3 내적 갈등은 문학 공통개념이라서 시든 소설이든 똑같이 적용할 수 있습니다.

> 영채는 형식이란 소리를 듣고 문득 **가슴이 덜렁함**을 깨달았다. 지금까지 아무쪼록 형
> 식을 잊어버리려 하였으나 방금 같은 기차에 형식이가 탄 것을 생각하매 알 수 없는 **눈**
> **물**이 자연히 떨어진다. 이광수 | 「무정」

③ 기차의 기능: 인물들의 만남을 통해 **내적 갈등**을 유발하는 장소[14예비B38]

사례4 사례2에 본 머뭇거림, 주저하는 것을 심리적 갈등이라고 한 소설 문제입니다.

> 이날이야말로 동소문 안에서 인력거꾼 노릇을 하는 김 첨지에게는 오래간만에도 닥친
> 운수 좋은 날이었다. 문 안에(거기도 문밖은 아니지만) 들어간답시는 앞집 마나님을 전
> 찻길까지 모셔다 드린 것을 비롯으로, 행여나 손님이 있을까 하고 정류장에서 어정어
> 정하며 내리는 사람 하나하나에게 거의 비는 듯한 눈길을 보내고 있다가, 마침내 교원
> 인 듯한 양복쟁이를 동광 학교東光學校까지 태워다 주기로 되었다.
>
> (중략)
>
> 그의 행운은 그걸로 그치지 않았다. 땀과 빗물이 섞여 흐르는 목덜미를 기름주머니가
> 다 된 왜목수건으로 닦으며, 그 학교 문을 돌아 나올 때였다. 뒤에서 '인력거!' 하고
> 부르는 소리가 난다. 자기를 불러 멈춘 사람이 그 학교 학생인 줄 김 첨지는 한 번 보
> 고 짐작할 수 있었다. 그 학생은 다짜고짜로,
> "남대문 정거장까지 얼마요?"라고 물었다.
> "남대문 정거장까지 말씀입니까?" 하고,
> 김 첨지는 잠깐 주저하였다. 그는 이 우중에 우장도 없이 그 먼 곳을 칠벅거리고 가기
> 가 싫었음일까? 처음 것, 둘째 것으로 고만 만족하였음일까? 아니다. 결코 아니다. 이
> 상하게도 꼬리를 맞물고 덤비는 이 행운 앞에 조금 겁이 났음이다. 현진건 「운수 좋은 날」

⑤ 서술자가 직접 개입하여 인물의 심리적 갈등에 대해 해석하고 있다. 0204 | 고3 | 34

김 첨지는 또 손님을 받아 돈을 벌게 된 기쁨과, 연속된 행운에 겁을 내는 상반된 마음이 공존하고 있습니다.
그래서 내적 갈등입니다.

사례5 망설임, 머뭇거림, 주저함은 내적 갈등을 보여주는 신호로 자주 나옵니다. 2005학년도 예비
평가에 나왔던 사례도 마찬가지입니다.

> "여기가 너의 집이니?"
>
> "아녜요. 여긴 이모부 댁이에요. 저이 집은요, 월출리예요, 여기서 삼십 리나 들어가요."
>
> (중략)
>
> 가난한 대학생 앞에 대문이 나타난다. 그는 그 앞에 선다. 뒤를 돌아본다. 그리고 **망설인다**. 아, 이럴 때 쾅쾅 두드릴 수 있는 대문이 있다면 얼마나 좋으랴! 그는 주먹을 편다. 편 손바닥으로 대문을 어루만지듯 흔든다. 또 흔든다. _{서정인 | 「강」}

④ '쾅쾅 두드린다 / 어루만지듯 흔든다'의 대비에서 **내적 갈등**이 드러나는 것 같아. ^{05예비22}

쾅쾅 두드리려다가 망설였습니다. 이는 내적 갈등을 드러냅니다. 자기 집이었으면 쾅쾅 두드릴 수 있었을 텐데, 얹혀 사는 처지라서 그러면 안 되니까요.

대문을 쾅쾅 두드리고 싶어.　　　　그러면 안돼. 살살 두드려야 해. 이모부 댁에 얹혀 사는 처지잖아.

사례6　다음은 조금 긴 지문인데… 제가 짧게 요약해드리겠습니다.

> 화산댁이는 아들과 마주 앉고, 며느리는 저만치 떨어져 양말을 기웠다. 모두 말이 없다. 손녀만이 제 아버지 등에 매달렸다, 제 어미 젖가슴에 손을 넣었다 하는 것을 눈으로 쫓고 있던 화산댁은 갑자기 생각이 나서
>
> "이런 내 정신 봐라."
>
> 그러면서 옆에 둔 보퉁이를 끌어당겨 풀기 시작했다. 덧게덧게 기운 때묻은 버선을 들어내고 검은 보퉁이를 또 하나 들어냈다. 들어 낸 보퉁이를 풀어헤치고 아들과 며느리 어중간에 밀어 놓으면서
>
> "묵어 바라, 꿀밤(도토리) 떡이다. 급히 하느라고 진도 덜 빠진 거로 해 노니 좀 딴딴하다만……"
>
> 그러고는 한 덩이를 떼서 손녀를 주었다. 아들도 며느리도 손을 대지 않는다.
>
> "애(아들)가 하도 질긴다 싶어 해왔다. 벨 맛은 없어도 귀한 기니 묵어 바라!"

며느리는 힐끗하고 궁둥이만 달싹할 뿐이었고, 아들은 거들떠보지도 않았다. 한 번 씹어 보던 손녀도 그만 폐폐하고는 도로 갖다 놓는다. 그러자 아들이

"저 방에 자리해라, 엄마 피곤하겠다!"

"괜찮다. 벌써 잠이 오나!"

"일찌기 자소!"

이래서 화산댁이는 몇 해를 두고 별른 아들네 집이었고 밤을 새워도 모자랄 쌓이고 쌓인 이야기를 할 사이도 경황도 없었다.

후끈후끈한 방에서 곤하면 입은 채 굴러 자던 습관은, 휘높은 판자 천장이며, 유리 바른 문이며, 싸늘해 보이는 횟가루 벽이며, 다다미방이 잠을 설레었다. 화산댁이는 자꾸만 쓸쓸했다. 뭣을 쥐었다가 놓친 것처럼 마음이 허전했다. '자식도 강보에 자식이지, 쯧쯧.' 돌아눕는다. 건넌방에서는 소곤소곤 이야기 소리가 들려왔다.

'저거 조면('자기네들끼리 좋으면'의 방언) 그만이지.' 또 고쳐 누웠다. 애써 잠을 청해 본다.

그러나 잠 대신 화산댁이는 어느새 오리나무 숲 사이로 황토 고갯길을 넘고 있다.

보리밭이 곧 마당인 낡은 초가집이다.

빈대 피가 댓잎처럼 긁힌 토벽, 메주 뜨는 냄새가 코를 찌르는 갈자리 방에서 손자들이 아랫도리 벗은 채 제멋대로 굴러 자고, 쑥물 사발을 옆에 놓고 신을 삼고 있는 맏아들, 갈퀴손으로 누더기를 깁고 있는 맏며느리, 화산댁이는 그만 당장이라도 뛰어가고 싶다. 아들의 등을 쓰담아 기침을 내려 주고 며느리와 무르팍을 맞대고 실컷 울고 나면 가슴이 후련해질 것만 같다. 오영수 「화산댁이」

⑤ 현재 상황과 대비되는 장면을 통해 내적 갈등을 고조한다. 120626

지네들 좋으면 그만이지. 쓸쓸하고 허전하지만…

재네들과 살갑게 지내고 싶어. 그런 세상이 있다면 당장이라도 뛰어들어 가고 싶을 만큼…

사례7

내 가슴에 독毒을 찬 지 오래로다

아! 내 세상에 태어났음을 **원망** 않고 보낸 / 어느 하루가 있었던가 '허무한듸!' 허나 /
앞뒤로 덤비는 이리 승냥이 바야흐로 내 마음을 노리매 / 내 산채 짐승의 밥이 되어 찢
기우고 할퀴우라 내맡긴 신세임을

나는 독을 차고 선선히 가리라 /막음 날 내 외로운 혼魂 건지기 위하여

김영랑 「독毒을 차고」

④ 시적 화자의 내적 갈등을 보여 준다. ⁰⁵⁰⁶³⁸

'허나' 앞뒤로 상반된 정서가 나타납니다. 따라서 시적 화자의 내적 갈등을 보여 준다고 할 수 있습니다.

'허무한듸!'←허나→나는 독을 차고 선선히 가리라

사례8 고전시가 하나 살펴보겠습니다. 아래 작품은 2005학년도 6월 모의평가, 2010학년도 9월 모
의평가에 나왔던 「어부단가」입니다.

고어가 많아서 어렵긴 하지만 수능에 출제된 작품은 교과서에 있는 것보다 좀 더 현대어로 풀이되어 있습니다. 인세,

십장홍진 등 빈출되는 중요 단어만 현대어 해석 없이 그대로 제시됐을 뿐입니다.

제목을 먼저 보겠습니다. 어부의 노래라는 뜻일까요? 그렇다면 화자는 어부?

이 중에 시름없으니 어부漁父의 생애生涯로다
일엽편주一葉扁舟를 만경파萬頃波에 띄워 두고
인세人世를 다 잊었거니 날 가는 줄을 알랴
이 세상 사람 중에 걱정 없는 것이 어부의 삶이로다.

작은 배를 넓은 바다에 띄워 놓고

인세(인간 세상)을 다 잊었으니 세월 가는 줄 알까(모른다)

굽어보면 천심千尋 녹수綠水 돌아보니 만첩 萬疊 청산

십장十丈 홍진紅塵이 얼마나 가렸는고

강호江湖에 월백月白하거든 더욱 무심無心하여라

아래를 굽어 보니 깊고 푸른 물, 주위를 돌아보니 겹겹이 푸른 산

열 길이나 되는 붉은 먼지로 얼마나 가렸는가

강과 호수에 달 밝으니 마음에 욕심이 없어라

청하靑荷(푸른 연잎)에 밥을 싸고 녹류綠柳에 고기 꿰어

노적蘆荻 화총花叢(갈대와 물억새의 덤불)에 배 매어 두고

일반一般 청의미淸意味(자연이 주는 참된 의미)를 어느 분이 아실까

푸른 연잎에 밥을 싸고 푸른 버들가지에 (잡은) 물고기를 꿰어

갈대와 물억새 덤불에 배를 매어 두고

자연이 주는 참된 의미를 어느 분이 아실까(모른다)

산두山頭에 한운閑雲 일고 수중에 백구白鷗 난다

무심無心코 다정한 이 이 두 것이로다

일생에 시름을 잊고 너를 좇아 놀리라

산꼭대기에 한가로이 구름이 일고, 물 위에는 갈매기가 난다

욕심 없고 다정한 것은 이 두 가지뿐이로다

한평생의 걱정을 잊고 너희들을 좇아 놀리라

장안長安을 돌아보니 북궐北闕이 천리千里로다

어주漁舟에 누어신들 잊은 때가 있으랴

두어라 내 시름 아니라 제세현濟世賢(세상을 구제할 현명한 선비)이 없으랴

서울을 향해 돌아보니 궁궐까지 천리나 되는구나

고깃배에 누워있은들 ○○○을 잊은 적이 있겠는가(없다)

> 두어라. 내 걱정하지 않아도 세상을 구제한 현명한 선비 없겠는가

이현보 | 「어부단가」

1행의 '천리'는 약 400km인데… 구체적인 거리를 말한다기보다는 심리적 거리감을 큰 숫자를 통해 표현한 것으로 볼 수 있습니다. '백년 만에 여기 와보는 듯' 같은 표현도 많이 쓰잖아요. 정말 100년 만에 왔을 리는 없고, 오랜만에 왔다는 것을 큰 숫자를 통해 나타낸 것입니다. 거꾸로 요즘에는 '나 거짓이 1도 없음', '내 생각 1도 안 하냐?' 같은 표현도 많이 보이던데, 작은 숫자를 통해 마음을 구체적으로 나타낸 거라 볼 수 있습니다.

2행의 ○○○에 들어갈 말은 뭘까요? 궁궐의 일, 세상을 구제하는 일을 말하는 거겠죠? '나랏일'을 잊은 적이 없었다고 했는데, 속세에 대한 미련이 엿보입니다. 이런 미련/시름에서 벗어나기 위해 3행에서 그런 걱정 내가 안 해도 '제세현'이 있을 거라고 생각합니다. 마치 "예전에 헤어졌던 그 여자친구를 잊은 적이 있겠는가, 두어라. 내 걱정하지 않아도 그 사람을 행복하게 해줄 남자 없겠는가' 같은 것이랄까요.

결론   자연과 속세(인간 세상)이 대립되며 시가 전개됐습니다. 화자는 어부로서 자연 속 삶에 만족하며 지내지만, 나랏일에 대한 미련을 잠시 보이기도 합니다. 끝.

당시 시험에는 아래와 같은 선지가 제시됐습니다.

④   시적 화자의 **내적 갈등**을 보여 준다. (○)[050638]

화자는 속세를 떠나 인간 세상을 다 잊었다며 걱정 없이 산다고 했습니다. 그런데 이건 다 뻥이었습니다. "어주漁舟에 누어신들 잊은 때가 있으랴"에서 볼 수 있듯이 인간 세상, 나랏일을 늘 걱정(시름)하고 있었어. 따라서 **내적 갈등**입니다.

비록 출제 시기는 다르지만 같은 작품에서 문제를 출제하다 보니 표현이 겹치는 부분이 있습니다. 다음 선지도 살펴보겠습니다.

③   마지막 연에서 복잡한 화자의 심리를 드러내고 있다. (○)[050639]

⑤   마지막 구의 제세현濟世賢에서 현실 정치에 대한 관심을 엿볼 수 있다. (○)[050639]

④   장안長安을 돌아보는니 잊은 때가 있으랴와 연결되어 강호 공간에서도 버릴 수 없었던 정치적 이상에 대한 미련을 드러낸다. (○)[100926]

⑤   청산과 장안에서 심리적 갈등을 겪던 화자가 선택한 최종적인 삶의 방향은 장안이다. (×)[100926]

「어부단가」와 갈등 구조가 비슷한 작품으로 「한거십팔곡 閑居十八曲」이라는 작품이 있습니다. 2014학년도 11월 학력평가(고2) 때 다음 <보기>와 선지가 제시됐는데, 가볍게 읽고 넘어가겠습니다.

<보기>

이 작품은 유교적인 가치를 추구하던 작가가 자연에 은거하면서 갖게 된 **심적 갈등**을 보여주고 있다. **속세를 떠나 자연에 은거**하고자 하면서도 때때로 **정치에의 참여 욕구**로 인해 **번민**하는 작가의 모습이 그려져 있다. 그러나 그는 자연에서의 삶에 대한 진정한 즐거움을 느끼게 되면서 갈등으로부터 벗어나고 있다.

---

③ **자연과 현실 참여 사이에서 고민**하는 화자의 모습을 보여주는군.

④ **정치 현실에 참여하지 못해 아쉬워**하는 화자의 모습을 보여주는군.

⑤ **속세에 대한 미련을 떨치는 모습**은 **번민**에서 벗어난 화자의 모습을 보여주는군.

선지에 제시된 고민, 아쉬움, 미련, 번민 **모두 내적 갈등에 해당합니다.**

사례9

나는 숨을 죽이고 지그시 아픔을 견디며, 또 하나의 아픈 날을 회상한다. 꼭 이만큼이나 아팠던 날을.

그것은 아마 나의 고가古家가 헐리던 날이었을 게다

남편은 결혼식을 치르자 제일 먼저 고가의 철거를 주장했다. 터무니없이 넓은 대지에 불합리한 구조로 서 있는 음침한 고가는 불필요한 방들만 많고 손댈 수 없이 퇴락했으니, 깨끗이 헐어 내고 대지의 반쯤을 처분해서 쓸모 있는 견고한 양옥을 짓자는 것이었다.

너무도 당연한 소리였다. 반대할 이유라곤 없었다.

고가 의 철거는 신속히 이루어졌다. 나는 그 해체를 견딜 수 없는 아픔으로 지켰다.

〈중략〉

아버지와 오빠들이 그렇게도 사랑하던 집, 어머니가 임종의 날까지 그렇게도 집착하던 고가. 그것을 그들이, 생면부지의 낯선 사나이가 산산이 해체해 놓고 만 것이다.

그러나 생각해 보면 고가의 해체는 행랑채에 구멍이 뚫린 날부터 이미 비롯된 것이었고 한번 시작된 해체는 누구에 의해서고 끝막음을 보아야 할 것 아닌가.

다시는, 다시는 아침 햇살 속에 기왓골에 서리를 이고 서 있는 숙연한 고가를 볼 수 없다니.

그러나 나는 나 자신의 육신이 해체되는 듯한 아픔을 의연히 견디었다. 실상 나는 고가의 해체에 곁들여 나 자신의 해체를 시도하고 있었는지도 모를 일이었다.

④ 　고가　는 과거의 '나'가 투영된 대상으로 '나'의 의식 속에 환기되어 **내면의 갈등상태**를 드러내고 있다. 1611A32

고가를 철거(해체)하는 것에 대한 미련이 나타나므로 내적 갈등입니다. 지금까지 살펴봐서 알겠지만 눈물(울음), 미련, 자책, 머뭇거림, 주저주저함, 동요, 절제가 다 내적 갈등과 관련이 있습니다.

사례10 지금까지 살펴 본 것은 개인적 감정 사이의 갈등이었습니다. 그런데 잘 생각해 보기 바랍니다. 중학교 사회 시간 '역할 갈등'에 대해서 배웠을 겁니다. 중학교 사회① 교과서 8단원 개인과 사회생활 단원에서! 기억이 안 날까봐 짧게 정리하겠습니다.

　　중학교 때 배웠다고? 너무 오래전 일이라 기억 '1'도 안 나는데…

사회적 지위	사회 집단/조직 내에서 차지하는 위치
(사회적) 역할	사회적 지위에 기대되는 행동
역할 갈등	역할이 서로 충돌하여 갈등을 빚는 것

2007학년도 6월 모의평가 독서 지문에 나왔던 사례가 역할 갈등을 잘 보여줍니다.

철수는 근무 중 본부로부터 긴급한 연락을 받았다. 동해안 어떤 항구에서 혐의자 한 명이 일본으로 밀항을 기도한다는 첩보가 있으니 그를 체포하라는 것이었다. 철수가 잠복 끝에 혐의자를 체포했더니, 그는 하나밖에 없는 친형이었다. 철수는 고민 끝에 형을 놓아주고 본부에는 혐의자를 놓쳤다고 보고했다.

이때 철수가 한 고민이 바로 역할 갈등이자 내적 갈등입니다. 친동생(지위1)으로서 형을 보호해줘야 한다(역할1)는 생각과 경찰(지위2)로서 혐의자를 체포해야 한다(역할2)는 생각이 갈등을 빚고 있기 때문입니다.

사례11 문학에도 역할 갈등이 나올까요? 당연합니다. 가장 친숙한 사례는 허균의 『홍길동전』입니다. 홍길동의 관상을 본 여자가 "공자에게 장차 일어날 일은 여러 말씀 그만두고 성공하면 군왕이 될 것이요, 실패하면 감히 헤아리지 못할 재앙이 있을 것입니다."라고 말합니다. 그러자 홍길동을 시기한 사람이 "대감(홍길동 아버지)이 관상녀의 말씀을 들으신 후로 아무리 생각해도 어찌할 도리가 없어 제대로 드시지도 못하고 주무시지도 못하더니 마음에 병환이 나셨습니다."라며, 홍길동을 없애버리는 게 어떻냐며 홍길동의 어머니에게 권유하는 장면이 있습니다. 어머니는 내적 갈등을 하다가 결국 홍길동을 죽이도록 허락합니다.

③ 부인은 가문과 인륜 사이에서 갈등하다가 가문을 위한 선택을 한다. ^{0306 | 고1}

아들의 어머니로서, 가문의 일원으로서 역할 갈등을 하고 있으니 내적 갈등입니다.

길동이 절대 못 죽여.
어떻게 내 배로 낳고 키운 아들을 죽일 수 있어?
절대 그럴 수 없어!

길동이를 죽여하 해.
나라와 가문에 큰 피해를 입힐 수 있어.
가문을 위해서 아들이지만 죽일 수밖에 없어.

괴로워…

사례12 좀 더 재미있는 이야기! 『삼국사기』를 보면 고구려의 호동 왕자와 낙랑의 공주가 사랑에 빠진 이야기가 나옵니다. 그런데 낙랑에는 적이 오면 스스로 둥둥 울리는 자명고가 있었습니다. 호동 왕자는 낙랑 공주에게 이 북을 찢으면 예의를 갖춰 고구려에 맞이하겠지만, 그렇지 않으면 결혼을 그만두겠다고 합니다. 공주는 아내로서 사랑하는 사람의 부탁을 들어줄 것인가, 낙랑의 공주로서 나라를 지킬 것인가 내적 갈등을 겪습니다. 결국 낙랑 공주는 북을 찢고, 고구려는 이때를 틈타 낙랑을 습격합니다. 낙랑 공주의 아버지는 이 사실을 알고 딸을 죽인 후, 항복하고요. 사랑하는 딸이지만 죽일 수밖에 없었던 아버지도 내적 갈등을 겪었을 겁니다. 호동 왕자는 자신의 부탁 때문에 공주가 죽게 되었다는 사실에 죄책감을 느끼지만, 한편으로 그런 부탁을 통해 낙랑을 정복한 영웅이 될 수 있었다는 데서 자신의 행동이 옳았는지 갈등하는 모습을 보입니다.

그리고 이런 내용이 2003학년도 수능에 나왔습니다.

② 호동은 공주에 대한 죄의식 때문에 괴로워하면서도 그로부터 벗어나고 싶어합니다. 이로 인해 갈등하는 모습을 잘 표현해 보십시오. 031143

참고로 호동 왕자는 나중에 자살합니다. 공을 세우고 돌아오자 왕비(배 다른 어머니)가 자신을 모함했기 때문입니다. 자신이 잘못이 없음을 밝히는 것이 어머니의 잘못을 드러내게 하는 일이라고 생각해서 칼에 엎어져 죽습니다. 여기서도 내적 갈등이 있습니다.

자명고를 찢을 수 없어.
나라 보물인 자명고를 어찌 이 나라 공주인
내가 찢겠어…

자명고를 찢겠어.
남편의 부탁인데 아내된 자로서
어찌 거절할 수 있겠어…

너무 괴로워.
내 부탁 때문에 공주가 죽었어.

괴로워할 필요 없어.
내 부탁 때문에 낙랑을 정복했어.

사례13 2007학년도 5월 학력평가(고3)에 중심 인물이 겪는 심리적 갈등을 다음과 같이 구조화한 문제가 있었습니다.

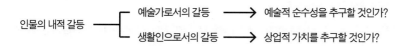

인물의 내적 갈등
- 예술가로서의 갈등 → 예술적 순수성을 추구할 것인가?
- 생활인으로서의 갈등 → 상업적 가치를 추구할 것인가?

이 사례도 역할 갈등으로 인한 내적 갈등을 보여주고 있습니다.

사례14 위 사례와 내용은 조금 다르지만, 〈자우림〉의 보컬 김윤아는 MBC 〈위대한 탄생〉에서 멘티에게 다음과 같이 말한 적이 있습니다.

"제가 데뷔했을 때의 일인데요. 사귀었던 남자친구가 있었어요. 그런데 남자친구가 어느날 과로사로 밤에 이유도 모르게 죽었어요. 매일, 거의 매일 생방송으로 노래를 해야 하는 상황이었어요. 근데 거기서 울면 나만 바보 되는 거에요. 아까 이야기했잖아요. 슬픈 날도 노래해야 하는 때가 온다고."

이 사례 역시 예술가와 생활인으로서의 역할 갈등이라고 볼 수 있습니다.

웃어야 해. 나는 대중 앞에서 노래하는 가수야. 개인적인 감정은 숨기고 웃으며 즐거운 표정으로 노래 불러야 해.

울고 싶어. 너무나 사랑하던 남자친구가 죽어서 말할 수 없을 만큼 슬퍼. 웃으며 노래하고 싶지 않아.

사례15 개인적으로 너무나 슬프고 힘든 일이 있지만, 무대에서는 남들을 웃겨야 하는 희극인도 역할 갈등을 겪고 있다고 볼 수 있겠습니다.

> 내 신발은/십구문반(十九文半).
>
> (중략)
>
> 아랫목에 모인/아홉 마리의 강아지야
>
> 강아지 같은 것들아./**굴욕과 굶주림과 추운 길을 걸어**/내가 왔다./아버지가 왔다./
>
> 아니 십구문반十九文半의 신발이 왔다./아니 지상에는/아버지라는 어설픈 것이/
>
> 존재한다./**미소하는/내 얼굴을 보아라**.
>
> 박목월, 「가정家庭」

④ 시적 화자의 **내적 갈등**을 보여 준다. 20056

"굴욕과 굶주림과 추운 길을 걸어"처럼 밖에서 너무나 힘든 일을 겪었지만, 집 안에서는 아버지로서 자식들에게 그런 흔적을 보이지 않으려고 미소를 짓고 "미소하는/내 얼굴을 보아라."라고 한 것입니다.

사례16 국어 교과서에 역할 갈등(내적 갈등)의 사례로 꼭 나오는 건 정철의 「관동별곡」입니다. 다음 과 같은 학습 활동이 주로 나옵니다.

- 다음을 중심으로 화자가 심리적으로 어떤 갈등을 겪고 있는지 알아보자.^{모 교과서}
- [도움말] 놀고 싶은 충동과 과제를 수행해야 하는 책임감 사이에서 혼란을 겪은 적이 있는지 떠올려 보 고, 그 갈등을 어떻게 해결했는지 생각해 본다.^{모 교과서}
- 글쓴이의 내적 갈등을 중심으로 작품을 파악해 보자.^{모 교과서}

> 진쥬관眞珠館 듁셔루竹西樓 오십천五十川 느린 믈이 퇴빅산太白山 그림재롤 동히東海로 다마 가니, 출하리 한강漢江의 목멱木覓의 다히고져. ㉠왕뎡王程이 유호有限ᄒ고 풍경風景이 못 슬믜니, 유회幽懷도 하도 할샤, 긱수客愁도 둘 듸 업다. 선사仙槎롤 띄워 내여 두우斗牛로 향向ᄒ살가, 션인仙人을 ᄎᄌ려 단혈丹穴의 머므살가.
> 진주관 죽서루 오십천의 흘러내리는 물이 태백산 그림자를 동해로 담아 가니, 차라리 (그 물줄기를) 한강에 닿게 하고 싶구나. 왕정(왕을 위한 일)이 유한하고, 풍경이 싫지 않으니, 마음에 품은 회포가 많기도 많다, 객지에서 느끼는 근심을 둘 곳이 없다. 신선이 탄다는 뗏목을 띄워 내어 북두성과 견우성으로 향할까, 선인을 찾아 굴속에 머무를까.
>
> 정철 | 「관동별곡」

「관동별곡」은 워낙 옛날부터 교과서에 실려있던 작품입니다. 그래서 이미 1999학년도 수능 에서 내적 갈등을 문제화했던 적이 있습니다.

문제 ㉠에 표현된 화자의 내면 세계를 잘 설명한 것은?

③ 공인쇼人의 임무를 수행해야 하는 현실적 의무와 새로운 세계에 대한 동경이 얽혀 있다.

선지의 '얽혀 있다'가 갈등의 정의와 밀접합니다. 갈등은 칡 '갈葛'자와 등나무 '등藤'이 합쳐진 말로, 칡과 등나무가 서로 얽혀있는 것과 같은 상태를 말하기 때문입니다. ㉠은 공직자(지위1)로서 명을 받아 일(역할1)을 해야 하는데, 풍경이 너무 좋아서 (일하지 않고) 신선처럼 살고 싶다(역할2)는 자연인(지위2)의 욕망이 나옵니다. 그래서 객수(근심)가 생겼다는 거고요. 이 객수가 바로 내적 갈등을 가리킵니다.

사례17 이제 내적 갈등이 무엇인지 감이 좀 잡혔을 것입니다. 그런데 여기에 한 가지를 더 추가해야 합니다. **이상과 현실의 괴리(차이)**! 이것도 내적 갈등을 유발합니다.

현실과 이상 사이의 괴리에서 오는 갈등을 앞에서 살펴 본 내적 갈등과 구분해서 출제된 적도 있습니다.

문제 윗글의 주된 갈등 양상으로 가장 적절한 것은?⁰³⁰⁵ | 고3

① **심리적 갈등**에서 오는 내적 갈등

② **현실과 이상의 괴리**에서 오는 갈등

부정적 현실 ⟵⟶ 이상

멀다… 괴롭다…

그런데 이렇게까지 구분하는 것은 보편적인 것 같지는 않고, 뭉뚱그려서 다 내적 갈등으로 알면 됩니다. 시험에는 "**현실과 이상의 차이/갈등/괴리(감)/간극/대립/거리(감)/갈등/모순**" 등으로 표현됩니다.

<보기>

윤동주 작품 세계의 근간은 자아에 대한 성찰에서 오는 부끄러움의 정서이다. 그의 고뇌는 외부의 부정적 현실을 인식한 뒤에 느끼게 되는 현실적 자아와 이상적 자아와의 괴리에서 비롯되었다. 즉, 현실과 이상 속에서 늘 이상을 지향하지만 직접적으로 행동하지 못하는 소극적인 지식인의 고뇌를 드러내고 있는 것이다.[1107] [ㅍ3]

내용이 좀 많았죠? 기초개념 어휘는 깊게 이해해야 폭넓게 적용할 수 있기 때문에 좀 장황하더라도 많은 사례를 들어 설명해 봤습니다. 꼼꼼하게 복습해주세요.

066 스타카토staccato

단어를 설명하기 전에 2012학년도 수능 문제를 하나 풀어보겠습니다.

다음 글을 읽고 물음에 답하시오.

음형론에서는 가사의 의미에 따라 그에 적합한 음형을 표현 수단으로 삼는데, 르네상스 후기 마드리갈이나 바로크 초기 오페라 등에서 그 예를 찾을 수 있다. 바로크 초반의 음악 이론가 부어마이스터는 마치 웅변에서 말의 고저나 완급, 장단 등이 호소력을 이끌어 내듯 음악에서 이에 상응하는 효과를 낳는 장치들에 주목하였다. 예를 들어, 가사의 뜻에 맞춰 가락이 올라가거나, 한동안 쉬거나, 음들이 딱딱 끊어지게 연주하는 방식 등이 이에 해당한다. 바로크 후반의 음악 이론가 마테존 역시 수사학 이론을 끌어들여 어느 정도 객관적으로 소통될 수 있는 음 언어에 대해 설명하였다. 또한 기존의 정서론을 음악 구조에까지 확장하며 당시의 음조音調를 특정 정서와 연결하였다. 마테존에 따르면 다장조는 기쁨을, 라단조는 경건하고 웅장함을 유발한다.

윗글을 바탕으로 <보기>를 이해한 내용으로 적절하지 않은 것은?121145

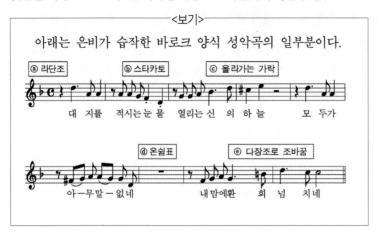

① ⓐ 경건하고 웅장한 분위기 설정을 위한 것이겠군.

② ⓑ 뚝뚝 떨어지는 '눈물'을 묘사한 것이겠군.

③ ⓒ '하늘'이 높다는 의미를 염두에 둔 것이겠군.

④ ⓓ 말의 장단을 음악적으로 표현한 것이겠군.

⑤ ⓔ 기쁨을 표현하고자 한 것이겠군.

이 문제를 푸는 것은 쉽습니다. 1:1 연결만 하면 됩니다. 이해하기 쉽도록 색깔로 표시를 했습니다.

음형론에서는 가사의 의미에 따라 그에 적합한 음형을 표현 수단으로 삼는데, 르네상스 후기 마드리갈이나 바로크 초기 오페라 등에서 그 예를 찾을 수 있다. 바로크 초반의 음악 이론가 부어마이스터는 마치 웅변에서 말의 고저나 완급, 장단 등이 호소력을 이끌어 내듯 음악에서 이에 상응하는 효과를 낳는 장치들에 주목하였다. 예를 들어, 가사의 뜻에 맞춰 가락이 올라가거나, 한동안 쉬거나, 음들이 딱딱 끊어지게 연주하는 방식 등이 이에 해당한다. 바로크 후반의 음악 이론가 마테존 역시 수사학 이론을 끌어들여 어느 정도 객관적으로 소통될 수 있는 음 언어에 대해 설명하였다. 또한 기존의 정서론을 음악 구조에까지 확장하며 당시의 음조音調를 특정 정서와 연결하였다. 마테존에 따르면 다장조는 기쁨을, 라단조는 경건하고 웅장함을 유발한다.

윗글을 바탕으로 <보기>를 이해한 내용으로 적절하지 않은 것은?[121145]

① ⓐ경건하고 웅장한 분위기 설정을 위한 것이겠군.

② ⓑ뚝뚝 떨어지는 '눈물'을 묘사한 것이겠군.

③ ⓒ'하늘'이 높다는 의미를 염두에 둔 것이겠군.

④ ⓓ말의 장단을 음악적으로 표현한 것이겠군.(정답)

⑤ ⓔ기쁨을 표현하고자 한 것이겠군.

ⓓ는 '아무 말 없네'라는 가사의 뜻에 맞춰 한동안 쉬는 것이기 때문에, 즉 '말' 자체가 없는 상황이라서 ④는 적절하지 않습니다. 쉽죠? 그런데 이 문제를 풀 때 필요했던 배경지식이 있습니다. 바로 **'스타카토'**입니다. 스타카토는 원래 음길이보다 1/2 정도로 짧게 끊어서, 한 음 한 음씩 딱딱 끊는 듯이 연주하라는 기호입니다. 음표 위나 아래에 '●'을 찍어 표현합니다. 이 정도 지식이 있어야 이 문제를 1:1연결로 풀 수 있습니다.

[01] 행복을 표현할 때는 빠른 템포와 **스타카토** 주법으로 크게 연주했고, 두려움은 느린 템포와 **스타카토** 주법으로 작게 표현했다. 입법11논리5

067 동기 | motive

동기란 어떤 일이나 행동을 일으키게 하는 계기입니다. 그런데 이 단어가 음악에서 쓰일 때는 뜻이 많이 다릅니다.

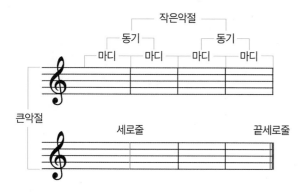

[01] 작곡자들은 어떤 내용이나 감정을 표현하는 대신 **동기**, **악구**, **악절**, **주제**의 발전과 반복 등을 조화롭게 구성하여 작곡함으로써 형식에 의한 음악의 아름다움을 추구하게 된 것이다. ¹²⁰⁶³³⁻³⁶

위 예문에서 '동기'가 무슨 뜻이냐고 물어보면 영 이상하게 읽고 지나간 학생들이 많았습니다. 정확하게 알아두세요(초등학교 음악 교과서에서 배운 내용입니다!). 참고로 악곡의 기초가 되는 가장 작은 단위는 동기(마디 2개)입니다. '악구'는 음악적 주제가 비교적 완성된 2~4마디 정도의 부분을 가리킵니다.

[02] 서로 다른 음들이 묶여 단편적인 멜로디들을 만들고, 전체 멜로디로 이어진 뒤 다시 **악구**로 확장되었다가 긴 악절을 형성한다. ⁰⁹경찰²⁸⁻³¹

[03] 고전 음악이 우리에게 특별하게 들리는 데에는 몇 가지 기술적인 측면도 존재한다. 첫째로, 이는 선율 **악구**의 길이와 관련되어 있다. 상대적으로 긴 선율선이 일반적이었던 바로크 음악과 달리, 고전 음악은 보통 둘에서 네 마디 **악구**로 구성된다. ⁱⁱ법²⁰논리¹³

[04] 서양 음악은 두 마디가 합쳐서 이루어지는 '**동기**'를 기본 단위로 하며 이것을 발전시켜 곡이

시험 빈출 개념어

234

완성된다. 이 '**동기** 발전식' 음악의 원리는 벽돌을 쌓아서 건물을 만드는 것과 같아서 이러한 음악은 일정한 틀을 가지며 얼마만큼의 벽돌을 쌓으면 더 이상 높일 수 없는 것처럼 규모에도 제약을 받는다. 02사관31

박자 time

센박과 여린박이 규칙적으로 되풀이 되는 것을 말합니다.

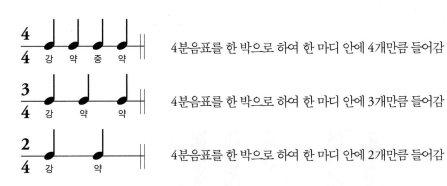

4분음표를 한 박으로 하여 한 마디 안에 4개만큼 들어감

4분음표를 한 박으로 하여 한 마디 안에 3개만큼 들어감

4분음표를 한 박으로 하여 한 마디 안에 2개만큼 들어감

[01] 음길이의 표현인 리듬이 일정한 패턴의 강약을 규칙적으로 반복하면 박자가 형성되며, 이를 표기한 것이 **박자표**이다. 음악의 흐름에는 강과 약의 박이 있다. '강-약', '강-약-약'의 박이 규칙적으로 반복될 때 이것을 묶은 것이 각각 2박자, 3박자이다. 이렇게 규칙적인 박의 묶음을 표시하는 박자의 개념은 새로운 리듬 양상을 보여 주는 14세기에 시작되었다. 101142-45

[02] **리듬**은 음고(음높이) 없이 소리의 장단이나 강약 등이 반복될 때 나타나는 규칙적인 소리의 흐름이다. 170628-33

그런데 1박의 시간적 길이는 도대체 몇 초일까요? 이에 대한 지문이 나온 적 있습니다.

[03] 음악의 빠르기는 특정 음표 하나를 1분에 지정하는 수만큼 연주하라는 것이다. 빠르기가 20

이라면 **1박**은 3초가 소요되고, 30이라면 **1박**은 2초가 된다. 보통 빠르기가 90~110 정도인 서양 음악과 비교하면 가곡은 너무 느리다. 060957-60

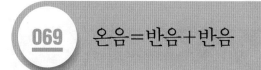

069 온음=반음+반음

피아노를 보면 흰 건반과 검은 건반이 있습니다. 이때 검은 건반은 양옆의 건반과 반음 차이입니다. 예를 들어, '도'와 '레' 사이의 검은 건반은 '도'와도 반음, '레'와도 반음 차이가 납니다. 한편, 반음과 반음을 더하면 온음 차이입니다. '도'와 '레' 사이는 온음 차이입니다. 참고로 #은 반음을 올리고, ♭은 반음을 내립니다. 예를 들어, '도' 옆에 #이 붙어있거나, '레' 옆에 ♭이 붙어있으면 '도'와 '레' 사이의 검은 건반을 가리킵니다.

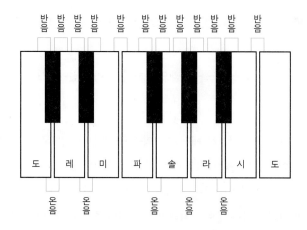

[01]   음계의 낮은 '도'와 높은 '도' 사이는 12단계의 **반음**들로 이루어져 있는데, 12단계의 진동수가 일정한 비율로 증가한다. 040953

음정 音程, interval

음정은 두 음 사이의 음 높이 간격입니다. 음정은 'N도'로 나타내는데, 같은 음과의 간격을 1도, 음이 하나 높아질 때마다 2도, 3도, 4도, 5도, 6도, 7도, 8도가 됩니다.

[01] 서양음악의 기보(악보를 기록함)는 오선지 위에 음표를 기재하는 방식으로 이루어진다. 오선지 상에서 각 음의 이름은 아래와 같으며, 동일한 음 간의 간격을 1도, 바로 인접한 음과의 간격을 2도라 하고 8도 떨어진 음을 '옥타브 위의 음'이라고 한다. **5급11상황11~12**

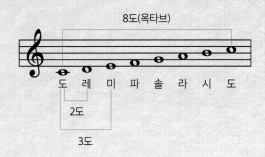

특별히 8도를 **1옥타브**octave라고 하는 것은 기억해야 합니다(octave의 'oct'가 8을 의미합니다. 발 8개인 문어를 octopus라고 하죠). 특히 첫 번째 예문 기억하세요.

[02] 한 **옥타브**만큼 차이 나는 두 음 중 높은 음의 진동수는 낮은 음의 진동수의 <u>두 배</u>가 된다는 것은 이미 알려져 있었다. **070657-60**

[03] 음악에서 수학적인 관계를 처음으로 밝혀낸 학자는 바로 고대 그리스의 수학자 피타고라스이다. "만물은 수數로 이루어져 있다."라고 한 그의 주장을 뒷받침하는 대표적인 분야가 곧 음악이었다. 피타고라스는 하프를 직접 연주하면서 소리를 분석하여,

하프에서 나오는 소리가 가장 듣기 좋게 조화를 이루는 경우에 하프 현의 길이가 간단한 정수비를 나타낸다는 사실을 밝혀냈다. 도와 한 **옥타브** 위의 도'는 2 : 1, 도와 솔의 5도는 3 : 2, 솔과 그 위 도'의 4도는 4 : 3의 비를 이룬다는 것 등이 그것인데, 5도에 기초한 피타고라스 음률이 곧 오늘날 우리가 음정이라 하는 것의 기원이며, 음향학의 출발이기도 하다. [110939-43]

[04]   첼로를 전공하는 윤지는 음향학 시간에 배운 음정의 원리를 C현에 적용하고 있다. 윤지는 도가 소리 나는 이 C현을 12 등분하여, 확장된 비례식 12 : 9 : 8 : 6을 가지고 **옥타브** 안에 존재하는 **5도**, **4도**, **온음** 사이의 복합적인 관계를 다음과 같이 확인하였다. [110942]

단2도	반음
장2도	온음
	반음+반음
단3도	온음+반음
	반음+반음+반음
장3도	온음+온음
	온음+반음+반음
	반음+반음+반음+반음

다음 두 지문은 2017학년도 모의평가와 2011년도 언어이해 시험에 나온 지문인데 내용이 매우 비슷합니다. 근데 내용이 다소 전문적이라 이해하는 게 쉽지 않습니다. 일단 한 번 읽어보고, 여러 번 반복복습하면서 천천히 이해도를 높여가세요. 위의 표는 지문을 읽다 보면 괜히 궁금해질 수 있어서 넣어봤습니다. 몰라도 상관없는 내용입니다.

[05]   두 음이 동시에 울리거나 연이어 울릴 때, 음의 어울림, 즉 **협화도**는 음정에 따라 달라진다. 여기에서 **음정**이란 두 음의 음고 간의 간격을 말하며 높은 음고의 진동수를 낮은 음고의 진동수로 나눈 값으로 표현된다. 가령, '도'와 '미' 사이처럼 장3도 음정은

5/4이고, '도'와 '솔' 사이처럼 완전5도 음정은 3/2이다. 그러므로 장3도는 완전5도보다 좁은 음정이다. 일반적으로 음정을 나타내는 분수를 약분했을 때 분자와 분모에 들어가는 수가 커질수록 협화도는 작아진다고 본다. 가령, 음정이 2/1인 옥타브, 3/2인 완전5도, 5/4인 장3도, 6/5인 단3도의 순서로 협화도가 작아진다. 서로 잘 어울리는 두 음의 음정을 협화 음정이라고 하고 그렇지 않은 음정을 불협화 음정이라고 하는데 16세기의 음악 이론가인 차를리노는 약분된 분수의 분자와 분모가 1, 2, 3, 4, 5, 6으로만 표현되는 음정은 협화 음정, 그 외의 음정은 불협화 음정으로 보았다.[170628-33]

[06] 떨어진 두 음의 거리를 '음정'이라고 한다. 음정의 크기(1~8도)와 성질(완전, 장, 단 등)은 두 음의 어울리는 정도를 결정하는데, 그에 따라 음정은 세 가지, 곧 완전음정(1도, 8도, 5도, 4도), 불완전음정(장3도, 단3도, 장6도, 단6도), 불협화음정(장2도, 단2도, 장7도, 단7도 등)으로 나뉜다. 여기서 '한 음의 중복'인 완전1도가 가장 협화적이며, 완전4도〈도-파〉는 완전5도〈도-솔〉보다 덜 협화적이다. 불완전 음정은 협화음정이기는 하나 완전음정보다는 덜 협화적이다.

(중략)

한편 불완전음정 3도가 완전5도를 분할하는 음정으로 사용되면서 '화음'의 개념이 출현하게 되는데, 이러한 변화는 음의 결합을 두 음에서 세 음으로 확장한 것이다. 예컨대 〈도-미-솔〉을 음정의 개념에서 보면 〈도-솔〉, 〈도-미〉, 〈미-솔〉로 두 음씩 묶은 음정들이 결합된 소리로 판단되지만, 화음의 개념에서는 이 세 음을 묶어 하나의 단위, 곧 3화음으로 본다. 이와 같이 세 음의 구성을 한 단위로 취급하는 3화음에서는 맨 아래 음이 화음의 근음(뿌리음)으로서 중요하며, 그 음으로부터 화음의 이름이 정해진다. 또한 이 근음 위에 쌓는 3도 음정이 **장3도**인지 **단3도**인지에 따라 화음의 성격을 각각 장3화음, 단3화음으로 구별한다. 예를 들면 완전5도〈도-솔〉에 장3도〈도-미〉를 더한 〈도-미-솔〉은 '도 장3화음'이며, 단3도〈도-미♭〉을 더한 〈도-미♭-솔〉은 '도 단3화음'이다. 화성적 음향이 발달해 3화음 위에 3도를 한 번 더 쌓으면 네 개의 음으로 구성된 화음이 생기는데, 이것을 '7화음'이라고 부른다. 예를 들어, 위의 〈도-미-솔〉의 경우 〈도-미-솔-시〉가 7화음이다.[11이해21-23]

070 명암 明暗, light and shade

명암은 [밝음+어두움]입니다.

[01] 화솟값은 0에서 255 사이의 값으로 나타내는데 0일 때 검은색으로 가장 어둡고 255일 때 흰색으로 가장 밝다. 화소들 사이의 **밝기 차이**를 **명암 대비**라 하며 명암 대비가 강할수록 영상은 **선명**하게 보인다. 1511A20-22

[02] 스타이컨은 **명암 대비**가 뚜렷이 드러나도록 촬영하고, 원판을 합성하여 구도를 만들고, 특수한 감광액으로 질감에 변화를 주는 등의 방식으로 사진이 회화와 같은 방식으로 창작되고 표현될 수 있는 예술임을 보여 주고자 하였다. 1609B27-30

[03] 젠틸레스키의 그림에서는 죽음에 저항하는 남자와 목적을 이루려는 두 여인의 동작과 표정이 **명암**과 **색채 대비**를 통해 사실적으로 생생하게 표현되었다. 10이해13-15

[04] **명암**의 **대비**를 통해 화자의 내면을 드러내고 있다. 090928

[05] **명암**의 **대비**를 통해 시상을 전개한다. 110913

어떤 시를 두고 **[05]**처럼 표현한 것인지 직접 살펴 보겠습니다.

> 어둠이 오는 것이 왜 두렵지 않으리
> 불어 닥치는 비바람이 왜 무섭지 않으리
> 잎들 더러 썩고 떨어지는 어둠 속에서
> 가지들 휘고 꺾이는 비바람 속에서
> 보인다 꼭 잡은 너희들 작은 손들이
>
> 손을 타고 흐르는 숨죽인 흐느낌이
> 어둠과 비바람까지도 삭여서
> 더 단단히 뿌리와 몸통을 키운다면
> 너희 왜 모르랴 밝는 날 어깨와 가슴에
> 더 많은 꽃과 열매를 달게 되리라는 걸
>
> 신경림, 「나무를 위하여」

명(밝는 날), 암(어둠)이 대비를 통해 시상이 전개됐습니다. 명과 암은 시각적인 의미에서 확장돼서 [명: 기쁜 일, 행복], [암: 슬픈 일, 불행] 등을 의미하게 됩니다. 특히 '명암이 교차한다'는 기쁘고 행복한 일이 끝나고, 슬프고 불행한 일이 시작될 때 많이 쓰입니다.

[06]   9·11 테러 이후 세계시민사회에는 **명암**이 교차한다. 미국의 일방주의와 비서구사회 근본주의의 갈등은 세계시민사회에 어두운 그림자를 드리우고, 심화되는 지구적 불평등은 세계시민사회의 우울한 이면을 이룬다. ^{견습05논리24}

참고로 미술에서는 밝고 어두운 차이를 통해 입체감을 나타내는 것을 **명암 표현**이라고 합니다.

음영 陰影, shadow, shade

'명암'과 구별해야 할 단어입니다. 일상에서 **음영**은 '그늘' 혹은 '어두운 부분'으로 쓰입니다.

[01]   만일 두 기지국에 한 스마트폰의 전파가 수신되면, 그 스마트폰은 <그림 1>의 음영 영역, 즉 두 기지국의 수신 가능 지역이 중첩되는 지역 내에 위치한다고 할 수 있다. 따라서 하나의 기지국을 사용할 때보다 위치 추정 범위는 상대적으로 줄어든다. ^{14예비A19-21}

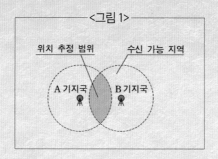

<그림 1>

원래 음영은 [음+영]입니다. 물체가 빛을 받았을 때 반대편의 어두워지는 부분을 **음**陰, 물체의 그림자를 **영**影이라고 합니다. 다음 그림에서 보듯이, 음영이 있으면 입체감이 느껴집니다.

음영 없음

음 영

음영 있음

[02] 중세 이래로, 그림 속의 형태와 공간이 입체감, 깊이, 넓이를 갖고 있는 것처럼 보여주기 위하여, 화가는 살붙임과 **음영**에 의존해 왔다. ^{5급08논리5}

그런데 그늘은 빛이 도달하지 못한 부분이죠? 이 뜻이 확장되어 빛, 소리, 전파 등이 도달하지 못하는 부분도 음영이라고 합니다.

[03] 해수면에서 음파를 보냈을 때 음파가 거의 도달하지 못하는 구역이 형성되는데 이를 **음영대**shadow zone라 한다. ^{14사관A23-26}

참고로 수능을 준비한다면 고전시가에서도 '음영'을 들어봤을 것입니다. 정극인의 「상춘곡賞春油」에 **"소요음영**逍遙吟詠하여 산일山日이 적적한데"라는 문구 때문입니다. 이때 **소요음영**은 (그늘과 아무런 관련이 없고) 천천히 거닐며 나직이 읊조린다는 뜻입니다. 헷갈리지 마세요!

071 원근 遠近, near and far

원근은 멀고遠 가까움近을 뜻합니다. 문맥에 따라 '멀고 가까운', '먼 곳과 가까운 곳' 등으로 해석하면 됩니다.

[01] **원근** 친척 손님들은 어이하여 접대할꼬^{1609A43-45}

[02] 바람 좇은 구름은 **원근**遠近에 쌓여 있고^{05예비19}

[03] 어느덧 구름과 안개가 개어져 원근 산악이 열병식하듯 점잖이들 버티고 서 있는데

정비석,「산정 무한山情無限」

원경distant view vs 근경close-range view

원경은 멀리 보이는 경치, 혹은 먼 곳에서 보는 경치를 뜻합니다. 근경은 가까이서 보이는 경치 혹은 가까운 곳에서 보는 경치를 뜻하고요. 이 단어는 독서, 현대시/고전시가, 희곡/시나리오를 가리지 않고 등장합니다.

[04] **근경**과 **원경**의 대조를 통해 자연의 풍광을 제시하고 있다. [16사관A35]

[05] 어둡게 나타난 **근경**에는 로댕이 〈생각하는 사람〉과 서로 마주 보며 비슷한 자세로 앉아 있고, 반면 환하게 보이는 **원경**에는 〈빅토르 위고〉가 이들을 내려다보는 모습으로 배치되어 있다. [1609A27-30]

문학에서는 화자/카메라의 시선이 어떻게 이동하느냐에 대해 묻는 경우가 많습니다. [06] 예문과 연결이 됩니다.

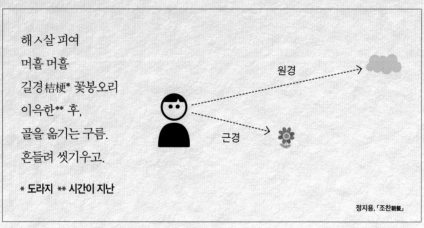

해ㅅ살 피여
머흘 머흘
길경桔梗* 꽃봉오리
이윽한** 후,
골을 옮기는 구름.
흔들려 씻기우고.

* 도라지 ** 시간이 지난

정지용, 「조찬朝餐」

[06] 2연에서 3연으로 전개되면서 화자의 시선이 원경에서 근경으로 이동하고 있다. [1511A31]

어렵지 않죠? 가깝다, 멀다는 상대적 개념이라 하나를 기준으로 잡고 다른 것을 비교하면 쉽게 풀 수 있습니다.

[07] 화자의 시선이 **원경**에서 **근경**으로 옮아가고 있다. ⁰⁴¹¹⁵⁶

[08] '화룡소'에서는 화자의 시선이 **원경**에서 **근경**으로 이동하며 대상의 특징을 묘사하고 있다. ²¹⁰⁶³⁸

[09] [A]는 **근경**에서 **원경**으로, [C]는 **원경**에서 **근경**으로 봄을 묘사하고 있다. ²⁰¹¹

[10] (가)에서는 **근경**에서 **원경**으로, (다)에서는 **원경**에서 **근경**으로 시선이 이동하고 있다. ^{1606A31}

[11] #2에서#3으로 전환하는 과정에서 화면은 **근경**에서 **원경**으로 바뀌어야 한다. ^{08추론8}

[12] **근경**에서 **원경**으로 시선을 확대해 가면서 심리의 변화를 보여 주고 있다. ^{1406A38}

[13] **근경**에서 **원경**으로 시선을 이동하면서 대상을 포착하고 있다. ^{1509A31}

[14] [B]는 근경에서 원경으로 시선을 이동하여 인간과 자연의 차이점을 강조하고 있다. ²⁴⁰⁶²²⁻²⁶

원경, 근경 같은 한자어를 쓰지 않고 '먼 곳', '가까운 곳'이라고 표현한 적도 있었습니다.

[15] **먼 곳**에서 **가까운 곳**으로 화자의 시선이 이동하고 있다. ⁰⁶¹¹¹⁵

[16] 화자의 시선이 **가까운 곳**에서 먼 곳으로 이동하고 있다. ⁰⁷¹¹²⁹

[17] 점층적인 구성이 되도록 화자의 시선을 **먼 곳**에서 **가까운 곳**으로 이동시킨다. ⁰⁷⁰⁶¹⁷

[18] **먼 곳**에서 **가까운 곳**으로 시선을 이동시켜 대상을 초점화하고 있다. ^{13경찰22}

시험장에서 긴장하면 원경이 먼 곳인지 가까운 곳이 헷갈릴 수도 있습니다. 발음의 유사성을 이용해서 기억하면 안 헷갈립니다. [먼 곳+원경 = 뭔경], [가까운 곳+근경 = 근까운 곳]. 소리내어 발음 몇 번만 해보면 입체 착 달라붙을 겁니다!

원근법 perspective

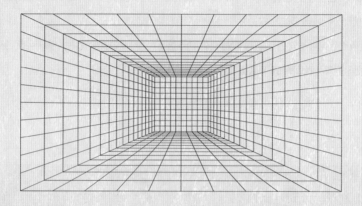

미술 용어인데 시험에 곧잘 나옵니다. 2차원 평면 위에 3차원 물체를 갖다 놓은 것처럼, 멀고 가까움을 느낄 수 있게 표현한 것입니다. 옆의 그림을 보면 중앙으로 갈수록 먼 것처럼 느껴지죠? **투시법**透視法도 같은 의미로 쓰입니다. 원근법을 고려한 그림에서는 **원근감**(멀고 가까운 거리에 대한 느낌)을 느낄 수 있습니다.

[19] 르네상스 시대의 화가들은 **원근법**을 사용하여 '세상을 향한 창'과 같은 **사실적**인 그림을 그렸다. 110623-27

[20] **원근법**이 등장하여 대상의 **사실적** 재현에 성큼 다가서면서 회화의 관심은 복제의 욕망 쪽으로 기울으게 되었다. 2009_9

[21] 대상을 왜곡하여 표현하면서도 **원근법**을 통해 장면에 **입체감**을 부여한 것은 조형적인 아름다움을 드러내려는 콜비츠의 의도가 구현된 것이겠군. 14사관B28

[22] 들판에 만발한 꽃을 보면 앞쪽은 꽃이 크고 뒤로 가면서 서서히 꽃이 작아지는 것으로 보이는데 이러한 시각적 단서가 쉽게 **원근감**을 일으킨다. 1406B28-29

[23] 물체의 **원근감**과 **입체감**은 관찰 시점을 기준으로 구현한다. 211134

072 기능주의

다양한 학문에서 '기능주의'라는 말을 각자의 방식으로 사용합니다. 공통적인 핵심 의미는 결국 '기능'입니다. 어떤 대상을 내적인 특성이 아니라, 수행하는 역할이나 기능을 중심으로 보겠다는 관점입니다. 그리고 이때 기능은 '함수function'로 정의되곤 합니다. 함수 $y=f(x)$는 입력 x와 출력 y의 대응 관계를 나타내죠? 또한 고1 수학시간에 **함수의 상등**이라고 하여 정의역(입력값)과 치역(출력값)이 같으면 (비록 함수식은 달라도) 같은 함수라고 배웠습니다. 예를 들어, $X=-1, 0, 1, Y=-1, 0, 1$일 때, X에서 Y로의 두 함수 $f(x)=x2$, $g(x)=|x|$는 입력값과 출력값 쌍이 항상 일치하므로, 두 함수는 같은 함수입니다.

[01] 심리 철학에서 동일론은 의식이 뇌의 물질적 상태와 동일하다고 본다. 이와 달리 **기능주의**는 의식은 기능이며, 서로 다른 물질에서 같은 기능이 구현될 수 있다고 주장한다. 이때 **기능**이란 어떤 입력이 주어졌을 때 특정한 출력을 내놓는 함수적 역할로 정의되며, 함수적 역할의 일치는 입력과 출력의 쌍이 일치함을 의미한다. 실리콘 칩으로 구성된 로봇이 찔림이라는 입력에 대해 고통을 출력으로 내놓는 기능을 가진다면, 로봇과 우리는 같은 의식을 가진다는 것

이다. 이처럼 기능주의는 의식을 구현하는 물질이 무엇인지는 중요하지 않다고 본다. ²⁴⁰⁶¹²⁻¹⁷

[02] 이해나 감정 등을 비롯한 인간의 모든 정신 현상이 일종의 입력된 정보에 대한 <u>계산적 처리</u> <u>과정</u>이라고 주장하는 계산**기능주의**자들의 주장이 옳다면 , 인간의 모든 정신 현상은 기계적 <u>으로 실현될 수 있다.</u> ^{외무04논리3}

[03] 우리가 '통증'이라고 부르는 심리 상태는 신체를 손상하는 자극에 의해 발생하며, 공포나 분노 같은 다른 내적 상태를 낳기도 하고, 우리의 믿음이나 감정들과 결합하여 특정한 행동 반응을 산출하기도 한다. 그런데 인간과 물리적 조성이 전혀 다른 외계인이나 로봇도 인간과 기능적으로 동일한 심리 상태를 가질 수 있다. 환경의 여러 입력들에 대하여 그들이 인간과 동일하게 감응하고, 인간과 동일하게 분류될 수 있는 내적 상태들을 가지며, 입력 자극에 대하여 인간과 동일한 방식으로 반응하면서, '환경적 입력들—내적 상태들—출력 반응들'의 연결도 인간과 동일하게 가질 수 있다. 이러한 외계인을 만난다면 우리는 그들도 인간과 같은 심리 상태를 갖는다고 믿게 될 것이다. 심리 상태를, 그것을 실현하는 물리적 기반이 아니라 그 <u>상태가 체계의 '환경적 입력들—내적 상태들—출력 반응들'에서 하는 역할로 정의하는 관점</u> <u>을 '심리적 **기능주의**'라고 부른다.</u> ^{예비11추론(약)24}

[04] 철학자들은 인공지능이 인간과 똑같은 인지적 과제를 수행했다고 하더라도 그것은 의미를 이해하지 못하기 때문에 진정한 지능이 아니라고 주장했다. 인공 감정에 대해서도 마찬가지로, 감정을 입력 자극에 대한 적절한 출력을 내놓는 행동들의 패턴이 아니라 내적인 감정 경험으로 이해한다면 인공 감정이 곧 인간의 감정이라고 말할 수 없다. 인간만 보더라도 행동의 동등성은 심성 상태의 동등성을 함축하지 않기 때문에, 동일한 행동을 하는 두 사람이 서로 다른 감정을 느낄 수 있고 그 역도 가능하다. 로봇의 경우에는 행동의 동등성이 곧 심성 상태의 존재성조차도 함축하지 않는다. ^{22이해25~27}

<mark>이 글은 기능주의에 반대하는 관점입니다.</mark>

073 심신 문제

몸과 마음의 관계는 철학자와 과학자들이 오랫동안 논의해온 중요한 주제입니다. 그래서 시험에 여러 번 출제되었는데, 관련 주제를 쭉 살펴보겠습니다. 배경지식으로 알아두세요. 반드시 시험에 또 나올 겁니다.

[01] 심신 이원론과 심신 일원론

정신적 사건과 물질적 사건은 구분된다고 생각하는 것이 우리의 상식이다. 이러한 상식에 따르면 인간의 정신적 사건과 육체적 사건도 구분되는 것으로 보게 된다. 하지만 정신적 사건과 육체적 사건이 서로 긴밀히 연결되어 있다고 보는 것 또한 우리의 상식이다. 위가 텅 비어 있으면 정신적인 고통을 느끼는 현상, 두려움을 느끼면 가슴이 더 빨리 뛰는 현상 등이 그런 예이다. 문제는 정신적 사건과 육체적 사건의 이질성과 관련성이라는 두 가지 상식을 조화시키기가 쉽지 않다는 것이다. 정신적 사건과 육체적 사건이 서로 다른 종류의 것이라고 주장하는 이론, 곧 **심신 이원론**은 그 두 종류의 사건이 관련되어 있음을 설명하기 위해 다양한 방법을 시도한다.

먼저 정신적 사건과 육체적 사건이 서로에게 인과적으로 영향을 주고받는다는 **상호 작용론**이 있다. 이는 위가 텅 비었다는 육체적 사건이 원인이 되어 고통을 느낀다는 정신적 사건 이 결과로 일어나고, 두려움이라는 정신적 사건이 원인이 되어 가슴이 더 빨리 뛰는 육체적 사건이 결과로 일어난다고 설명 한다. 그러나 서양 근세 철학의 관점에서 보면 공간을 차지하고 있지 않은 정신이 어떻게 공간을 차지하고 있는 육체에 영향을 미칠 수 있느냐 하는 문제가 생긴다.

이에 비해 **평행론**은 정신적 사건과 육체적 사건 사이에는 어떤 인과 관계도 성립하지 않으며, 정신적 사건은 정신적 사건대로 육체적 사건은 육체적 사건대로 인과 관계가 성립한다고 주장하는 이원론이다. 이 이론에 따르면 정신적 사건과 육체적 사건이 상호 작용하는 것처럼 보이는 것은 어떤 정신적 사건이 일어날 때 거기에 해당하는 육체적 사건도 평행하게 항상 일어나기 때문이다. 물질로 이루어진 세계의 모든 사건은 다른 물질적 사건이 원인이 되어 일어난다는 생각, 즉 물질적 사건의 원인을 설명하기 위해서 물질세계 밖으로 나갈 필요가 없다는 생각은 근대 과학의 기본 전제이다. 평행론은 이 전제와 충돌하지 않는다는 장점이 있다. 그러나 서로 다른 종류의 사건들이 동시에 일어난다는 사실은 이해하기 힘들다.

부수 현상론은 모든 정신적 사건은 육체적 사건에 의해서 일어나지만 그 역은 성립하지 않는다고 주장하여 두 가지 상식 사이의 조화를 설명하려는 이원론이다. 이에 따르면 육체적 사건은 정신적 사건을 일으키고 또 다른 육체적 사건의 원인도 된다. 하지만 정신적 사건은 육체적 사건에 동반되는 부수 현상일 뿐, 정신적 사건이든 육체적 사건이든 어떠한 사건 에도 아무런 영향을 미치지 못한다. 그러나 정신적 사건이 아무일도 못하면서 따라 나올 뿐이라는 주장은, 아무 일도 하지 못한다면 도대체 정신적 사건이 왜 존재해야 하는가 하는 의문을 불러일으킨다.

정신적 사건과 육체적 사건을 구분하면서 그 둘이 관련 있음을 설명하려는 이론들은 모두 각자의 문제점에 봉착한다. 그래서 정신적 사건과 육체적 사건은 별개의 사건이 아니라 두 사건이 문자 그대로 동일한 사건이라는 동일론, 곧 **심신 일원론**이 제기된다. 과학의 발달로 그동안 정신적 사건이라고 알려 졌던 것이 사실은 육체적 사건에 불과하다는 것이 밝혀짐에 따라, 인과 관계는 오로지 물질적 사건들 사이에서만 존재한다고 보게 된 것이다. 1411B19-21

[02] 데카르트의 관점

<보기>

서양 근세의 철학자 **데카르트**는 물질과 정신을 구분하여, **물질**은 공간을 차지한다는 특징을 갖는 반면 정신은 사유라는 특징을 갖는다고 보았다. 물질의 기계적 운동을 옹호했던 그는 정신이 깃든 곳은 물질의 하나인 두뇌이지만 정신과 물질은 서로 독립적이라고 주장하였다. 그러나 정신과 물질이 영향을 주고받음을 설명할 수 없다는 비판을 받았다. 190620

[03] 아리스토텔레스의 관점

로빈슨은 '상응하는 신체기관을 가지지 않는다고 알려진 능동적 지성'에 주목하여 아리스토텔레스가 신체로부터 독립되어 존재할 수 있는 비물질적인 지성을 인정한다고 주장한다. 아리스토텔레스 이전에 이러한 이론의 대표자는 오르페우스교와 피타고라스 학파의 이론을 수용한 플라톤이다. 근대에 들어와 데카르트가 이 같은 이론을 재조명해 많은 영향을 미쳤다. 이 이론은 영혼(정신, 마음 또는 지성)과 신체는 같은 속성들을 전혀 공유하지 않는 두 개의 실체들이며, 따라서 신체로부터 독립되어 정신만이 존재하는 것이 논리적으로 가능하다고 보는 입장이다. 로빈슨은 아리스토텔레스가 '능동적 지성'이 신체로부터 단지 논리적으로 분리 가능한 것이 아니라 실제로 분리 가능한 것으로 본다고 여긴다.

아리스토텔레스의 **심신론**에 대해 다른 입장도 존재한다. 코드는 아리스토텔레스의 심신론은 몸과 마음을 이원론적으로 분리하는 것이 아니라고 지적한다. 살아 있는 생물 자체는 자연적 또는 본질적으로 심신의 유기체인 것이다. 코드에 따르면 물질적 신체와 비물질적 영혼을 구분하는 것은 데카르트 이후의 근대적인 구분법이며, 아리스토텔레스는 그러한 구분을 생각조차 할 수 없었다는 것이다. 또한 그는 환원 개념도 아리스토텔레스에게는 적용될 수 없다고 주장한다. 왜냐하면 **환원**이라는 개념은, 예를 들어 생명이 없는 물질을 인정할 때 사용될 수 있는 개념인 반면에, 아리스토텔레스가 물질에 대해 논의할 때에는 물질 자체는 생명이 있는 물질이기 때문이다. 5급10논리26

[04] 뒤집힌 감각질

심신 문제는 정신과 물질의 관계에 대해 묻는 오래된 철학적 문제이다. 정신 상태와 물질 상태는 별개의 것이라고 주장하는 **이원론**이 오랫동안 널리 받아들여졌으나, 신경과학이 발달한 현대에는 그 둘은 동일하다는 동일론이 더 많은 지지를 받고 있다. 그러나 똑같은 정신 상태라고 하더라도 사람마다 그 물질 상태가 다를 수 있고, 인간과 정신 상태는 같지만 물질 상태는 다른 로봇이 등장한다면 동일론에서는 그것을 설명할 수 없다는 문제가 생긴다. 그래서 어떤 입력이 들어올 때 어떤 출력을 내보낸다는 기능적·인과적 역할로써 정신을 정의하는 **기능론**이 각광을 받게 되었다. 기능론에서는 정신이 물질에 의해 구현되므로 그 둘이 별개의 것은 아니라고 주장한다는 점에서 **이원론**과 다르면서도, 정신의 인과적 역할이 뇌의 신경 세포에서든 로봇의 실리콘 칩에서든 어떤 물질에서도 구현될 수 있음을 보여 준다는 점에서 **동일론**의 문제점을 해결할 수 있기 때문이다.

그래도 정신 상태에는 물질 상태와 다른 무엇인가가 있다고 생각하는 이원론에서는 '나'가 어떤 주관적인 경험을 할 때 다른 사람에게 그 경험을 보여줄 수는 없지만 나는 분명히 경험하는 그 느낌에 주목한다. 잘 익은 토마토를 봤을 때의 빨간색의 느낌, 시디신 자두를 먹었을 때의 신 느낌, 꼬집힐 때의 아픈 느낌이 그런 예이다. 이런 질적이고 주관적인 감각 경험, 곧 현상적인 감각 경험을 철학자들은 '**감각질**'이라고 부른다. 이 감각질이 뒤집혔다고 가정하는 사고 실험을 통해 기능론에 대한 비판이 제기된다. 나에게 빨강으로 보이는 것이 어떤 사람에게는 초록으로 보이고 나에게 초록으로 보이는 것이 그에게는 빨강으로 보인다는 사고 실험이 그것이다. 다만 각자에게 느껴지는 감각질이 뒤집혀 있을 뿐이고 경험을 할 때 겉으로 드러난 행동과 하는 말은 똑같다. 예컨대 그 사람은 신호등이 있는 건널목에서 똑같이 초록 불일 때 건너고 빨간 불일 때는 멈추며, 초록 불을 보고 똑같이 "초록 불이네."라고 말한다. 그러나 그는 자신의 감각질이 뒤집혀 있는지 전혀 모른다. 감각질은 순전히 사적이며 다른 사람의 감각질과 같은지를 확인할 수 있는 방법이 없기 때문이다. 그렇다면 나와 어떤 사람의 정신 상태는 현상적으로 다르지만 기능적으로는 같으므로, 현상적 감각 경험은 배제하고 기능적·인과적 역할만으로 정신 상태를 설명하는 기능론은 잘못된 이론이라는 논박이 가능하다.

뒤집힌 **감각질 사고 실험에 의한 기능론 논박**이 성공하려면 감각질이 뒤집힌 사람이 그렇지 않은 사람과 색 경험이 현상적으로는 다르지만 기능적으로 다르지 않다는 조건이 성립해야 한다. 두 경험이 기능적으로 다르지 않다면 두 사람의 색 경험 공간이 대칭적이어야 한다. 다시 말해서 색들이 가지는 관계들의 구조는 동일한 패턴을 가져야 하는 것이다. 예를 들어 나의 빨간색 경험과 노란색 경험 사이의 관계를 보여 주는 특성들이 다른 사람의 빨간색 경험(사실은 초록색 경험)과 노란색 경험 사이의 관계를 보여 주는 특성들과 동일해야 한다. 그래야 두 사람이 현상적으로 다른 경험을 하더라도 기능적으로 동일하기에 감각질이 뒤집혔다는 것이 탐지 불가능하다. 그러나 색을 경험한다는 것은 색 외적인 속성들, 예컨대 따뜻함과 생동감 따위와도 복잡하게 관련되어 있는데, 그것 때문에 색 경험 공간이 비대칭적이게 된다. 빨강-초록의 감각질이 뒤집힌 사람은 익지 않은 초록색 토마토가 빨간색으로 보일 것인데, 이 경우 그가 초록이 가지는 생동감 대신 빨강이 가지는 따뜻함을 지각할 것이기 때문에 감각질이 뒤집히지 않은 사람과 다른 행동을 보일 것이다.

뒤집힌 감각질 사고 실험은 색 경험 공간이 대칭적이어야 성공하지만, 앞에서 제시한 문제점을 안고 있어서 비판을 받기도 한다. 그런 까닭에 이 사고 실험에 의한 기능론 논박은 성공하지 못한다고 평가할 수 있다. [19이해19-21]

철학적 좀비

공포영화에 자주 등장하는 좀비는 철학에서도 자주 논의된다. 철학적 논의에서 좀비는 '의식을 갖지는 않지만 겉으로 드러나는 행동에서는 인간과 구별되지 않는 존재'로 정의된다. 이를 '철학적 좀비'라고 하자. 인간은 고통을 느끼지만, 철학적 좀비는 고통을 느끼지 못한다. 즉 고통에 대한 의식을 가질 수 없는 존재라는 것이다. 그러나 철학적 좀비도 압정을 밟으면 인간과 마찬가지로 비명을 지르며 상처 부위를 부여잡을 것이다. 즉 행동 성향에서는 인간과 차이가 없다. 그렇기 때문에 겉으로 드러나는 모습만으로는 철학적 좀비와 인간을 구별할 수 없다. 그러나 인간과 철학적 좀비는 동일한 존재가 아니다. 인간이 철학적 좀비와 동일한 존재라면, 인간도 고통을 느끼지 못하는 존재여야 한다.

물론 철학적 좀비는 상상의 산물이다. 그러나 우리가 철학적 좀비를 모순 없이 상상할 수 있다는 사실은 마음에 관한 이론인 행동주의에 문제가 있다는 점을 보여준다. **행동주의**는 마음을 행동 성향과 동일시하는 입장이다. 이에 따르면, 마음은 특정 자극에 따라 이러저러한 행동을 하려는 성향이다. 행동주의가 옳다면, 인간이 철학적 좀비와 동일한 존재라는 점을 인정할 수밖에 없다. 그러나 인간과 달리 철학적 좀비는 마음이 없어서 어떤 의식도 가질 수 없는 존재다. 따라서 **행동주의**는 옳지 않다. 7급19논리8

[06] **물리주의(1)**

이원론자들이 말하는 것처럼 육체와 영혼이 분리되면 영혼은 더 이상 육체에 명령을 내릴 수 없다. 그러면 육체는 활기를 띠지 못한다. 이런 방식으로 우리는 살아있는 육체와 시체의 차이를 설명할 수 있다. 그 차이는 영혼과 육체의 연결 여부다. 이는 충분히 납득할 만한 설명이다. 이원론자들은 물리주의자들이 이런 차이점을 제대로 설명하지 못한다고 주장한다. 부패가 시작되기 전이라면 시체도 살아있는 육체와 마찬가지로 모든 물리적 요소들을 그대로 보존하고 있다. 그렇기 때문에 여러분과 나의 살아있는 육체가 생기를 띠는 이유를 설명하기 위해서 우리는 초월적인 영혼의 존재를 인정할 수밖에 없다는 얘기다.

그러나 물리주의자의 관점에서 이런 결론은 너무 성급하다. 인간이라고 말하기 위해서는 육체가 기능을 수행할 수 있어야 한다고 물리주의자들은 주장한다. 좀 더 일반적으로 이야기를 하자면, 육체가 살아있다고 말하기 위해서는 특정한 기능들을 수행할 수 있어야 한다. 그저 육체만 있다고 해서 끝나는 게 아니라, 제대로 기능을 해야 한다. 부패가 전혀 진행되지 않았다고 하더라도, 그래서 모든 물리적인 요소들이 그대로 보존돼 있다고 하더라도, 시체는 그런 기능을 하지 못한다. 물리주의자들의 관점에서 볼 때 육체가 제대로 기능을 수행하지 못한다는 말은 육체를 이루는 각각의 요소들이 고장을 일으켰다는 뜻이다.

내 오디오 기억나는가? 오디오가 바닥에 내동댕이쳐졌다. 고장이 나서 작동하지 않는다. 더 이상 음악을 들을 수 없다. 그래도 CD, 배터리, 드라이브, 버튼, 전선 등 오디오를 구성하는 모든 부품들은 그 자리에 그대로 있다. 그래도 작동하지 않는다. 아마 전선 하나가 끊어졌거나 전원 버튼이 망가졌을 것이다. 회로 전체의 연결이 끊어져버린 것이다. 배터리로부터 전선을 거쳐 CD 드라이브로 흘러가는 전기적 흐름이 끊어졌다. 물론 세부적인 사항을 알지는 못하지만, 오디오라고 하는 물리적인 존재가 망가졌다는 사실에는 아무런 미스터리가 없다. 전체 회로가 연결돼 제대로 기능을 하고 있어야 우리는 그 작동 원리를 다양한 방식으로 설명할 수 있다.

물리주의자들은 육체에 대해서도 비슷하게 설명한다. 여기서도 우리는 물질적인 요소들을 그대로 보존하고 있다는 것만으로는 충분하지 않다는 점에 주목해야 한다. 각 요소들 모두 조화롭게 움직여야 하며, 그렇지 못하면 육체는 제대로 기능하지 못한다. 시체의 각 부분들은 이제 더 이상 조직적으로 움직이지 못하기 때문에 활기를 띠지 못한다. 비록 세부적인 지식까지 알지 못한다고 하더라도, 이런 특성을 물리적 차원에서 모두 설명할 수 있다고 생각한다. 즉, 여기서는 굳이 비물질적인 영혼을 끌어들일 필요가 없다.

물론 이원론자는 그들의 주장을 좀 더 정교하게 만들고자 한다. 그들은 또한 육체가 그저 움직일 뿐만이 아니라 '합목적적合目的(목적에 맞도록)'으로 움직인다는, 보다 특별한 특성을 설명하기 위해서는 영혼의 존재를 인정할 수밖에 없다고 주장한다. 육체라고 하는 인형을 조종하기 위해서는 '줄을 잡아당기는 존재'가 필요하다는 것이다. 그래서 영혼을 받아들일 수밖에 없다고 이원론자들은 설명한다. 입법17논리28

인간의 마음을 연구하는 많은 학자들은 정신적인 현상이 물리적인 현상에 다름 아니다라는 **물리주의**의 입장을 받아들인다. 물리주의는 다음과 같은 원리들을 받아들일 때 자연스럽게 따라 나온다고 생각된다. 첫 번째 원리는 모든 정신적인 현상은 물리적 결과를 야기한다는 원리이다. 이는 지극히 상식적이며 우리 자신에 대한 이해의 근간을 이루는 생각이다. 가령 내가 고통을 느끼는 정신적인 현상은 내가 "아야!"라고 외치는 물리적 사건을 야기한다. 두 번째 원리는 만약 어떤 물리적 사건이 원인을 갖는다면 그것은 반드시 물리적인 원인을 갖는다는 원리이다. 다시 말해 물리적인 현상을 설명하기 위해서 물리 세계 밖으로 나갈 필요가 없다는 것이다. 세 번째 원리는 한 가지 현상에 대한 두 가지 다른 원인이 있을 수 없다는 원리이다.

이제 이 세 가지 원리가 어떻게 물리주의를 지지하는지 다음과 같은 예를 통해서 살펴보자. 내가 TV 뉴스를 봐야겠다고 생각 한다고 하자. 첫 번째 원리에 의해 이는 물리적인 결과를 갖는다. 가령 나는 TV 리모컨을 들고 전원 버튼을 누를 것이다. 이 물리적 결과는 원인을 가지고 있으므로, 두 번째 원리에 의해 이에 대한 물리적 원인 또한 있다는 것이 따라 나온다. 결국 내가 리모컨 버튼을 누른 데에는 정신적 원인과 물리적 원인이 모두 있게 되는 것이다. 정신적 원인과 물리적 원인이 서로 다른 것이라면, 세 번째 원리에 의해 이는 불가능한 상황이 된다. 따라서 정신적인 원인은 물리적인 원인에 다름 아니다라는 결론이 따라 나온다. 20추리22

'**심신 동일론**'은 심리 상태가 두뇌 또는 중추 신경계의 어떤 물리적 상태와 동일하다는 주장이다. 번개가 대기의 전기 방전이고, 온도가 입자의 운동 에너지인 것처럼, 우리가 여태껏 심리 상태라고 불러 온 것들은 실상은 두뇌 상태들이라는 것이다. 심리 상태의 여러 유형들과 두뇌 상태의 유형들 간의 상관관계는 신경생리학이 발달함에 따라 속속 드러나고 있는데, 이러한 상관관계는 두 유형 사이의 동일성에 의해 가장 잘 설명된다.

동일론자들이 말하는 심신 간의 동일성에는 주의할 점이 있다. 첫째, 그 동일성은 동일한 종류를 말하는 것이 아니라 ㉠**수적**數的 **동일성**을 뜻한다. 예를 들어 "나는 네가 어제 산 시계와 똑같은 시계를 방금 샀어."라고 말할 때의 동일성이 아니라, "그 시계는 내가 어제 잃어버린 바로 그 시계야."라고 말할 때의 동일성이다. 둘째, 이 동일성은 개념적이고 선험적인 동일성이 아니라 ㉡**경험적인 동일성**이다. '총각은 결혼 안 한 남자'는 개념적이고 선험적인 동일성이지만, '물은 H_2O'라는 동일성은 경험적 연구를 통해 발견된 것이다. 예컨대, '통증은 두뇌 상태 S'라는 동일성은 '통증'이나 '두뇌 상태 S'의 개념적 분석이 아니라 신경 생리학의 연구를 통해 얻은 경험적 진리이다.

수적 동일성은 "두 대상이 모든 속성을 공유할 경우 그리고 오직 그때에만 그 두 대상은 동일하다."라는 ㉢**라이프니츠 법칙**에 지배된다. 통증이 두뇌 상태 S와 동일한 상태라면 이 두 상태는 모든 속성을 공유해야 한다. 어떤 철학자들은 공간적 속성을 들어 동일론을 반박하려 하였다. 모든 두뇌 상태는 물리적 상태이므로 특정한 공간적 위치를 갖지만, 많은 심리 상태들은 위치를 말하기 어렵다는 것이다. 그러므로 통증과 두뇌 상태 S를 동일시하는 것은 5가 초록색이라고 말하는 것처럼 일종의 ㉣**범주 착오**라는 것이다. 수는 색깔을 부여할 수 있는 범주가 아니기 때문이다. 그러나 빛이 주파수를 갖는다고 말하는 것도 예전에는 터무니없는 말로 들렸으리라는 것을 생각해 보라. 동일론이 경험적 증거를 축적해 가고 신경 과학의 용어들이 일상화되어 가면서 심리 상태에 두뇌 상태를 연결하는 진술들의 의미론적 기이함은 점점 줄어들고 있다.

"내가 두뇌 상태 S에 있다는 것은 알지 못하면서도 내가 통증을 느끼고 있다는 것은 알 수 있으므로 통증은 두뇌 상태 S와 동일할 수 없다."라는 반론도 라이프니츠 법칙에 호소하고 있다. 그러나 이 논증은 이른바 ㉤**내포적 오류**를 범하는 것이다. "내가 두뇌 상태 S에 있다는 것은 알지 못하면서도 내가 통증을 느끼고 있다는 것은 알 수 있다."라는 전제로부터 도출되는 결론은 두 개의 개념이 같지 않다는 것뿐이다. 이러한 경우가 동일론을 반박한다면 온도의 개념을 알지만 운동 에너지가 무엇인지는 모를 수 있다는 것이 온도가 입자의 운동 에너지라는 물리학의 동일성을 반박하는 셈이 될 것이다.

데카르트 이래 제기되었던 동일론에 대한 많은 반론들은 답변이 가능하거나, 적어도 결정적인 반박이 되지는 못하였다. 그러나 퍼트넘이 제기한 다수 실현 논변은 동일론에 대하여 결정적인 반박을 제시한 것으로 인정된다. 동일론이 옳다면 "통증은 두뇌 상태 S이다."라는 진술은 법칙적 일반성을 갖는 진술일 것이다. 그렇다면 두뇌 상태 S를 갖지 않는 생물체는 통증을 가질 수 없어야 한다. 그러나 중추 신경계가 인간과는 매우 다른 연체동물도 통증을 가지는 것으로 보인다. 또 감각과 지능은 인간과 비슷한데 신경 계통은 실리콘 기반인 외계인도 법칙적으로 불가능하지 않다. 우리가 '통증'이라고 부르는 심리 상태는 신체를 손상하는 자극에 의해 발생하며, 공포나 분노 같은 다른 내적 상태를 낳기도 하고, 우리의 믿음이나 감정들과 결합하여 특정한 행동 반응을 산출하기도 한다. 그런데 인간과 물리적 조성이 전혀 다른 외계인이나 로봇도 인간과 기능적으로 동일한 심리 상태를 가질 수 있다. 환경의 여러 입력들에 대하여 그들이 인간과 동일하게 감응하고, 인간과 동일하게 분류될 수 있는 내적 상태들을 가지며, 입력 자극에 대하여 인간과 동일한 방식으로 반응하면서, '환경적 입력들—내적 상태들—출력 반응들'의 연결도 인간과 동일하게 가질 수 있다. 이러한 외계인을 만난다면 우리는 그들도 인간과 같은 심리 상태를 갖는다고 믿게 될 것이다. 심리 상태를, 그것을 실현하는 물리적 기반이 아니라 그 상태가 체계의 '환경적 입력들—내적 상태들—출력 반응들'에서 하는 역할로 정의하는 관점을 '심리적 기능주의'라고 부른다. 심리 상태의 물리적 기반을 강조하는 동일론자들은 심리적 개념에 상응하는 신경적 기반이 종種에 따라 다르다고 말함으로써 이런 주장에 대응한다. 온도가 물체를 구성하는 분자 운동의 에너지이기는 하지만, 이것은 엄밀히 말하면 기체에서만 성립하고 고체나 플라스마에서는 다른 방식으로 나타난다. 그래도 기체에서의 온도가 그 기체에서의 평균 분자 운동 에너지와 동일하지 않은 것은 아니다. 마찬가지로 '인간에서의 고통'은 두뇌 상태 S이고, '외계인에서의 고통'은 전적으로 다른 어떤 것이다. 이것은 처음 기대했던 것보다는 범위가 축소된 동일성이기는 하지만 심리 상태가 결국 물리적 상태와 동일하다는 애초의 주장이 완전히 무너지는 것은 아니다. 예비11추론(약)26

[09] 뇌와 의식

인간의 의식을 이해하려면 인간이 세계 속에서 세계에 반응하며 삶을 영위하는 방식을 살펴보아야 한다. 의식을 이해하려면 이처럼 뇌보다 더 큰 체계의 수준에서 고찰할 필요가 있다. 의식은 뇌 안에서 생성되는 것이 아니라, 우리가 주변의 세계와 역동적으로 상호작용하는 동안 만들어진다. 즉 의식은 뇌와 몸과 외부 세계의 상호작용을 요구한다. 의식은 그렇게 환경의 맥락 안에 있는 동물의 활동으로 이루어진 산물이다.

의식의 주체는 뇌가 아니다. 달리 말하자면, 당신은 당신의 뇌가 아니다. 뇌는 당신의 일부에 지나지 않는다. 물론 뇌가 필요하다는 것, 뇌의 특성이 의식의 면면에 영향을 미친다는 것은 부인할 수 없다. 그러나 의식이 있으려면 뇌만으로는 안 된다.

만일 의식이 뇌 안에서 생겨나는 것이라면, 실험용 접시나 플라스틱 통 속에 의식을 가진 뇌를 담는 일이 최소한 원리적으로 가능해야 한다. 그러나 그것은 터무니없는 생각이다. 만약 통에 담긴 뇌가 의식을 가지고 있다면, 최소한 그 통은 뇌에 대사활동에 필요한 영양을 공급하는 장치와 더불어 노폐물을 배출하는 장치를 갖추고 있을 것이다. 우리의 몸이 하는 것처럼 뇌로 보내는 자극을 통제할 수 있으려면 그 통은 아주 세련되고 다양한 기능들을 갖추고 있어야 한다. 이 사고실험의 세부사항들을 충분히 생각해 본다면, 그런 통은 살아있는 몸과 비슷한 어떤 것이 되어야 한다는 사실이 분명해진다. 결국 우리는 의식의 자리가 생리적인 뇌의 범위를 넘어서까지 펼쳐져 있다는 것과 우리처럼 몸을 갖고 주변 환경과 상호작용하면서 살아가는 동물에게만 의식이 있을 수 있다는 사실을 깨닫게 된다. 5급13논리38

[10] 기능주의

심리 철학에서 동일론은 의식이 뇌의 물질적 상태와 동일하다고 본다. 이와 달리 기능주의는 의식은 기능이며, 서로 다른 물질에서 같은 기능이 구현될 수 있다고 주장한다. 이때 기능이란 어떤 입력이 주어졌을 때 특정한 출력을 내놓는 함수적 역할로 정의되며, 함수적 역할의 일치는 입력과 출력의 쌍이 일치함을 의미한다. 실리콘 칩으로 구성된 로봇이 찔림이라는 입력에 대해 고통을 출력으로 내놓는 기능을 가진다면, 로봇과 우리는 같은 의식을 가진다는 것이다. 이처럼 기능주의는 의식을 구현하는 물질이 무엇인지는 중요하지 않다고 본다.

설Searle은 기능주의를 반박하는 사고 실험을 제시한다. '중국어 방' 안에 중국어를 모르는 한 사람만 있다고 하자. 그는 중국어로 된 입력이 들어오면 정해진 규칙에 따라 중국어로 된출력을 내놓는다. 설에 의하면 방 안의 사람은 중국어 사용자와 함수적 역할이 같지만 중국어를 아는 것은 아니다. 기능이 같으면서 의식은 다른 사례가 있다는 것이다.

동일론, 기능주의, 설은 모두 의식에 대한 논의를 의식을 구현하는 몸의 내부로만 한

정하고 있다. 하지만 의식의 하나인 '인지' 즉 '무언가를 알게 됨'은 몸 바깥에서 일어나는 일과 맞물려 벌어진다. 기억나지 않는 정보를 노트북에 저장된 파일을 열람하여 확인하는 것이 한 예이다. 로랜즈의 확장 인지 이론은 이를 설명하는 이론이다.

그에 따르면 인지 과정은 주체에게 '심적 상태'가 생겨나게 하는 과정이다. 기억이나 믿음이 심적 상태의 예이다. 심적 상태는 어떤 것에도 의존함이 없이 주체에게 의미를 나타낸다. 예를 들어, 무언가를 기억하는 사람은 자기의 기억이 무엇인지 알아보기 위해 아무것에도 의존할 필요가 없다. 이와 달리 '파생적 상태'는 주체의 해석에 의존해서만 또는 사회적 합의에 의존해서만 의미를 나타내는 상태로 정의된다. 앞의 예에서 노트북에 저장된 정보는 전자적 신호가 나열된 상태로서 파생적 상태이다. 주체에 의해 열람된 후에도 노트북의 정보는 여전히 파생적 상태이다. 하지만 열람 후 주체에게는 기억이 생겨난다. 로랜즈에게 인지 과정은 파생적 상태가 심적 상태로 변환되는 과정이 아니라, 파생적 상태를 조작함으로써 심적 상태를 생겨나게 하는 과정이다. 심적 상태가 주체의 몸 외부로 확장되는 것이 아니라, 심적 상태를 생겨나게 하는 인지 과정이 확장되는 것이다. 이러한 확장된 인지 과정은 인지 주체의 것일 때에만, 다시 말해 환경의 변화를 탐지하고 그에 맞춰 행위를 조절하는 주체와 통합되어 있을 때에만 성립할 수 있다. 즉 로랜즈에게 주체 없는 인지란 있을 수 없다. 확장 인지 이론은 의식의 문제를 몸 안으로 한정하지 않고 바깥으로까지 넓혀 설명한다는 의의를 지닌다. 240612-17

074 효용-utility

효용이란 보람 있게 쓰거나 쓰임, 또는 그런 보람이나 <u>쓸모</u>를 뜻합니다.

[01] 물건의 효용을 해하는 행위란 파손만을 포함하고 숨기는 것은 포함하지 않는다. 18추리3

문학 작품을 감상하는 관점 중 독자에게 어떤 **쓸모(효용)**이 있는지에 초점을 둔 관점을 **효용론**이라고 하는데 바로 이 뜻입니다. 교과서에서 쉽게 마주칠 수 있는 단어입니다.

[02] 이 소설은 문학의 사회적 **효용**을 새삼 생각해 보게 하는 작품이다.ᴹ 교과서

[03] 현실주의적 시각을 가진 사람이 김영랑의 시가 우리에게 어떤 **효용**이 있겠느냐고 반문하는 경우가 있었다.ᴹ 교과서

[04] 왜 쓰는가 하는 질문은 문학의 **효용** 가치에 선행하는 중요한 질문입니다.ᴹ 교과서

[05] 현실주의적 시각을 가진 사람이 김영랑의 시가 우리에게 어떤 **효용**이 있겠느냐고 반문하는 경우가 있었다.ᴹ 교과서

[06] 문학이란 사람들에게 즐거움을 준다는 점에서도 **효용성**이 있을 텐데, 위 글에서는 유교적 이념의 가치나 도덕적 교훈만을 강조한 나머지 문학의 중요한 기능 중 하나인 재미를 지나치게 폄훼貶毁하여 편견을 조장할 가능성이 없지 않아요.입법10논리20

그런데 경제학에서 효용은 뜻이 조금 다릅니다. 효용은 소비자가 제품goods이나 용역service을 소비했을 때 느끼는 만족감으로 정의됩니다.

[07] **효용 이론**은 사람들이 실제로 느끼는 만족도, 즉 '**효용**'을 사용하여 사람들의 선택 행동을 설명하려는 이론이다.#13사관34-36

[08] 손익이 동일해도 상황에 따라 그 손익에 대한 **효용**은 달라질 수 있다. **효용**이 양수이면 만족감을 느끼고 **효용**이 음수이면 상실감을 느낀다.5급18논리11

[09] 전형적 윤리 결과주의인 공리주의에 따르면 행동의 **효용**, 곧 행동이 쾌락을 극대화하는지의 여부가 그 평가에서 가장 주요한 기준이 된다.19이해13-15

[10] 전통적 마케터들은 소비자들이 상품의 기능적 특징을 평가하여 최고의 **효용**을 가져다 줄 상품을 선택한다고 가정한다.외교13논리7

[11] NFT는 희소한 재화를 소유(수집)했다는 데서 오는 **효용**, 즉 만족감이 절대적이지만, NFT가 해당 재화의 고유한 가치를 인증함으로써 거래와 투자를 일으켜야 '자산asset'으로서의 가치를 충분히 얻을 수 있을 것이다.입법22논리21

[12] 기부 행위 자체를 통해 얻는 감정적 **효용**도 기부 행위에서 중요한 역할을 한다는 주장이 있다.22추리31

효용의 특징 중 하나는 한 단위가 추가될 때마다 증가되는 효용이 감소한다는 것입니다. 맛있는 것도 계속 먹으면 질리는 것처럼요. 예를 들어, 배고플 때 닭강정 1개 먹었을 때 효용이 5라고 합시다. 또 하나를 먹습니다. 아까보다는 좀 덜 배가 고픈 상태라 추가적 효용이 4가 됩니다. 또 하나를 먹습니다. 이제 2개나 먹은 상태니 아까보다도 배가 덜 고파서 추가적 효용이 3이 됩니다. 이런 식으로 닭강정을 하나 더 먹을 때의 추가적 효용은 계속 감소합니다. 다시 말해서, 닭강정이 한 개씩 증가될 때마다 전체적인 효용은 계속 증가하지만, 그때마다 추가되는 효용은 감소합니다.

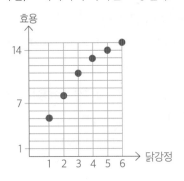

075 한계 marginal

일상에서 쓰는 한계限界(limit)는 다룰 필요가 없을 정도로 쉬운 단어입니다.

[01] 성과 달성에 소요되는 통상적인 단위 시간을 결정할 수 있는 경우에 효과적이나, 작업의 질처럼 양적 측정이 어렵거나 작업 능률에 영향을 미치는 책임성 같은 주관적 요소를 평가하는 데 **한계**가 있다. [12추리13]

이런 단어 공부하려고 어휘책 책을 보는 것이 아닙니다. 여기서는 **영어로 marginal로 번역되는**, 경제학에서 쓰는 '한계'의 의미를 살펴보려고 합니다. 따로 배우지 않는다면, 어떤 의미인지 상상하기 어렵습니다.

혹시 '한계 비용' 들어봤나요? 경제학자이자 미래학자인 제레미 리프킨Jeremy Rifkin이 2014년에 『한

계비용 제로 사회Zero Marginal Cost Society』(민음사)라는 책을 써서 베스트셀러가 되기도 했습니다. 사용할 수 있는 비용의 한계(범위)를 말하는 말하는 것이 아닙니다. 경제학에서 <u>한계</u>는 '<u>추가적</u>'이라는 의미입니다.

[02] 경제학에서는 가격이 한계 비용과 일치할 때를 가장 이상적인 상태라고 본다. '**한계** 비용'이 란 재화의 생산량을 한 단위 증가시킬 때 <u>추가되는 비용</u>을 말한다. 120935-37

[03] **한계** 비용: 상품 생산량을 한 단위 늘리는 데 추가적으로 소요되는 비용
한계 수입: 상품 한 단위를 더 팔았을 때 추가적으로 발생하는 수입 16사관B24-27

[04] 생산자가 생산과정에서 투입물 1단위를 추가할 때 순생산가치의 증가분이 '**한계**순생산가치' 이다. 7급19논리15

일반적으로, 한계○○은 다음과 같이 정의할 수 있습니다.

> **한계○○** 현재 상태에서 한 단위를 증가시킬 때 발생하는 추가적 ○○

이제 한계 효용의 의미가 무엇인지 생각해봅시다. 앞서 효용은 소비자가 물건이나 서비스를 소비했을 때 느끼는 만족감이라고 했습니다. 이를 위에 대입하면, 한계효용이란 현재 상태에서 물건이나 서비스를 하나 더 소비했을 때 발생하는 추가적 만족감으로 풀이할 수 있습니다. 참고로 한계(추가적) 효용이 계속 줄어드는 것을 한계효용 **체감**(갈수록 감소함)의 법칙이라고 합니다.

076 담합, 카르텔

담합이란 서로 의논하여 합의한다는 뜻입니다. 긍정이나 부정의 의미가 없습니다.

[01] 옛날에는 없었던 노인과 젊은이들의 이런 식 **담합**이, 어디에 연유하고 있는가를 딱히 짚어 볼 수는 없었으되 최일남 「흐르는 북」을 2008에서 재인용

그런데 경제학/경영학에서 담합은 부정적인 뜻으로서, 사업자/기업 간의 부당한 공동행위를 가리킵니다. 서로 가격 인하 경쟁을 하면 이익이 줄어들기 때문에 제품을 특정 가격 이하로 내리지 말자고 하는 가격 담합이 대표적입니다.

[01] 현행법상 불법 행위에 대한 금전적 제재 수단에는 민사적 수단인 손해 **배상**(불법 행위로 인해 발생한 손해를 물어 주는 일), 형사적 수단인 벌금, 행정적 수단인 **과징금**(규약 위반에 대한 제재로 징수하는 돈)이 있으며, 이들은 각각 피해자의 **구제**(자연재해나 사회적 피해를 당해 어려운 처지에 있는 사람을 도와줌), 가해자의 징벌, 법 위반 상태의 **시정**(잘못된 것을 바로잡음)을 목적으로 한다. 예를 들어 기업들이 **담합**하여 제품 가격을 인상했다가 적발된 경우, 그 기업들은 피해자에게 손해 배상 소송을 제기당하거나 법원으로부터 벌금형을 선고받을 수 있고 행정 기관으로부터 과징금도 부과받을 수 있다. 1606B27-30

[02] 우리나라 「독점규제 및 공정거래에 관한 법률」(이하 '공정거래법')상의 '부당한 공동행위'는 **카르텔** 혹은 **담합**이라고 불리는데, 공정거래법에서 가장 핵심적으로 규제하는 행위이다. 경쟁 사업자들이 가격이나 품질 면에서 경쟁하기보다는 담합하여 부당하게 가격을 올릴 경우 시장 기능의 정상적인 작동을 방해하고 소비자의 이익을 저해하기 때문이다. 전통적으로 가격 담합, 물량 담합, 입찰 담합, 시장 분할 등이 '당연 위법의 원칙'이 적용되는 행위로 인정되어 왔다. 14이해11-13

[03] 정당들은 자신의 기득권을 유지하기 위해 공적인 정치 자원의 과점을 통해 신생 혹은 소수 정당의 원내 진입이나 정치 활동을 어렵게 하는 **카르텔** 정당 체계를 구성하기도 했다. 정치관계법과 관련된 선거제도의 예를 들면, 비례대표제에 비해 다수대표제는 득표 대비 의석 비율을 거대정당에 유리하도록 만들어 정당의 카르텔화를 촉진하는 데 활용되기도 한다. 16이해17-19

[04] 당업연합회는 설탕 가격 하락을 막기 위해 강력한 **카르텔**로 전환하여 가격 통제를 강화하였다. 7급13논리11

077 외부성 externalities, 외부효과 external effect

생소한 경제학 개념은 출제될 때 반드시 풀이를 해줍니다. 이런 단어는 이 책에서 제외하는 것이 원칙이고요. 하지만 **외부성**(외부효과)는 시험에 2번 이상 반복출제되었기 때문에 소개하기로 했습니다. 지금 봐두면 시험에 또 나왔을 때 빠르게 읽어나갈 수 있을 겁니다. 개념 설명은 지문으로 갈음하겠습니다.

[01] 어떤 경제 주체의 행위가 자신과 거래하지 않는 제3자에게 의도하지 않게 이익이나 손해를 주는 것을 '**외부성**'이라 한다. 과수원의 과일 생산이 인접한 양봉업자에게 벌꿀 생산과 관련한 이익을 준다든지, 공장의 제품 생산이 강물을 오염시켜 주민들에게 피해를 주는 것 등이 대표적인 사례이다. 121129-30

[02] 어떤 사람의 행동이 제3자에게 의도하지 않은 혜택이나 손해를 가져다주면서 이에 대해 대가를 받지도 지불하지도 않을 때 발생하는 것을 **외부효과**라 한다. 이에는 부정적 외부효과와 긍정적 외부효과가 있다. **부정적 외부효과**란 한 쪽의 행동이 다른 쪽에 비용을 발생시키는 것이고, **긍정적 외부효과**란 한 쪽의 행동이 다른 쪽에 혜택을 발생시키는 것을 말한다. 5급10상황4

[03] 테니스 선수 그라프는 1992년에 우승을 통해 거액을 벌었지만, 유독 숙적인 셀레스에게는 계속해서 패하였다. 그러나 이듬해 셀레스가 사고를 당해 더 이상 경기에 참여할 수 없게 되자, 그라프는 경기 능력에 큰 변화가 없었음에도 불구하고 이후 승률이 거의 두 배 이상 상승했다. 이에 따라 우승 상금은 물론 광고 출연 등의 부수적 이익 또한 전보다 크게 증가했다. 이런 현상은 '위치적 외부성'의 개념으로 설명된다. 한 사람의 보상이 다른 사람의 행동에 영향을 받음에도, 그에 대한 대가를 받지도 지불하지도 않는 현상을 **외부성**이라고 한다. 특히 자신의 상대적 위치에 따른 보상이 다른 경쟁자의 상대적 성과에 부분적으로 의존하는 것을 **위치적 외부성**이라고 한다. **위치적 외부성**이 작용할 경우에 자신의 상대적 위치를 향상시키는 모든 수단은 반드시 다른 경쟁자의 상대적 위치를 하락시킨다. 080619-22

[04] 한 사람의 경제 활동이 다른 사람의 이득에 부정적 혹은 긍정적 영향을 주면서도 그에 따라 어떠한 대가도 지불하거나 받지 않을 때, 두 사람 사이에는 **외부성** 문제가 발생한다. 입법19논리20

[05] 누군가의 행동이 제삼자에게 의도하지 않은 혜택이나 손해를 끼침에도 불구하고 이에 대한

정당한 대가를 받지도 지불하지도 않는 상태를 '**외부효과**'라고 부른다. ⁵급²³논리²³

[06] 어떤 사람의 행동이 제3자에게 의도하지 않은 혜택이나 손해를 가져다주면서 이에 대해 대가를 받지도 지불하지도 않을 때 발생하는 것을 **외부효과**라 한다. 이에는 부정적 외부효과와 긍정적 외부효과가 있다. 부정적 외부효과란 한 쪽의 행동이 다른 쪽에 비용을 발생시키는 것이고, 긍정적 외부효과란 한 쪽의 행동이 다른 쪽에 혜택을 발생시키는 것을 말한다. 예를 들어 부정적 외부효과에 대해서는 세금을 부과하고, 긍정적 외부효과에 대해서는 보조금을 지급할 수 있다. ⁵급¹⁰상황⁴

[07] 오늘날 토지가치세는 새롭게 주목받고 있는데, 이는 '**외부 효과**'와 관련이 깊다. ²⁰이해¹³⁻¹⁵

==언어이해에서 '외부 효과'는 정의가 소개되지 않고, 당연히 알 것으로 가정하고 지문이 전개됐습니다.==

078 수사학 rhetoric

흔히 문학시간에 배우는 **수사법**에는 비유법(직유, 은유, 의인, …), 강조법(점층, 과장, 반복, …), 변화법(대구, 반어, 역설, …)이 있습니다. 이때 **수사**修辭는 말이나 글을 다듬고 꾸며서 좀 더 아름답고 질서정연하게 하는 일을 가리킵니다.

[01] 감각적인 **수사**를 반복적으로 사용하여 공간적 배경을 제시하고 있다. ¹⁴⁰⁹A³⁴

[02] 글의 목적을 고려하여 다양한 **수사법**을 활용한다. ¹⁴예비A⁹

[03] **수사**적 세련미를 추구하였다. ⁰⁴⁰⁹²⁶

[04] 다양한 **수사**를 사용하여 글쓴이의 개성을 드러내고 있다. ⁹⁸¹¹²³

[05] 다채로운 **수사**로 화려한 느낌을 받게 한다. ⁹⁸¹¹⁴⁹

[06] 전통 **수사학**에서는 환유換喻를 비유법의 한 종류로 기술하고 있다. ⁰⁵⁰⁹³⁹⁻⁴²

[07] 아리스토텔레스는 시학에서 은유를 한 사물에서 다른 사물로 전이하는 것으로 정의하고, 은유에 의해 시적인 언어가 일상 언어로부터 분리된다고 하였다. 이후 은유는 여러 학자들에 의해 **미적** 혹은 **수사적 목적**의 수단으로, 동일시되는 개체와의 유사성에 기초한다고 정리되었다. ⁹급⁰⁹국

수사, 수사법은 주로 문학 영역에서 언급됩니다. 반면 수사학은 연설, 토론, 논설문 등 비문학 영역에서 쓰입니다. 내용의 효과적 설명/전달과 설득을 위한 수단을 탐구하는 학문이라는 뜻이기 때문입니다. 연역논증, 귀납논증 또한 수사학의 범주에 들어갈 수 있습니다.

[08]   논리보다는 재치있는 **수사법**을 동원하여 설득력을 얻고 있다. 981118

[09]   바로크 후반의 음악 이론가 마테존 역시 수사학 이론을 끌어들여 어느 정도 객관적으로 소통될 수 있는 음 언어에 대해 설명하였다. 121143-46

[10]   과연 타인이 읽기 쉬운 글, 쉽게 이해할 수 있는 글이란 어떠한 것인가. 이를 위해서는 적합한 언어 조립으로서 **수사학**적 표현의 기술이 요구된다. '표현의 기술', 그것은 만물의 영장으로서 인간이 누릴 수 있는 최대의 혜택이다. 09사관33-35

[11]   **수사학**이란 주제가 무엇이든 그에 유효한 설득의 수단을 찾는 능력이다. 이것은 다른 학문분야에는 없는 기능이다. 다른 모든 학문 분야는 그 나름의 고유한 주제에 대해 가르치거나 설득할 수 있다. 예컨대 의학은 건강과 질병에 대해, 기하학은 도형의 속성들에 대해, 수학은 수에 대해 가르치거나 설득할 수 있다. 그러나 일반적인 통념에 따르면 수사학은 우리에게 어떤 주제가 주어지든 그것을 설득할 수단을 찾는 능력이다. 수사학은 한계를 갖는 특정한 주제에 국한된 기술이 아니다. 09연세대

[12]   모든 역사가들이 정확성과 객관성을 역사 서술의 우선적 원칙으로 앞세운 것은 아니다. 오히려 헬레니즘과 로마 시대의 역사가들 중 상당수는 **수사학**적인 표현으로 독자의 마음을 움직이는 것을 목표로 하는 역사 서술에 몰두하였고, 이런 경향은 중세 시대에도 어느 정도 지속되었다. 이들은 이야기를 감동적이고 설득력 있게 쓰는 것이 사실을 객관적으로 기록하는 것보다 더 중요하다고 보았다. 이런 점에서 그들은 역사를 **수사학**의 테두리 안에 집어넣은 셈이 된다. 130619-22

[13]   **수사학**은 연설 장르에 대한 관심에서 시작되었다는 사실에서 알 수 있듯이 논증 행위의 전 과정에서 독자(청중)를 중심에 놓는다. 모든 수사적 상황에는 독자가 있으며, 필자의 논증 행위의 성공 여부는 독자의 공감과 동의에 달려 있다. 필자가 예상 독자의 보편적 특성과 자질을 고려할 때, 더 넓고 강한 공감과 동의를 얻을 수 있다. 13임용

수사학은 본래 '연설가의 (설득)기술'이라는 말입니다. 그래서 독자/청중을 효과적으로 설득하는 기술은 다 수사학의 범주에 속한다고 할 수 있습니다. 물건을 살 때 좀 할인해달라고 하는 것부터, 테러범과의 협상, 법정에서 변호사의 변론, 정치인의 표 호소 등 설득이 필요한 영역은 모두 수사학에서 다룰 수 있습니다.

아리스토텔레스는 『수사학』에서 설득의 수단으로 세 가지를 제시합니다. **에토스**ethos(인성), **파토스**pathos(감성), **로고스**logos(이성)입니다. **에토스**는 화자의 공신력(신뢰 받을 만한 능력)입니다. 화자의 성품, 평판, 전문성 등이 믿을 만할 때 청자는 화자가 말하는 내용을 믿고 따릅니다. 자신감이 없어보인다거나, 사기를 친 전력이 있다거나, 아무런 전문성이 없는 사람이 하는 말을 듣게 된다면? 청자는 화자를 믿지 못하기 때문에 어떤 말을 하든 설득 당하지 않을 것입니다.

설득 전략은 감성적 설득 전략과 이성적 설득 전략으로 나눌 수 있는데, 이 둘이 함께 작용할 때 설득의 효과가 높습니다.

감성적 설득 전략은 청자의 감성(파토스)에 호소함으로써 설득하는 전략입니다. 다음은 2015년 메르스 감염 사태에 대한 당시 이재용 삼성전자 부회장(2024 현재 회장)의 대국민 사과문 일부입니다. 개인적 가족사 언급을 통해 피해 입은 분들의 심정에 공감하고 있음을 표현했고, 이는 듣는 사람의 감성(파토스)을 고려한 것으로 볼 수 있습니다.

> 저희 삼성서울병원이 메르스 감염과 확산을 막지 못해 국민 여러분께 너무 큰 고통과 걱정을 끼쳐 드렸습니다. 머리 숙여 사죄합니다.
>
> 특히 메르스로 인해 유명을 달리하신 분들과 유족분들, 아직 치료중이신 환자분들, 예기치 않은 격리조치로 불편을 겪으신 분들께 죄송합니다.
>
> **저의 아버님께서도 1년 넘게 병원에 누워 계십니다. 환자분들과 가족분들께서 겪으신 불안과**

고통을 조금이나마 이해하고 있습니다.

이성적 설득 전략은 청자의 이성(로고스)에 호소하는 설득 전략입니다. 즉, 논리적/합리적 내용을 통해 설득하는 것입니다. 예를 들어, 정책을 제안할 때는 (무작정 떼 쓰는 것이 아니라) 비용 대비 편익이 얼마나 되는지, 실현 가능한지, 실현 후 지속가능한지, 실현시 부작용은 없는지 등을 꼼꼼하게 제시해야 합니다.

별로 어려울 건 없죠? 교양으로 알아 둘 만한 용어입니다. 화법과 작문 교과서에서 직접적으로 배우는 내용이기도 하고요. 잘 이해했다면 다음 문제를 풀어 보겠습니다.

문1   다음은 연설의 **설득 전략**에 대한 교사의 설명이다. 괄호 안의 ㉠, ㉡에 해당하는 말을 순서대로 쓰시오. 2016 임용

> 청중을 설득할 때는 논리적으로 입증하는 것도 중요하지만 다른 요인도 적극적으로 고려해야 해요. 1968년에 케네디R. Kennedy가 미국의 흑인 거주 지역에서 했던 연설은 이것을 보여 주는 대표적인 예예요. 당시 케네디가 연설을 시작하기 바로 전에 인권 운동가로서 흑인의 큰 지도자였던 킹M. King 목사가 백인이 쏜 총에 죽었어요.
> 케네디는 이런 상황에 처한 흑인 청중 앞에서 연설을 해야만 했어요. 케네디는 연설에 앞서 이 소식을 흑인 청중에게 알렸고, 당연히 흑인들은 흥분하기 시작하였죠. 케네디는 킹 목사가 정의를 위해 헌신하였고, 그 정의를 실현하다가 돌아가셨다는 사실을 언급한 다음 이런 내용으로 연설을 이어 갔어요.
>
> "이런 억울한 사태에 대해 흑인 여러분들의 가슴에서 백인에 대한 불신과 증오가 들끓기 시작할 것입니다. 이런 여러분에게 제가 이 한마디만은 꼭 말씀드리고 싶습니다. 저도 여러분과 **똑같은 심정**이라는 것입니다. **제 가족도 암살을 당했습니다. 그리고 암살범은 백인이었습니다.**"

여러분이 그 자리에 있었다면 어떻게 반응했을까요? 킹 목사가 죽은 후 대부분의 흑인 거주 지역에서 큰 폭동이 일어났지만 이 지역은 이 연설 덕분에 큰 폭동이 없었대요.

자, 이제 생각해 보세요. 지난 시간에 설득 전략 몇 가지를 배웠지요? 관심 끌기 전략, 일화 제시하기 전략 등……. 그럼, 케네디가 이 부분에서 사용한 전략은 무엇일까요? 음, 자신의 아픈 사연을 제시하여 청중의 관심을 끌려고 했다고 볼 수도 있겠죠. 그러나 이보다 더 중요한 전략이 있어요. 맞아요. (㉠) 전략을 사용했어요. 이것은 아리스토텔레스가 『수사학』에서 강조했던 효과적인 설득의 요인들 가운데 (㉡)에 호소를 한 거예요.

앞에서 이재용 삼성전자 부회장이 사과문에서 말한 내용과 구조가 유사하죠? 자신도 같은 경험이 있다. 그래서 어떤 심정인지 이해하고 있다는 것이니 [㉠: 감성적 설득], [㉡: 파토스(감성)]이 정답입니다.

 079 선험적 vs 경험적(후험적)

경험적 지식은 감각 경험(관찰), 사실적 증거에 의존하는 지식입니다. 기존과 다른 관찰, 새로운 사실적 증거가 나타나면 경험적 지식은 틀린 것으로 밝혀질 수 있습니다. 태양이 지구 주위를 돈다는 천동설이 무너지고, 지구가 태양을 주위를 돈다는 지동설로 바뀐 것처럼요. 그런데 우리가 갖고 있는 지식 중에는 도무지 감각 경험으로부터 나온 것이라고 볼 수 없는 것들이 있습니다. 이런 것들을 **선험적**이라고 합니다. 문자 그대로 풀면 '경험驗에 앞先선다'는 뜻입니다. '감각 경험에 의존하지 않는' 정도로 풀이할 수 있습니다.

[01] 근대적 법 이론가로서 칸트는 인간의 실천이성에 **선험적**으로 내재하는 도덕법칙에 주목하여 법과 선의 관계를 재규정함으로써 자연법론에 닥친 위기를 돌파하고자 했다. 13이해30-32

도덕법칙이 후천적 감각 경험에 의존하지 않고, 선천적으로 이성 안에 존재한다는 뜻입니다.

[02] 표상적 지식은 다시 여러 가지 기준에 따라 나눌 수 있는데, 그중에서도 '**경험적** 지식'과 '**선험적** 지식'으로 나누는 방법이 대표적이다. **경험적 지식**이란 감각 경험에서 얻은 증거에 의존하는 지식으로, '그는 이 사과가 둥글다는 것을 안다'가 그 예이다. 한편, 같은 표상적 지식이라 할지라도 '2+3=5'를 아는 것은 '이 사과가 둥글다'를 아는 것과는 다르다. '2+3=5'라는 명제는 감각 경험의 사례들에 의해서 반박될 수 없는 진리이다. 예컨대 물 2리터에 알코올 3리터를 합한 용액이 5리터가 안 되는 것을 발견했다고 해서 이 명제가 거짓이 되지는 않는다. 이렇게 감각 경험의 증거에 의존하지 않는 지식이 **선험적 지식**이다. 071133-36

물과 알코올을 각 1리터씩 섞으면 2리터가 아니라 약 1.95리터 정도가 됩니다. 물 분자 사이의 빈틈에 에탄올 입자가 끼어 들어가기 때문입니다. 하지만 이런 감각 경험을 했다고 해서 1+1=2라는 선험적 지식이 부정되는 것은 아닙니다. 이처럼 선험적 지식은 감각 경험에 의해 거짓이 되지 않습니다.

[03] 공리주의가 **선험적** 원리로부터 도출된다면 공리주의는 경험적 주장이 아니어야 한다. 10추리15

[04] 철학적 주장의 정당성은 **선험적**인 것으로, 경험적 지식을 확장하기 위해 사용되는 귀납적 방법에 의존할 수 없다. 7급21논리24

[05] 존재에 관해서 우리가 **선험적**으로 획득할 수 있는 인식은 모두 가설적이다. 선험적으로 인식되는 가설적인 명제의 예는 다음과 같다. '만일 P가 참이고 P가 Q를 함축한다면, Q는 참이다.' '만일 x와 y가 연속하여 반복적으로 발견되어 왔다면, x가 다음에 발견될 경우 y가 연속하여 발견될 개연성이 있다.' 이처럼 **선험적** 인식은 가설적인 것으로 엄격히 제한된다. 5급07논리7

[06] 유클리드 기하학에서 공리들은 직관적으로 자명하여 증명을 필요로 하지 않는다. 그리고 공리들로부터 연역적으로 증명된 정리는 감각 경험의 지지를 필요로 하지 않는다. 그러므로 유클리드 기하학의 지식은 철저하게 **선험적**이다. 플라톤은 이에 관해 탁월한 논의를 전개했다. 그는 기하학적 진리에 관한 우리의 지식이 감각 경험으로부터 얻은 증거에 근거할 수 없다고 주장했다. 감각 경험을 통해서는 기하학적 도형인 점, 직선 또는 정삼각형을 접할 수 없기 때문이다. 점이란 위치만 있고 면적이 없기에 보이지 않는다. 또한 직선이란 폭이 없고 절대적으로 곧아야 하는데 우리가 종이 위에서 보는 직선은 언제나 어느 정도 폭이 있고 또 항상 조금은 구부러져 있다. 마찬가지로 종이 위의 정삼각형도 아무리 뛰어난 제도사가 그려 놓아도 세 변의 길이가 완전히 동등하지는 않다. 5급14논리17

[07]   17세기 영국을 중심으로 발전한 경험주의는 <u>감각적 경험을 통해 얻은 것만을</u> 지식이라고 생각했을 뿐만 아니라 모든 지식은 인간의 경험으로 도출될 수 있다고 믿었다. 그래서 <u>감각적 경험으로 알 수 없는 **선험적**先驗的인 것</u>은 지식으로 인정하지 않는다. 경험주의는 지식을 얻는 방법론으로 주로 귀납적 방법을 이용하였다. 즉 개별 현상들을 관찰하고 검증함으로써 공통된 특징을 찾아내거나 동일한 관계를 찾아내고, 이를 바탕으로 현상들에 공통되는 법칙을 구성하거나 동일한 개념을 발견하려고 하였다. 그러나 유럽의 백조가 희다고 전 세계의 백조가 희다고 할 수 없는 것처럼, 방법론 자체에 문제점을 내포하고 있다. 5급08논리35

시험에 나온 다른 예문도 마저 소개합니다. 출제자는 학생들이 '선험적'의 뜻을 당연히 알 것이라고 생각했는지 맥락 없이 툭 단어를 사용한 경우가 있습니다.

[08]   **선험적** 진리 97116

[09]   고답적이고 **선험적**인 앎이 무시되는 현상 95119

[10]   자연의 일양성(한결같음)은 **선험적**으로 알 수 있는 것이 아니라 <u>경험에 기대어야</u> 알 수 있는 것이다. 1611A22-26

[11]   로마의 법률가들은, 만일 당사자가 어떤 노예를 해방하기로 하고 돈을 받아 놓고도 그 노예를 해방하지 않고 있다면 받은 돈을 되돌려 주도록 하는 것으로 충분하며 굳이 그 노예를 해방하도록 강제할 필요는 없다고 보았다. 그들은 <u>합의는 준수되어야 한다</u>는 **선험적**인 전제로부터 출발하여 사태를 해결하려 했던 것이 아니라 단지 <u>구체적인</u> 분쟁에 대한 만족스러운 해결책은 무엇인가라고 하는 지극히 <u>현실적인</u> 물음에서 출발했던 것이다. 09이해5-7
        <mark>예문에서 선험적 전제는 현실적이고 구체적인 경험 세계와 반대됩니다.</mark>

[12]   국가의 의사라 할 수 있는 입법자의 의사는 이념적으로 법률의 의사와 일치한다. 이는 입법의 모든 내용이 의인화된 단일 의식 속에 반영되었다고 간주하는 것을 말한다. 그리하여 입법자의 의사는 해석의 수단이 아니라 해석의 목표이자 해석의 결과로 된다. 또한 <u>전 법질서를 체계적으로 모순 없이 해석</u>해야 하는 **선험적** 요청에 대한 표현이기도 하다. 10추론8-10
        <mark>이때 선험적은 '논리적 타당한' 정도로 해석할 수 있습니다.</mark>

080 변인 variable

변인은 말 그대로 '성질이나 모습이 변하는 원인'입니다. 그냥 '원인'이라고 생각해도 됩니다. 이 단어가 등장하면 인과관계의 방향을 올바르게 확인하며 읽으면 됩니다.

[01] 제도 변화의 원인을 경제적 **변인**을 중심으로 설명하고 있다. [09이해7]

[02] 어떤 스포츠용구 회사가 줄의 소재, 프레임의 넓이, 손잡이의 길이, 프레임의 재질 등 4개의 **변인**이 테니스채의 성능에 미치는 영향에 관하여 실험하였다. [10추리13]

[03] 오늘날 연구에 의하면, 정보 격차의 새로운 측면들은 소득, 교육, 연령, 성별, 지역, 신체적 장애 등과 같은 인구 사회적 **변인**과 결합된다. 이것은 보다 세부적인 불평등을 야기하고 정보 활용의 질적 차이를 낳아서, 개인의 학업 성취도와 노동 생산성에 영향을 미칠 수 있다.
070939-43

[01]은 '경제적 변인→제도 변화'로, [02]는 '줄의 소재, 프레임의 넓이, 손잡이의 길이, 프레임의 재질→테니스채의 성능'으로, [03]은 '소득/교육/연령/성별/지역/신체적 장애→정보 격차→학업 성취도/노동 생산성'으로 간결하게 정리할 수 있습니다.

조사, 실험을 소개하는 지문에는 **독립 변인**, **종속 변인**이 나올 수 있습니다. 사회탐구, 과학탐구 시간에 기본적으로 배우는 내용입니다.

예를 들어, 어떤 병에 대한 같은 병 A에 걸린 사람들을 60명을 모아서 30명씩 두 집단으로 나눕니다. 이때 사람들의 나이, 신체조건 등은 서로 비슷하게 구성했습니다. 이후 한 집단에는 약을 주고, 다른 집단에는 가짜약(위약)을 주지 않습니다. 결과를 보니 약을 먹은 집단은 모두 완치가 됐고, 위약을 먹은 집단은 계속 아픈 것을 확인할 수 있었습니다. 이 실험을 통해 약이 병 A에 효과가 있음을 알 수 있습니다.

이때, 진짜약(<u>조작 변인</u>)을 준 집단을 **실험군**, 가짜약을 준 집단을 **대조군**이라고 합니다. 이외의 나머지

언어학부터 생물학까지

271

조건은 실험군과 대조군이 일정하게 통제되기 때문에 **통제 변인**이라고 합니다. 조작 변인으로 인해 달라지는 환자의 건강 상태, 치료 유무는 실험 결과로서 **종속 변인**이라고 합니다.

참고로 **가설**은 변인들 사이의 관계에 대한 <u>추정적(가정적)</u> 진술을 가리킵니다. 연구 문제에 대한 <u>예측적(잠정적)</u> 해답으로 설정한 뒤, 실험/연구를 통해 변인 간 관계를 밝히는 식입니다.

[04]   (가)는 변인 간 관계에 대한 법칙 발견을 목적으로 한다. ^{1111사탐} | 사회문화

[05]   이 실험에서 조작 변인과 종속 변인을 〈보기〉에서 각각 옳게 고른 것은? [3점] ^{1109과탐} | 화학1

081 파동

파동은 물결의 움직임wave을 뜻합니다. 비슷한 말로 **파문**이 있습니다. 수면에 이는 물결ripple을 뜻합니다. 이 뜻이 비유적으로 사회적으로 어떤 현상이 물결처럼 퍼져 커다란 영향shock을 끼치는 것을 가리키기도 합니다. **파장**도 비슷한 뜻으로 충격적인 일이 끼치는 영향impact을 뜻합니다. 주로 신문에서 많이 볼 수 있습니다.

[01]   돌을 던지자 고요한 호수에 **파문**이 일었다. ⁰⁹¹¹⁴⁶

[02]   바람도 없는 공중에 수직의 **파문**을 내이며 고요히 떨어지는 오동잎은 누구의 발자취입니까
       한용운 | 「알 수 없어요」

[03]   2008년 세계 곡물 **파동** 당시 식량 가격이 마구 치솟아 수많은 빈민들이 굶주림으로 허덕였을 때 오히려 이 회사들의 이익은 40% 이상 높아졌다. ^{05국학평} | 중3

[04]   '점화 효과'는 기본적으로 연상 효과에 기초한다. 인간의 정보 처리 네트워크인 두뇌는 매스 미디어가 제공하는 어떤 소리나 이미지에 노출되면 두뇌 속에 이미 저장되어 있던 관련 이미지의 연상을 촉발한다. 그 촉발의 결과가 점화 효과이다. 불량 식품 관련 보도가 사회적 **파장**을 불러일으킨 '멜라민 **파동**'을 자연스럽게 연상하게 하는 것이 그 예이다. ^{10이해25-26}

[05]   우선 정보화 시대에는 천문학적 양의 정보가 생산되고 저장된다. 더구나 이러한 정보의 **파장** 효과는 이제 우리 삶의 대응 속도와 예측 능력을 엄청난 격차로 추월해 버렸다. 급격한 변동

속에 위험을 제어할 수 없는 상황에 빠져들면서 사람들의 불안감은 증폭되는 것이다. 04사관27-31

국어 시험을 잘 치려는 학생이라면 파동, 파장의 물리학적 의미를 알아야 합니다. 쉬운 내용은 아닙니다. 그럼에도 과감하게 자세하게 설명하는 이유는 두 가지입니다. 첫째, 기출 지문 중 이 정도 지식을 모르면 깔끔하게 이해가 안 되는 경우가 있기 때문입니다. 과학 지문을 읽고 문제는 풀었지만, 뭔가 찜찜할 때가 있었을 것입니다. 개념을 깊게 알면 이런 찜찜함 없이 지문을 상쾌하게 읽을 수 있습니다. 둘째, 도플러 효과가 언젠가 수능에 나올 것이라고 생각하기 때문입니다. 이미 언어이해, 사관학교 국어시험에는 출제된 적 있습니다. 수능에는 간접적으로 언급된 적만 있고요. 이 책을 공부한 학생은 시험에 관련 내용이 나왔을 때 매우 쉽게 지문을 이해하고 문제를 풀길 바라는 마음으로 좀 깊게 설명했습니다. 혹 이해 안 된다고 좌절하지 말고 여러 번 반복해서 읽기 바랍니다. 논리의 빈틈이 없기 때문에 차근차근 따라오면 다 이해할 수 있도록 써놨습니다.

파동의 물리학적 의미는 진동(↑↓/⇄)의 전**파**(↔)입니다. 그리고 파동을 전달하는 매개물은 매질이라고 합니다. 괜히 좀 어렵게 들리겠지만, 물에 돌을 던졌을 때 물결이 퍼져나가는 것이 파동이고, 이때 매질은 물입니다.

여기서 문제! 오른쪽 그림에서 물 위에 떠 있는 오리배는 물결이 퍼짐에 따라 어떻게 움직일까요? 오른쪽으로 이동할까요? 아니면 왼쪽? 정답은 '제자리에서 진동(↑↓)한다'입니다. 진동(물결)이 매질(물)을 통해 전파되는 것이지, 매질(물) 자체가 이동하는 것이 아니기 때문에 그렇습니다. 고요한 호숫가에 가게 된다면 나뭇잎 하나 던져놓고 옆에 돌을 던져보세요. 나뭇잎이 제 자리에서 위아래로 진동하는 것을 볼 수 있을 겁니다.

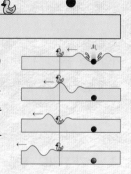

파동은 횡파와 종파로 나눌 수 있습니다. 파동의 진행방향과 진동방향이 수직이면 **횡파**, 수평이면 **종파**입니다. 앞에서 살펴본 물결은 진동 방향(↑↓)과 전파 방향(↔)이 수직이었기 때문에 횡파였습니다. 횡파를 사진으로 찍으면 다음과 같습니다.

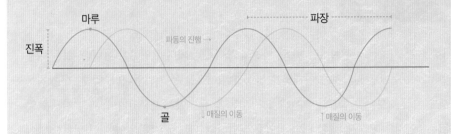

이때 중요한 개념이 두 개 있습니다. 주기와 진동수입니다.

주기(=1/진동수)　　**매질의 한 점이 한 번 진동하는 데 걸린 시간**
진동수(=주파수)　　**매질의 한 점이 1초 동안 진동하는 횟수. 단위로 Hz를 사용**

예를 들어, 7Hz란 1초에 7번 진동하는 것을 의미합니다. 참고로 음파(소리)의 경우 고음일수록 진동수가 크고, 저음일수록 진동수가 낮습니다. 요즘은 기술이 좋아져서 인터넷강의를 2배속으로 들어도 별 문제가 없죠? 초창기에는 2배속으로 영상을 돌리면 남자 선생님의 목소리가 고음이 되어(진동수가 2배가 되어) 여자 선생님 목소리로 나오곤 했습니다.

[06]　　맥놀이 **진동수**는 초당 4회, 즉 4Hz(**헤르츠**) 정도일 때 귀로 들으면서 측정하기에 적당하다. 070657-60

기억하면 좋은 내용 하나 더! [파장×진동수(주파수)＝파동의 속도]가 성립합니다. 나중에 한 번 더 언급되니 일단 눈에 익혀두고 넘어가겠습니다.

[07]　　스마트폰이 등장하면서 모바일 무선 통신은 우리의 삶에서 없어선 안 될 문명의 이기가 되었다. 모바일 무선 통신에 사용되는 전파는 눈에 보이지 않아 실감하기 어렵지

만, 가시광선과 X선이 속하는 전자기파의 일종이다. 전파는 대기 중에서 초속 30만 km로 전해지는데, 이는 빛의 속도(c)와 정확히 일치한다. 전파란 일반적으로 '1초에 약 3천~3조 회 진동하는 전자기파'를 말한다. 1초 동안의 진동수를 **주파수(f)**라 하며, 1초에 1회 진동하는 것을 1Hz라고 한다. 따라서 전파는 3kHz에서 3THz의 주파수를 갖는다. 주파수는 **파동** 한 개의 길이를 의미하는 '**파장(λ)**'과 반비례 관계에 있다. 즉, 주파수가 높을수록 파장은 짧아지며, 낮을수록 파장은 길어진다. 전자기파의 주파수와 파장을 곱한 수치($c = f\lambda$)는 일정하며, 빛의 속도와 같다. ^{14이해33-35}

종파는 스프링을 밀면 볼 수 있습니다. 진동 방향(⇄)과 전파 방향(←)이 수평입니다.

종파의 대표적인 사례는 소리입니다. 멀리서도 소리가 들리는 이유는 왼쪽 그림 ^{0506과탐 |물1}과 같이 공기(매질)를 통해 진동이 전파되었기 때문입니다. 한 번 더 강조하지만, 공기 자체가 스피커에서 마이크로 이동하는 것이 아닙니다(공기가 이동하는 거라면 소리날 때마다 바람이 쌩쌩 불 겁니다). 매질(공기)를 통해 진동이 전파된 것입니다. 참고로 A는 종파의 파장입니다.

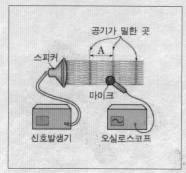

참고로 지진이 일어날 때 발생하는 지진파도 횡파와 종파로 나뉘는데, 전자를 P파, 후자를 S파라고 부릅니다.

[08] 교통을 연구하는 물리학자들의 연구에 따르면, 자동차가 '가다 서다'를 반복하면 그 효과가 뒤차들에게 **파동**의 형태로 전달된다고 한다. 속도가 달라지는 자동차를 뒤따라가는 뒤차들은 안전거리를 유지하기 위해서 속도를 늦추거나, 너무 떨어진 앞차와의 거리를 좁히기 위해 속도를 높임으로써 뒤쪽의 교통 밀도를 증가시켰다 감소시켰다 하여 일종의 물결파를 만들게 한다. 이런 물결 효과는 마치 충격파처럼 계속해서 뒤쪽의 차들에 전달되고, 어느 지점에 이르러서는 고밀도의 교통 체증을 만들게 된다

는 것이다. 이쯤 되면 처음 체증을 유발한 차가 어느 차였는지 알 수 없게 되면서 전체적으로 정체 현상을 빚게 되는 것이다. 따라서 제 속도를 유지하는 침착한 운전 습관이 도시의 정글에서 살아남는 방법이다. 06국학평 | 중3

파동과 관련해서 시험에 나올 수 있는 주제는 **굴절**과 **도플러 효과**입니다. 굴절은 2009학년도 6월 모의평가에 한 번 나온 적이 있습니다. 당시 어려워서 많은 학생들이 곤란을 겪었습니다. 도플러 효과는 2016학년도 법학전문대학원 입학시험 언어이해 및 2013학년도 사관학교 입학시험 국어영역에 출제된 적 있습니다. 수능에도 충분히 나올 수 있습니다. 다소 전문적으로 공부하는 감이 있긴 하지만 각각에 대해 배경지식으로 공부해보겠습니다.

굴절

굴절은 휘어서 꺾인다는 뜻입니다. 물리학적으로는 파동이 다른 매질을 통과할 때, 경계면에서 파동의 진행 방향이 꺾이는 현상을 말합니다. 말이 괜히 어려워서 그렇지 매우 직관적으로 이해할 수 있는 현상입니다.

자동차가 잘 닦인 아스팔트를 달리다가 질척질척한 진흙으로 들어갈 때를 생각해 봅시다. 속도가 느려지겠죠? 그런데 진흙에 먼저 들어간 바퀴가 느리게 가는 동안, 아직 아스팔트에 있는 바퀴는 잠시나마 더 빠르게 움직입니다. 이러한 차이 때문에 자동차는 방향이 진행 방향이 꺾이게 됩니다. 파동도 똑같습니다.

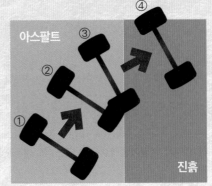

[09] 물속에 잠긴 자신의 다리는 물 바깥에서보다 짧아 보이고, 유리컵에 잠긴 빨대는 수면에서 꺾여 보인다. 이 현상은 빛이 한 매질에서 다른 매질로 들어갈 때, 두 매질의 경계면에서 진행 방향이 꺾이기 때문에 일어난다. 이렇게 빛이 두 매질의 경계면에서 굴절하는 근본적인 원인은 빛의 전파 속도가 각 매질마다 다르기 때문이다. **굴절** 현상은 빛뿐만 아니라 소리 등 모든 **파동**에서 나타나는 일반적인 현상이다. 08고려대

[10]　빛이 띠 모양으로 분산되는 것은 빛이 **파장**이 짧을수록 **굴절**하는 각이 커지기 때문이다. 1411A16-18

[11]　소리는 **파동**이므로 바닷물의 밀도가 변하면 다른 속도로 진행하기 때문에 **굴절** 현상이 일어난다. 1411A16-18

[12]　조명에서 나와 얇은 막에 **입사**(하나의 매질媒質 속을 지나가는 소리나 빛의 파동이 다른 매질의 경계면에 이르는 일)된 빛은 **굴절**되거나 산란되어 약해진 상태로 이미지 센서에 도달한다. 1606A16-18

[13]　물속에서 빛이 **굴절**하는 것은 파동이 전파되는 매질의 밀도가 달라지기 때문이며, 밀도가 높아질수록 파동의 속도는 느려지므로 결과적으로 물속에서의 빛의 속도가 공기 중에서보다 더 느리다. 7급22논리22

"낮말은 새가 듣고, 밤말은 쥐가 듣는다"라는 속담 알죠? 과학적으로 일리가 있는 말입니다. ①낮에는 땅에 가까울수록 공기가 뜨겁고, 위로 갈수록 공기의 온도가 낮아집니다. 밤에는 그 반대고요. ②공기의 온도가 낮아질수록 밀도가 높아지고, 이 때문에 파동의 속도가 느려집니다. ①과 ②를 종합하면 앞의 속담을 완성할 수 있습니다.

매질의 성질(공기의 밀도)이 조금씩 변하기 때문에, 파동의 조금씩 굴절하게 됩니다. 그래서 꺾이는 것이 아니라 휘는 것처럼 보입니다. 이 그림이 잘 이해가 안 된다면 앞에서의 아스팔트·진흙 경계면을 통과하는 자동차를 떠올려 보세요. 구체적으로 상상해서 이해해야 합니다!

이 정도 이해했다면 2009학년도 6월 모의평가에 나왔던 지문을 쉽게 읽을 수 있습니다. 단지 소리가 빛으로 바뀐 지문일 뿐입니다. 그런데 당시 학생들이 매우 어려워했습니다. 파동의 굴절에 대한 배경지식이 없었기 때문입니다.

[16] 신기루는 그 자리에 없는 어떤 대상이 마치 있는 것처럼 보이는 현상을 말한다. 그러나 신기루는 환상이나 눈속임이 아니라 원래의 대상이 공기층의 온도 차 때문에 다른 곳에 보이게 되는 현상이다. 찬 공기층은 밀도가 크고 따뜻한 공기층은 밀도가 작다. 이러한 밀도 차이는 빛이 공기를 통과하는 시간을 변화시키는데, 밀도가 클수록 시간이 더 걸리게 된다. 이 때 공기층을 지나는 빛은 밀도가 다른 경계 면을 통과하면서 **굴절**한다. 따라서 신기루는 지표면 공기와 그 위 공기 간의 온도 차가 큰 사막이나 극지방에서 쉽게 관찰할 수 있다. 090613-15

다 설명했던 내용이죠? 사실 아무런 배경지식이 없었다면 첫 문단만 읽고 굴절을 이해하기는 많이 어렵습니다. 다음 문단부터는 좀 더 어려우니 정신 바짝 차리세요! 이해를 돕기 위해 그림을 삽입하겠습니다.

[17] 뜨거운 여름, 사막의 지표면은 쉽게 햇볕을 받아 가열되고, 지표면 공기는 그 위층의 공기에 비해 쉽게 뜨거워진다. 뜨거운 공기는 차가운 공기에 비해 밀도가 작은데, 이러한 밀도 차이에 의해 빛이 **굴절**하게 된다. 나무 한 그루가 사막 위에 있다고 가정하자. 나무의 윗부분에서 나온 빛의 일부는 직진하여 사람 눈에 곧바로 도달하므로 우리 눈에는 똑바로 선 나무가 보인다.

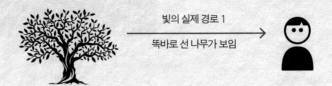

빛의 실제 경로 1
똑바로 선 나무가 보임

그러나 그 빛의 일부는 아래로 가다가 밀도가 큰 공기층을 지나며 계속 **굴절**되어 다시 위로 올라가고, 나무의 아랫부분에서 출발한 빛은 계속 **굴절**되면서 더 위쪽으로 올라간다.

빛의 실제 경로 2

이렇게 두 빛의 위치가 바뀌기 때문에 사람에게는 나무가 거꾸로 서 있는 것처럼 보인다. 이를 '아래 신기루'라고 한다. 따라서 멀리서 볼 때는 바로 선 나무와 그 밑에 거꾸로 선 나무의 영상이 동시에 보이는 것이다.

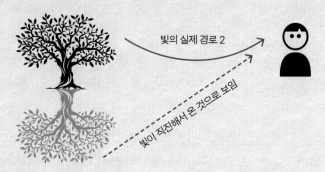

빛의 실제 경로 2

빛이 직진해서 온 것으로 보임

빛의 실제 경로2의 경우 굴절되어 눈에 들어왔지만, 우리 눈에는 빛이 직진해서 들어온 것처럼 상이 맺힙니다. 그래서 나무가 거꾸로 서 있는 것으로 보이는 것입니다. 신기루는 환상이나 착각이 아닙니다. 카메라로 찍어도 뒤집힌 나무 사진이 나옵니다.

[18] 매우 추운 지역에서도 신기루는 일어난다. 극지방의 눈 덮인 지표면 공기는 늘 그 상공의 공기보다 훨씬 차다. 찬 공기층의 밀도는 크고, 따뜻한 공기층의 밀도는 작다. 이러한 밀도 차이에 의해 빛은 밀도가 큰 지표면 쪽으로 굴절되어 우리 눈에 들어오게 된다. 따라서 극지방에 있는 산봉우리는 실제보다 위에 있는 것처럼 보인다. 이러한 현상을 **'위 신기루'**라고 부른다. 090613-15

빛이 직진해서 온 것으로 보임

빛의 실제 경로

파동의 굴절이라는 개념을 바탕으로 지문을 쭉 구체적으로 상상하며 읽어 봤습니다. 당시 상당히 어려운 지문이었지만, 어렵지 않게 읽을 수 있었죠? 혹 이해가 안 가는 부분이 있다면 굴절 설명을 처음부터 다시 여러 번 읽어보기 바랍니다!

도플러 효과

앞에서 [파장×진동수=파동의 속도]라고 했죠? 이와 관련해서 먼저 알아둬야 할 상식이 3가지 있습니다.

① 진동수는 굴절되든, 반사되든 변하지 않습니다. 즉, **진동수는 불변**합니다. 그런데 통과하는 매질에 따라 속도는 느려질 수도(아스팔트→진흙), 빨라질 수도(진흙→아스팔트) 있겠죠? 그렇다면 이때 무엇이 변하는걸까요? 네, 파장이 변합니다. 굴절하며 속도가 느려졌다는 것은 파장이 짧아졌다는 뜻이고, 속도가 빨라졌다는 것은 파장이 길어졌다는 뜻입니다.

② 소리는 높은 음일수록 진동수가 높고, 낮은 음일수록 진동수가 낮습니다.

참고로 높은 소리가 아니라 큰 소리가 나려면 파장의 진폭이 커야 합니다. **진동수는 음의 고저, 진폭은 음의 크기**라는 것에 주의하세요.

[19] 고른음은 주기성을 갖기 때문에 동일한 파형이 주기적으로 반복된다. 이때 같은 파형이 1초에 몇 번 반복되는가를 **진동수**라고 한다. **진동수**가 커지면 음높이 즉, **음고**가 높

아진다. 고른음 중에서 파형이 사인파인 음파를 단순음이라고 한다. 사인파의 **진폭**이 커질수록 단순음은 소리의 세기가 커진다.[170628-33]

③ 빛 '빨주초파남보'에서 **빨간**색으로 갈수록 <u>파장이 길고</u>, 보라색으로 갈수록 <u>파장이 짧습니다.</u> 쉽게 기억하려면 '빨간색이 길다' 하나만 오른 쪽 그림처럼 기억하세요. 절대 헷갈리지 않을 겁니다. 이를 ①과 결합하 면? 초록 빛의 경우 속도가 빨라지면 파장이 짧아져서 보랏빛이 될 수도 있고, 거꾸로 속도가 느려지면 파장이 길어져서 빨간 빛이 될 수도 있습 니다. 이 개념이 시험에 나온 적 있습니다.

[20] 20세기 초반 천문학자 허블은 윌슨 산의 망원경을 통해 먼 은하들을 관측하다가 놀라 운 사실을 발견하였다. 은하들이 발하는 빛의 파장이 스펙트럼에서 본래 있어야 할 위 치보다 **붉은색 쪽으로 치우치는** '적색편이赤色偏移' 현상이 나타난 것이다. 즉, 은하들이 발하는 빛의 **파장**이 본래의 파장값보다도 큰 값으로 지구상에서 관측된 것인데, 이는 은하들이 지구에서 점점 멀어져 가고 있음을 알려 주는 증거였다.[05예비|52-55]

파장이 큰 값으로 관측과 **파장이 붉은색 쪽으로 치우침**(적색편이)이 결국 같은 표현이라는 것이 느 껴지죠? 여기까지 이해했으면 사실 도플러 효과를 거의 다 이해한 것입니다. 도플러 효과는 도플러라는 사람이 발견해서 도플러 효과라고 하는데, 멀리서 어떤 물체가 소리를 내면서 다 가올 때 볼 수 있는 현상입니다.

[21] 도플러 효과란 파동을 발생시키는 **파원**(파동을 내보내는 원천이 되는 진동원과 그 파동)을 관측하는 관측자 중 하나 이상이 운동하고 있을 때, 관측되는 파장의 길이에 변화가 나타나는 현상이다. 예를 들어 구급차가 다가오고 있을 때는 사이렌 소리의 <u>파장이 짧</u> 아져 음이 높게 들리고 멀어져 갈 때는 소리의 파장이 길어져 음이 낮게 들리는데, 이 는 **도플러 효과** 때문이다. 박쥐는 도플러 효과를 이용해 수시로 바뀌는 반사음의 변화 를 파악하여 먹이의 위치와 이동 상황을 포착捕捉한다. 만일 돌아오는 반사음의 높이

가 낮아졌다면, 먹이는 박쥐에게서 멀어지고 있다는 것을 의미한다. [13사관26-29]

[22] 사이렌과 관측자가 가까워질 때에는 사이렌 소리가 원래의 소리보다 더 높은 음으로 들리고, 사이렌과 관측자가 멀어질 때에는 더 낮은 음으로 들린다. 이처럼 빛이나 소리와 같은 파동을 발생시키는 파동원과 관측자가 멀어질 때는 **파동**의 진동수가 더 작게 감지되고. 파동원과 관측자가 가까워질 때는 파동의 진동수가 더 크게 감지되는 현상을 **도플러 효과**라고 한다. [16이해29-32]

[23] 속도 측정기를 설계한 사람은 **도플러 효과**의 원리를 이해하고 있고, 자신이 이해하고 있는 것을 종이 위에 공식으로 표현할 수 있다. [입법23논리40]

[파장×진동수=파동의 속도]에서 진동수는 불변이라고 했지만, 사람이 '감지'하게 되는 진동수는 물체의 이동에 따라 다음 그림처럼 달라질 수 있습니다. 소리의 속도는 일정한데, 진동수가 바뀌니 파장도 반비례해서 변하겠죠!

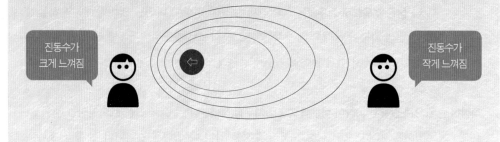

---

082 원자atom vs 원소element

원자와 원소가 헷갈리는 학생들이 좀 있을 것입니다. 사전을 찾아봐도 그 차이를 구별하기가 참 어렵습니다.

원자   물질을 구성하는 기본 입자

원소   물질을 구성하는 기본 요소

어떻게 설명해야 여러분이 가장 쉽게 이해할 수 있을까 며칠 고민했는데, 스파게티를 먹으며 답을 찾았습니다.

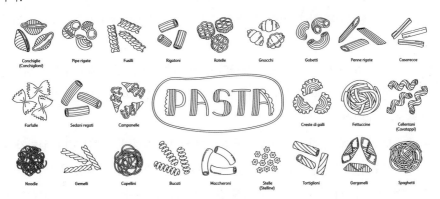

혹시 파스타와 스파게티의 차이를 아나요? 파스타pasta는 이탈리아식 국수를 총칭(전부를 한데 모아 두루 일컬음)하는 단어입니다. 파스타 면의 굵기와 모양에 따라 스파게티, 푸질리, 파르팔레, 펜네, 루오테, 마카로니 등 100여 가지로 나뉩니다. 엄청 다양하죠? 마트에 가면 10개 이상의 파스타 면을 볼 수 있습니다.

원자와 **원소**는 마치 파스타와 스파게티, 푸질리, 파르팔레 등의 관계와 비슷합니다. **원자**는 물질을 구성하는 기본 입자로, 원자핵(양성자+중성자)과 전자로 구성되어 있습니다. 과학자들은 원자의 양성자의 수에 따라 원자번호를 매겨서 종류를 구분했는데. 이것이 **원소**입니다. 양성자가 1개인 원자는 수소, 2개는 헬륨, 6개는 탄소, 8개는 산소. 이런 식으로 해서 2009년에 117번 Tennessine까지 발견 혹은 발명됐습니다. '발명'이라고 한 이유는 자연계에 없는 원소를 인위적으로 만든 것도 있기 때문입니다.

한 줄로 정리하자면, **원자**는 기본 알갱이(입자), **원소**는 원자의 종류입니다. 참고로 **원소**는 동일한 종류의 원자로만 이루어진 순수한 물질을 뜻하기도 합니다.

[01] 과거에는 물질이 더 이상 쪼개지지 않는 작은 **원자**들로 구성되어 있다고 생각되었지만, 오늘날에는 원자가 전자, 양성자, 중성자로 구성된 복잡한 구조라는 것이 밝혀졌다. 1606A19-21

[02] 19세기 과학자들은 물질의 최소 단위로 생각되는 미세한 요소들을 발견하고 거기에 그리스인으로부터 물려받은 '**원자**'라는 이름을 붙였다. 그러나 이것이 물질의 최소 단위는 아니었다. 1930년대에 이르러 **원자**는 **양성자**와 **중성자**로 이루어진 원자핵의 주변을 전자들이 돌고 있는 구조로 된 복합체라는 사실이 밝혀진 것이다. 040952-55

[03] **원소**에 대해서는 잘 아시죠? (그렇다는 대답을 듣고) 잘 아시는군요. 희토류는 원소 주기율표에서 **원자 번호** 57부터 71까지의 원소와 그 외의 2개 원소를 합친 17개의 원소를 가리킵니다. 희토류는 다른 물질과 함께 화합물을 형성하여 다양한 산업 분야에서 주요 소재로 널리 활용되고 있습니다. [1611A3-5]

[04] 멘델레예프는 60개의 화학원소들을 **원자**의 무게에 따라 배열할 때 원자가 등의 성질이 주기적으로 반복된다는 점을 알아내 주기율표를 창안하고, 그 표의 빈 칸을 채우는 세 원소의 존재를 예측했다. [12추리23]

[05] 원자핵 모형에 의하면 한 원자의 원자번호는 그 원자의 양성자 개수와 같다. 원자가 갖는 양성자의 개수와 중성자의 개수를 합한 값을 '원자의 원자량'이라고 한다. 원자의 화학적 성질은 양성자의 개수와 전자의 개수에 의해 결정되므로 두 원자의 양성자 개수가 같으면 '같은 원소'라고 한다. 양성자의 개수는 같고 중성자의 개수가 다르면, 원자번호는 같고 원자량이 다르게 되는데, 이러한 원소들을 '동위원소'라고 부른다. 동위원소는 화학적 성질은 같지만 물리적 성질이 다르다.

각 원소들마다 존재하는 동위원소의 존재비는 상당히 정확히 알려져 있다. 예를 들어 원자번호가 17인 염소의 경우, 원자량이 35인 동위원소가 약 75% 존재하고, 원자량이 37인 동위원소가 약 25% 존재한다.

어떤 동위원소들은 우라늄처럼 붕괴하여 다른 원소가 되기도 한다. 이와 달리 붕괴하지 않는 동위원소를 '안정적 동위원소'라고 한다. 원소들 중에 안정적 동위원소를 갖지 않는 것은 20가지인데 자연에 존재하는 전체 원소의 약 4분의 1에 해당한다. 각 원소들이 가지는 동위원소의 수를 조사해보면 중요한 규칙성을 발견할 수 있다. 홀수의 원자번호를 갖는 원소보다는 짝수의 원자번호를 갖는 원소가 훨씬 많은 동위원소를 가지고 있으며, 몇 가지 사례를 제외하고는 원자번호가 짝수인 원소는 원자량도 짝수가 된다는 것을 알 수 있다. 안정적 동위원소를 갖지 않는 원소 가운데는 베릴륨만이 원자번호가 4로 짝수이고 나머지 원소는 모두 홀수의 원자번호를 가지고 있다. [5급11논리6]

[06] **동위원소**란 원자 번호(양성자 수)는 같지만 원자량(양성자 수+중성자 수)이 서로 다른 원소를 말하는데, 산소의 동위원소로는 원자량이 16인 산소(^{16}O)와 원자량이 18인 산소(^{18}O)가 있다. [090941-43]

[07] 비활성 기체인 라돈에는 질량이 다른 39종의 동위원소들이 존재하는데, 그중 자연에서 주로 발견되는 것은 질량수가 222인 ^{222}Rn과 질량수가 220인 ^{220}Rn이다. [5급20논리17]

물질이 기본입자로 이루어져 있다는 것이 지금은 상식적 '사실'이지만, 18세기에는 돌턴이라는 과학자의 '주장'이었습니다.

[08]   돌턴은 만일 물질의 최소 단위가 더 이상 쪼개질 수 없는 입자라고 한다면 이러한 입자들이 다른 물질들과 결합하는 데는 일정한 비比가 있을 것이라고 가정했다. 이러한 가설에서 시작하여 산소와 탄소의 결합실험을 한 결과 탄소가 산소와 결합하는 몇 종류의 비율이 있으며 이 비율들은 정수비임을 발견했다.^{견습05논리14}

물질과 물질의 결합 비율이 일정한 정수(1 대 2, 2 대 3, 3 대 5 등)라는 것은 물질이 기본 입자로 이루어져 있음을 지지하는 증거가 됩니다. 서로 다른 종류의 구슬을 결합시킨다고 생각해 보면 쉽게 이해가 갈 것입니다. 더 쪼개질 수 없는 기본입자끼리 결합하면 그 비율은 정수일 수밖에 없습니다.

원자는 양성자와 중성자가 결합되어 있는 원자핵과 그 주위를 도는 전자로 이루어져 있습니다. 예전에는 고교 공통 교육과정에서 이 정도까지만 배우고 끝났습니다. 그런데 요즘 과학 교과서를 보면 양성자와 중성자마저도 더 작은 입자로 구성되어 있다고 나옵니다.

양성자는 두 개의 Up 쿼크와 하나의 Down 쿼크로 이루어져 있고, 중성자는 두 개의 Down 쿼크와 하나의 Up 쿼크로 이루어져 있다고 알려져 있습니다.

[09]   양성자와 중성자는 '다운 쿼크'와 '업 쿼크'라고 명명된 두 가지 입자들의 결합으로 이루어져 있다는 것이다. 040652-55

[10]   우주 초기의 높은 온도에서 자유로웠던 쿼크가 온도가 낮아지면서 양성자, 중성자가 된다. 예비11추론 | 약6

[11]   원자 핵 속의 미시 물리 현상을 설명하는 쿼크quark 이론은, 핵 속에 존재하는 양성자

나 중성자를 쿼크라는 입자들의 덩어리로 가정하고, 핵의 물리 현상들을 매우 성공적으로 설명해 주고 있다. 그런데 쿼크 이론에서 가정하는 쿼크 입자는 현재로서는 직접 관측이 불가능하다. 따라서 쿼크 이론이 옳은지 그른지를 경험적으로 판단하는 것은 어렵다. 예비05추론38-40

[12] 1968년에 스탠포드 선형 가속기 센터의 실험에 의해 양성자와 중성자조차도 물질의 최소 단위가 아니라는 충격적인 사실이 밝혀졌다. 양성자와 중성자는 '다운 **쿼크**'와 '업 **쿼크**'라고 명명된 두 가지 입자들의 결합으로 이루어져 있다는 것이다. 040952-55

[13] 다음은 물질을 구성하는 입자에 대한 설명이다.

표준 모형에서 입자는 물질을 구성하는 기본 입자와 상호 작용을 매개하는 매개 입자로 구분된다. 그림과 같이 원자는 원자핵과 A(전자) 이루어져 있으며, 원자핵은 전하를 띠는 B(양성자)와 전하를 띠지 않는 중성자로 구성되어 있다. 표준 모형에 의하면 B(양성자)와 중성자는 각각 글루온이 매개하는 강한 상호 작용에 의해 두 종류의 C(쿼크)가 결합되어 만들어져 있다. 1511과탐 | 물리1

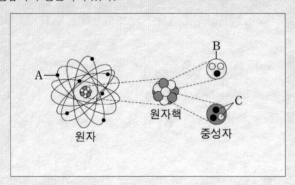

경도 vs 위도

교육과정 내에서 알아야 할 '경도'의 뜻은 5가지입니다.

1. 경도 longitude ←→ 위도 latitude

위도와 경도는 지구의 좌표를 나타내기 위한 개념입니다.

위의 그림은 위도 N°가 어떻게 정해지는지를, 오른쪽 그림은 지구 전체를 봤을 때 위도의 분포를 나타낸 것입니다. 위도 0°를 적도라고 한다는 것도 알아두세요.

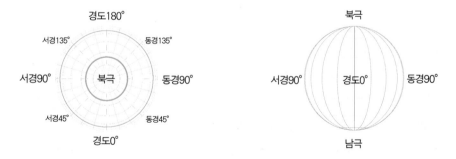

경도 0도는 영국 구舊 그리니치 천문대를 기준으로 했습니다. 당시 영국이 세계에서 가장 힘이 셌기 때문에 영국이 런던의 천문대를 기준으로 한 것이 표준이 됐습니다.

시차 계산은 경도를 기준으로 합니다. 지구가 한 바퀴 돌면 24시간이죠? 경도는 총 360°니까 15° (360°/24) 차이가 날 때마다 1시간씩 차이가 납니다.

위도와 경도는 지구과학부터 경제학까지 자주 언급되는 어휘입니다. 예문을 충분히 음미하며 읽어보기 바랍니다.

[01] 구 모양인 지구의 둘레는 **적도**가 가장 길고 위도가 높아질수록 짧아진다. 지구의 자전 주기는 **위도**와 상관없이 동일하므로 자전하는 속력은 적도에서 가장 빠르고, 고위도로 갈수록 속력이 느려져서 남극과 북극에서는 0이 된다. 적도 상의 특정 지점에서 동일한 **경도** 상에 있는 **북위** 30도 지점을 목표로 어떤 물체를 발사한다고 하자. 1411B26-27

[02] 표준시: **경도**를 달리하는 각지 사이의 시차를 통일하려고 일정한 지점의 시각을 그 근처에 있는 일정한 구역 안의 표준으로 하는 시각 5급12상황34

[03] 지표면에 있는 어떤 형상의 위치를 **경도**와 **위도**로 표현하는 지리 좌표계는 구형의 표면인 지표상의 위치를 표현하고 있기 때문에 평면의 지도에서 그 형상의 위치를 정확하게 표현하기 위해서는 지도 투영법이 필요하다. 지도 투영법이란 투명한 지구본 안에 광원을 두고 그 광원에서 빛을 쏘았

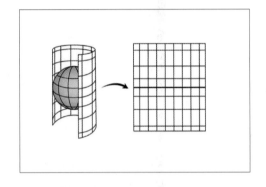

을 때 **투영**(물체의 그림자를 어떤 물체 위에 비추는 일)면에 비춰지는 그림자를 지도로 그리는 방법이다. 11추론38-40

[04] 북극성北極星은 **방위**(방향을 기준으로 나타내는 위치)나 **위도**의 지침이 된다. 041147

[05] 한국의 **위도**를 기준으로 한다면 지구의 자전 속도는 분당 약 20km이다. 5급17상황18

[06] 최근에 각국의 소득 수준이 **위도**나 기후 등의 지리적 조건과 밀접한 상관관계를 가진다는 통계적 증거들이 제시되었다. 100931-32

[07] 유라시아는 남북으로 뻗은 아프리카나 남북 아메리카와 달리 동서로 뻗어 있어서, 한 지역에서 이용하는 작물과 가축이 비슷한 **위도**, 비슷한 기후의 다른 지역으로 쉽게 전파될 수 있었다. 09추리3

[08] 어떤 역사가는 유라시아 대륙에서 과거 인간의 주요 거주 지역을 위도에 따라 큰 강 유역의

농경지대, 농목복합지대, 유목지대로 나누고 다음과 같은 가설을 세웠다. (1) 문명은 큰 강을 끼고 있는 **북위** 30도 전후의 농경지대에서 발생한다. 그러나 농경지대와 유목지대(**북위** 40도 이상) 사이의 교역과 인적 교류가 늘어나자 점차 **북위** 30~40도 사이의 농목복합지대가 교역의 중심이 되어 인구가 모여든다. ^{10추리21}

[09]　표층은 태양 에너지가 파도나 해류로 인해 섞이기 때문에 온도 변화가 거의 없다. 그러나 그 아래의 층에서는 태양 에너지가 도달하기 어려워 수심에 따라 수온이 급격히 낮아지고, 이보다 더 깊은 심층에서는 수온 변화가 거의 없다. 표층과 심층 사이에 있는, 깊이에 따라 수온이 급격하게 변화하는 층을 수온약층이라 한다.

(중략)

수온약층은 위도나 계절 등에 따라 달라질 수 있다. 보통 **적도**에서는 일 년 내내 해면에서 수심 150미터까지는 수온이 거의 일정하게 유지되다가, 그 이하부터 600미터까지는 수온약층이 형성된다. **중위도**에서 여름철에는 수심 50미터에서 120미터까지 수온약층이 형성되지만, 겨울철에는 표층의 수온도 낮으므로 수온약층이 형성되지 않는다. **극지방**은 표층도 깊은 수심과 마찬가지로 차갑기 때문에 일반적으로 수온약층이 거의 없다. ^{14사관B23~26}

[10]　지구 상의 기온이 시간과 위치에 따라 변하는 원인은 지구가 자전한다는 사실, 자전축이 공전면의 수직축에 대해서 기울어져 있다는 사실, 그리고 지구가 구형이라는 사실에 있다. 지구는 자전축을 중심으로 하루에 한 바퀴씩 회전하는데, 그 결과 구형의 지표면이 태양빛을 교대로 받게 된다.

태양빛과 지표면이 이루는 각도가 수직에 가까울수록 지표면에 도달하는 태양빛의 양이 많아진다. 태양이 지표면을 수직으로 비출 수 있는 위치는 봄과 가을에는 **적도** 주변, 여름에는 북반구, 겨울에는 남반구 지역이 된다. 이것이 계절이 생기는 이유이다. 만약 자

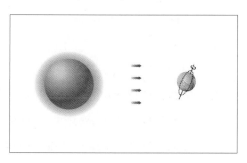

전축이 기울어져 있지 않다면 태양이 연중 **적도**면만 수직으로 비추게 되어 태양빛이 각 **위도**의 지표면에 도달하는 양은 연중 변화가 없을 것이다.

대기의 영향을 무시한다면, 태양빛에 수직이 되도록 판을 세워두면 그 판에 도달하는 태양빛의 양은 **위도**에 관계없이 지구의 모든 지점에서 거의 같게 된다. 그러나 실제 지표면에 도달

하는 태양에너지의 양은 **위도**에 따라 다른데, 그것은 지구가 구형이어서 **위도**에 따라 태양빛과 지표면이 이루는 각도가 다르기 때문이다.^{10추리27}

2. 경도slight < 중등도moderate < 고도excessive

경도 부상/화상, 중(등)도 비만, 고도 근시 같은 표현을 한 번쯤 들어봐서 익숙하죠? 이때 경도는 '가벼운 정도'입니다.

3. 경도hardness(of 고체)

경도는 **굳기**라고도 하며, 표면이 단단한 정도를 말합니다. 어떤 물체를 손톱으로 긁었을 때 쉽게 홈이 나면 경도가 낮은 것이고, 오히려 손톱이 갈리면 경도가 높은 것입니다. 경도가 가장 높은 광물은 <u>다이아몬드(금강석)</u>입니다.

흔히 헷갈리는 것이 **강도强度 strength**입니다. 재료에 무게를 가했을 때 파괴되기까지의 저항을 말합니다. 다이아몬드는 경도가 높아서 긁힘이 잘 안 생기지만, 강도가 낮아서 무게를 가하면 깨질 수 있습니다.

[11] 아직도 많은 사람들이 3D 프린팅을 작은 플라스틱 물체와 연관 짓지만 이제 금속, 세라믹, 콘크리트 같은 소재를 출력할 수 있고 또한 그래핀(얇고 강하고 유연함), 초경합금(드릴과 절단기에도 견딜 만큼 경도가 강함) 그리고 생태학적 바이오 소재(플라스틱 대체재, 파스타 같은 식재료)와 같은 첨단소재도 출력할 수 있다. ^{입법21논리34}

4. 경도hardness(of 물)

물에 칼슘염과 마그네슘염이 함유되어 있는 정도를 가리킵니다. 센물, 단물 이런 걸 초등학생 때 들어본 적 있죠?

5. 경도

이 **경도**는 주로 '경도되다'로 많이 쓰입니다. 사전을 찾아 보면 "<u>온 마음을 기울여 사모하거나 열중하게 되다</u>"라고 나옵니다. 뭔가 긍정적인 느낌이죠? 그런데 이 단어가 쓰이는 문맥을 살펴보면 부정적일 때가 많습니다. 이때는 '빠지다(무엇에 정신이 아주 쏠리어 헤어나지 못하다)'로 바꿔 읽으면 자연스럽습니다. 참고로 2015학년도 9월 모의평가에 이 단어로 정답을 만든 어휘 문제가 나온 적 있었습니다. 그만큼 출제자도 중요하게 생각하는 단어입니다!

[12] 전국 시대戰國時代의 사상계가 양주楊朱와 묵적墨翟의 사상에 **경도되어** 유학의 영향력이 약화되고 있다고 판단한 맹자孟子는 유학의 수호자를 자임하면서 공자孔子의 사상을 계승하는 한편, 다른 학파의 사상적 도전에 맞서 유학 사상의 이론화 작업을 전개하였다. 1509B17-21

[13] 지도자나 국민 모두 회의주의나 극단주의에 **경도되는** 것을 경계해야 민주 국가에서 지도자와 국민의 바람직한 관계가 가능할 수 있다고 강조했다. 11추론14-16

[14] 나르시시즘은 자신에 대해 과도하게 부풀려지거나 극단적으로 왜곡된 자기평가에 **경도된** 경우이다. 입법21논리28

[15] 실러가 보기에, 계몽주의는 추상적 지성의 계몽에만 **경도되어** 인간의 소중한 정신 능력들의 조화를 파괴했기 때문에 혁명의 과격화는 필연적이다. 11이해6-8

[16] 우리는 정주(정착)보다 유목에 길들어가고 있다. 어느새 우리는 욕망에 따라 이동하는 신유목 시대에 살고 있는 것이다.

(중략)

인문학의 입지가 어느 때보다 좁아진 이유 중 하나는 대학이 앞장서서 그것을 외면하기 시작한 데도 있다. 대학을 가리켜 상아탑이라고 부르는 것은 현실에 영합(남의 마음에 들도록 아첨하여 좇는 것)하지 않는 대학 본래적인 사명과 역할 때문이었다. 그러나 대학들은 신유목 시대의 경제 원리에만 **경도**되어 대학 교육의 새틀짜기에 매달려 왔다. 06사관A20-24

문1. ⓐ～ⓔ의 사전적 의미로 적절하지 <u>않은</u> 것은? 1509국어21

선지	문맥
① ⓐ: 잘못 보거나 잘못 생각함.	전국 시대戰國時代의 사상계가 양주楊朱와 묵적墨翟의 사상에 ⓐ경도되어 유학의 영향력이 약화되고 있다고 판단한 맹자孟子는 유학의 수호자를 자임하면서 공자孔子의 사상을 계승하는 한편, 다른 학파의 사상적 도전에 맞서 유학 사상의 이론화 작업을 전개하였다.

①에 제시된 '잘못 보거나 잘못 생각함'은 (거의 쓰이지 않는) '착인'의 뜻풀이입니다. 따라서 이 문제의 답은 ①입니다.

 084 표피epidermis vs 진피dermis

바로 앞 예문에서 봤듯이, 표피와 진피도 출제자는 학생들이 당연히 알 것이라고 생각하는 어휘입니다. 화상을 입었을 때 표피층만 손상되면 1도 화상, 진피층까지 손상되면 2도 화상, 피하조직(지방, 근육)까지 손상되면 3도 화상입니다. 문신할 때 염료를 주입하는 층은 진피층입니다. 여기에 색소를 넣으면 지워지지 않습니다. 이 정도는 상식으로 알아두세요.

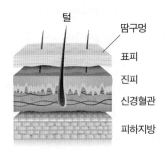

이 그림을 음미한 뒤에 바로 위의 예문을 다시 읽어보세요. "진피로부터 땀샘이 표피로 융기"되었다는 부분이 새롭게 느껴질 거예요!

[01] 스마트 패치의 약물은 **표피**를 통과해 **진피**까지 확산되고, 확산된 약물은 다시 진피 전체에 퍼져 있는 모세혈관에 흡수된다. 일단 혈관에 흡수된 약물이 이후에 약효를 발휘하는 과정은 먹는 약이나 주사약과 동일하다.^{11국학평} | 고2

[02] 최근 연구들은 여성의 경우 둔부와 대퇴부의 피부 조직 아래의 **피하 지방**세포에 지방이 더 많이 축적되는 데 비해 남성의 경우 복부 창자의 내장 지방세포에 더 많이 축적된다는 사실로부터 지방 축적에 대한 성 호르몬의 기능을 설명하려고 한다.^{12이해15-17}

[03] 지문指紋은 손가락의 **진피**로부터 땀샘이 **표피**로 융기되어 일정한 흐름 모양으로 만들어진 것으로 솟아오른 부분을 융선, 파인 부분을 골이라고 한다. 지문은 **진피** 부분이 손상되지 않는 한 평생 변하지 않는다.^{1606A16-18}

085 질량mass

중학교 과학시간에는 질량에 대해 '물질의 고유한 양'이라고 배울 겁니다. 국어사전에도 이 정도로 정의되어 있고요. 그런데 고등학생이 되면 좀 더 심화해서 알 필요가 있습니다.

특강

1. F=ma의 의미(질량=관성의 크기)

운동의 3법칙 중 두 번째는 가속도의 법칙입니다. **F=ma**로 표현돼죠. 물체에 힘(F)이 작용하면 가속도(a)는 질량(m)에 반비례한다는 것입니다. 질량이 클수록 운동 상태를 바꾸기 어렵습니다. 그런데 운동 상태를 그대로 유지하려는 것이 관성이었죠? 따라서 [운동 상태를 변화시키기 어려운 정도=관성의 크기=질량]이 성립합니다.

[01] **질량**이 직선 운동에서 물체의 속도를 변화시키기 어려운 정도를 나타내듯이, **회전 관성**은 회전 운동에서 각속도를 변화시키기 어려운 정도를 나타낸다. 즉, 회전체의 회전 관성이 클수록 그것의 회전 속도를 변화시키기 어렵다. 회전체의 회전 관성은 회전체를 구성하는 질량 요소들의 회전 관성의 합과 같은데, **질량** 요소들의 회전 관성은 **질량** 요소가 회전축에서 떨어져 있는 거리가 멀수록 커진다. 그러므로 질량이 같은 두 팽이가 있을 때 홀쭉하고 키가 큰 팽이보다 넓적하고 키가 작은 팽이가 회전 관성이 크다. 1409B28-29

[02] **관성모멘트**란 물체가 자신의 회전을 유지하려는 정도를 나타낸다. 물체가 회전축으로부터 멀리 떨어질수록 관성모멘트가 커지는데, 이는 **질량**이 같을 경우 넓적한 팽이가 홀쭉한 팽이보다 오래 도는 것과 같다. 13이해19-21

참고로 두 예문을 보면 알겠지만, [회전 관성=관성모멘트]입니다. 서로 다른 시험에 거의 같은 개념, 같은 표현이 나왔습니다.

2. $E=mc^2$의 의미(질량=에너지)

$E=mc^2$, 한 번쯤은 본 적 있죠? 아인슈타인의 **특수상대성이론**을 집약하는 수식입니다. 그런데 이것이 무엇을 의미할까요? 교양으로 알아둘 만합니다. 에너지(E)는 질량(m)에 빛의 속도(c)의 제곱을 곱한 값과 같다는 것입니다. 이 공식이 놀라운 이유는 에너지와 질량이 동등하다는 것을 뜻하기 때문입니다. 즉, 물질(m)을 아주 큰 에너지(E)로 바꿀 수 있다는 것입니다. 아주 작은 질량(m)의 물체라 하더라도 광속(299,792,458m/s)의 제곱을 곱하면 매우 큰 E가 돼겠죠! 이것이 태양이 큰 에너지를 내며 타오르는 원리(핵융합 반응)이기도 하고, 핵폭탄 제조의 원리(핵분열 반응)이기도 합니다.

핵이 융합되며 0.7%의 질량 결손(없어짐)이 발생합니다. 없어진 질량은 에너지로 변환된 것인데, 태양에서는 이런 과정이 계속 일어나고 있습니다.

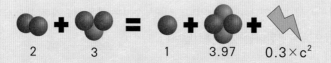

2   3   1   3.97 $0.3 \times c^2$

[03] 태양의 경우도 중력에 의한 압력 때문에 중심부의 온도는 수천만 도가 되어 **핵융합 반응**이 일어나게 된다. 핵융합 반응은 핵들이 서로 합쳐지는 과정을 말한다. 이 과정에서 **많은 에너지**가 방출되며, 이 에너지는 태양이 붉게 타는 원천이 되고 있다. 961122-26

[04] 태양 중심에서는 높은 온도와 압력으로 수소가 연소하여 헬륨으로 바뀌는 **핵융합반응**이 일어난다. 이때 나오는 **어마어마한 에너지**가 빛과 열의 형태로 지구로 오는 것이다.
5급10논리28

[05] 현재 태양의 에너지원은 수소 원자핵 네 개가 헬륨 원자핵 하나로 융합하는 과정의 **질량 결손**으로 인해 생기는 **핵융합 에너지**로 알려져 있다. 14예비A25-28
③ 물체의 질량은 다른 에너지로 변환이 가능하다. (맞음)

[06] **핵분열 반응**이 일어나면 반응 전에 비해 질량이 줄어드는데, 아인슈타인의 **특수상대성이론**에서 도출된 질량-에너지 등가원리에 따라 줄어드는 질량만큼 에너지가 발생한다. 입법17논리12

086   일반 상대성이론

아인슈타인의 상대성이론은 시험에 의외로 자주 출제됩니다. 과학사적으로 의미가 큰 업적이기도 하고, 상식에 반하는 내용이 많아 문제화하기 좋기 때문입니다. 지문이나 문제 수준도 수박 겉핥기 수준이 아니라 대학 전공서적에 나올 법한 내용인 경우가 있습니다. 고급 교양으로 알면 좋은 수준에서 상대성이론의 의미를 5가지로 정리해보겠습니다.

1. 빛의 속도는 진공에서 항상 일정하다!

빛의 속도 c는 진공에서 299,792,458m/s입니다(물론 숫자는 외울 필요가 전혀 없습니다). 누가 관측하든 항상 같은 값으로 측정된다는 것이 핵심입니다.

2. 시간과 공간은 절대적인 것이 아니라 상대적 물리량이다!

놀랍게도, 물체의 속도가 광속에 가까워질수록 시간은 느리게 흐릅니다. 즉, 시간은 물체의 속도에 따라 상대적입니다. 예를 들어, 광속의 99%로 달리는 물체에서 시간은 7배 정도 느리게 갑니다.
또한 물체가 광속에 가깝게 되면 움직이는 방향으로 길이도 짧아지고, 질량이 늘어나서 무거워집니다.

3. 시간과 공간은 연결되어 있다!

시간(1차원), 공간(3차원)은 독립적인 것이 아니라 연결되어 있습니다. 그래서 이를 4차원 시공간이라고 합니다.

4. 중력은 공간의 휘어짐(굽어짐) 때문에 생긴다!

중력 법칙을 중학생 때 배웠을 것입니다. 질량이 있는 물체끼리 서로 잡아당긴다. 이는 단지 물체가 서로 잡아당긴다는 현상을 기술한 것입니다. 아인슈타인은 '왜' 물체가 서로 잡아당기는지, 왜 중력이 발생하는지 궁금했습니다.

이에 대한 아인슈타인의 답이 바로 일반상대성이론입니다. 침대에 크고 무거운 물체를 놓으면 그 부분이 눌리면서 주변이 휘게 돼죠? 그 주위에 작은 물체를 놓으면 눌린 면을 따라 큰 물체를 향해 다가갑니다. 면이 휘어진 것을 몰랐다면, 두 물체가 서로 잡아당기기 때문에 움직인 것이라고 착각할 수 있겠죠?

이제, 침대면을 시공간으로만 바꾸면 일반상대성이론이 됩니다. 무거운 지구가 시공간을 휘게 하고, 이 휘어진 면 위에 있는 것들은 지구를 향해 떨어지게 됩니다. 이것이 중력의 실체입니다. 사과나무에서 사과가 아래로 떨어지는 이유, 달도 지구를 향해 계속 떨어지는 이유가 모두 이것입니다. 아인슈타인 이전에는 이러한 이유를 몰랐기 때문에 지구가 다른 것들을 끌어당기는 것이라고 생각한 것이고요.

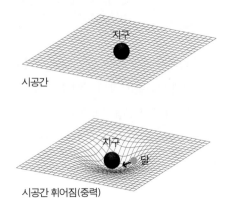

시공간

시공간 휘어짐(중력)

5. 빛도 중력에 의해 휜다!

질량이 없는 빛조차도 질량이 큰 물체를 지날 때 휘어진 시공간을 따라 휘게 됩니다. 이를 1919년에
에딩턴이라는 과학자가 실제로 확인하면서 아인슈타인의 이론이 옳다는 것이 증명됐습니다.

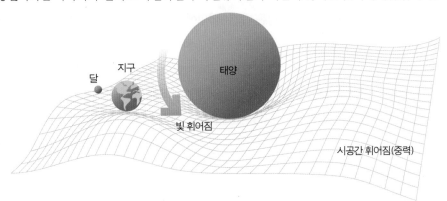

어휘력 교재인데 이런 설명이 너무 과한 것 아니냐고요? 저도 웬만하면 이런 설명까지 하고 싶지는
않았는데… **어휘를 통한 기출지문의 배경지식화**도 이 책의 작은 목적이라서 나름 '최소한으로' 설명해
봤습니다.

[01] 아인슈타인의 **상대성 이론**에 따르면 빛의 속력은 항상 일정하므로, 레이저를 이용하여 빛의
      속력을 길이 표준에 이용하자는 의견이 제기되었다. 090624-27

[02] 아인슈타인의 **상대성 이론**에 의하면 빛은 중력에 의해 휘게 된다. 빛이 행성 주변을 통과할 때
      행성의 중력에 의해 그 경로가 휜다는 것이다. 이러한 예측은 20세기 초 영국 원정팀이 개기
      일식을 관측함으로써 확인되었다. 일식이 진행되는 동안 멀리 떨어진 별로부터 오는 빛이 태
      양 주위를 통과하면서 휘는 현상이 실제로 관측된 것이다. 견습05논리14

[03] 1905년 아인슈타인의 **특수 상대성 이론**이 발표되기 전까지 물리학자들은 시간과 공간을 별개
      의 독립적인 물리량으로 보았다. 공간은 상대적인 물리량인 데 비해, 시간은 절대적인 물리량
      으로서 공간이나 다른 어떤 것의 변화에 의해 변하지 않는다는 것이다. 하지만 아인슈타인은
      시간도 상대적인 물리량으로 보고, 시간과 공간을 합쳐서 4차원 공간, 즉 '시공간spacetime'이
      라고 하였다. 이 시공간은 시간과 공간으로 서로 구별되지 않는다. 다만 이 시공간은 시간에
      해당하는 차원이 한 방향으로만 진행한다는 한계가 있기 때문에, 제한적인 4차원 공간이라는
      특징이 있다. 16사관B28-30

[04] 아인슈타인은 누구에게나 절대적 진리로 간주되었던 시간과 공간의 불변성을 뒤엎고, **상대성**

이론을 통해 <u>시간과 공간도 변할 수 있다</u>는 것을 보여 주었다. 정형화된 사고의 틀을 깨는 이러한 발상의 전환은 직관적 영감에서 나온 것으로, 과학의 발견에서 직관적 영감이 얼마나 큰 역할을 하는지 잘 보여 준다. [971140-45]

[05] 20세기에 들어 시간의 절대성 개념은 아인슈타인에 의해 근본적으로 거부되었다. 그는 <u>빛의 속도가 진공에서 항상 일정하다는 사실을 기초로 하여</u> **상대성 이론**을 수립하였다. 이 이론에 의하면 시간은 상대적인 개념이 되어, 빠르게 움직이는 물체에서는 시간이 느리게 간다. 광속을 c라 하고 물체의 속도를 v라고 할 때 시간은 $\frac{1}{\sqrt{1-(v/c)^2}}$ 배 팽창한다. 즉, 광속의 50%의 속도로 달리는 물체에서는 시간이 약 1.15 배 팽창하고, 광속의 99%로 달리는 물체에서는 7.09 배 정도 팽창한다. v가 c에 비하여 아주 작을 경우에는 시간 팽창 현상이 거의 감지되지 않지만 v가 c에 접근하면 팽창률은 급격하게 커진다.

아인슈타인에게 <u>시간과 공간은 더 이상 별개의 물리량이 아니라 서로 긴밀하게 연관되어 함께 변하는 상대적인 양이다.</u> 따라서 운동장을 질주하는 사람과 교실에서 가만히 바깥 풍경을 보고 있는 사람에게 시간의 흐름은 다르다. 속도가 빨라지면 시간 팽창이 일어나 시간이 그만큼 천천히 흐르는 시간 지연이 생긴다. [110919-20]

[06] 1905년 발표된 **특수상대성이론**은 <u>시간과 공간 같은 물리학의 개념을 변화시켰을 뿐만 아니라, 물리학에 등장하는 여러 공식들을 고쳐 쓰게 만들었다.</u> 오랫동안 상대 운동에 관한 유효한 공식으로 승인되었던 속도의 덧셈 법칙도 이에 해당한다. 이 법칙은 시속 150km로 달리는 기차 안에서 반대 방향으로 시속 150km로 달리는 옆 선로의 기차를 볼 때 그것이 시속 300km로 도망가는 듯 보인다는 상식적인 사실을 설명해주지만, 특수상대성이론에 따르면 이와 같은 덧셈 법칙은 정확하지 않다. 그렇다고 해서 고전물리학이 새 이론에 의해 완전히 부정된 것은 아니다. 특수상대성이론의 관점에서 보더라도 고전물리학의 식들은 대부분의 상황에서 아무 문제가 없을 만큼 정확한 설명과 예측을 제공하기 때문이다. 예컨대 앞에서 말한 기차가 만일 초속 15만km로 달린다면 새 이론과 고전물리학의 계산에 뚜렷한 차이가 나겠지만, 음속을 넘는 시속 1,500km 정도에서도 두 계산의 결과는 충분히 훌륭한 근사를 보여 준다. 특수상대성이론은 고전물리학의 설명력을 고스란히 포섭하는 반면, 고전물리학은 특수상대성이론이 설명할 수 있는 영역 중 '속도가 그다지 크지 않다면'이라는 조건으로 제한되는 영역에서 여전히 유효하다. 이렇게 볼 때 특수상대성이론은 고전물리학을 포섭하면서 설명과 예측의 영역을 확장시켰다는 점에서 물리학의 진보를 이루었다고 확언할 수 있다. [11이해15-17]

끝으로 '**중력파**'에 대해서 짧게 언급하고 넘어가겠습니다. 시험에 출제될 가능성이 매우 높습니다. 2008학년도 9월 모의평가에 짧게 언급된 적도 있고, 중력파 검출은 21세기 최대의 과학적 발견이니까요(그리고 이를 측정하는 내용의 지문이 2023학년도 LEET 언어이해에 나왔습니다).

연못에 돌을 던지면 물결이 점차 퍼져나가죠? 중력파도 이와 비슷합니다. 2016년 2월에 관측된 중력파는 13억년 전 블랙홀 2개가 충돌할 때 방출된 에너지가 시공간이 요동치며 퍼져나간 것입니다. 그 '물결'이 13억 년 후 지구에서 0.15초 간 포착된 것이고요. 아마 시험에 지문으로 나온다면 측정 장치를 그림과 함께 제시하지 않을까 싶습니다. 이 정도 개념을 알고 지문을 읽으면 분면 더 수월할 거예요!

블랙홀 2개 충돌

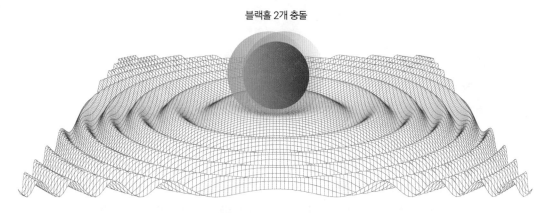

시공간 휘어져 퍼져 나감(중력파)

[07]   1916년에 발표된 아인슈타인의 **일반 상대성 이론**은 **중력파**의 존재를 예측했다. 미국의 물리학자 웨버는 중력파를 검출하기 위해 원통 형태의 기구를 직접 제작했다. 이 중력파 검출기는 자체적으로 많은 노이즈를 발생시켰지만, 웨버는 그 속에서 중력파 신호를 검출할 수 있었다고 발표했다. 080926

[08]   블랙홀 쌍성계와 같은 천체에서 발생한 중력파가 지구를 지나가는 동안, 지구 위에서는 **중력파**의 진행 방향과 수직인 방향으로 공간이 수축 팽창하는 변형이 시간에 따라 반복적으로 일어난다. 23이해25-27

다음은 2016학년도 6월 모의평가 과학탐구 물리I 문제인데… 이상하게 국어 책을 읽었는데 문제의 정답이 보일 겁니다.

그림은 철수, 영희, 민수가 과학관에서 일반 상대성 이론에 따른 시공간의 휘어짐을 2차원 평면의 휘어짐으로 시각화한 모형을 보고 별 주위의 시공간에 대해 대화하는 모습을 나타낸 것이다.

철수: 별 근처를 지나는 빛은 휘어져.

민수: 질량이 큰 물체가 움직이면 시공간의 일그러짐이 주변으로 퍼져나가는데 이를 중력 렌즈 현상이라고 해.

영희: 블랙홀 주위의 시공간은 휘어져 있지 않아.

옳게 말한 사람만을 있는 대로 고른 것은?

① 철수　　　　② 영희　　　　③ 철수, 민수
④ 영희, 민수　　⑤ 철수, 영희, 민수

철수는 앞에서 설명했던 것이니 적절합니다. 민수가 말하는 현상은 중력파를 말하는 것이니 적절하지 않습니다. 영희도 틀렸는데, 블랙홀은 질량이 매우매우 큽니다. 그래서 중력파도 일어나는 것이고요. 따라서 정답은 ①입니다.

087 패러다임 paradigm

이 단어에 대한 출제자의 생각 변화가 재미있습니다. 1995학년도 수능에 나올 때는 본문에서 정의와 자세한 설명을 덧붙여줬습니다. 당시에는 이 단어가 생소하여 학생들이 모를 수 있다고 생각한 것입니다.

[01]　　**패러다임**이란 과학자 사회의 구성원들이 공유하고 있는 신념, 가치, 기술 등의 총체를 말한다.

패러다임은 과학적으로 탐구할 만한 문제를 규정해 주고, 과학자들이 취할 수 있는 문제 해결 모형을 제공하며, 연구 결과의 타당성을 분별하는 기준이 된다. 과학에서 패러다임의 존재는 거의 절대적이어서, 과학자들은 패러다임을 적극적으로 옹호하고 보호하려고 한다.[951150~55]

그런데 13년 후에는 상황이 다릅니다. 학생들이 당연히 안다고 가정하고 지문을 만들었습니다. 그래서 패러다임에 대한 설명도 간략합니다. 이 용어가 더 이상 학생들에게 낯설지 않다고 판단한 것 같습니다(다음에 또 나온다면 더 간략한 설명이 덧붙여지겠죠?).

[02]　성공적인 과학 이론은 '**패러다임**'이 되어 후속하는 과학 활동에 지대한 영향을 미친다. 과학자들은 패러다임에서 연구의 방법, 연구 주제 등을 발견한다. 이러한 '**정상과학**normal science' 활동에서 때때로 기존의 패러다임과 조화를 이룰 수 없는 과학적 발견인 '**변칙 사례**'들이 나타나기도 한다. 이러한 변칙 사례들이 패러다임을 당장에 '무효화'하지는 않는다. 하지만 변칙 사례가 누적되면서 위기가 도래한다. 이때 새로운 과학 이론이 등장하여 기존의 패러다임과 경쟁을 벌인다. 그러다가 어떤 이유로 새로운 이론이 과학자들에게 받아들여지면서 **새로운 패러다임**paradigm shift이 되는데, 이것이 '**과학 혁명**'이다.[081134~35]

참고로 1998학년도 수능에서 '새로운 이론'과 '새로운 패러다임'의 관계가 '후보자'와 '당선자'의 관계와 유사하다는 문제가 나온 적 있습니다.

경쟁하는 패러다임 사이에는 **공약(통약) 불가능성**이 있습니다. 대충 말해서 두 패러다임 간에 공통된 약속이 없다는 말인데, 크게 셋으로 나눠볼 수 있습니다.

1. 방법론적 공약 불가능성
패러다임이 탐구할 만한 문제, 연구 주제를 결정하다 보니, 경쟁하는 패러다임 간에는 어떤 것이 탐구할 만한 문제인지, 연구 주제를 어떻게 풀어나가야 하는지가 다릅니다. 예를 들어, 패러다임에 따라 중력의 원인을 탐구하는 것이 중요할 수도 있고, (그런 원인 신경 쓸 필요없이) 중력에 따른 물체의 운동을 수학적으로 푸는 것이 중요할 수도 있습니다.

2. 의미론적 공약 불가능성

같은 용어일지라도 패러다임에 따라 **외연**(지시대상)이나 **내포**(의미)가 다를 수 있습니다. 예를 들어, '시간' 개념은 뉴턴의 패러다임과 아인슈타인의 패러다임에서 본질적인 특성이 크게 다릅니다.

[03] 17세기에 수립된 뉴턴의 역학 체계는 3차원 공간에서 일어나는 물체의 운동을 취급하였는데 공간 좌표인 x, y, z는 모두 시간에 따라 변하는 것으로 간주하였다. 뉴턴에게 **시간**은 공간과 무관한 독립적이고 절대적인 것이었다. (중략) 시간은 빨라지지도 느려지지도 않는 물리량이며 모든 우주에서 동일한 빠르기로 흐르는 실체인 것이다. 이러한 뉴턴의 절대 시간 개념은 19세기 말까지 물리학자들에게 당연한 것으로 받아들여졌다. 하지만 20세기에 들어 시간의 절대성 개념은 아인슈타인에 의해 근본적으로 거부되었다. 그는 빛의 속도가 진공에서 항상 일정하다는 사실을 기초로 하여 상대성 이론을 수립하였다. 이 이론에 의하면 **시간**은 상대적인 개념이 되어, 빠르게 움직이는 물체에서는 시간이 느리게 간다. (중략) 아인슈타인에게 시간과 공간은 더 이상 별개의 물리량이 아니라 서로 긴밀하게 연관되어 함께 변하는 상대적인 양이다. [110919]

[04] 과학에서 혁명적 변화는 정상적 변화와 다르다. 혁명적 변화는 그것이 일어나기 전에 사용되던 개념들로는 수용할 수 없는 새로운 발견들을 동반한다. 과학자가 새로운 발견을 하고 이를 수용하기 위해서는 어떤 영역의 자연현상들에 대해 생각하는 방식과 기술하는 방식 자체를 바꾸어야 한다. 뉴턴의 제2 운동 법칙의 발견이 이러한 변화에 해당한다. 이 법칙이 채택하고 있는 힘과 질량의 개념은 이 법칙이 도입되기 전까지 사용되던 개념들과는 다른 것이었고, 이 새로운 개념들의 정의를 위해서는 뉴턴의 법칙 자체가 필수적이었다. 좀 더 포괄적이면서도 비교적 단순한 또 하나의 사례는 프톨레마이오스 천문학에서 코페르니쿠스 천문학으로의 전이 과정에서 찾을 수 있다. 이

전이가 이루어지기 전까지 태양과 달은 행성이었고 지구는 행성이 아니었다. 전이 이후에 지구는 화성이나 목성과 마찬가지로 행성이 되었고, 태양은 항성이, 그리고 달은 새로운 종류의 천체인 위성이 되었다. 이와 같은 변화는 단지 프톨레마이오스 체계 내의 개별적인 오류를 교정한 것이 아니다. 이 변화는 뉴턴 운동 법칙으로의 전이에서와 마찬가지로 자연 법칙 자체의 변화였다. 그리고 그 변화된 자연 법칙 속의 몇몇 용어들이 자연에 적용되는 방식도 변하였다. 『2차예제집』문23

[05]　뉴턴의 역학 이론은 아인슈타인의 상대성 이론으로부터 도출되는가? 상대성 이론의 핵심 법칙들을 나타내고 있는 진술들 E_1, E_2, …E_i, …E_m의 집합을 생각해보자. 이 진술들은 공간적 위치, 시간, 질량 등을 나타내는 변수들을 포함하고 있다. 그리고 이 집합으로부터 관찰에 의해서 확인할 수 있는 것들을 포함하여 상대성 이론의 다양한 진술들을 도출할 수 있다. 그리고 변수들의 범위를 제약하는 진술들을 이용하면 상대성 이론이 어떤 특수한 경우에 적용될 때 성립하는 법칙들도 도출할 수 있다. 가령, 물체의 속도가 광속에 비하여 현저하게 느린 경우에는 계산을 통하여 뉴턴의 운동 법칙, 만유인력 법칙 등과 형태가 같은 진술들 E_1, E_2, …E_i, …E_m을 도출할 수 있다.

이런 점에서 몇몇 제약 조건을 붙임으로써 뉴턴의 역학은 아인슈타인의 상대성 이론으로부터 도출되는 것으로 보인다. 그렇지만 N_i는 상대성 이론의 특수 경우에 해당하는 법칙일 뿐이지 뉴턴 역학의 법칙들이 아니다. E_i에서 공간적 위치, 시간, 질량 등을 나타냈던 변수들이 N_i에서도 나타난다. 여기서 우리는 N_i에 있는 변수들이 가리키는 것은 뉴턴 이론의 공간적 위치, 시간, 질량 등이 아니라 아인슈타인 이론의 공간적 위치, 시간, 질량 등이라는 것을 주의해야 한다. 같은 이름을 가지고 있지만, 아인슈타인의 이론 속에서 변수들이 가리키는 물리적 대상이 뉴턴 이론 속에서 변수들이 가리키는 물리적 대상과 같은 것은 아니다. 따라서 Ni에 등장하는 변수들에 대한 정의를 바꾸지 않는다면, N_i는 뉴턴의 법칙에 속할 수 없다. 그것은 단지 아인슈타인 상대성 이론의 특수 사례일 뿐이다. 민간13논리21

3. 관찰적 공약 불가능성

패러다임에 따라 관찰되는 것이 다릅니다. 직관적인 사례는 네커의 큐브Necker Cube입니다.

다음 정육면체에서 빨간점에 초점을 두느냐, 파란점에 초점을 두느냐에 따라 입체감이 달라집니다.

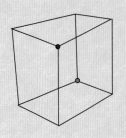

이는 **관찰의 이론적재성**theory-ladenness과 밀접한 관련이 있는데, 말 그대로 관찰할 때 이미 이론이 실려있다는 뜻입니다. 그래서 전제된 이론에 따라 관찰결과가 달라질 수 있습니다. 일례로, 똑같은 엑스레이 사진을 보더라도, 일반인, 3학점짜리 수업을 들은 의대생, 영상의학과 전문의는 서로 다른 것을 보겠죠.

관찰적 공약불가능성과 관련된 임용시험 기출선지는 다음과 같습니다.

[06] 동일한 일출 현상을 보고 천동설 패러다임을 가진 사람들은 "태양이 떠오른다."로 관찰하지만, 지동설 패러다임을 가진 사람들은 "지평선이 내려간다."로 관찰한다.
10임용(지구)02

[07] 갈릴레오는 망원경을 이용하여 달의 표면은 편평하지 않고, 산맥과 분화구가 있다고 관찰하였다. 하지만 아리스토텔레스 이론을 추종하는 과학자들은 눈에 보이지 않는 어떤 물질이 달 표면에 있는 산들을 덮고 분화구를 메우고 있어 달의 표면은 완전히 둥글다고 주장하였다. 10임용 | 지구 02

[08] 과학에서의 지적 진보는 관찰과 이론이 일치하지 않을 때 발생할 수 있다. 이때 형성된 새로운 지식은 기존 이론 체계를 완전히 대체하거나 보완하는 이론으로 받아들여진다. 과학의 역사를 보면 여기에는 두 가지 과정이 존재한다. 즉 기존 이론으로 설명될 수 없는 현상이 먼저 관찰되고 나중에 이를 설명하는 새로운 이론이 출현하는 경우와 새로운 이론이 먼저 나타나 기존 이론으로는 불가능한 예측이 이루어진 다음, 관찰에 의해 이를 입증하는 경우가 그것이다. 09임용 | 화학 03

088 가중치 weight

가중치는 합을 구하거나 평균을 낼 때, 개별값에 부여하는 중요도라고 할 수 있습니다. 수학적으로는 개별값에 부가적으로 곱해주는 값을 가리킵니다. 가중치 대신 **반영 비율**이라는 말도 자주 쓰입니다. 아래는 20○○학년도 고려대학교(안암캠퍼스) 수시모집요강의 일부입니다.

구분	전형요소별 반영비율
일괄선발	논술 60% + 학생부(교과) 30% + 학생부(비교과) 10%

중요도 측면에서 논술에 60%, 학생부(교과)에 30%, 학생부(비교과)에 10% 비율이라는 뜻입니다. 이를 수학적으로 계산할 때는 논술 점수×0.6, 학생부(교과) 점수×0.3 학생부(비교과) 점수×0.1 이런 식으로 밑줄 친 가중치를 곱해서 더하고요.

[01] 퍼셉트론은 입력값들을 받아들이는 여러 개의 입력 단자와 이 값을 처리하는 부분, 처리된 값을 내보내는 한 개의 출력 단자로 구성되어 있다. 퍼셉트론은 각각의 입력 단자에 할당된 **가중치**를 입력값에 곱한 값들을 모두 합하여 **가중합**을 구한 후, 고정된 **임계치**보다 가중합이 작으면 0, 그렇지 않으면 1과 같은 방식으로 출력값을 내보낸다. 170616-19

참고로 위 예문에 나온 임계치는 이전에 배웠던 역치와 같은 뜻입니다(기억 안 나면 40p로 돌아가 복습하고 오세요).

[02] 통계청이 발표하는 지수물가와 소비자가 느끼는 체감물가의 차이가 커지게 된다면 통계청의 지수물가에 대한 신뢰성이 떨어질 수 있다. 이것을 막기 위해서 많이 구매하는 물건이나 밥상에 자주 오르는 먹을거리를 중심으로 새로운 지수물가를 따로 설정하거나 기준이 되는 품목이나 **가중치**를 시대의 변화에 따라 바꾸기도 한다. 13국학평(중3)

[03] 정부는 50명의 관련전문가를 대상으로 설문조사를 실시하였다. 설문조사는 (ⅰ)인구, 면적, 우편물량, 운송비, 거리 등 5가지 입지 선정기준에 대한 가중치 조사와 (ⅱ)각 선정 기준별 입지 후보지 선호도 조사로 구성되어 있다. 조사결과는 다음과 같다. 5급09상황8

언어학부터 생물학까지

가중치 조사		입지선호도 조사		
입지 선정기준	가중치	입지후보지 A	입지후보지 B	입지후보지 C
인구	0.2	0.6	0.2	0.2
면적	0.1	0.5	0.3	0.2
우편물량	0.5	0.6	0.2	0.2
운송비	0.1	0.8	0.1	0.1
거리	0.1	0.2	0.5	0.3
종합점수		0.57	0.23	0.20

※ 종합점수 = Σ(가중치×선호도) ※ 1에 가까울수록 더 선호함을 의미한다.

A의 종합점수는 Σ(가중치×선호도), 즉 0.6×0.2, 0.5×0.1, 0.6×0.5, 0.8×0.1, 0.2×0.1를 합한 값입니다.

문1. 홍길동 사무관은 정책 A에 대한 다섯 가지 대안들을 검토하여 다음과 같이 정리하였다. 주어진 〈표〉에는 각 대안들에 대해 10점 만점을 성취해야 하는 '절대 목표'와 어느 정도 성취해도 되는 '희망 목표'로 구분하여 제시되어 있다. 각 항은 10점 만점에 대한 '성취도'를 나타내고 희망 목표 네 항목에 대해서는 각 목표의 '가중치'가 주어져 있다. 정책 A에 대한 대안으로서 최선인 것은? 5급 05판단

목표의 분류		가중치	대 안 별 성 취 도				
			가	나	다	라	마
절대목표	1년 이내 성과 창출	–	10	8	10	10	10
	소요경비는 500억 원 이내	–	10	10	10	8	10
희망목표	청년 실업 감소	100	8	10	9	10	9
	수입 대체 효과	80	7	8	9	10	8
	내수 진작	60	10	10	8	9	10
	과학 기술의 진흥	40	9	9	10	10	8

※ 각 목표의 가중치는 목표의 비중을 점수화한 것이다.

① 가
② 나
③ 다
④ 라
⑤ 마

시험 빈출 개념어

대안 '나'와 '라'는 절대목표를 10점으로 10점 만점을 성취하지 못했습니다. 따라서 바로 제외합니다. 이제 남은 '가', '다', '마'의 희망목표를 계산해서 가장 높은 대안을 고르면 됩니다. 그런데 '가'는 가중치가 100, 80인 항목의 점수가 상대적으로 낮습니다. 가중치가 높은 항목들의 점수가 높아야 가중합이 크겠죠? 따라서 '가'는 제외하고, '다'와 '마'만 계산하면 다=2500, 마=2460입니다. 정답은 ③

문2. 다음 자료는 GIS 중첩 분석에 대한 것이다. 1위와 2위 후보지로 옳은 것은? [1609사탐 | 한국지리]

    목적   ○○ 시설의 후보지 평가

    절차   후보지의 경사와 지가 속성 점수 및 가중치를 이용하여 후보지 점수가 높은 순서로 1위와 2위를 선정

후보지 점수   (경사 속성 점수×경사 가중치)+(지가 속성 점수×지가 가중치)

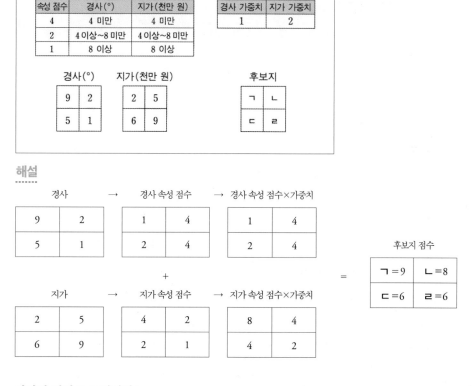

〈경사와 지가 속성별 점수〉

속성 점수	경사(°)	지가(천만 원)
4	4 미만	4 미만
2	4 이상~8 미만	4 이상~8 미만
1	8 이상	8 이상

〈경사와 지가 가중치〉

경사 가중치	지가 가중치
1	2

경사(°)

9	2
5	1

지가(천만 원)

2	5
6	9

후보지

ㄱ	ㄴ
ㄷ	ㄹ

경사 → 경사 속성 점수 → 경사 속성 점수×가중치

9	2
5	1

1	4
2	4

1	4
2	4

+

지가 → 지가 속성 점수 → 지가 속성 점수×가중치

2	5
6	9

4	2
2	1

8	4
4	2

= 후보지 점수

ㄱ=9	ㄴ=8
ㄷ=6	ㄹ=6

따라서 정답은 ①입니다!

문3. ⓐ～ⓔ의 사전적 의미로 적절하지 <u>않은</u> 것은?¹⁵⁰⁹²¹

선지	문맥
② ⓑ: 책임이나 부담 등을 더 무겁게 함. 적절	맹자는 공자의 춘추 시대春秋時代에 비해 사회 혼란이 ⓑ가중되는 시대적 환경 속에서 사회 안정을 위해 특히 '의義'의 중요성을 강조하였다.

089 옵션, 선물

노동 소득 외에 투자 소득을 추구하는 사람이라면 주식이나 코인뿐만 아니라 채권(84p 참고), 옵션, 선물 등에 대해서도 알 필요가 있습니다. 채권은 앞서 다뤘으니, 옵션, 선물에 대해 알아봅시다!

'옵션option'이라면 금융 상품을 떠올리기 쉽지만, 알고 보면 우리 주위에는 옵션의 성격을 갖는 현상이 참 많다. 옵션의 특성을 잘 이해하면 위험과 관련된 경제 현상을 이해하는 데 큰 도움이 된다. 옵션은 '미래의 일정한 시기(행사 시기)에 미리 정해진 가격(행사 가격)으로 어떤 상품(기초 자산)을 사거나 팔 수 있는 권리'로 정의된다.

역사에 등장하는 최초의 옵션은 고대 그리스 시대로 거슬러 올라간다. 기하학의 아버지로 우리에게 친숙한 탈레스는 올리브유 압착기에 대한 옵션을 개발했다고 전해진다. 당시 사람들은 올리브에서 기름을 얻기 위해서 돈을 주고 압착기를 빌려야 했다. 탈레스는 파종기에 미리 조금의 돈을 주고 수확기에 일정한 임대료로 압착기를 빌릴 수 있는 권리를 사 두었다. 만약 올리브가 풍작이면 압착기를 빌리려는 사람이 많아져서 임대료가 상승할 것이다. 이렇게 되면 탈레스는 파종기에 계약한 임대료로 압착기를 빌려서, 수확기에 새로 형성된 임대료로 사람들에게 빌려줌으로써 큰 이윤을 남길 수 있다. 하지만 흉작이면 압착기를 빌릴 권리를 포기하면 된다. 탈레스가 파종기에 계약을 통해 사 둔 권리는 그 성격상 '살 권리'라는 옵션임을 알 수 있다.

이처럼 상황에 따라 유리하면 행사하고 불리하면 포기할 수 있는 선택권이라는 성격 때문에 옵션은 수익의 비대칭성을 낳는다. 즉, 미래에 기초 자산의 가격이 유리한 방향으로 변화하면 옵션을 구입한 사람의 수익이 늘어나게 해 주지만, 불리한 방향으로 변화해도 그의 손실이 일정한 수준을 넘지 않도록 보장해 주는 것이다. 따라서 이 권리를 사기 위해 지급하는 돈, 즉 '옵션 프리미엄'은 이러한 보장을 제공 받기 위해 치르는 비용인 것이다.

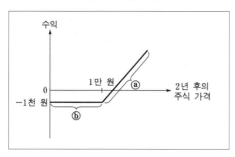

옵션 가운데 주식을 기초 자산으로 하는 주식 옵션의 사례를 살펴보면 옵션의 성격을 이해하기가 한층 더 쉽다. 가령, 2년 후에 어떤 회사의 주식을 한 주당 1만 원에 살 수 있는 권리를 지금 1천 원에 샀다고 하자. 2년 후에 그 회사의 주식 가격이 1만 원을 넘으면 이 옵션을 가진 사람으로서는 옵션을 행사하는 것이 유리하다. 만약 1만 5천 원이라면 1만 원에 사서 5천 원의 차익을 얻게 되므로 옵션 구입 가격 1천 원을 제하면 수익은 주당 4천 원이 된다. 하지만 1만 원에 못 미칠 경우에는 옵션을 포기하면 되므로 손실은 1천 원에 그친다. 여기서 주식 옵션을 가진 사람의 수익이 기초 자산인 주식의 가격 변화에 의존함을 확인할 수 있다. 회사가 경영자에게 주식 옵션을 유인책으로 지급하는 것은 바로 이 때문이다. 이 경우에는 옵션 프리미엄이 없다고 생각하기 쉽지만, 경영자가 옵션을 지급 받는 대신 포기한 현금을 옵션 프리미엄으로 볼 수 있다.

수익의 비대칭성으로 인해 옵션은 적은 돈으로 기초 자산의 가격 변동에 대응할 수 있게 해 준다. 이 때문에 옵션은 미래의 불확실성에 대처하게 해 주는 위험 관리 수단이 될 수 있다. 하지만 옵션 보유자가 기초 자산의 가격에 영향을 미칠 수 있는 경우, 옵션은 보유자로 하여금 더 큰 위험을 선택하도록 부추기는 측면도 있다. 예컨대 주식을 살 권리를 가진 경영자의 경우에는 기초 자산의 가격을 많이 올릴 가능성이 큰 사업을 선택할 유인이 크지만, 그런 사업일수록 가격을 많이 하락시킬 확률도 높기 때문이다. 옵션의 이러한 특성을 이해하는 것은 주주와 경영자의 행동을 비롯하여 다양한 경제 현상을 이해하는 데 무척 중요하다. 061152-55

파생상품에서 옵션option은 소유자에게 어떤 자산을 정해진 기간 동안 정해진 가격에 사거나 팔 수 있는 권리를 부여하는 약정이다. 여기서 해당 자산을 기초자산underlying asset, 정해진 기간을 만기일expiration date, 정해진 가격을 행사가격exercise price이라 하고, 살 수 있는 권리를 콜옵션call option, 팔 수 있는 권리를 풋옵션put option이라 한다.

유럽형 옵션의 경우, 콜옵션의 매수자(또는 보유자)는 옵션의 기초자산을 만기일에 행사가격으로 살 수 있는 권리를 확보하는 대가로 콜옵션의 매도자(또는 발행자)에게 옵션 프리미엄을 지불하여야 한다. 콜옵션매도자는 매수자가 옵션을 행사하면(정해진 가격에 사기를 원하면) 기초자산의 시장가격이 얼마든 관계없이 행사가격에 기초자산을 매도하여야 한다.

마찬가지로 풋옵션의 매수자는 옵션의 기초자산을 만기에 행사가격으로 팔 수 있는 권리를 확보하는 대가로 풋옵션의 매도자에게 옵션 프리미엄을 지불하여야 하고, 풋옵션매도자는 매수자가 옵션을 행사하면(정해진 가격에 팔기를 원하면) 기초자산의 시장가격을 불문하고 행사가격에 해당 자산을 매수하여야 한다.

유럽형 콜옵션과 유럽형 풋옵션을 매수한 경우 옵션의 손익구조는 아래 그림과 같다.

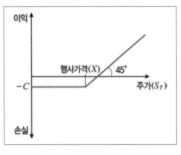

콜옵션 매수

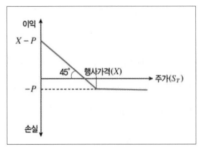

풋옵션 매수

위의 그림에서 C는 콜옵션 매수를 위해 지불하는 콜옵션프리미엄이고 오른쪽 그림에서 P는 풋옵션 매수를 위해 지불하는 풋옵션프리미엄이다. 콜매수자는 기초자산의 시장가격이 행사가격보다 높으면 옵션을 행사하여 이익을 보고, 반면 기초자산의 시장가격이 행사가격보다 낮으면 옵션을 행사하지 않기 때문에 옵션 프리미엄만큼만 손해를 본다. 풋매수자는 기초자산의 시장가격이 행사가격보다 낮으면 옵션을 행사하여 이익을 보고, 반면 기초자산의 시장가격이 행사가격보다 높으면 옵션을 행사하지 않기 때문에 옵션 프리미엄만큼만 손해를 본다. 입법18논리23

선물 거래는 경기 상황의 변화에 의해 자산의 가격이 변동하는 데서 올 수 있는 경제적 손실을 피하려는 사람과 그 위험을 대신 떠맡으면서 그것이 기회가 될 수 있는 상황을 기대하며 경제적 이득을 얻으려는 사람 사이에서 이루어지는 것이다.

배추를 경작하는 농민이 주변 여건에 따라 가격이 크게 변동하는 데서 오는 위험에 대비해 3개월 후 수확하는 배추를 채소 중개상에게 1포기당 8백 원에 팔기로 미리 계약을 맺었다고 할 때, 이와 같은 계약을 선물 계약, 8백 원을 선물 가격이라고 한다. 배추를 경작하는 농민은 선물 계약을 맺음으로써 3개월 후의 배추 가격이 선물 가격 이하로 떨어지더라도 안정된 소득을 확보할 수 있게 된다. 그렇다면 채소 중개상은 왜 이와 같은 계약을 한 것일까? 만약 배추 가격이 선물 가격 이상으로 크게 뛰어오르면 그는 이 계약을 통해 많은 이익을 챙길 수 있기 때문이다. 즉 배추를 경작한 농민과는 달리 3개월 후의 배추 가격이 뛰어오를지도 모른다는 기대에서 농민이 우려하는 위험을 대신 떠맡는 데 동의한 것이다.

선물 거래의 대상에는 농산물이나 광물 외에 주식, 채권, 금리, 외환 등도 있다. 이 중 거래 규모가 비교적 크고 그 방식이 좀 더 복잡한 외환 즉, 통화 선물 거래의 경우를 살펴보자. 세계 기축 통화인 미국 달러의 가격, 즉 달러 환율은 매일 변동하기 때문에 달러로 거래 대금을 주고받는 수출입 기업의 경우 뜻하지 않은 손실의 위험이 있다. 따라서 달러 선물 시장에서 약정된 가격에 달러를 사거나 팔기로 계약해 환율 변동에 의한 위험에 대비하는 방법을 활용한다.

미국에서 밀가루를 수입해 식품을 만드는 A 사는 7월 25일에 20만 달러의 수입 계약을 체결하고 2개월 후인 9월 25일에 대금을 지급하기로 하였다. 7월 25일 현재 원/달러 환율은 1,300원/USD이고 9월에 거래되는 9월물 달러 선물의 가격은 1,305원/USD이다. A 사는 2개월 후에 달러 환율이 올라 손실을 볼 경우를 대비해 선물 거래소에서 9월물 선물 20만 달러어치를 사기로 계약하였다. 그리고 9월 25일이 되자 A 사가 우려한 대로 원/달러 환율은 1,350원/US$, 9월물 달러 선물의 가격은 1,355원/USD으로 올랐다. A 사는 아래의 <표>와 같이 당장 미국의 밀가루 제조 회사에 지급해야 할 20만 달러를 준비하는 데 2개월 전에 비해 1천만 원이 더 들어가는 손실을 보았다. 하지만 선물 시장에서 달러당 1,305원에 사서 1,355원에 팔 수 있으므로 선물 거래를 통해 1천만 원의 이익을 얻어 현물 거래에서의 손실을 보전할 수 있게 된다.

외환 거래	환율 변동에 의한 손익 산출	손익
현물	-50원(1,300원-1,350원)×20만 달러	-1,000만 원
선물	50원(1,355원-1,305원)×20만 달러	1,000만 원

〈표〉 A 사의 외환 거래로 인한 손익

반대로 미국에 상품을 수출하고 그 대금을 달러로 받는 기업의 경우 받은 달러의 가격이 떨어지면 손해이므로, 특정한 시점에 달러 선물을 팔기로 계약하여 선물의 가격 변동을 이용함으로써 손실에 대비하게 된다.

선물이 자산 가격의 변동으로 인한 손실에 대비하기 위해 약정한 시점에 약정한 가격으로 사거나 팔기로 한 것이라면, 그 약정한 시점에 사거나 파는 것을 선택할 수 있는 권리를 부여하는 계약이 있는데 이를 옵션option이라고 한다. 계약을 통해 옵션을 산 사람은 약정한 시점, 즉 만기일에 상품을 사거나 파는 것이 유리하면 그 권리를 행사하고, 그렇지 않으면 그 권리를 포기할 수 있다. 그런데 포기하면 옵션 계약을 할 때 지불했던 옵션 프리미엄이라는 일종의 계약금도 포기해야 하므로 그 금액만큼의 손실은 발생한다. 만기일에 약정한 가격으로 상품을 살 수 있는 권리를 콜옵션, 상품을 팔 수 있는 권리를 풋옵션이라고 한다. 콜옵션을 산 사람은 상품의 가격이 애초에 옵션에서 약정한 것보다 상승하게 되면, 그 권리 행사를 통해 가격 변동 폭만큼 이익을 보게 되고 이 콜옵션을 판 사람은 그만큼의 손실을 보게 된다. 마찬가지로 풋옵션을 산 사람은 상품의 가격이 애초에 옵션에서 약정한 것보다 하락하게 되면, 그 권리 행사를 통해 가격 변동 폭만큼 이익을 보게 되고 이 풋옵션을 판 사람은 그만큼의 손실을 보게 된다.

선물이나 옵션은 상품의 가격 변동에서 오는 손실을 줄여 시장의 안정성을 높이고자 하는 취지에서 만들어진 것이다. 하지만 이것이 시장 내에서 손실 그 자체를 줄이는 것은 아니고 새로운 부가가치를 창출하는 것도 아니다. 또한 위험을 무릅쓰고 높은 수익을 노리고자 하는 투기를 조장한다는 점에서 오히려 시장의 안정성을 저해한다는 비판도 제기되고 있다.[18사관16-20]

090 촉매

화학에서 촉매는 반응을 빠르게 하는 '정촉매'와 반응을 느리게 하는 '부촉매'로 나뉩니다. 그냥 '촉매'라고 하면 보통 '정촉매'를 가리킵니다. 촉매는 비유적으로 다음과 같이 쓰이기도 합니다.

[01]   화자의 정서 변화에 **촉매** 역할을 한다. [060657]

[02]   환자에겐 그 어둠이라는 것이 늘 전짓불을 연상시키는 공포의 **촉매**물이었지요. [1411B35-37]

시험에 나온 대표적인 촉매 지문을 배경지식으로 알아둡시다.

촉매는 마법의 돌이라고도 불린다. 화학 공정을 통하여 저렴하고 풍부한 원료로부터 원하는 물질을 제조하고자 할 때, 촉매는 활성화 에너지가 낮은 새로운 반응 경로를 제공하여 마치 마술처럼 원하는 반응이 쉽게 일어나도록 돕기 때문이다. 제1차 세계 대전 직전에 수소와 질소로부터 암모니아의 합성을 가능하게 하여 식량 증산에 크게 기여하였던 철 촉매에서부터 최근 배기가스를 정화하는 데 사용되는 백금 촉매에 이르기까지 다양한 촉매가 의식주, 에너지, 환경 등 여러 가지 문제 해결의 핵심 기술이 되고 있다. 그러나 전통적인 공업용 촉매 개발은 시행착오를 반복하다가 요행히 촉매를 발견하는 식이었기 때문에 '촉매가 보였다'고 말하기도 한다.

이러한 문제점을 해결하기 위해 촉매 설계 방법이 제안되었는데, 이는 표면 화학 기술과 촉매 공학의 발전으로 가능해졌다. 촉매 설계 방법은 회귀 경로를 통하여 오류를 최소 과정 내에서 통제할 수 있는 체계로서 크게 세 단계로 이루어진다. 첫 번째 단계에서는 대상이 되는 반응을 선정하고, 열역학적 검토와 경제성 평가를 거쳐 목표치를 설정한다. 이 단계에서 열역학적으로 불가능하거나 원하는 수준의 경제성에 도달하기 어렵다고 판단되면 설계의 처음으로 되돌아간다. 두 번째 단계에서는 반응물이 촉매 표면에 흡착되어 생성물로 전환되는 반응 경로 모델을 구상하며, 그 다음에 이 모델대로 반응의 진행을 쉽게 하는 활성 물질, 활성 물질의 기능을 증진시키는 증진제, 그리고 반응에 적합한 촉매 형태를 유지시키는 지지체를 선정한다. 마지막 단계에서는 앞에서 선정된 조합으로 촉매 시료를 제조한 후 실험하고, 그 결과를 토대로 촉매의 활성, 선택성, 내구성을 평가한다. 여기서 결과가 목표치에 미달하면 다시 촉매 조합을 선정하는 단계로 돌아가며, 목표치를 달성하는 경우에도 설정된 경로 모델대로 반응이 진행되지 않았다면, 다시 경로 모델을 설정하는 단계로 회귀한다. 설정된 경로 모델에 따라 목표치에 도달하면 촉매 설계는 완료된다.

미래 사회에서는 에너지 자원의 효율적 사용과 환경 보존을 최우선시하여, 기존 공정을 개선하거나 환경 규제를 충족하기 위해서 다양한 촉매의 개발이 필요하게 될 것이다. 특히 기존 공정을 개선하기 위해서 반응 단계는 줄이면서도 효과적으로 원하는 물질을 생산하고, 낮은 온도에서 선택적으로 빠르게 반응을 진행시킬 수 있는 새로운 촉매가 필요하게 된다. 촉매 설계 방법은 환경 및 에너지 문제를 해결하는 마법의 돌을 만드는 체계적 접근법이다. [081119-22]

분자들이 만나 화학 반응을 진행하는 데 필요한 최소한의 운동 에너지를 활성화 에너지라 한다. 활성화 에너지가 작은 반응은, 반응의 활성화 에너지보다 큰 운동 에너지를 가진 분자들이 많아 반응이 빠르게 진행된다. 활성화 에너지를 조절하여 반응 속도에 변화를 주는 물질을 촉매라고 하며, 반응 속도를 빠르게 하는 능력을 촉매 활성이라 한다. 촉매는 촉매가 없을 때와는 활성화 에너지가 다른, 새로운 반응 경로를 제공한다. 화학 산업에서는 주로 고체 촉매가 이용되는데, 액체나 기체인 생성물을 촉매로부터 분리하는 별도의 공정이 필요 없기 때문이다. 고체 촉매는 대부분 활성 성분, 지지체, 증진제로 구성된다.

활성 성분은 그 표면에 반응물을 흡착시켜 촉매 활성을 제공하는 물질이다. 고체 촉매의 촉매 작용에서는 반응물이 먼저 활성 성분의 표면에 화학 흡착되고, 흡착된 반응물이 표면에서 반응하여 생성물로 변환된 후, 생성물이 표면에서 탈착되는 과정을 거쳐 반응이 완결된다. 금속은 다양한 물질들이 표면에 흡착될 수 있어 여러 반응에서 활성 성분으로 사용된다. 예를 들면, 암모니아를 합성할 때 철을 활성 성분으로 사용하는데, 이때 반응물인 수소와 질소가 철의 표면에 흡착되어 각각 원자 상태로 분리된다. 흡착된 반응물은 전자를 금속 표면의 원자와 공유하여 안정화된다. 반응물의 흡착 세기는 금속의 종류에 따라 달라진다. 이때 흡착 세기가 적절해야 한다. 흡착이 약하면 흡착량이 적어 촉매 활성이 낮으며, 흡착이 너무 강하면 흡착된 반응물이 지나치게 안정화되어 표면에서의 반응이 느려지므로 촉매 활성이 낮다. 일반적으로 고체 촉매에서는 반응에 관여하는 표면의 활성 성분 원자가 많을수록 반응물의 흡착이 많아 촉매 활성이 높아진다.

금속은 열적 안정성이 낮아, 화학 반응이 일어나는 고온에서 금속 원자들로 이루어진 작은 입자들이 서로 달라붙어 큰 입자를 이루게 되는데 이를 소결이라 한다. 입자가 소결되면 금속 활성 성분의 전체 표면적은 줄어든다. 이러한 문제를 해결하는 것이 지지체이다.

작은 금속 입자들을 표면적이 넓고 열적 안정성이 높은 지지체의 표면에 분산하면 소결로 인한 촉매 활성 저하가 억제된다. 따라서 소량의 금속으로도 금속을 활성 성분으로 사용하는 고체 촉매의 활성을 높일 수 있다.

증진제는 촉매에 소량 포함되어 활성을 조절한다. 활성 성분의 표면 구조를 변화시켜 소결을 억제하기도 하고, 활성 성분의 전자 밀도를 변화시켜 흡착 세기를 조절하기도 한다. 고체 촉매는 활성 성분이 반드시 있어야 하지만 경우에 따라 증진제나 지지체를 포함하지 않기도 한다. 24068-11

091 논리적 가능성

일상에서 '가능성'은 **기술적 가능성**(현실에 기술적으로 구현가능), **물리적 가능성**(단순히 물리법칙을 위반하지 않음)을 가리킬 때가 많지만, 논리학에서 관심을 갖는 '가능성'은 **논리적 가능성**으로서 상상가능함을 뜻합니다. 세 가능성의 관계를 그림으로 나타내면 다음과 같습니다.

	현실세계	기술적	물리적	논리적
① 원자력핵분열 발전소가 한국에 있다.	○	○	○	○
② 원자력 발전소가 서울에 있다.	✕	○	○	○
③ 핵융합 발전소가 지구에 있다.	✕	✕	○	○
④ 이해황이 빛보다 빠르게 달린다.	✕	✕	✕	○
⑤ 이해황의 팔이 2개면서 동시에 3개다.	✕	✕	✕	✕

①처럼 현실세계에서 참인 문장은 당연히/언제나/항상 기술적/물리적/논리적으로 가능합니다.

②는 현실세계에서 우연적으로(≠필연적으로) 거짓일 뿐, 기술적/물리적/논리적으로 가능합니다.

③은 현재 기술로 아직 불가능할 뿐, 물리적으로 불가능하지는 않으며, 또 상상할 수 있으므로 논리적으로도 가능합니다.

④는 아인슈타인의 상대성이론을 위반하므로 물리적으로 불가능합니다. 따라서 기술적으로 구현 불가능하고, 현실세계에서 반드시 거짓입니다. 하지만 상상할 수 있으므로 논리적으로 가능합니다. 그런데 상상에도 한계가 있습니다. '둥근 사각형', "나는 나보다 키가 크다"처럼 모순적(비일관적) 개념이나 문장은 (감히 신조차도) 상상조차 할 수 없습니다.

⑤ 역시 상상불가능하므로, 논리적으로 불가능합니다.

정리하자면, 1. 논리적 가능성은 무모순적과 같은 뜻이고, 2. 참이면 논리적 가능성이 보장됩니다. 3. 단, 무모순적이라고 하여, 즉 논리적 가능성이 있다고 하여 참으로 단정할 수는 없습니다.

092   타당한 추론, 건전한 추론

타당한 추론이란, 전제가 참일 때 반드시 결론이 참인 추론, 다시 말해, 전제가 모두 참이면서 결론이 거짓일 **논리적 가능성**이 없는 추론을 뜻합니다. 전제의 참(진리)이 결론에서 항상 '보존'되는 특성 때문에 **진리 보존적 추리**라고도 부릅니다. 예를 들어, "사람은 죽는다. 소크라테스는 사람이다. 따라서 소크라테스는 죽는다."는 '따라서' 앞의 전제가 참일 때 결론이 거짓일 수 없으므로 타당한 추론입니다. 참고로 전제가 실제로 참인지 거짓인지 따지는 것은 중요하지 않습니다. 이는 논리학이 아니라 경험과학의 영역입니다. 논리학은 전제와 결론의 논리적 관계를 따지는 학문입니다. 타당한 추론은 전제가 참이라고 **가정**했을 때 반드시 결론이 참임을 뜻할 뿐이라는 점을 잘 기억해두세요.

[01] 어떤 추리가 **타당**하다=전제들이 모두 참이면서 결론이 거짓일 수는 없다. ^{입법17논리10}

[02] 지동설에 대한 반대 논증 중 하나는 다음과 같은 **타당한 논증**이었다. ^{민간18논리07}

[03] 그들이 말하는 그 추리가 연역적으로 타당하게 이끌어진 추리가 아니라는 점은 명백하다.
      ^{17추리15}

한편, 타당한 추론의 전제들이 실제로 참이면, 그 추론을 **건전한 추론**이라고 합니다. 아래 수능 지문을 배경지식으로 알아두세요.

[04] 헴펠에 따르면, 피설명항은 설명항으로부터 '**건전한 논증**'을 통해 도출되어야 한다. 이때 건전한 논증은 '논증의 전제가 모두 참'이라는 조건과 '논증의 전제가 모두 참이라면 결론도 반드시 참'이라는 조건을 모두 만족하는 논증이다. ^{160917~20}

[05] 추론은 이미 제시된 명제인 **전제**를 토대로, 다른 새로운 명제인 **결론**을 도출하는 사고 과정이다. 논리학에서는 어떤 추론의 전제가 참일 때 결론이 거짓일 가능성이 없으면 그 추론은 '**타당하다**'고 말한다. "서울은 강원도에 있다. 따라서 당신이 서울에 가면 강원도에 간 것이다."[추론 1]라는 추론은, 전제가 참이라고 할 때 결론이 거짓이 되는 경우는 전혀 생각할 수 없으므로 타당하다. 반면에 "비가 오면 길이 젖는다. 길이 젖어 있다. 따라서 비가 왔다."[추론 2]라는 추론은 전제들이 참이라고 해도 결론이 반드시 참이 되지는 않으므로 타당하지 않은 추론이다. '추론 1'의 전제는 실제에서는 물론 거짓이다. 그러나 혹시 행정 구역이 개편되어 서울이 강원도에 속하게 되었다고 가정하면, '추론 1'의 결론은 참일 수밖에 없다. 반면에 '추론 2'는 결론이 실제로 참일 수는 있지만 반드시 참이 되는 것은 아니다. 다른 이유로 길이 젖는 경우를 얼마든지 상상할 수 있기 때문이다. '추론 2'와 같은 추론은 비록 타당하지 않지만 결론이 참일 가능성이 꽤 높다. 그런 추론은 '**개연성이 높다**'고 말한다. 결론이 참일 가능성이 낮은 추론은 개연성이 낮을 것이다. 한편 추론이 타당하면서 전제가 모두 실제로 참이기까지 하면 그 추론은 '**건전하다**'고 정의한다. ^{110613~14}

'타당하다'는 논리학 전문용어이기 전에 일상어입니다. 일상어에서 '타당하다'는 '옳다/적당하다/사리에 맞다'라는 의미로 쓰이죠? 그래서 독해문제에는 다음과 같은 표현도 종종 나옵니다.

- 다음 (가)~(마)에 대한 설명 중 가장 타당한 것은?[입법17논리05]
- ⓒ에 대해 반론을 제기하려 할 때, 그 논거로 가장 타당한 것은?[011141]
- ⓛ의 내용을 도식화했을 때 가장 타당한 것은?[09경찰18]

이때 '타당한'은 논리학 전문용어로 쓰인 것이 아닙니다. 왜냐하면 타당한 추론은 전제가 결론을 지지하는 강도가 100%이므로, 100%끼리 **더/덜**을 논하는 게 이치에 맞지 않기 때문입니다. 위 발문에서 '타당하다'는 '적절하다', '설득력 있다', '개연성이 높다' 정도로 이해할 수 있습니다. 이처럼, **맥락**에 따라 어떤 의미인지 구별할 수 있어야 합니다.

여담으로, "인생은 속도가 아니라 방향이다"라는 말 들어봤나요? 여기서 '속도'를 '속력'으로 바꿔야 적절하다고 주장하는 분들이 있습니다. 물리학에서 '속도velocity'는 크기와 방향을 모두 갖는 **벡터량**이고, '속력speed'은 크기만 갖는 **스칼라량**이므로, 맥락상 '속력'이라고 해야 적절하다는 것이죠.

그런데 이러한 주장은 전문용어와 일상어를 혼동한 것입니다. 속도는 일상어에서 '빠르기'라는 뜻으로 쓰입니다. '제한속도 60km/h', '속도위반 결혼' 등에서 속도는 단순히 빠르기를 뜻할 뿐입니다. 따라서 "인생은 속도가 아니라 방향이다"가 일상어로 쓰인 한, 구태여 '속력'으로 바꿀 이유가 없습니다. 비슷한 사례로, 『우리가 빛의 속도로 갈 수 없다면』[김초엽 | 2019]에서 '속도'를 '속력'으로 수정하지 않아도 아무런 문제가 없고요.

참고로 고려대학교 물리학과 강주상 명예교수님, 국립순천대학교 고중숙 교수님 등은 애초에 speed가 '속력'으로 번역된 것에 문제제기를 한 적 있습니다. '도度'은 고도, 농도, 온도, 밀도 등 스칼라량에 주로 쓰이고, '력力'은 중력, 전기력, 자기력, 마찰력 등 벡터량에 많이 쓰이기 때문입니다. '힘' 자체가 벡터량이기도 하고요. 이런 관점에서 보면, '속력'은 힘이 아닌데 '속力'이라고 하는 게 이상하긴 하죠.

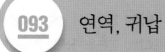

연역, 귀납

연역 추론(논증), **귀납** 추론(논증)에 대해 들어본 적 있을 겁니다. 중고등학교 국어 교과서는 [연역: 일반→특수], [귀납: 특수→일반]이라는 소리를 하는데, 완전히 잊어버리길 바랍니다. 이는 현대논리학의 정의와 맞지도 않고, [일반→일반], [특수→특수] 같은 추론은 분류가 불가능한 괴상한 정의입니다. 현대논리학에서 연역과 귀납을 구분하는 관점은 아래와 같이 둘로 나뉩니다.

네 갈래 견해		세 갈래 견해		
연역 논증	타당한 논증	연역 논증	타당한 논증	
	부당한 논증			
귀납 논증	강한 논증	귀납 논증	부당한 논증	강한 논증
	약한 논증			약한 논증

네 갈래 견해

[01]   연역논증은 전제를 통해 결론이 참이라는 사실을 100% 보장하려는 논증인데, 이 가운데 결론의 참을 100% 보장하는 논증을 '타당한 논증'이라 한다. 반면 귀납논증은 전제를 통해 결론을 개연적으로 뒷받침하려는 논증이다. 귀납논증 중에는 뒷받침하는 정도가 강한 것도 있고 약한 것도 있다. 7급(모평)논리20

보다시피, 네 갈래 견해는 **의도** 표현 곧 "하려는"을 기준으로 **연역 논증**과 **귀납 논증**을 구분하고, 연역논증 중에서 의도를 **실현**한("하는") 논증을 **타당한 논증**으로 보고 있습니다. 『두뇌보완계획100』(김명석 저, 생각생각)을 비롯한 국내의 많은 논리학 교과서가 이 견해를 따릅니다.

의도가 아닌 실현 여부로만 연역과 귀납을 구분하는 견해도 있습니다. 시험에는 이 관점이 더 많이 나온 것 같습니다. 이 관점에서 **연역 논증**은 **타당한 논증**과 **동의어**이고, **귀납논증**은 **부당한 논증**(타당하지 않은 논증)과 동의어입니다. 다음은 세 갈래 견해를 지지하는 기출지문입니다.

[02] 귀납은 현대 논리학에서 연역이 아닌 모든 추론, 즉 전제가 결론을 개연적으로 뒷받침하는 모든 추론을 가리킨다. [161122~26]

[03] 논증은 크게 연역과 귀납으로 나뉜다. 전제가 참이면 결론이 **확실히** 참인 연역 논증은 결론에서 지식이 확장되는 것처럼 보이지만, 실제로는 전제에 이미 포함된 결론을 다른 방식으로 확인하는 것일 뿐이다. 반면 귀납 논증은 전제들이 모두 참이라고 해도 결론이 확실히 참이 되는 것은 아니지만 우리의 지식을 확장해 준다는 장점이 있다. [131121~24]

[04] 연역과 귀납, 이 두 종류의 방법은 지적 작업에서 사용될 수 있는 모든 추론을 포괄한다. 철학과 과학을 비롯한 모든 지적 작업에 연역적 방법이 필수적이라는 것을 부정하는 사람은 아무도 없다. 귀납적 방법의 경우 사정은 크게 다르다. 귀납적 방법이 철학적 작업에 들어설 여지가 없다고 믿는 사람이 있는가 하면, 한 걸음 더 나아가 어떠한 지적 작업에도 귀납적 방법이 불필요하다고 주장하는 사람들도 있다. [7급21논리15]

'**수학적 귀납법**'은 연역논증인 반면, '**가설연역법**'(『강화약화 매뉴얼』 참고)은 귀납논증입니다.

참고로 '부당한 연역 논증'은 세 갈래 견해에서는 마치 '둥근 사각형'과 같은 형용모순이지만, 네 갈래 견해에서는 형용모순이 아닙니다. 이에 대해 학자들이 아래와 같은 논문으로 의견을 다투고 있습니다.

연역과 귀납의 구분 기준에 관하여 이영철 | 철학연구회 | 철학연구 | 2016
'부당한 연역 논증'은 형용모순인가? 홍지호, ·여영서 | 한국논리학회 | 논리연구 | 2019
'부당한 연역 논증'은 형용모순이다! 최훈 | 한국논리학회 | 논리연구 | 2020
연역과 귀납의 구분 기준에 관한 논쟁에 대해 김진형 | 한국분석철학회 | 철학적분석 | 2019
연역, 귀납 그리고 의도 이진희 | 동국대학교 동서사상연구소 | 철학·사상·문화 | 2020
연역 논증과 귀납 논증의 구분 기준 여영서·홍지호 | 한국논리학회 | 논리연구 | 2021
연역 논증과 귀납 논증의 구분을 둘러싼 최근 논란에 관하여 최원배 | 고려대학교 철학연구소 | 철학연구 | 2021

모순은 **애매어**(다의어)입니다. 그래서 학생은 물론이고 일부 강사분들도 헷갈리곤 합니다. 논리학 교과서에도 명시적으로 정리된 경우가 없는 듯하여, 제가 모순의 의미를 정리했습니다.

다음 내용은 『월간 두뇌보완계획』 2호(2020년 11월)에 발표되었음을 밝혀둡니다.

1. [논리학] 동시에 참일 수도 동시에 거짓일 수도 없는 관계

두 문장의 특정한 관계를 가리킬 때 '모순'이 쓰입니다. 구체적으로 다음과 같습니다.

> 문장 A와 문장 B가 모순 관계이다.
> = ① A와 B가 동시에 참일 수도, 거짓일 수도 없다.
> = ② A와 B 중 정확히 / 단 하나만 참(거짓)이다.
> = ③ A가 참이면 B는 거짓이고, A가 거짓이면 B는 참이다.
> = ④ A의 부정이 B와 논리적으로 동치이다.

④가 말이 좀 어렵죠? 뒤에서 좀 더 자세히 배웁니다. 일단은 '문장 P와 그 문장의 부정인 ~P는 모순 관계'('~'은 부정을 뜻함)라고 단순하게 기억하고 넘어가겠습니다.

[01]   **모순**이란 "은주는 민수의 누나이다"와 "은주는 민수의 누나가 아니다"처럼 동시에 참이 될 수도 없고 또 동시에 거짓이 될 수도 없는 명제들 간의 관계를 말한다. 1506(B)21~24

[02]   두 명제가 모두 참인 것도 모두 거짓인 것도 가능하지 않은 관계를 **모순 관계**라고 한다. 예를 들어, 임의의 명제를 P라고 하면 P와 ~P는 모순 관계이다. 191139~42

첫 번째 예문에서 보듯, '모순 관계'에서 '관계'를 생략하고 단순히 '모순'으로 쓸 수도 있습니다.

참고로 벤슨 메이츠 『기호논리학』(문예출판사)에서는 어떤 명제에 대한 부정을, 그 명제에 대한 '모순'이라고 설명하는데, 이때의 모순은 '모순 관계인 명제'의 줄임말로 이해할 수 있습니다.

2. [논리학] 상상 불가능, 동시에 참일 수 없음

어떤 문장이 참인 경우를 상상할 수 없거나, 여러 문장들이 동시에 참인 경우를 상상할 수 없을 때 다음과 같이 표현할 수 있습니다.

모순이 있다	모순이 나온다	모순된다	모순적이다	상충한다
비일관적이다	일관적이지 않다	(참일) 논리적 가능성이 없다	한 입으로 두말한다	양립불가능하다

참고로 '**상**(서로)**충**(충돌한다)', "한 입으로 두말한다", "양립불가능"은 **두 개**의 문장이 모순적일 때 씁니다.

반면 어떤 문장이 참인 경우를 상상할 수 있거나, 여러 문장들이 동시에 참일 경우를 상상할 수 있을 때 다음과 같이 표현할 수 있습니다.

모순이 없다	모순이 나오지 않는다	모순적이지 않다	무모순적이다
상충되지 않는다	일관적이다	(참일) 논리적 가능성이 있다	양립가능하다

참고로 "양립가능하다"는 두 개의 문장이 무모순적일 때만 씁니다.

[03]   데카르트가 방법적 회의를 통해서 보여 주었듯이, 인생이 하나의 긴 꿈에 불과하다는 '꿈의 가설'에서 어떤 **논리적 모순**도 나오지 않기 때문이다. 그러나 **논리적 가능성**이 진리를 보장하지는 않으므로, 꿈의 가설을 굳이 진리라고 생각해야 할 이유도 없다. 05예비44

[04]   데카르트는 수학의 지식마저도 의심이 가능하다고 말한다. 악마가 존재하여 사실은 2 더하기 3은 4인데 우리가 2에 3을 더할 때마다 5인 것처럼 속일 수 있기 때문이다. 그런 악마가 실제로 존재하지 않더라도 자체적으로 **모순**이 되지 않는다면 **상상**하는 데는 아무런 제약이 없다. 14예비20~21

[05]   **논리적 일관성**이란 모두가 참이라고 해도 **모순**이 생기지 않는다는 뜻이다. 그런 점에서 논리적 일관성을 **무모순성**이라고도 한다. 12논리19~20

[06]   『목민심서』를 정약용이 썼다는 것을 의심하지 않더라도 다산이 썼다는 것은 얼마든지 의심

할 수 있다. 다산이 썼어도 쓰지 않았다고 **의심**하는 것은 **논리적으로 모순**된 것이 아니기 때문이다.

[07]   **생각의 가능성**에 차이가 있는 까닭은 논리적으로 모순인 것과 아닌 것의 차이 때문이겠군.

22예시05~10

[08]   어떤 사람들은 이론에 모순되는 관찰들, 다시 말해서 이론이 옳지 않다는 것을 보여 주는 **반례**
反例들을 앞에 놓고서도 기존의 과학 이론을 포기하지 않는 과학자들의 태도는 도저히 합리적이라고 볼 수 없다고 생각한다. 그러나 이러한 과학자들의 태도가 불합리하다고 말할 수만은 없다. 과학적 이론이란 세계를 보는 도구이며, 도구 없이 세계를 본다는 것은 불가능하기 때문이다.951150~55

[09]   민사 소송에서 판결에 대하여 상소, 곧 항소나 상고가 그 기간 안에 제기되지 않아서 사안이 종결되든가, 그 사안에 대해 대법원에서 최종 판결이 선고되든가 하면, 이제 더 이상 그 일을 다툴 길이 없어진다. 이때 판결은 확정되었다고 한다. 확정 판결에 대하여는 '기판력旣判力'이라는 것을 인정한다. 기판력이 있는 판결에 대해서는 더 이상 같은 사안으로 소송에서 다툴 수 없다. 예를 들어, 계약서를 제시하지 못해 매매 사실을 입증하지 못하고 패소한 판결이 확정되면, 이후에 계약서를 발견하더라도 그 사안에 대하여는 다시 소송하지 못한다. 같은 사안에 대해 서로 모순되는 확정 판결이 존재하도록 할 수는 없는 것이다.161125~28

그런데 시험장에서 어떤 문장이나 개념이 상상 가능한지, 상상 불가능한지 판단하기 어려울 수 있습니다. 이때는 상반된 것이 추론되는지를 따져보세요. 만약 어떤 명제나 개념 A에서 명제 X도 추론되고 그 명제의 부정인 ~X도 추론되면, 즉 **모순명제** X and ~X가 도출되면, A는 모순적이라고 판단할 수 있습니다('~'는 부정을 뜻함).

[10]   이해황은 남자이면서 남자가 아니다.

"이해황은 남자다"도 추론되고, 이와 상반된 "이해황은 남자가 아니다"도 추론되므로 "이해황은 남자이면서 남자가 아니다"는 모순적입니다.

[11]   가장 큰 자연수

정의상 "가장 큰 자연수는 자연수 가운데 가장 크다"도 추론되고, "가장 큰 자연수는 이보다 1 더 큰 수보다 작다" 즉, "가장 큰 자연수는 자연수 가운데 가장 크지 않다"도 추론되므로 '가장 큰 자연수'는 모순적인 개념입니다.

특강

모순은 중국 초나라의 상인이 창과 방패를 팔던 이야기에서 유래한 단어입니다. 어떤 상인이 이 창은 어떤 방패도 뚫을 수 있다고 광고하고, 이 방패는 어떤 창으로도 뚫리지 않는다고 광고했습니다. 그러자 이를 듣던 손님이, "그 창으로 그 방패를 찌르면 어떻게 되오?"라고 물었고 상인은 아무런 대답도 못했다고 하죠. 이렇게 말해도, 저렇게 말해도 거짓말이 되니까요. 즉, 자기 말들이 함께 참이 되는 세계를 도무지 상상할 수 없으므로 모순적인 상황입니다.

이런 점에서 <u>모순 고사</u>는 모순 관계가 아니라 <u>상상 불가능</u>을 뜻한다고 볼 수 있습니다. 사전에 실린 뜻풀이 "어떤 사실의 앞뒤, 또는 두 사실이 이치상 어긋나서 서로 맞지 않음"도 상상 불가능에 초점이 맞춰져 있고요. 즉, 초나라 상인의 두 주장 "<u>①이 창 a는 어떤 방패로도 막지 못하는 창이다.</u>", "<u>②이 방패 b는 어떤 창으로도 뚫지 못하는 방패이다.</u>"는 동시에 참일 수 없다는 점에서 "모순이 있다", "모순된다", "모순적이다", "비일관적이다", "(참일) 논리적 가능성이 없다"라고 할 수 있습니다.

반면 ①과 ②는 동시에 거짓일 수 있기 때문에 서로 모순 관계는 아닙니다. <u>창 a가 방패 b를 뚫지 못하지만, 다른 창 c가 방패 b를 뚫는 경우,</u> ①과 ②는 동시에 거짓이기 때문입니다.

특강

모순명제는 X and ~X 꼴을 가리킵니다. 어떤 문장이나 문장 집합에서 모순명제가 도출된다면, 그 문장이나 문장 집합은 모순적입니다.

자기 모순적 명제는 모순명제가 도출되는 명제로서, 항상 거짓입니다. X and ~X도 자기모순적 명제이고, X and ~X and Y 또한 자기모순적 명제입니다. 두 명제 모두 X and ~X가 도출되니까요.

[12] "비가 오고 구름이 끼어 있지만, 비가 오지 않는다." 이 명제는 분명히 **자기모순적인 명제**이다. "비가 오고 비가 오지 않는다."라는 **자기모순적인 명제**를 포함하고 있기 때문이다. 5급15논리31

[13] 이성이 비판 능력을 상실했다고 진단하면서 이성의 비판적 활동에서 희망을 찾는 것은 이미 사라진 것을 있다고 가정하는 자기 모순이다. 09추리예비07

[14] 소크라테스 그는 진술서에서 "소크라테스는 신을 믿지 않는 죄와 신을 믿는 죄를 범하고 있다." 이렇게 모순된 말을 하고 있습니다. 입법07논리14

[15] 밴드 결성 전, 존 레논은 자신이 유명한 가수가 될 것이라는 예언을 듣는다. 자신의 미래가 궁금해진 레논은 마침 타임머신 실험 소식을 듣고 10년 후의 미래로 가고자 자원하였다. 10년 후, 그의 밴드는 유명해지고 데뷔 이전 머리가 짧았던 그는 긴 머리를 가지게 된다. 만일 10년 후로의 시간여행이 가능하다면, 미래를 방문한 무명의 레논은 장발의 록 스타인 자신을 직접 보게 될 것이다. 그러나 이는 '동일한 것은 서로 구별될 수 없다.'라는 원리에 위배된다. 즉 '동일한 사람이 무명이면서 동시에 스타이다.'라는 **논리적 모순**이 발생하는 것이다. 이 문제가 해소되지 않으면 레논은 10년 후로 시간여행을 할 수 없다. 20이해21

3. 일상어 '모순'

모순은 중국 초나라의 상인이 창과 방패를 팔던 이야기에서 유래한 단어입니다. 어떤 상인이 이 창은 어떤 방패도 뚫을 수 있다고 광고하고, 이 방패는 어떤 창으로도 뚫리지 않는다고 광고했습니다. 그러자 이를 듣던 손님이, "그 창으로 그 방패를 찌르면 어떻게 되오?"라고 물었고 상인은 아무런 대답도 못했다고 하죠. 이렇게 말해도 거짓말, 저렇게 말해도 거짓말이 되니까요. 즉, 자기 말들이 함께 참이 되는 세계를 도무지 상상할 수 없으므로 모순적인 상황입니다.

그리고 이 상황을 빗대서 이렇게 해도 문제, 저렇게 해도 문제가 되는 상황, **진퇴양난**의 상황을 '모순에 빠졌다'는 식으로 흔히들 쓰고, 모순 대신 (이래도 문제, 저래도 문제라는 뜻에서) **딜레마**라는 단어도 곧잘 씁니다.

[16]   자본주의 시장경제가 잘 굴러가기 위해서 끝없는 욕망으로 인해서 늘 불만족해 하는 사람들

이 있어야 한다. 그런 사람들은 열심히 일해서 돈을 벌 욕심이 강하기 때문에 한편으로는 노동시장에서 노동공급을 원활하게 하며 다른 한편으로는 노동시장에서 번 돈을 상품시장에서 펑펑 써서 상품이 잘 팔리게 해준다. 달리 말하면 자본주의 시장경제는 다른 어떤 체제보다도 인간을 더 행복하게 만들 수 있는 능력을 가지고 있지만 결국 사람들은 끊임없이 불만스럽게 만들어야 잘 굴러갈 수 있는 그런 **모순**을 내포하고 있다. 실험03논리10

[17] **기술적 모순**이란 두 개의 기술적 변수의 값이 서로 **충돌**하는 것이다. 가령 비행기의 속도를 높이려면 출력이 높은 엔진을 장착해야 한다. 그런데 출력을 높이려면 엔진이 커져야 하고, 그에 따라 엔진은 무거워진다. 결국 출력이 높은 엔진을 장착하면 비행기의 무게가 증가하여 속도는 떨어지게 된다. 그렇다고 가벼운 엔진을 장착하면 출력의 한계 때문에 속도를 증가시키기 어렵다. 060637~41

모순은 의미가 더욱 확대되어 **상충되는 상황, 충돌, 문제점**을 뜻하기도 합니다. '현실의 모순', '사회적 모순' 등으로 표현될 때가 많습니다.

[18] 이상을 추구하면서 사회의 **모순**을 비판하고 있다. 120938

[19] 김소월의 시에서 한恨은 서로 **모순**을 이루는 두 감정이 갈등을 일으키고, 그 갈등이 끝내 풀리지 않을 때 생긴다. 예컨대 한은 체념해야 할 상황에서도 미련을 버리지 못하거나, 자책과 상대에 대한 원망怨望이 충돌하여 이렇게도 저렇게도 할 수 없을 때 맺힌다. 140633

[20] 이 영화는 그 시대의 **모순** 고발과 전망 제시라는 두 가지 숙제를 훌륭히 해내고 있는 우수작이야. 080934

[21] 남주인공은 소심하고 나약한 존재로서 자신으로서는 받아들이기 어려운 상황이나 **모순**된 현실에 대해 적극적으로 저항하지는 않는다. 사랑에 몰두하거나 세상을 등지는 등 세상과 소통하지 않으려는 폐쇄성을 통해 모순된 현실에 대한 비극적 인식을 보여 줄 뿐이다. 170940~45

[22] 4·19 직후에 발표된 최인훈의 「광장」은 당대에 금기시되던 이념 대립의 문제를 정면으로 파헤친 점에서 전후 분단 소설의 대표작으로 평가받고 있다. 남북한 간 이념의 이분법적 구도로 인해, 한반도의 분단만이 아니라 각 체제 내의 사회적 **모순**과 문제점을 비판하고 고발하는 것조차 이념의 이름으로 은폐하거나 호도하는 사태가 발생하였다. 「광장」은 그러한 시대적 상황에 문제를 제기하고 이념적 대립을 극복할 비판적 대안을 제시하고자 하였던 것이다. 140943

[23] 부르주아 계급에 속한 지식인은 지배 계급이 요구하는 당파적 이해와 지식인이 추구해야 할

보편적 지식 간의 **모순**을 발견하고, 보편성에 입각하여 소외 계급의 해방을 추구해야 한다.

20이해16~18

현실에서 어떤 대상 a가 P이기도 하고 ~P이기도 하다면? 이런 일은 양자역학에서나 가능한 일입니다. 일반적으로는 a를 a1, a2로 쪼개서 a1은 P이고, a2는 ~P라고 이해할 수 있습니다.

[24] 물리적 **모순**이란 하나의 변수가 서로 다른 값을 동시에 가져야 하는 것이다. 예컨대, 비행기는 이착륙 시에 바퀴가 반드시 있어야 하지만, 비행 중에는 공기의 저항을 최소화하기 위하여 바퀴가 없어야 하는 모순을 갖는다. 비행 중에도 바퀴가 동체에 그대로 붙어 있는 초창기 비행기의 모습을 떠올릴 수 있는데, 오늘날 초음속 비행기에서 동체의 바퀴는 엄청난 공기 저항을 유발하여 치명적인 사고를 불러올 수 있으므로 비행 중에는 반드시 없어져야 한다. 060637~41

[25] 열역학 제2법칙에는 문제가 있는 것처럼 생각될 때도 있다. 이 법칙은 생명체가 탄생하여 질서 있는 조직체로 진화되어 간다는 것, 즉 진화론과는 **모순**되는 것처럼 보이기도 한다. 왜냐 하면 진화론은 단순한 생명체가 좀 더 복잡한 생명체로 진화된다고 보는 것인데, 이는 질서의 정도가 오히려 증가增加하는 것이기 때문이다. 모순처럼 보이는 이러한 사실에 대하여, 프리고진은 무질서로부터 질서가 나올 수도 있다는 점을 보임으로써 진화론과 열역학 제2법칙이 양립할 수 있다고 설명하였다. 즉, 자연에는 열평형 상태, 곧 최대 엔트로피 상태를 지향하는 과정만 존재하는 것이 아니라, 엔트로피 증가를 최소화하려는 비평형 현상도 존재할 수 있다는 것이다. 다시 말해 전체적인 자연계는 열평형 상태를 향하여 진행하는 것이 틀림없지만, 특정한 시공간에서는 비평형 상태가 발생할 수 있다는 것이다. 981156~61

화용론은 "말하는 이, 듣는 이, 시간, 장소 따위로 구성되는 **맥락**과 관련하여 문장의 의미를 체계적으로 분석하려는 의미론의 한 분야"[입법11논리38]입니다. 만약 화자가 말한 내용과 그 내용이 성립하기 위한 조건이 모순적이라면, **화용론적 모순(역설)**, **수행적 모순**performative contradiction이라고 합니다. 화자가 말한 내용과 그에 수반되는 행위 사이의 모순으로 이해할 수도 있습니다. 아래 예들을 기억해두길 바랍니다.

[26] 나는 존재하지 않는다.

내용	조건
나는 존재하지 않는다.	나는 존재한다.

[27] 절대적인 것은 절대로 없다.

내용	조건
절대적인 것은 없다.	절대적인 것(왼쪽 명제)이 있다.

[28] 나는 INTP라서 MBTI를 믿지 않아.

내용	조건
MBTI를 믿지 않는다.	MBTI를 믿는다.

[29] 이 명령을 따르지 말 것을 명령한다.

내용	수반 행위
명령을 따르지 않는다.	명령을 따른다.

[30] 이 약속을 지키지 않겠다고 약속한다.

내용	수반 행위
약속을 지키지 않겠다.	약속을 지키겠다.

[31] 내가 이 내기에서 이기지 못한다는 쪽에 내기를 건다.

내용	수반 행위
내가 이기지 못한다고 믿는다.	내가 이긴다고 믿는다.

시험에는 다음과 같이 기출됐습니다.

[32] "**이 명령을 따르지 말라**"는 명령 또한 변형된 형태로서 **역설**적인 상황을 초래한다.
견습06논리18

[33] '**명시적 주장**'과 '**함축적 행위**' 사이에서 발생하는 불화, 즉 '**수행적 모순**'에 빠지게 되는 것이다. 09이해23~25

[34] 절대성을 부정하는 주장은 항상 **모순**이 된다. 절대성을 부정하는 언어 자체가 절대성을 함축하기 때문이다. 입법09논리19

시험과 무관한 여담… 제가 아는 동생은 "나랑 결혼하지 않을 만큼 똑똑한 사람과 결혼하고 싶다."라고 곧잘 말합니다. 이것도 **수행적 모순**일까요?

095 귀류법

귀류법은 어떤 주장이 결과적으로 오류(모순)에 **귀**착되는 것을 보임으로써 그 주장이 거짓임을 증명하는 **방법**입니다. **이**치에 위**배**된다고 하여 **배리법**이라고도 합니다. 만약 **A**를 **참으로 가정**했는데 **모순**이 도출되면, 애초의 가정(주장)이 참일 수 없다, 따라서 **~A**가 **참**이라고 결론 내리는 겁니다.

[01] 귀류법: 상대방의 주장을 참으로 가정할 경우이 주장을 전제로 삼아 도출되는 결론이 불합리하다는 것을 증명함으로써 상대방의 주장이 참이 아니라는 것을 논증하는 간접 논증의 한 형식 입법09논리27

[02] 수행적 모순의 발견은 뮌히하우젠 트릴레마에 빠지지 않으면서도 최종적 정당화가 가능함을 보여 주고 있는데, 여기에 사용된 증명 방식이 바로 '**귀류법**적 증명'이다. 이 증명 방식은 명제 p의 모순 명제인 ~p가 언명되는 순간 ~p는 자신을 부정할 수밖에 없음을 밝힘으로써 p의 타당성을 우회적으로 증명한다. 09이해23-25

096 딜레마dilemma

딜레마는 di(둘)+lemma(명제)를 뜻하는데, 구체적으로 "A이거나 B, A이면 P, B이면 Q. 따라서 P이거나 Q"와 같은 구조를 뜻합니다. A, B가 두 개의 명제에 해당합니다. 만약 "A이거나 B이거나 C, A이면 P, B이면 Q, C이면 R. 따라서 P이거나 Q이거나 R"처럼 명제가 A, B, C 3개로 늘어나면 **트릴레마**trilemma라고 합니다. 참고로 딜레마는 **양도논법**, 트릴레마 이상은 **다도논법**polylemma라고 합니다. 정치권에서는 "몰랐다면 A, 알았다면 B" 같은 딜레마가 곧잘 쓰입니다. A에는 무능/무능력이 주로 들어가고, B에는 공범/한패/방조/비겁/오만/무책임/악의적/조작/직무유기/권한남용/방임/유착/위선/기만/참사/후안무치/범죄/사기극/책임질 문제 등이 들어갑니다. 결국 "A이면 사퇴하라, B이면 사퇴하라."가 생략되었다고 할 수 있습니다.

[01] 　**법-도덕의 딜레마**

법과 양심에 따라 재판해야 하는 판사에게 양심은 곧 법적 양심을 의미하므로 법과 양심이 충돌할 일은 거의 없다. 하지만 노예제도가 인정되던 시절에 노예제를 허용하지 않는 주(州)로 탈출한 노예에 대해 소유주가 소유권을 주장하는 것처럼 법적 권리와 도덕적 권리가 충돌할 뿐 아니라 법적 결론이 지극히 부정의한 결과를 초래하는 상황에서는 사정이 다르다. 이런 사안에서는 법적 권리를 무효로 할 근거는 찾기 어렵고, 그렇다고 법을 그대로 적용하는 것은 도덕적으로 옳지 않다. 판사는 도덕적 양심에 반해 법률을 적용하거나 도덕적 양심을 우선해 법률을 적용하지 않을 수 있을 것이다. 그러나 전자는 판사의 양심을 부정하고, 후자는 판사의 직업상 의무를 위반한다.²³이해1-3

[02] 　**트리핀 딜레마**

1960년 트리핀 교수는 브레턴우즈 체제에서의 기축 통화인 달러화의 **구조적 모순**을 지적했다. 한 국가의 재화와 서비스의 수출입 간 차이인 경상 수지는 수입이 수출을 초과하면 적자이고, 수출이 수입을 초과하면 흑자이다. 그는 "미국이 경상 수지 적자를 허용하지 않아 국제 유동성 공급이 중단되면 세계 경제는 크게 위축될 것"이라면서도 "반면 적자 상태가 지속돼 달러화가 과잉 공급되면 준비 자산으로서의 신뢰도가 저하되고 고정 환율 제도도 붕괴될 것"이라고 말했다. 이러한 **트리핀 딜레마**는 국제 유동성 확보와 달러화의 신뢰도 간의 문제이다.²²1110~13

[03] 　다음에 제시된 전제들로부터 타당하게 이끌어 낼 수 있는 주장은?제1차 수능 실험평가 언어영역 45번

(가) 일본이 미국의 압력을 받으면, 일본은 페르시아만에 병력을 동원할 것이다.

(나) 이라크가 궁지에 몰리면, 이라크는 사우디아라비아를 침공할 것이다.

(다) 일본은 미국의 압력을 받고, 이라크는 궁지에 몰릴 것이다.

정답은 "일본은 페르시아만에 병력을 동원할 것이다. 이라크도 사우디아라비아를 침공할 것이다."입니다.

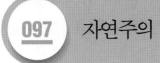

097　자연주의

사실 진술(-이다)**만**으로부터 가치(좋다)/당위(-이어야 한다)/규범(-해야 한다) 진술을 이끌어낼 수는 없습

니다. 결론이 가치/당위/규범 진술이라면, 전제 중 적어도 하나가 가치/당위/규범 진술이어야 합니다. 만약 사실 진술만으로부터 가치/당위/규범 진술를 이끌어내면 **자연주의의 오류**를 범하는 것입니다. 참고로 같은 용어를 심리학에서는 **본질주의적 오류**라고 번역합니다.

사실 진술	당위/가치/규범 진술
(자연이) P이다. (자연이) P가 있다.	(자연이) P이어야 한다. (자연이) P가 있어야 한다. (자연이) P인 것이 좋다.
대부분의 사람이 P이다.	모든 사람들이 P이어야 한다. P가 사람들의 본질이다.

사례1. "대부분의 여성이 애를 낳는다"로부터 "모든 여성이 애를 낳아야 한다", "여성의 본질은 애를 낳는 것이다"라고 주장하면 **본질주의적 오류**입니다.

사례2. "동성애는 아이를 낳지 못한다"(사실)로부터 "동성애는 나쁘다"(가치판단)를 도출하는 것도 **자연주의적 오류**입니다(불임부부가 아이를 낳지 못해서 나쁘다고 비난하면 이상하죠).

덧 거꾸로 당위진술로부터 사실진술을 이끌어내는 것은 **도덕주의의 오류**라고 부릅니다. "A와 B는 차이가 없어야 한다"(당위)로부터 "A와 B는 차이가 없다"(사실)를 이끌어내면 오류입니다.

[01] 사실 진술로부터 당위 진술을 도출할 수 없다는 것을 명시적으로 주장한 최초의 인물은 영국의 철학자 데이비드 흄이었다. 그의 주장은 논리적으로 타당하다고 할 수 있다. (중략) 어떤 행동이 행복을 최대화한다는 것(사실)으로부터 그 행동을 행하여야만 한다는 것(당위)을 도출할 수 없다. 5급15논리31

[02] 인간복제를 반대하는 논증에서, "인간을 복제하는 일이 자연에서는 발생하지 않는다."는 것은 사실을 기술하는 전제인 반면에, "인간을 복제해선 안 된다."는 것은 윤리적 당위를 주장하는 결론이다. 하지만 타당한 논증의 결론이 윤리적인 주장이라면 그 결론을 지지하는 전제도 윤리적인 성격을 띠어야 한다. 5급14논리36

[03] 윤리학에서는 도덕적인 가치나 규범이 여타의 자연적인 사실과 동일하거나 그것으로 환원된다는 주장을 **자연주의**라고 한다. 자연주의는 과학의 검증을 받을 수 있는 사실에서 도덕의 근

거를 찾으려고 한다. 다윈이 1859년에 『종의 기원』을 출간한 후, 스펜서는 진화론에서 도덕적 판단을 끌어낼 수 있다고 생각했다. 그는 다윈의 진화론을 자기 나름으로 해석하여 어떤 행위가 더욱 진화되면 도덕적으로 더 좋은 행위라고 생각했다. 그에 따르면 적자생존은 치열한 경쟁을 정당화해 주는 것이다. 당시에는 스펜서의 주장이 최신 과학 이론을 도덕과 연결시켜 주는 훌륭한 이론처럼 보였다. 그러나 1903년 영국 철학자 무어는 사실에서 가치를 끌어내려는 모든 시도는 '**자연주의적 오류**'를 저지른다고 비판했다.[10추론21]

098   외연, 내포

우리가 '고양이'라고 부르는 대상들을 살펴보면, 각각 성별/나이/피부색깔/털 길이/털색/얼굴 모양/키/체형/목소리/성격이 각기 다릅니다. 그런데 우리는 세세한 차이를 탈색(추상화)시켜서 공통점을 뽑아내고, 이를 종합하여 **일반명사**를 만들어 냅니다. 그리고 우리는 이 일반명사에 해당되는 대상들을 하나의 범주(동일한 성질을 가진 부류나 범위)로 인식합니다. 어떤 대상을 **범주화**한다는 것은 특정 범주의 사례로 인식한다는 것이고요.

리처드 니스벳의 『생각의 지도』(김영사)에 "곰, 원숭이, 바나나" 중 가장 관련되어 있는 두 개를 고르라는 실험이 소개됩니다.

흥미로운 점은, 문화권에 따라 결과가 달랐다는 것입니다. (유명한 실험이지만, 혹시 이 실험을 처음 듣는다면 자신은 어떻게 묶을지 결정을 하고 계속 읽어나가세요) 미국 대학생들은 곰과 원숭이를 고르지만, 한국, 중국, 타이완 대학생들은 원숭이와 바나나를 고르는 경향이 있었습니다. 서양은 범주 중심으로 사고하다 보니 같은 동물 범주인 곰과 원숭이를 묶었고, 동양은 관계 중심으로 사고하다 보니 '원숭이가 바나나를 먹는다.'에 근거해 원숭이와 바나나를 묶었습니다. 여러분은 어떻게 묶으셨나요?

외연과 **내포**는 명사를 정의하는 방법과 관련이 있습니다.

외연은 명사가 지시하는 대상들의 집합입니다. 예를 들어, '인간'의 외연은 이 세상 모든 사람들의 집합(모임)입니다. "'인간'이 무엇이냐?"는 질문에 손가락으로 하나하나 가리키며 "이게 인간이고, 이것도 인간이고, 저것도 인간이다."라고 하면, 인간의 외연으로 답한 것입니다. 마치 집합의 원소나열법과 비슷합니다. **인간=인간1, 인간2, 인간3, …,인간n**

내포는 명사의 외연에 해당하는 것들의 공통적 속성의 집합입니다. 예를 들어, 앞의 질문에 "생각을 하고 언어를 사용하며, 도구를 만들어 쓰고 사회를 이루어 사는 동물"표준국어대사전이라고 하면, 인간의 내포로 답한 것입니다. 마치 조건제시법으로 나타낸 것과 비슷합니다. **인간={인간 | 인간은 생각을 하고 언어를 사용하며, 도구를 만들어 쓰고 사회를 이루어 사는 동물}**

좀 복잡한가요? **외연**은 명사의 적용대상/지시대상/지칭체, **내포**는 명사의 뜻/의미로 단순하게 기억해도 좋습니다.

[01] 입법자가 의도했던 법의 **외연**을 기준으로 삼으면, 법의 보호를 받는 대상이 늘어난다는 점에서 법의 확장이라고 할 수 있다. [18이해18]

[02] 정당이 유권자의 일반 이념을 대표한다고 할지라도 정당의 **외연**을 과도하게 확장하면 당의 계층적 정체성을 약화한다. [16이해19]

[03] (나)에서 라케스가 동의한 내용에 따라 용기를 다시 정의한다면 그 정의는 ⓒ보다 **외연**이 줄어들 것이다. [13추리21]

[04] '춘원'과 '이광수'는 **외연**이 같으므로 '춘원이 이광수냐'고 묻는 것은 의미가 있는 질문이 된다. [10추론21]

[05] 사람과 동물 사이의 차이를 과학적으로 검증하기 위해 '언어와 도구 등을 사용할 줄 알고 합리적임'이 '차별 대우해도 괜찮음'으로 환원되고 둘 사이의 **외연**이 같은지 조사한다. [10추론22]

[06] 농경에 대한 경험을 통해 종교적 희생 개념의 **외연**이 확장되었다. [10추론17]

[07] A3은 A1의 선호 개념의 **외연**을 확대함으로써 B2의 반박에 대처하고 [10추리10]

명사의 내포를 나타내는 방식으로 **[의미 자질]**을 활용하는 방법이 있습니다. 예를 들어, '총각'과 '처녀'는 각각 다음과 같이 나타낼 수 있습니다.

총각   [+인간] [+어른] [+남자] [+미혼]
처녀   [+인간] [+어른] [-남자] [+미혼]

물론 의미 자질로 '남자' 대신 '여자', '미혼' 대신 '기혼'을 사용해도 상관없습니다. +와 -만 바꿔주면 됩니다.

총각   [+인간] [+어른] [-여자] [-기혼]
처녀   [+인간] [+어른] [+여자] [-기혼]

반의 관계에 있는 두 단어는 의미 자질의 부호가 하나만 다르고 나머지는 다 같습니다.

까투리	[-수컷] [+꿩] [+새]	장끼	[+수컷] [+꿩] [+새]
할머니	[-남자] [+늙은이] [+사람]	할아버지	[+남자] [+늙은이] [+사람]
딸	[-남자] [+자식] [+사람]	아들	[+남자] [+자식] [+사람]

반의어를 이용해서 모순 관계, 반대 관계를 물을 수 있으니 아래 질문을 잘 음미해두세요.

[08] 반의 관계는 서로 반대되거나 대립되는 의미를 가진 단어 사이의 의미 관계이다. **반의 관계**는 두 단어가 여러 공통 의미 요소를 가지고 있으면서 다만 하나의 의미 요소가 다를 때 성립한다. 가령 '총각'의 반의어가 '처녀'인 것은 두 단어가 여러 공통 의미 요소를 가지고 있으면서 '성별'이라고 하는 하나의 의미 요소가 다르기 때문이다. 반의어는 반의 관계의 성격에 따라 분류할 수 있다. 즉 반의어에는 '금속', '비금속'과 같이 한 영역 안에서 상호 배타적 대립 관계에 있는 **상보(모순) 반의어**, '길다', '짧다'와 같이 두 단어 사이에 등급성이 있어서 중간 단계가 있는 **등급(정도) 반의어**, '형', '아우'와 '출발선', '결승선' 등과 같이 두 단어가 상대적 관계를 형성하고 있으면서 의미상 대칭을 이루고 있는 **방향(대칭) 반의어**가 있다. [110611]

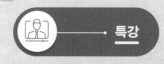

상의어는 **하의어**보다 의미자질이 적고, 하의어는 상의어보다 의미자질이 많습니다.

외연	내포
사람 : 남자, 여자	사람 : [+사람]
남자 : 아들, 아버지, 할아버지, 남편 등	남자 : [+사람] [+남자]
여자 : 딸, 어머니, 할머니, 아내 등	여자 : [+사람] [-남자]
아들 : 아들	아들 : [+사람] [+남자] [+자식]

이처럼, 상의어가 될수록 외연이 증가하는 대신 내포가 감소하고, 하의어가 될수록 내포가 증가하는 대신 외연이 감소합니다.

외연 간 관계를 따질 때는 '**포함**'이라는 표현을 쓰고, 내포 간 관계를 따질 때는 '**함축**'(함의)라는 표현을 쓴다는 것도 알아두세요(자세한 건 문제를 통해 배울 겁니다).

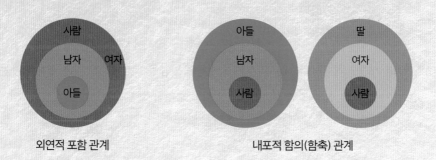

외연적 포함 관계   내포적 함의(함축) 관계

위 그림은 우리가 흔히 그리듯 외연을 기준으로 포함관계를 나타낸 것입니다. 너무나도 익숙하죠? (편의상 여자를 남자의 여집합으로 표현했습니다) 그런데 오른쪽처럼 내포를 기준으로 나타낼 수도 있습니다. 이 그림은 아들이면 반드시 남자이고, 남자면 반드시 사람이라는 함축(함의) 관계를 나타냅니다. 좀 낯설 겁니다. 지금까지 외연 기준으로만 포함 관계를 그려왔으

니까요. 이런 식으로도 그릴 수 있다는 것만 알아두고 넘어가겠습니다.

정리! **외연**을 기준으로 보면 상의어가 하의어를 포함(포괄)합니다. 반면, **내포**를 기준으로 보면 하의어의 의미 자질이 상의어의 의미 자질을 함축(함의)합니다.

외연이 증가하면 내포가 감소합니다. 이는 앞의 상의어, 하의어에서도 확인한 내용이죠?

반면 **내포⁺→외연**은 성립하지 않을 때도 있습니다. 아래처럼요.

외연	내포
정삼각형	등변삼각형
	등변삼각형, 등각삼각형

보다시피, 외연이 같은 내포가 추가되면, 외연은 감소하지 않습니다.

특강

극히 소수의 개념을 제외하면, 내포를 통해서 개념을 깔끔하게 정의하는 것은 무척 어렵습니다. 플라톤이 인간을 "깃털 없는 두 발 동물"이라고 정의하자, 디오게네스가 깃털을 모두 뽑은 닭을 가져와서 "이것이 인간이다!"라고 했다는 일화가 유명하죠.

플라톤이 '인간'의 내포를 너무 적게 설정했기 때문에, 닭이 끼어들 만큼 인간의 외연이 커진 것입니다. 플라톤은 이 사건 이후 인간의 정의에 '넓고 납작한 손발톱을 가진'이라는 내포를 추가했다고 합니다. 이러면 확실히 닭은 제거되겠지만… 그 시절에는 원숭이나 오랑우탄을 접할 수 없었나 봅니다. 이처럼 내포적 정의는 과다포함, 과소포함의 위험이 있습니다. 이는 법해석시 매우 중요한 주제이며, 『법률가처럼 사고하는 법』(프레데릭 샤워, 길)에서 사례와 함께 자세히 다룹니다. 그리고 그해 LEET에 바로 이런 지문이 나오기도 했습니다.

> 규칙을 제정할 때는 항상 그 규칙을 정당화하는 목적이 있어야 한다. 그런데 규칙의 적용이 그 목적의 관점에서 정당화되지 않는 경우들이 존재한다. 규칙이 그 목적의 관점에서 볼 때 어떤 사례를 포함하지 않아도 되는데도 포함하는 경우 이 사례를 '과다포함'한다고 하고, 어떤 사례를 포함해야 하는데도 포함하지 않는 경우 이 사례를 '과소포함'한다고 한다. 예를 들어 '시속 80km 초과 금지'라는 규칙이 있다고 하면, 그 목적은 '운전의 안전성 확보'가 된다. 하지만 운전자들이 시속 80km 초과의 속도로 운전하지 않아야 안전하다는 것이 대부분의 경우 사실이라 하더라도, 시속 80km 초과로 달려도 안전한 경우가 있다. 이때 이 규칙은 시속 80km 초과로 달려도 안전한 사례를 '과다포함'한다고 한다. 반면 '시속 80 km 초과 금지'라는 규칙은 안개가 심한 날 위험한데도 시속 80km로 달리는 차량을 금지하지 않게 되어 그 목적을 달성하지 못할 수 있다. 이 경우 규칙이 해당 사례를 '과소포함'한다고 한다. [20추리13]

참고로 내포적 정의는 **본질주의**와 밀접한 관련을 갖습니다.

> 흔히 어떤 대상이 반드시 가져야만 하고 그것을 다른 대상과 구분해 주는 속성을 **본질**이라고 한다. X의 본질이 무엇인지 알고 싶으면 X에 대한 **필요 충분한 속성**을 찾으면 된다. 다시 말해서 모든 X에 대해 그리고 오직 X에 대해서만 해당되는 것을 찾으면 된다. 예컨대 **모든** 까투리**가 그리고 오직** 까투리만이 꿩이면서 동시에 암컷이므로, '암컷인 꿩'은 까투리의 **본질**이라고 생각된다. 그러나 암컷인 꿩은 애초부터 까투리의 정의

라고 우리가 규정한 것이므로 그것을 본질이라고 말하기에는 허망하다. 다시 말해서 본질은 따로 존재하여 우리가 발견한 것이 아니라 까투리라는 낱말을 만들면서 사후적으로 구성된 것이다.

서로 다른 개체를 동일한 종류의 것이라고 판단하고 의사소통에 성공하기 위해서는 개체들이 공유하는 무엇인가가 필요하다. **본질주의**는 그것이 우리와 무관하게 개체 내에 본질로서 존재한다고 주장한다. 반면에 **반反본질주의**는 그런 본질이란 없으며, 인간이 정한 언어 약정이 본질주의에서 말하는 본질의 역할을 충분히 달성할 수 있다고 주장한다. 이른바 본질은 우리가 관습적으로 부여하는 의미를 표현한 것에 불과하다는 것이다.

'본질'이 존재론적 개념이라면 거기에 언어적으로 상관하는 것은 **'정의'**이다. 그런데 어떤 대상에 대해서 약정적이지 않으면서 완벽하고 정확한 정의를 내리기 어렵다는 사실은 반본질주의의 주장에 힘을 실어 준다. 사람을 예로 들어 보자. 이성적 동물은 사람에 대한 정의로 널리 알려져 있다. 그러면 이성적이지 않은 갓난아이를 사람의 본질에 **반례**로 제시할 수 있다. 이번에는 '사람은 사회적 동물이다.'라고 정의를 제시할 수도 있다. 그러나 사회를 이루고 산다고 해서 모두 사람인 것은 아니다. 개미나 벌도 사회를 이루고 살지만 사람은 아니다.

서양의 철학사는 본질을 찾는 과정이라고 말할 수 있다. 본질주의는 사람뿐만 아니라 자유나 지식 등의 본질을 찾는 시도를 계속해 왔지만, 대부분의 경우 아직까지 본질적인 것을 명확히 찾는 데 성공하지 못했다. 그래서 숨겨진 본질을 밝히려는 철학적 탐구는 실제로는 부질없는 일이라고 반본질주의로부터 비판을 받는다. 우리가 본질을 명확히 찾지 못하는 까닭은 우리의 무지 때문이 아니라 그런 본질이 있다는 잘못된 가정에서 출발했기 때문이라는 것이다. 사물의 본질이라는 것은 단지 인간의 가치가 투영된 것에 지나지 않는다는 것이 반본질주의의 주장이다. [140617~20]

외연은 같아도 내포는 다를 수 있습니다. {X|X는 가장 작은 소수prime number}와 {Y|Y는 0보다 큰 자연수 중 가장 작은 짝수}는 서로 내포가 다릅니다. 하지만 외연은 {2}로 똑같습니다. 이처럼 내포는 다르지만 외연이 동일할 수 있습니다. 시험에도 종종 나오고요.

사례1. 등변삼각형, 등각삼각형

'등변삼각형'과 '등각삼각형'은 내포가 다릅니다. 등변삼각형은 세 변의 길이가 동일하다는 것이 내포이고, 등각삼각형은 세 각의 크기가 동일하다는 것이 내포입니다. 하지만 등변삼각형과 등각삼각형의 외연은 정삼각형으로 동일합니다.

사례2. 샛별과 개밥바라기

샛별과 **개밥바라기**는 대학 교과서에 매우 자주 등장하는데, 영어로 번역해야 느낌이 확 와 닿습니다. 샛별은 해가 뜰 무렵 동쪽 하늘에서 볼 수 있기 때문에 영어로 morning star라고 합니다. 반면 개밥바라기는 저녁 무렵 서쪽 하늘에 보이기 때문에 영어로 evening star라고 하고요. 그런데 이 두 별은 모두 금성Venus을 가리킵니다. 즉, 샛별과 개밥바라기의 내포는 '아침 동쪽 별'과 '저녁 서쪽 별'로 다르지만, 외연은 '금성'으로 동일합니다. "'샛별'과 '개밥바라기'가 같은 행성 '금성'이라는 것은 천체 관찰에 의해 발견된 것" PEET 언어추론 | 예비 26번이라고 시험에 나온 적 있습니다.

'바라기'는 작은 그릇을 뜻합니다. 즉, 개밥바라기는 개밥그릇과 뜻이 같은데, 옛사람들은 저녁에 금성을 보고 "집에 있는 개 밥 챙겨줘야겠다"라고 생각해서 금성을 '개밥바라기'라고 불렀다고 하네요. 믿거나말거나..

사례3. 금강산, 봉래산, 풍악산, 개골산

강원도 회양군과 통천군·고성군에 걸쳐있는 산을 두고, 사람들은 계절별 특징에 따라 봄에는 금강산, 여름에는 봉래산, 가을에는 풍악산, 겨울에는 개골산이라고 부릅니다. 각기 다른 내포를 갖고 있지만, 외연은 동일합니다.

사례4. ①심장을 가진 동물, ②신장을 가진 동물

현실세계에서 ①은 ②이고, ②는 ①입니다. 즉, ①과 ②는 현실세계에서 외연이 같습니다.

099 예술

미학은 철학의 한 분과로서 시험에 출제될 때가 많습니다. 특히 '예술'의 정의에 대한 지문이 시험에 굉장히 많이 나왔습니다. 심지어는 서울대학교 미학과 대학원 입시 예시문항에 **"미술이란 무엇인가에 대한 답변을 모방론-표현론-형식론-정의불가론-제도론-다원론의 순으로 구체적 작품을 거론하며 서술하시오"**라는 문항도 있는데… 모범답안(?) 일부가 고3 모의평가²¹⁰⁹²⁰~²⁵에 출제된 적 있습니다.

[01]   예술의 정의

미학은 예술과 미적 경험에 관한 개념과 이론에 대해 논의하는 철학의 한 분야로서, 미학의 문제들 가운데 하나가 바로 예술의 **정의**에 대한 문제이다. 예술이 자연에 대한 모방이라는 아리스토텔레스의 말에서 비롯된 **모방론**은, 대상과 그 대상의 재현이 닮은 꼴이어야 한다는 재현의 투명성 이론을 전제한다. 그러나 예술가의 독창적인 감정 표현을 중시하는 한편 외부 세계에 대한 왜곡된 표현을 허용하는 낭만주의 사조가 18세기 말에 등장하면서, 모방론은 많이 쇠퇴했다. 이제 모방을 필수 조건으로 삼지 않는 낭만주의 예술가의 작품을 예술로 인정해 줄 수 있는 새로운 이론이 필요했다.

20세기 초에 콜링우드는 진지한 관념이나 감정과 같은 예술가의 마음을 예술의 조건으로 규정하는 **표현론**을 제시하여 이 문제를 해결하였다. 그에 따르면, 진정한 예술 작품은 물리적 소재를 통해 구성될 필요가 없는 정신적 대상이다. 또한 이와 비슷한 시기에 외부 세계나 작가의 내면보다 작품 자체의 고유 형식을 중시하는 **형식론**도 발전했다. 벨의 형식론은 예술 감각이 있는 비평가들만이 직관적으로 식별할 수 있고 정의는 불가능한 어떤 성질을 일컫는 '의미 있는 형식'을 통해 그 비평가들에게 미적 정서를 유발하는 작품을 예술 작품이라고 보았다.

20세기 중반에, 뒤샹이 변기를 가져다 전시한 『샘』이라는 작품은 예술 작품으로 인정되지만 그것과 형식적인 면에서 차이가 없는 일반적인 변기는 예술 작품으로 인정되지 않는 이유를 설명하지 못하게 되자 두 가지 대응 이론이 나타났다. 하나는 우리가 흔히 예술 작품으로 분류하는 미술, 연극, 문학, 음악 등이 서로 이질적이어서 그것들 전체를 아울러 예술이라 정의할 수 있는 공통된 요소를 갖지 않는다는 웨이츠의 **예술 정의 불가론**이다. 그의 이론은 예술의 정의에 대한 기존의 이론들이 겉보기에는 명제의 형태를 취하고 있으나 사실은 참과 거짓을 판정할 수 없는 사이비 명제이므로, 예술의 정의에 대한 논의 자체가 불필요하다는 견해를 대변한다.

다른 하나는 예술계라는 어떤 사회 제도에 속하는 한 사람 또는 여러 사람에 의해 감상의 후보 자격을 수여받은 인공물을 예술 작품으로 규정하는 디키의 **제도론**이다. 하나의 작품이 어떤 특정한 기준에서 훌륭하므로 예술 작품이라고 부를 수 있다는 평가적 이론들과 달리, 디키의 견해는 일정한 절차와 관례를 거치기만 하면 모두 예술 작품으로 볼 수 있다는 분류적 이론이다. 예술의 정의와 관련된 이 논의들은 예술로 분류할 수 있는 작품들의 공통된 **본질**을 찾는 시도이자 예술의 **필요충분조건**을 찾는 시도이다.

본질=(내포적) 정의=규정=필요충분조건이라는 것을 알고 있다면 글을 훨씬 수월하게 읽을 수 있었겠죠? 각 이론별로 시험에 나온 지문을 좀 더 살펴보면 다음과 같습니다.

[02] 모방론

미메시스Mimesis 이론은 예술이 진정한 가치를 지닌 무엇인가를 모방한다는 생각에서 비롯된 것으로, 플라톤과 아리스토텔레스 같은 그리스 철학자들에 의해 정립되어 지금까지 내려오고 있다. 이에 따르면 인간의 운명이건 사물이나 풍경의 모습이건 이상적인 원형이 따로 있으며, 그 원형을 최대한 모방하고 재현하여 감상자들에게 원형의 세계를 간접적으로나마 경험할 수 있게 하는 것이 예술이다. 이는 예술을 진리에 부속된 것, 진리와 하나가 되고자 하는 노력으로 여기는 시각이다.[09추론09]

[03] 표현론

예술적 활동이란 결국 표현적 활동이라고 규정하는 입장이 있다. 이런 입장을 '표현론'이라고 흔히 부른다. 표현론자들은 자신의 주장의 근거로, 예술 작품을 창작하는 동안에 예술가들은 어떤 강렬한 감정에 사로잡혀 있다는 점을 지적하곤 한다. 또한 이런 감정에 사로잡힌 예술가들은 그 감정을 예술 작품을 통해서 표현할 수밖에 없다고 한다. 표현론에 의하면, 이렇게 창작된 예술 작품을 감상하는 사람들 역시 어떤 감정 상태에 사로잡히게 되는데, 바로 이것이 예술 작품이 갖는 표현적 성질을 증명하는 것이라고 한다. 뭉크라는 화가가 그린 '절규'라는 작품이 있다. 이 그림에는 섬뜩하게 묘사된 사람이 자신의 얼굴을 감싸며 절규하는 장면이 있다. 그런데 뭉크가 별다른 감정의 동요 없이, 아니 내내 즐거운 마음으로 이 그림을 그려냈다고 하자. 하지만 이 그림을 보는 사람들은 공포스러움을 간접적으로 느낄 수 있다. 이런 점에서 표현론은 받아들이기 힘든 입장이다.[04견습26]

참고로 윗글에서 결론을 이끌어내기 위해서는 "표현론에 의하면 창작자의 감정 상태와 감상자의 감정 상태가 일치해야 한다."라는 전제가 필요합니다.

[04] 형식론

형식론과 관련하여 취미론이 시험에 종종 나옵니다. "근대 취미론theory of taste의 주요 내용을 설명하시오.", "'취미판단은 미적aesthetic이며 순전히 관조적contemplative이다'는 칸트의 주장을 설명하시오." 같은 서울대 미학과 대학원 입시문항도 있었고요.

한 떨기 흰 장미가 우리 앞에 있다고 하자. 하나의 동일한 대상이지만 그것을 받아들이는 방식은 다양하다. 그것은 이윤을 창출하는 상품으로 보일 수도 있고, 식물학적 연구 대상으로 보일 수도 있다. 또한 어떤 경우에는 나치에 항거하다 죽어 간, 저항 조직 '백장미'의 젊은이들을 떠올리게 할 수도 있다. 그런데 이런 경우들과 달리 우리는 종종 그저 그 꽃잎의 모양과 순백의 색깔이 아름답다는 이유만으로 충분히 만족을 느끼기도 한다.

가끔씩 우리는 이렇게 평소와는 매우 다른 특별한 순간들을 맛본다. 평소에 중요하게 여겨지던 것들이 이때에는 철저히 관심 밖으로 밀려나고, 오직 대상의 내재적인 미적 형식만이 관심의 대상이 된다. 이러한 마음의 작동 방식을 가리키는 개념어가 **미적 무관심성**이다. **칸트**가 이 개념의 대표적인 대변자인데, 그에 따르면 미적 무관심성이란 대상의 아름다움을 판정할 때 요구되는 순수하게 심미적인 심리 상태를 뜻한다. 즉 'X는 아름답다.'라고 판단할 때 우리의 관심은 오로지 X의 형식적 측면이 우리의 감수성에 쾌·불쾌를 주는지를 가리는 데 있으므로 '무관심적 관심'이다. 그리고 무언가를 실질적으로 얻거나 알고자 하는 모든 관심으로부터 자유로운 X의 존재 가치는 **'목적 없는 합목적성'**에 있다. 080934

미가 취미에 의해 지각된 것이라면, 취미론자들에게 미는 주관적인 것이 된다. 이는 곧 미가 그것을 지각하는 마음과 어떠한 관계도 없이 그 자체로 아름다운 성질, 곧 대상 속에 들어 있다고 생각되는 성질을 뜻하는 것이 아니라는 말이다. 미의 관념이란 대상의 어떤 특수한 성질을 지각할 때 그 지각으로부터 환기되는 특수한 즐거움을 뜻한다고 이해할 수 있다.

하지만 주관적 즐거움이 모두 다 미일 수는 없다. 왜냐하면 그러한 즐거움 중에는 우리의 식욕이나 성욕 혹은 소유욕이나 지배욕 등으로 인한 즐거움이 있을 수 있기 때문이다. 이에 대해 취미론은 '**무관심성**disinterestedness'이라는 기준을 제시한다. 즉, 이해관계interest에서 벗어나 대상을 그 자체로서 지각할 때 얻는 특수한 즐거움이 **무관심적 즐거움**이며, 이것이 곧 미적 즐거움이라는 것이다. 그러나 취미론을 따르는 한, 미적 판단의 객관성과 보편성에 대한 기대는 헛된 것이 된다.

취미론의 기본 정신은 후에 미적 태도론으로 계승되는데, 여기에서는 미적 판단의 객관성과 같은 문제는 대두되지 않는다. 취미론보다 훨씬 간단한 구조를 가진 미적 태도론에서는 특수한 감관으로서의 취미나 취미에 반응을 일으키는 특수한 대상과 같은 요소들이 미를 정의하기 위해 필요한 것이 아니기 때문이다. 대신 태도론자들은 우리들 누구나 가지고 있는 지각 능력을 일상적 지각과 미적 지각으로 구분할 것을 제안한다. 대표적인 미적 태도론자인 쇼펜하우어에게 있어 미적 지각은 대상에 대한 **관조적 태도**라고 할 수 있는데, 그는 그 태도의 특징이 무관심적이라고 한다. 미적 태도론은 대상이 무엇이든 간에 그것에 대해 미적 태도를 취하기만 하면 그것이 곧 아름다운 대상이라는 결론으로 귀결된다. 08추론03~05

참고로 **형식**은 내용과 반대됩니다. 음악과 미술에서 형식이 구체적으로 무엇을 가리키는지 아래 지문을 통해 생각해보세요(형식론과 관련하여 한슬리크는 출제후보 1순위입니다).

형식주의 비평은 예술 작품의 외적 요인 대신 **작품의 형식적 요소**와 그 **요소들 간 구조적 유기성**의 분석을 중요하게 생각한다. 프리드와 같은 형식주의 비평가들은 작품 속에 표현된 사물, 인간, 풍경 같은 **내용**보다는 선, 색, 형태 등의 조형 요소와 비례, 율동, 강조 등과 같은 **조형 원리**를 예술 작품의 우수성을 판단하는 기준이라고 주장한다. 210920~25

음악적 아름다움의 본질은 무엇인가? 19세기 미학자 **한슬리크**는 "음악의 아름다움은 외부의 어떤 것에도 의존하지 않고, 오로지 음과 음의 결합에 의해 이루어진다."라고 주장했다. 예를 들면, 모차르트의 '교향곡 제40번 사단조'는 '사' 음을 으뜸음으로 하는 **단음계**로 작곡된 **조성 음악**으로, 여기에는 **제목**이나 **가사** 등 음악 외적인 어떤 것도 개입하지 않는다. 22예비16~21

마테존의 진정한 업적은 음악을 구성적 측면에서 논의한 데 있다. 그는 성악곡인 마르첼로의 아리아를 논의하면서 그것이 마치 기악곡인 양 **가사**는 전혀 언급하지 않은 채, 주제 가락의 착상과 치밀한 전개 방식 등에 집중하였다. 이는 가락, 리듬, 화성과 같은 형식적 요소가 중시되는 순수 기악 음악의 도래가 멀지 않았음을 의미하는 것이었다. 실제로 한 세기 후 음악 미학자 한슬리크는 음악이 사람의 감정을 묘사하거나 표현하는 것이 아니라, 음들의 순수한 결합 그 자체로 깊은 정신세계를 보여 주는 것이라 주장하기에 이른다. [121144]

19세기 음악 평론가인 한슬리크에 따르면, 음악의 독자적인 아름다움은 음들이 '울리면서 움직이는 형식'에서 비롯되는데, 음악을 구성하는 음악적 재료들이 움직이며 만들어 내는 형식 그 자체를 말한다. 따라서 음악의 가치는 음악이 환기하는 기쁨이나 슬픔과 같은 특정한 감정이나 정서에서 찾으려 해서는 안 된다는 것이다. [170630]

[05] 예술 정의 불가론

예술이 무엇이냐는 질문에 우리는 레오나르도 다빈치의 '모나리자'나 베토벤의 교향곡이나 발레 '백조의 호수' 같은 것이라고 대답할지 모른다. 물론 이 대답은 틀리지 않았다. 하지만 질문이 이것들 모두를 예술 작품으로 특징짓는 속성, 곧 예술의 본질이 과연 무엇인지를 묻는 것이라면 그 대답은 무엇이 될까?

사실 같은 이름으로 불리는 어떤 그룹에 속한 것들 모두에게 공통되는 속성이 하나쯤은 있어야 한다는 생각은 자연스럽다. 그렇지 않다면 대체 이들을 같은 이름으로 부르는 근거가 무엇이겠는가. 예술의 본질을 찾으려는 노력도 이러한 가정 하에서 전개되었다. 그래서 예술은 곧 모방이라는 서양의 전통적 시각이나, 예술은 감정의 표현이라는 주장, 또 예술은 형식이라는 주장까지 모두 예술의 본질에 대한 답변으로 간주되었다. 하지만 이들이 모두 정답으로 경쟁한다면, 그 중 어느 것이 정말 예술의 본질인가?

20세기 들어 비트겐슈타인의 철학은 이 문제에 다른 방식으로 접근하는 계기를 마련해 주었다. 비트겐슈타인은 '게임'을 예로 든다. 누군가가 게임의 본질적 속성을 '경쟁'으로 본다고 해 보자. 곧 반례가 만들어질 것이다. 예를 들어, 전쟁은 경쟁이라는 속성을 가졌지만 게임은 아니다. 한편 게임 중에도 경쟁이 아닌 것이 있다. 무료한 시간에 혼자 하는 카드놀이가 그 예가 될 수 있을 것이다. 이런 식으로 따져 가다 보면 모든 게임에 공통적인 하나의 본질을 찾는 일은 불가능해 보인다. 그런데 비트겐슈타인은 이것이 바로 게임이라는 개념에 대한 정확한 인식이라고 한다.

비트겐슈타인에 따르면, 게임은 본질이 있어서가 아니라 게임이라 불리는 것들 사이의 유사성에 의해 성립되는 개념이다. 이러한 경우 발견되는 유사성을 '가족 유사성'이라 부르기로 해 보자. 가족의 구성원으로서 어머니와 나와 동생의 외양은 이런저런 면에서 서로 닮았다. 하지만 그렇다고 해서 셋이 공통적으로 닮은 한 가지 특징이 있다는 말은 아니다. 비슷한 예로 실을 꼬아 만든 밧줄은 그 밧줄의 처음부터 끝까지를 관통하는 하나의 실이 있어서 만들어지는 것이 아니라 짧은 실들의 연속된 연계를 통해 구성된다. 그렇게 되면 심지어 전혀 만나지 않는 실들도 같은 밧줄 속의 실일 수 있다.

미학자 와이츠는 예술이라는 개념도 이와 마찬가지라고 주장한다. 그에게 예술은 가족 유사성만을 갖는 '열린 개념'이다. **열린 개념**이란 주어진 대상이 이미 그 개념을 이루고 있는 구성원 일부와 닮았다면, 그 점을 근거로 하여 얼마든지 그 개념의 새로운 구성원이 될 수 있을 만큼 테두리가 열려 있는 개념을 말한다. 따라서 전통적인 예술론인 표현론이나 형식론은 있지도 않은 본질을 찾고 있는 오류를 범하고 있는 것이 된다. 와이츠는 표현이니 형식이니 하는 것은 예술의 본질이 아니라 차라리 좋은 예술의 기준으로 이해되어야 한다고 한다. 그는 열린 개념으로 예술을 보는 것이야말로 무한한 창조성이 보장되어야 하는 예술에 대한 가장 적절한 대접이라고 주장한다. 060949~42

지문에서 소개된 가족 유사성을 잘 이해해두세요. 본질주의가 핵심 가정이 왼쪽 그림과 같다면, 가족 유사성의 관점은 오른쪽 그림과 같습니다.

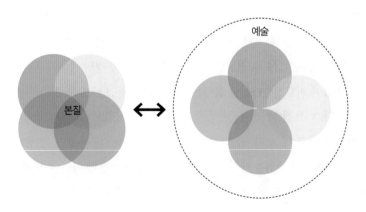

팝아트는 대중문화를 찬양한다. 팝아트는 모든 사람이 늘 알고 있는 것을 예술로 변용시킨다. 나아가 팝아트는 **순수 미술의 종언**을 선언한다. 이것은 전통적 철학의 종언을 선언하는 분석철학과 유사하다. 분석철학이 플라톤에서부터 시작해 하이데거에 이르는 철학 전체와 맞섰다면, 팝아트는 일상 생활의 편에서 지금까지의 미술 전체에 맞선다. 그런데 순수 미술의 종언 이후에 예술은 어떠한 양상으로 전개되는가? 더 이상 미술이나 예술은 없는 것인가? 아니다. 어떤 목표를 추구했던 순수 미술의 역사가 종언을 고한 이후에 더 이상 일상에서 분리된 순수함이 강요될 필요는 없다. 이제 모든 것이 가능하며, 그 어떠한 것이라도 예술이 될 수 있다. 따라서 이러한 종언 이후의 예술작품은 더 이상 어떤 예술적 본질을 구현하는 것이 아니다. 가령 무엇을 모방 혹은 표현하는 본질적 기능을 수행하거나 미적 형식을 구현하기 때문에 어떤 것이 예술작품이 되는 것은 아니다. 더 이상 모든 예술작품에 공통적인 단 하나의 순수한 본질, 즉 가시적可視的인 어떤 본질은 요구되지 않는다.

그렇다면 예술작품에 고유한 미적 가치가 사라진 오늘날 예술작품의 기준이 무엇인가? 평범한 소변기를 〈샘〉이라는 제목으로 전시한 뒤샹의 예술작품은 외관상 실재 소변기와 식별 불가능하다. 그럼에도 뒤샹의 소변기는 예술작품이 된다. 분명히 뒤샹의 작품은 소변기가 갖고있는 성질과 다른 무엇을 갖고 있어야 한다. 그것은 순수 미술이 추구했던 미적인 본질이 아니다. 그것은 오히려 뒤샹이 소변기에 부여하는 어떤 의미이다. 뒤샹의 소변기는 더 이상 소변기가 아니라 대담함, 뻔뻔함, 불경스러움, 재치 등을 담고 있는 의미 대상이다. 뒤샹의 소변기는 비가시적非可視的 의미 대상이기 때문에 한갓 일상적 대상이 아니라 예술작품이 되는 것이다. 따라서 미적 본질이 없기 때문에 그 어떤 일상 사물도 예술작품이 될 수 있고, 그럼에도 예술작품과 일상 사물이 구분된다는 것은 부정되지 않는다. 민간12민24

20세기 미술의 특징은 무한한 다원성에 있다. 어떤 내용을 어떤 재료와 어떤 형식으로 작품화하건 미술적 창조로 인정되고, 심지어 창작 행위가 가해지지 않은 것도 '작품'의 자격을 얻을 수 있어서, '미술'과 '미술 아닌 것'을 객관적으로 구분해 주는 기준이 존재하지 않게 된 것이다. 단토의 '**미술 종말론**'은 이러한 상황을 설명하기 위한 미학 이론 중 하나이다. 단어가 주는 부정적 어감과는 달리 미술의 '종말'은 결과적으로 모든 것이 미술 작품이 될 수 있게 된 개방적이고 생산적인 상황을 뜻한다. 그런데 이러한 다원성은 전적으로 새로운 상황일까, 아니면 이전부터 이어져 온 하나의 흐름에 속할까?

작품의 형식과 내용이 전적으로 예술가의 주체적 선택에 달려 있다는 관점에서만 보면, 20세기 미술의 양상은 아주 낯선 것은 아니라고 할 수 있다. 르네상스 때 시작된 화가의 서명은 작품이 외부의 주문에 따라 제작되더라도 그것의 정신적 저작권만큼은 예술가에게 있음을 알리는 행위였다. 이는 창조의 자유가 예술의 필수 조건이 되는 시대를 앞당겼다. 즉 미켈란젤로가 예수를 건장한 이탈리아 남성의 모습으로 그렸던 사례에서 보듯, 르네상스 화가들은 주문된 내용도 오직 자신만의 방식으로 이미지화했다.

형식의 이러한 자율화는 내용의 자기 중심화로 이어졌다. 17세기의 네덜란드 화가들은 신이나 성인聖人을 그리던 오랜 관행에서 벗어나 친근한 일상을 집중적으로 그리기 시작했고, 19세기 낭만주의에 와서는 내면의 무한한 표출이 예술의 생명이 되기에 이르렀다. 이런 관점에서 보면 20세기 미술은 예술적 주체성과 자율성의 발휘라는 일관된 흐름의 정점이라고 할 수 있다.

그러나 단토가 주목하는 것은 이러한 흐름과는 결정적으로 구분되는 20세기만의 질적 차별성이다. 이전 시대까지는 '미술'과 '미술 아닌 것'의 구분은 '무엇을 그리는가?' 또는 '어떻게 그리는가?'의 문제, 곧 내용·형식·재료처럼 지각 가능한 '전시적 요소'에 의존하여 가능했다. 반면, 20세기에는 빈 캔버스, 자연물, 기성품 등도 '작품'으로 인정되는 데에서 보듯, 전시적 요소로는 더 이상 그러한 구분이 불가능해진 것이다. 이제 그러한 구분은 대상이 어떤 것이든 그것에 미술 작품의 자격을 부여하는 지적인 행위, 곧 작품 밖의 '비전시적 요소'에 의존할 따름이다. 현대 미술이 미술의 개념 자체를 묻는 일종의 철학이 되고, 작품의 생산과 감상을 매개하는 이론적 행위로서 비평의 중요성이 부각된 이유가 바로 여기에 있다.¹⁴⁰⁹²¹~²³

1964년 워홀A. Warhol은 일상에서 흔히 볼 수 있는 브릴로 비누의 종이 포장 상자와 외관상 흡사하게 만든 나무 상자들을 작품으로 전시한다. 이 전시에 대해 찬사와 비난

이 엇갈렸지만, 단토A. Danto에게는 이것이 예술에 대한 새로운 인식을 하게 되는 계기가 되었다. 슈퍼마켓 진열대의 브릴로 상자들과 워홀의 〈브릴로 상자〉는 시각적으로는 구별되지 않는데, 왜 후자만 예술 작품이 되는가? 이러한 의문이 단토 예술 비평의 출발점이 된다.

단토에 의하면 예술 작품과 물리적 대상을 구별해 주는 것은 지각적 식별에 의해 파악되지 않는 그 무엇이다. 그에 따르면 이 구별을 가능하게 하는 것은 물리적 대상 자체의 속성이 아니라 그 대상에 대한 해석이다. 예술 작품이 예술 작품일 수 있는 조건을 예술가의 특수한 심적 상태에 그 기원을 둔다. 그렇다고 어떤 예술가가 특정 물리적 대상을 예술 작품으로 간주하고 그렇게 선언한다고 해서 그것이 바로 예술이 되는 것은 아니다. 관람자가 그것을 감상하고 해석할 수 있는 특수한 대상, 즉 예술 작품으로 받아들이려면 예술가가 그 대상에 어떤 내용과 의미를 부여하여야 한다. 이 과정에서 예술가는 자신이 속한 예술계에서 취할 수 있는 예술 이론과 규약 등의 제한을 받게 된다. 관람자는 예술가가 제시한 의미를 작품을 통해 읽어 내야 하는데, 이 과정에서 중요한 역할을 하는 것 중의 하나가 작품의 제목이다. 제목은 그 작품이 무엇에 관한 것인지, 주제가 무엇인지를 제시하거나 암시하기 때문이다.

예술 작품이 예술가에 의해 어떤 의미를 갖게 된다는 것은 그 대상이 해석을 통해 비로소 예술로서의 정체성을 갖게 된다는 것이다. 그러므로 해설이 달라지면 예술 작품도 달라진다. 새로운 해석은 예술가가 만들어 놓은 물리적 실체를 새로운 예술 작품으로 태어나게 한다. 이는 하나의 예술 작품에 대해 그 작품 자체를 그대로 둔 채 다양한 해석을 할 수 있다는 뜻이 아니라, 다른 방법으로 해석된 물리적 실체는 각기 새로운 예술 작품으로 나타난다는 뜻이다. 하지만 해석은 예술가가 의존하는 예술 이론과 예술사적 지식의 한계에서 자유로울 수 없기 때문에 아무 해석이나 다 가능한 것은 아니다.

단토의 성찰에 따르면, 물리적 실체로서의 대상이 가지는 지각적 성질에서 미의 본질을 추구했던 예술의 역사는 워홀 이후 종언을 고하게 된다. 다시 말해 예술은 자기 정체성을 발견하기 위한 일종의 방법적 회의의 도구가 되는 것이다. 그로 인해 예술은 다양한 모습으로 변화하는 것을 본질로 삼게 되는데, 단토는 이를 '**예술의 종말**'이라고 불렀다. 예술의 역사적 변천은 예술이 무엇이고 그 의미가 무엇인지가 밝혀질 때 끝나게 되기 때문이다. 이후에는 다른 예술보다 더 진실하거나 더 본질적인 예술이란 존재하지 않으며, 예술이 필연적으로 그러해야만 하는 방식 역시 더 이상 존재하지 않게 된다. 09추론08~10

100 감광성 photo-sensitivity

감광성이란 빛을 조사했을 때(쪼였을 때) 물리적·화학적 변화를 일으키는 성질을 가리킵니다. 이게 의외로 시험 빈출 단어입니다. 생물학, 예술, 물리학 등 다양한 분야에서 출제됩니다. 눈에 감광성 세포가 있어서 사물의 색과 모양을 볼 수 있는 것은 생물학, 필름에 감광성이 있어서 비친 모습을 사진으로 만들 수 있는 것은 예술, 반도체를 만들 때도 감광성을 활용해서 정밀한 패턴을 새길 수 있는 것은 과학기술과 관련이 있습니다.

[01]   사진술은 다양한 물질의 **감광성**에 대한 길고도 지루한 실험의 토대 위에서 출현하였다.
       070935-38

[02]   **감광** 물질이란 빛을 받으면 화학적 성질이 변하는 물질을 말한다. 130917-19

[03]   X선 사진은 X선을 인체에 조사하고, 투과된 X선을 필름에 감광시켜 얻어낸 것이다. 이런 X선의 세기에 따라 X선 필름의 감광 정도가 달라져 조직의 흑백 영상을 얻을 수 있다. 1409A19-21

[04]   인화 과정에서는 피사체의 질감이 억제되는 **감광**액을 사용하였다. 1609A27-30

[05]   며칠 후 다시 실험을 하기 위하여 건판을 꺼냈을 때 그 사진 건판은 심하게 **감광**感光되어 있었다. 이 사진 건판을 감광시킨 것은 우라늄과 토륨에서 나오는 방사선 B선임이 밝혀졌다.
       5급07논리29

101 항원 抗元, antigen | 항체 抗體, antibody

중학교 과학 시간에 배운 단어인데… 기억 나나요? 출제자는 학생들이 이 정도 단어는 당연히 알고 있을 것이라고 생각합니다. 그래서 항원, 항체에 대한 아무 설명/맥락 없이 지문이나 선지에 툭 나올 수 있습니다.

[01] 이 약제는 인공적인 **항체**로서 혈관내피 성장인자를 **항원**으로 인식하여 결합함으로써 혈관 생성을 방해한다. 1609B25-26

항원은 생체 속에 침입하여 항체를 형성하게 하는 단백질(세균, 독소 등)입니다. **항체**는 특정 항원과 결합하여 세균이나 독소를 제거하는 단백질이고요. 항체는 참고로 항원과 항체가 결합한 것을 잡아 먹는 세포는 **호중구 세포**입니다. 이 호중구 세포의 시체를 일상어로 '고름'이라고 하고요(여드름 짤 때마다 항원, 항체를 기억합시다!).

[02] **항원-항체** 반응은 항원과 그 항원에만 특이적으로 반응하는 항체가 결합하는 면역 반응을 말한다. 190635-38

[03] 사람이 가진 자연**항체**는 다른 종의 세포에서 발현되는 **항원**에 반응하는데, 이로 인해 이종 이식편에 대해서 초급성 거부 반응 및 급성 혈관성 거부 반응이 일어난다. 201126-29

[04] 그레이브스병은 신진대사 속도에 영향을 주는 자가면역 질환의 일종이다. 이 병은 TSH-수용체에, TSH를 대신하여 결합하는 **항체**가 생성되는 것이 그 원인이라고 알려져 있다. 이 **항체**가 TSH-수용체에 결합하면 TSH 농도와 무관하게 티록신 합성이 촉진된다. 14추리16

[05] 세포 내에 존재하는 어떤 단백질을 분리하기 위해 가장 널리 사용되는 방법 중 하나는 단백질과 결합할 수 있는 능력을 가진 **항체**를 이용하는 것이다. 17추리35

[06] B형 간염 바이러스는 바이러스 DNA와 그것을 둘러싼 단백질들로 되어 있다. 이 바이러스 단백질들은 체내 면역시스템에 대한 **항원**으로 작용하여 바이러스에 감염된 사람은 이에 대한 **항체**를 만들게 된다. 19추리38

[07] 웨스턴 블랏은 단백질 사이의 특이적인 상호작용을 이용하여 원하는 단백질을 검출하는 방법

으로, 단백질인 **항체**를 이용하여 이 **항체**와 특이적으로 결합하는 표적단백질을 검출하는 것이다. [21추리40]

[08] 개체 내에 들어온 병원균에 대한 면역에서는 각각의 병원균이 표현하는 특정한 **항원**에 대한 **항체** 생성과 그것의 작용이 중요한 역할을 한다. 베링은 디프테리아나 파상풍 같은 병에 대한 개체의 면역은 병원균이 생성하는 독소를 중화하는 물질, 즉 **항체**에 의한다는 사실을 밝혔다. [08추론14-16]

[09] 루푸스는 B세포의 활동 과다와 핵산에 존재하는 **항원**에 대한 다양한 자가 항체의 생성을 특징으로 하는 전신성 자가 면역 질환이다. [예비05추론6]

[10] 의학에서 사용되는 HIV 감염 여부에 대한 진단은 HIV **항체** 검사법에 크게 의존한다. [7급15논리20]

[11] 백혈구를 비롯한 우리의 세포들은 외부에서 침입한 병원체를 능동적으로 찾아내어 죽인다. 우리 몸은 침입한 병원체에 대항하는 **항체**를 형성하여 일단 치유된 뒤에는 다시 감염될 위험이 적어진다. 인플루엔자나 보통 감기 따위의 질병에 대한 우리의 저항력은 완전한 것이 아니어서 결국 다시 그 병에 걸릴 수도 있다. 어떤 질병에 대해서는 한 번의 감염으로 자극을 받아 생긴 **항체**가 평생 동안 그 질병에 대한 면역성을 준다. 바로 이것이 예방접종의 원리이다. 죽은 병원체를 접종함으로써 질병을 실제로 경험하지 않고 **항체** 생성을 자극하는 것이다. 일부 영리한 병원체들은 인간의 면역성에 굴복하지 않는다. 어떤 병원체는 우리의 **항체**가 인식하는 병원체의 분자구조, 즉 항원을 바꾸어 우리가 그 병원체를 알아보지 못하게 한다. 가령 인플루엔자는 **항원**을 변화시키기 때문에 이전에 인플루엔자에 걸렸던 사람이라도 새로이 나타난 다른 균종으로부터 안전할 수 없는 것이다. [외교13논리6]

[12] 혈구에 Rh 인자가 없는 엄마가 Rh 인자를 가진 아이를 임신하면 엄마의 혈액 속에 Rh 인자에 대한 **항체**가 생기는데, 이 항체가 태반을 통하여 태아에게 들어가면 태아의 혈구가 파괴된다. [08추론15]

[13] 호르몬은 체내에 주사하더라도 대부분 **항원**으로 작용하지 않아 항체가 생기지 않는다.

[14과학 | 경찰직]

빈칸에 들어갈 단어를 아래에서 고르시오.

> 고관대작, 항원, 음영, 수사학, 객관적 상관물, 재고, 딜레마, 원경, 반음, 하향식, 선고,
> 심신 이원론, 담합, 속세, 감정 이입, 근경, 옥타브, 갈등, 한계, 항체, 원근법, 괴리, 표
> 현론, 박자, 모순, 필연적, 스타카토, 구형, 표적

1. 작곡가는 분노를 표현할 때는 빠른 템포와 레가토(음을 끊지 않는 연주 기법) 주법을
    사용하고, 반면 행복을 표현할 때는 빠른 템포와 ____ 주법을 사용했다. 이처럼 창작
    자가 어떤 강렬한 감정에 사로잡혀 작품에 그 감정을 표현하면, 감상하는 사람 역시
    어떤 감정 상태에 사로잡히게 된다는 것이 예술 ____ 지지자들의 입장이다.

2. 정신적 사건과 육체적 사건이 서로 다른 종류의 것이라고 주장하는 이론, 곧 ____은
    (는) 그 두 종류의 사건이 관련되어 있음을 설명하기 위해 다양한 방법을 시도한다

3. 기업이 ____해 제품 가격을 인상했다가 적발된 경우, 그 기업들은 피해자에게 손해 배
    상 소송을 제기당하거나 고발당해 검사의 ____와(과) 법원의 판결에 따라 벌금형이나
    징역형 등을 ____받을 수 있다.

4. 칼슘 이온이나 마그네슘 이동 따위가 다량 함량된 천연수를 경수라고 부르는데, 일반
    적으로 ____20 이상의 것을 가리킨다.

5. 이곳은 옛 왕조의 ____의 무덤이 많이 있을 정도로 풍수지리적 명당이라 여겨진다. 그
    럼에도 일반 도로가 없어서 좁은 산책로의 ____을(를) 따라 걸어와야 했다.

6. 중세인들의 인문학에는 논리학과 더불어 ____도 중요한 분야였다. 오늘날 우리도 타인을 설득할 때 이성적인 전략과 감성적인 전략, 그리고 화자의 공신력을 이용하는 전략까지 공부할 필요가 있다.

7. 시에 등장하는 모든 사물은 시인이 선택한 ____(으)로서 구체적인 심상으로 등장하고, 이 중 일부는 ____의 대상이 된다. ____의 대상은 ____이지만, ____이라고 해서 꼭 ____의 대상은 아닌 것이다. 고로, ____의 대상인 것은 ____이 되기 위한 충분조건이라 할 수 있다.

8. 8도를 1____라고 하는데, 한 ____만큼 차이 나는 두 음 사이에는 12개의 ____이 있다.

9. 불필요한 ____가 늘어나면서 재무 상황이 악화됐다. ____를 할인 판매로 소진할 것인지 아니면 창고를 확장해 보관할 것인지에 대한 ____(으)로 경영진은 고민에 빠졌다. 일부 직원들은 경영진의 ____(이)고 일방적인 의사결정 때문에 생긴 문제라고 주장해 회사 내부에 긴장감이 팽배해졌다.

10. 유원십이곡 은 강호에서의 삶을 추구하는 노래지만, 화자는 강호에 머문 뒤에도 강호와 ____ 사이에서 ____을 반복한다

11. 경제학에서는 가격이 ____ 비용과 일치할 때를 가장 이상적인 상태라고 본다. '____비용'이란 재화의 생산량을 한 단위 증가 시킬 때 추가되는 비용을 말한다.

12. 백 신에 포함된 약화된 병원체나 그 부분체는 ____(으)로 작용하여 ____ 생산을 촉진한다. 체내에서 백신 성분이 ____(으)로 인식되면, 면역 체계가 그에 대응하는 ____을 (를) 만들기 시작하는 것이다.

13.   법은 현실을 반영해야 하며 현실과 ____되어서는 안 된다. 법의 핵심 원칙이 현실과 ____될 경우, 그 적용에는 큰 문제가 생긴다. 따라서, 현실이 변화한다면, ____으로 법도 그에 맞춰 바뀌어야 한다.

14.   ____을(를) 활용하면 그림에 심도를 부여할 수 있다. ____은(는) 작게, ____은(는) 크게 표현되는 것이 기본이며, 이때 빛의 방향을 고려한 ____을(를) 활용하면 대상을 보다 입체적으로 표현할 수 있다.

정답은 362p에 있습니다.

십자말풀이

쪽지시험의 단어는 본 교재에서 직접적으로 설명하거나 설명 또는 지문에 등장했던 단어들로 구성되어 있습니다. 101개의 단어를 내것으로 만들고, 더불어 책을 읽으며 만난 낯선 단어들의 뜻을 맥락을 통해 유추하고 검색해봤다면, 어렵지 않게 정답을 찾을 겁니다. 재밌게 풀어보세요!

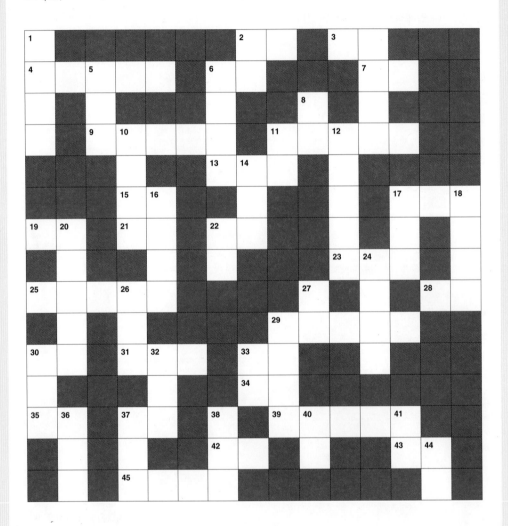

가로

2. '문 들어온다. 바람 닫아라.' 같이 익살스럽고 우승꽝스러운 말이나 행동

3. 진피보다 바깥 부분인 피부

4. 전위적

6. 민사소송에 진 결과

7. 허구가 아니라 진짜로 존재함

9. 상관하지 아니하거나 무시하다

10. 언어학에서 ＿＿은 두 대상이 어떤 특성에서 구별된다는 것을 나타내는 유용한 개념이다.

13. 돈을 내고 남의 것을 빌리는 사람

15. 한계＿체감의 법칙

17. 모방론에 따르면, 이상적인 원형을 최대한 모방, 재현하여 ＿들에게 간접적으로나마 경험할 수 있게 하는 것이라 예술이다

19. '상보적'의 대립어. ＿적

21. 쇠뿔을 단김에 빼듯 ＿하게 결단을 내리는 사람도 필요하다

22. 증거는 가설을 입증하기도 하고 ＿하기도 한다

23. 문화적 ＿을 유지하기 위해서는 다양한 언어를 보존할 필요가 있다

25. 소홀하게 보아 넘기다

28. 하의어의 의미 자질이 상의어의 의미 자질을 ＿한다

29. 음력 1월 1일

30. 다른 의견이나 주장

31. 일이나 사물이 되풀이되어 질리는

33. 언어에 의해 재현된 감각적 체험의 표상

34. 고전문학 중에는 누가 썼는지 정확하게 알 수 없는 '작자＿' 작품들도 있다

35. 어떠한 일이나 상황에 알맞은 사람이나 사물

37. 거래소에서 장래의 일정한 시기에 물건을 넘겨줄 조건으로 매매 계약을 하는 거래 종목

39. 이것을 이용해 발전하는 방식은 지속가능하며 환경 친화적이나 열광 의존성과 한정된 전자판 효율 등의 단점이 있다

42. 학업 성적을 평가하는 시험

43. 누리어 가지다

45. 적으로 대하는

세로

1. 세다, 짐작하다, 가늠하다

2. 어려운 일이나 문제가 되는 상태를 해결하여 없애 버림.

5. 뉴턴의 제2법칙: 같은 크기의 힘을 물체에 가했을 때, 물체의 질량과 ___는 반비례한다

6. 성공적인 과학 이론은 '___'이 되어 후속하는 과학 활동에 지대한 영향을 미친다.

8. /ㅐ/와/ㅔ/발음을 _하지 못하는 경우가 많다

10. 어떤 사람의 행동이 제3자에게 의도하지 않은 혜택이나 손해를 가져다주면서 이에 대해 대가를 받지도 지불하지도 않을 때 발생하는 것

11. 성질이나 모습이 바뀌는 원인

12. 적으로 여겨 보다

14. 채권은 일종의 ___이다

16. 용기가 있으며 씩씩하고 기운차다

18. 무어는 사실에서 가치를 끌어내려는 모든 시도는 '___적 오류'를 저지른다고 비판했다

20. 전제가 참일 때 반드시 결론이 참인 추론

22. 온음의 반이 되는 음정

24. 둘로 가르거나 나누다

26. 위에서 아래로 내려가는 방식

27. 전기적인 문학에는 _적 존재와 비현실적인 상황이 심심찮게 등장한다

29. 시간에 따른 변화가 없는 상태

30. 겉으로 드러난 것이 아닌, 겉으로 보이지 않는

32. '객관적 ___'이란 작품 속에서 화자의 정서와 관련된 사물을 말한다

33. 사람마다 _적 기준이 상이하기 때문에 무엇이 아름다움인가 정의하기란 어렵다

36. 종속적, 예속적의 대립어로, 스스로의 원칙에 따라 어떤 일을 하거나 자신을 통제하여 절제하는

37. 감각 경험에 의존하지 않는, 경험하기 이전에 인간이 본질적으로 지니고 있는 인식의 형식

38. 형사소송에서 소송을 당한 사람

30. 사물이나 현상의 모양이나 상태

41. 어떤 목표로 뜻이 쏠리어 향함. 또는 그 방향이나 그쪽으로 쏠리는 의지

44. 가능성이 많을 때 '_하다'고 말함

정답은 363p에 있습니다.

쪽지시험 정답

쪽지시험 01

1.⑤ 2.② 3.④ 4. 전기적 5.①-ⓓ,②-ⓒ,③-ⓑ,④-ⓐ 6.③ 7.① 8.①,②

쪽지시험 02

1. 관혼상제 2.① 3. 피고용인, 고용인 4.② 5.④ 6.③ 7.② 8.⑤

쪽지시험 03

1.② 2.① 3.④ 4.⑤ 5.× 6.× 7.○ 8.× 9.③ 10.①-ⓒ,②-ⓐ,③-ⓑ,④-ⓓ

11. 채무자, 채권자, 채무

쪽지시험 04

1.⑤ 2.② 3.① 4.④ 5.③ 6.○ 7.○ 8.○ 9.①,②

쪽지시험 05

1.② 2.③ 3. 필연적 4. 고사 5. 보전 6. 공시적, 통시적 7.④ 8.② 9.⑤ 10.① 11.④

12. 동맥, 정맥, 모세혈관

쪽지시험 06

1.⑤ 2.① 3.② 4.④ 5.③ 6.⑤ 7. 상징어 9.①-ⓔ,②-ⓖ,③-ⓕ,④-ⓑ,⑤-ⓐ

10. (증)배율, 증가율

쪽지시험 07

1. 스타카토, 표현론 2. 심신 이원론, 3. 담합, 구형, 선고 4. 경도 5. 고관대작, 표적 6. 수사학

7. 객관적 상관물, 감정 이입, 감정 이입, 객관적 상관물, 객관적 상관물, 감정 이입, 감정 이입,

객관적 상관물 8. 옥타브, 옥타브, 반음 9. 재고, 재고, 딜레마, 하향식 10. 속세, 갈등 11. 한계

12. 항원, 항체, 항원, 항체 13. 괴리, 모순, 필연적 14. 원근법, 원경, 근경, 음영

헤						해	학		표	피			
아	방	가	르	드		패	소			실	존		
리		속				러	구			험			
다		도	외	시	하	다		변	별	적	자	질	
			부			임	차	인	대				
			효	용			용		시		감	상	자
배	타		과	감		반	증		하		광		연
	당			하		음			다	양	성		주
등	한	시	하	다					초		분	함	의
	추		향					정	월	초	하	루	
이	론		식	상	한		심	상			다		
면				관			미	상					
적	자		선	물		피		태	양	에	너	지	
	율		험			고	사	상				향	유
	적		적	대	적	인							력

국어의 기술, 어휘력

초판 1쇄 발행	2024년 3월 7일
초판 3쇄 발행	2024년 12월 20일

지은이	이해황
편집	김정희
디자인	지노디자인 이승욱

펴낸곳	노르웨이숲 에듀
출판등록	제 2024-000016호
등록일자	2024년 1월 23일
주소	04051 서울 마포구 신촌로 2길 19, 302호
이메일	norway12345@naver.com

블로그	blog.naver.com/norway12345
인스타그램	@norw.egian_book

ISBN	979-11-986546-0-1 53700

ⓒ 2024 이해황

국어의기술
어휘력

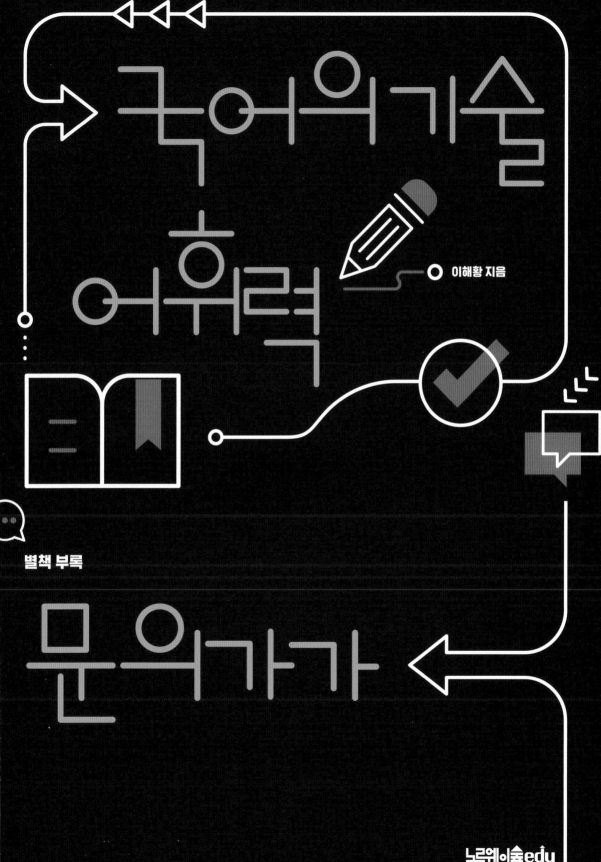

○ 이해황 지음

별책 부록

문의가가

노르웨이숲edu

국어의기술 어휘력

문의가가

본 책은 인강과 함께 보는 학습 교재입니다.

위 큐알코드로 무료 인강을 보시면 됩니다.

노르웨이숲edu

1강　문맥상 의미: '숭상하던'을 '믿던'으로 바꿔쓸 수 있을까?

"문맥상 의미는 문맥에 의해 결정된다"

 '문의가가' 는 '문맥상 의미와 가장 가까운 것은?'을 묻는 문제 유형을 말하며 이 특별 부록은 문의가가 풀이법를 체화하는 것을 목표로 합니다.

이 문의가가를 잘 풀려면 문맥상 의미가 뭔지를 알아야 합니다. 국어사전도 그 단어의 문맥적 의미를 취합하여 목록으로 만든 것일 뿐이에요. 따라서 모르는 어휘를 사전에서 찾아볼 때는 단순히 정의만 봐서는 안 되고, 그 어휘가 어떤 단어들과 어울려 쓰이는지 예문을 반드시 살펴봐야 됩니다. 이런 이유로 이 책에서 수능 픽셀 리트 기출 예문을 많이 넣었습니다. 게다가 예문은 그 자체로 훌륭한 배경지식이 되기도 합니다.

그럼 이러한 이해를 바탕으로 논란이 많았던 2023학년도 6월 모의평가 9번, 오답률 64%짜리 문의가가를 풀어보겠습니다.

문맥상 ⓐ~ⓔ와 바꿔 쓰기에 적절하지 않은 것은?^{2306국어09}

> 전국 시대의 혼란을 종식한 진(秦)은 분서갱유를 단행하며 사상 통제를 기도했다. 당시 권력자였던 이사(李斯)에게 역사 지식은 전통만 따지는 허언이었고, 학문은 법과 제도에 대해 논란을 일으키는 원인에 불과했다. 이에 따라 전국 시대의 『순자』처럼 다른 사상을 비판적으로 흡수하여 통합 학문의 틀을 보여 준 분위기는 일시적으로 약화되었다. 이에 한(漢)초기 사상가들의 과제는 진의 멸망 원인을 분석하고 이에 기초한 안정적 통치 방안을 제시하며, 힘의 지배를 ⓒ숭상하던 당시 지배 세력의 태도를 극복하는 것이었다. 이러한 과제에 부응한 대표적 사상가는 육가(陸賈)였다.

③ ⓒ: 믿던

숭상하다	높여 소중히 여기다.
믿다	1. 어떤 사실이나 말을 꼭 그렇게 될 것이라고 생각하거나 그렇다고 여기다.
	2. 어떤 사람이나 대상에 의지하며 그것이 기대를 저버리지 않을 것이라고 여기다.
	3. 절대자나 종교적 이념 따위를 받들고 따르다.

2강 빈출 필수 단어 10개 암기

	필수단어	출제시기 및 번호
1	개입하다	2306국어09, 1611국어20, 1511국어30
2	소지하다	2211국어09, 1911국어32, 1809국어32, 1511국어30
3	의거하다	1809국어32, 1309국어16, 0806국어50, 0711국어36
4	배제하다	1711국어42, 1509국어21, 1209국어27
5	도모하다	1811국어32, 1311국어42
6	조성되다	1311국어42, 1306국어33, 0911국어12
7	파급되다	1806국어25, 1511국어20
8	설정하다	1911국어32, 1511국어20, 1011국어45
9	헤아리다	2109국어30, 1509국어30, 9511국어60
10	향유하다	2206국어13, 0506국어52

예시: 2306국어09는 23학년도 06월 국어영역 09번을 말합니다.

001 개입하다

(자신과 직접적인 관계가 없는 일에) 끼어들다

문맥상 ⓐ~ⓔ와 바꿔 쓰기에 적절하지 <u>않은</u> 것은? ^{2306국어09}

> 고려에 관한 역사서가 편찬되었지만, 왕실이 아닌 편찬자의 주관이 ⓓ<u>개입되었다는</u> 비판

④ ⓓ: 끼어들었다는

문맥상 ㉠~㉤과 바꿔 쓰기에 적절하지 <u>않은</u> 것은? ^{1511국어30}

> 취미 판단에는 대상에 대한 지식뿐 아니라, 실용적 유익성, 교훈적 내용 등 일체의 다른 맥락
> 이 ⓒ<u>끼어들지</u> 않아야 하는 것이다.

③ ⓒ: 개입하지

ⓐ~ⓔ의 사전적 의미로 적절하지 <u>않은</u> 것은? ^{1611국어20}

> 성품처럼 우리가 통제할 수 없는 요인이 도덕적 평가에 ⓒ<u>개입되는</u> 불공평한 일이 일어난다
> 는 것이다.

③ ⓒ: 자신과 직접적 관계가 없는 일에 끼어듦

소지하다

사람이 어떤 물건을 몸에 지니다

문맥상 ⓐ~ⓔ와 바꾸어 쓰기에 가장 적절한 것은? ^{2211국어09}

> 세계의 근원적 질서인 '이념'의 내적 구조도, 이념이 시·공간적 현실로서 드러나는 방식도 변증법적이기에, 이념과 현실은 하나의 체계를 이루며, 이 두 차원의 원리를 밝히는 철학적 논증도 변증법적 체계성을 ⓐ<u>지녀야</u> 한다.

① ⓐ: 소지(所持)하여야

문맥상 ⓐ~ⓔ와 바꿔 쓴 것으로 가장 적절한 것은? ^{1911국어32}

> 신의 형상을 ⓒ<u>지닌</u> 인간을 한갓 행성의 거주자로 전락시키는 것으로 여겨졌기 때문이다.

③ ⓒ: 소지(所持)한

문맥상 ⓐ~ⓔ와 바꾸어 쓸 수 있는 말로 적절하지 <u>않은</u> 것은? ^{1809국어32}

> 미시 세계에 대한 이러한 연구 성과는 거시 세계에 대해 우리가 자연스럽게 ⓒ<u>지니게</u> 된 상식적인 생각들에 근본적인 의문을 던진다.

③ ⓒ: 소지(所持)하게

문맥상 ㄱ~ㅁ과 바꿔 쓰기에 적절하지 <u>않은</u> 것은?^{1511국어30}

공통감으로 인해 취미 판단은 규정적 판단의 객관적 보편성과 구별되는 '주관적 보편성'을 ㄹ<u>지니는</u> 것으로 설명된다.

④ ㄹ: 소지하는

003 의거하다

1. 근거하다
2. 기대어 의지하다.

문맥상 ⓐ~ⓔ와 바꾸어 쓰기에 적절하지 <u>않은</u> 것은?^{2311국어09}

고려 때 중국 유서를 수용한 이후, 조선에서는 중국 유서를 활용하는 한편, 중국 유서의 편찬 방식에 ⓐ<u>따라</u> 필요에 맞게 유서를 편찬하였다.

① ⓐ: 의거(依據)하면

문맥상 ⓐ~ⓔ와 바꾸어 쓸 수 있는 말로 적절하지 <u>않은</u> 것은?^{1809국어32}

고전 역학에 ⓐ<u>따르면</u>, 물체의 크기에 관계없이 초기 운동 상태를 정확히 알 수 있다면 일정한 시간 후의 물체의 상태는 정확히 측정될 수 있으며, 배타적인 두 개의 상태가 공존할 수 없다.

① ⓐ: 의거(依據)하면

ⓐ~ⓔ를 바꿔 쓴 말로 적절하지 <u>않은</u> 것은?^{0711국어36}

표상적 지식은 다시 여러 가지 기준에 ⓒ<u>따라</u> 나눌 수 있는데, 그중에서도 '경험적 지식'과 '선험적 지식'으로 나누는 방법이 대표적이다.

① ⓐ: 의거(依據)하면

ⓐ~ⓔ를 바꿔 쓰기에 적절하지 <u>않은</u> 것은?^{0806국어50}

톨스토이의 견해에 ⓒ<u>따르면</u>, 생각이 타인에게 전달될 필요가 있듯이 감정도 그러하다.

③ ⓒ: 의거(依據)하면

ⓐ~ⓔ를 한자어로 바꾼 것으로 적절하지 <u>않은</u> 것은?^{1309국어16}

군주는 군주다운 덕성을 갖추고 그에 맞는 예를 실천해야 하며, 군주뿐만 아니라 신하, 부모 자식도 그러해야 한다. 만일 군주가 예에 의하지 아니하고 법과 형벌에 ⓑ<u>기대어</u> 정치를 한다면, 백성들은 형벌을 면하기 위해 법을 지킬 뿐, 무엇이 옳고 그른지 스스로 판단하려 하지 않는 문제가 생길 것이라고 공자는 보았다.

③ ⓒ: 의거(依據)하면

004 배제하다

받아들이지 아니하고 물리쳐 제외하다

ⓐ~ⓔ의 사전적 의미로 적절하지 <u>않은</u> 것은?^{1509국어21}

맹자는 '의'가 이익의 추구와 구분되어야 한다고 주장하였다. 이러한 입장에서 그는 사적인 욕망으로부터 비롯된 이익의 추구는 개인적으로는 '의'의 실천을 가로막고, 사회적으로는 혼란을 야기한다고 보았다. 특히 작은 이익이건 천하의 큰 이익이건 '의'에 앞서 이익을 내세우면 천하는 필연적으로 상하 질서의 문란이 초래될 것이라고 역설하였다. 그래서 그는 사회 안정을 위해 사적인 욕망과 결부된 이익의 추구는 '의'에서 ⓓ<u>배제</u>되어야 한다고 주장하였다.

④ ⓓ: 받아들이지 아니하고 물리쳐 제외함

ⓐ~ⓔ의 사전적 의미로 적절하지 <u>않은</u> 것은?^{1209국어27}

우리는 이야기의 비본질적인 부분을 ⓑ<u>배제</u>하는 영화상의 생략을 기꺼이 수용한다.

② ⓑ: 받아들이지 아니하고 물리쳐 제외함

ⓐ~ⓔ를 사용하여 만든 문장으로 적절하지 <u>않은</u> 것은? ^{1711국어42}

계약 당시에 보험사가 고지 의무 위반에 대한 사실을 알았거나 중대한 과실로 인해 알지 못한 경우에는 보험 가입자가 고지 의무를 위반했어도 보험사의 해지권은 ⓓ<u>배제</u>된다.

④ ⓓ: 이번 실험이 실패할 가능성을 전혀 <u>배제</u>할 수는 없다.

005 도모하다

꾀하다

문맥상 ⓐ~ⓔ와 바꿔 쓰기에 적절하지 <u>않은</u> 것은? ^{1811국어32}

정부는 기초 경제 여건을 반영한 환율의 추세는 용인하되, 사전적 또는 사후적인 미세 조정 정책 수단 을 활용하여 환율의 단기 급등락에 따른 위험으로부터 실물 경제와 금융 시장의 안정을 ⓔ<u>도모</u>하는 정책을 수행한다.

⑤ ⓔ: 꾀하는

ⓐ~ⓔ의 사전적 뜻풀이로 바르지 <u>않은</u> 것은?^{1311국어42}

> 연금 제도의 목적은 나이가 많아 경제 활동을 못하게 되었을 때 일정 소득을 보장하여 경제적
> 안정을 ⓐ도모하는 것이다.

① ⓐ: 어떤 시기나 기회가 닥쳐 옴

문맥상 ⓐ~ⓔ와 바꿔 쓰기에 적절하지 <u>않은</u> 것은?^{2306국어09}

> 전국 시대의 혼란을 종식한 진(秦)은 분서갱유를 단행하며 사상 통제를 ⓐ<u>기도했다</u>.

① ⓐ: 꾀했다

006 조성하다

(시설/자금/분위기 등을) 만들어 이루다

ⓐ~ⓔ의 사전적 뜻풀이로 바르지 <u>않은</u> 것은?^{1311국어42}

> 최근에는 전자의 입장에서 연금 기금을 국민 전체가 사회 발전을 위해 ⓓ조성한 투자 자금으
> 로 보고, 이를 일자리 창출에 연계된 사회 경제적 분야에 투자해야 한다는 주장이 힘을 얻고
> 있다.

④ ⓓ: 무엇을 만들어서 이룸

문맥상 ⓐ와 바꾸어 쓸 수 있는 말로 가장 적절한 것은?¹³⁰⁶국어33

> 이차 프레임은 시각적으로 내부의 대상을 외부와 분리하는데, 이는 곧잘 심리적 단절로 이어져 구속, 소외, 고립 따위를 환기한다. 그리고 이차 프레임 내부의 대상과 외부의 대상 사이에는 정서적 거리감이 ⓐ조성(造成)되기도 한다.

① 결성(結成)되기도 　② 구성(構成)되기도 　③ 변성(變成)되기도
④ 숙성(熟成)되기도 　⑤ 형성(形成)되기도

<보기>와 같이 적절한 단어를 선택한 후 각 단어의 특성을 파악하는 활동을 해 보았다. 다음 설명 중 옳지 <u>않은</u> 것은? [3점]⁰⁹¹¹수능12

──────────────<보기>──────────────

조성 / 조장

ㄹ. 장터에서부터 명절 분위기가 서서히 (조성, 조장)된다.

ㅁ. 과소비를 (조성, 조장)하는 광고는 자제해야 한다.

ㅂ. 사람들 사이에 위화감을 (조성, 조장)하여 이득을 보려는 장사꾼이 있다.

④ 'ㄹ'과 'ㅁ'을 보니, '조성'은 '만들어 이룸'을, '조장'은 '더 하게 함'을 뜻하네.(적절)

⑤ 'ㄹ~ㅂ'을 보니, '조장'은 긍정적인 의미로 사용하기 어렵겠군.(적절)

007 파급되다

영향이 (물결처럼) 다른 데로 미치다

㉠~㉤의 사전적 의미로 적절하지 않은 것은?[1511국어20]

> 보편성이란 공간적 차원에서 아의 영향력이 ㉣파급되는 것을 뜻한다.

④ ㉣: 어떤 일의 여파나 영향이 다른 데로 미침

ⓐ~ⓔ의 문맥적 의미를 활용하여 만든 문장으로 적절하지 않은 것은?[1806국어25]

> 이자율이 하락하면 소비와 투자가 확대되어 경기가 활성화되고 물가 상승률이 오르며, 이자율이 상승하면 경기가 위축되고 물가 상승률이 떨어진다. 이와 같이 공개 시장 운영의 영향은 경제 전반에 ⓐ파급된다.

① ⓐ: 그의 노력으로 소비자 운동이 전국적으로 파급되었다.

008 설정하다

1. 새로 만들어 정해 두다
2. 제한 물권을 새로이 발생시키다

㉠~㉤의 사전적 의미로 적절하지 <u>않은</u> 것은?^{1511국어20}

> 신채호는 아를 항성을 통해 아 자신에 대해 자각하며, 변성을 통해 비아와의 관계 속에서 자기의식을 갖게 되는 것으로 ㉢<u>설정</u>하였다.

③ ㉢: 여럿 가운데서 어떤 것을 뽑아 정함

문맥상 ⓐ~ⓔ와 바꿔 쓴 것으로 가장 적절한 것은?^{1911국어32}

> 중국 지식인들은 서양 과학이 중국의 지적 유산에 적절히 연결되지 않으면 아무리 효율적이더라도 불온한 요소로 ⓓ<u>여겼다</u>.

④ ⓓ: 설정(設定)했다

문맥상 ⓐ와 바꾸어 쓸 수 있는 것은?

> 기보법에서는 네 종류의 음길이를 ⓐ<u>정하고</u>, 이를 가장 긴 두플렉스롱가부터 가장 짧은 세미브 레비스까지 네 가지의 음표로 표기했다.

① 개정(改定)하고 ② 판정(判定)하고 ③ 인정(認定)하고 ④ 추정(推定)하고 ⑤ 설정(設定)하고

009 헤아리다

세다, 짐작하다, 가늠하다

문맥상 ⓐ~ⓔ와 바꿔 쓰기에 가장 적절한 것은? 2109국어30

특정한 행정규제의 근거 법률이 위임명령으로 제정할 사항의 범위를 정하지 않은 채 위임하는 포괄적 위임은 헌법상 삼권 분립 원칙에 저촉된다. 위임된 행정 규제 사항의 대강을 위임 근거 법률의 내용으로부터 ⓒ예측할 수 있어야 한다는 것이다.

③ ⓒ: 헤아릴

문맥상 ㉠과 바꿔 쓰기에 가장 적절한 것은? 1509국어30

그로티우스가 활약하던 시기는 한편으로 종교 전쟁의 시대였다. 그는 이 소용돌이 속에서 어떤 법도 존중받지 못하는 일들을 보게 되고, 자연법에 기반을 두면 가톨릭, 개신교, 비기독교 할 것 없이 모두가 받아들일 수 있는 규범을 세울 수 있다고 생각했다. 나아가 이렇게 이루어진 법 원칙으로써 각국의 이해를 조절하여 전쟁의 참화를 막고 인류의 평화와 번영을 ㉠실현할 수 있다고 믿었다.

① 가늠할 ② 가져올 ③ 기다릴 ④ 떠올릴 ⑤ 헤아릴

우륵은 제자들의 재능을 ⓛ헤아려 계고에게는 가야금, 법지에게는 노래, 만덕에게는 춤을 가르쳤다고 한다.

ⓛ의 문맥상 의미와 거리가 먼 것은? 9511수능60

① 참작하여   ② 계산하여   ③ 판단하여   ④ 고려하여   ⑤ 감안하여

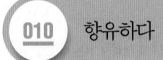

010 향유하다

누리어 가지다

문맥상 ⓐ ~ ⓔ와 바꿔 쓰기에 적절하지 <u>않은</u> 것은? 2206국어13

끊임없는 전쟁과 같은 상태에서 벗어나기 위하여 자유의 일부를 떼어 주고 나머지 자유의 몫을 평온하게 ⓐ누리기로 합의한 것이다.

① ⓐ: 향유(享有)하기로

ⓐ~ⓔ의 사전적인 의미가 잘못된 것은? ^{0506국어52}

이런 현상은 청소년들이 어둡고 밀폐된 '방'에서 밝고 환한 '광장'으로 나와 자유롭게 그들만의 문화를 ⓔ향유하면서 다양한 문화 체험을 통해 창의적인 자기 계발을 이루도록 하는 것이, 우리 사회의 중요한 의무라는 점 또한 보여 준다.

⑤ ⓔ: 향유(享有)하다: 누리어 가지다

빈칸에 들어갈 어휘를 적으시오.(1~2)

1. 그녀의 주장은 어떤 법령에 ___한 것인가요?

2. 그는 여권을 _____ 있다.
   ① 도모하고 ② 파급하고 ③ 소지하고 ④ 개입하고

3. ⓐ~ⓔ 중 <보기>의 밑줄과 그 의미가 가장 먼 단어을 고르시오.

   ─────────────<보기>─────────────

   성품처럼 우리가 통제할 수 없는 요인이 도덕적 평가에 ⓒ개입되는 불공평한 일이 일
   어난다는 것이다.

   ① 근대 도시는 어떠한 쾌락과 환상도 ⓐ끼어들지 못하는 거대한 생산 기계인 듯하다
   ② 승려들은 ⓑ참견하는 바가 없었다
   ③ 비가 오고 구름이 ⓒ끼어 있다
   ④ 궁금함을 견디지 못하고 남의 일에 ⓓ참견하다가 봉변을 당한다

4. 다음 중 밑줄의 단어가 맥락과 어울리는 문장을 모두 고르시오.
   ① 돈을 매개로 예술을 향유할 수 있다.
   ② 건물들 사이에 통로를 만들어서 삶의 편의를 개입한다.
   ③ 인들도 향유할 수 있는 길거리 문화를 헤아려야 한다.
   ④ 예상되는 독자를 누구로 설정할 것인가?
   ⑤ 그는 비용을 정확히 도모하고 있다.

5. 다음 중 '배제하다'와 가장 반대되는 의미는?

　　① 포함하다　② 제외하다　③ 고사하다　④ 물리치다

6. 해당 구역은 환경 보호를 위해 공원으로 ＿＿했다.

　　① 향유　② 조성　③ 창작　⑤ 조장

7. 문맥상 바꿔 쓰기가 적절하지 않은 것은?

　　① 그는 비용을 정확히 계산하고(헤아리고) 있다.

　　② 상대방의 마음을 고려해(헤아려) 완곡하게 말했다.

　　③ 요통의 유형은 셀(헤아릴) 수 없을 정도로 많다.

　　④ 지도자에게는 다른 사람의 필요를 가늠하는(헤아리는) 능력이 중요하다.

　　⑤ 억압이 거셀수록 그만큼 피억압자 사이에서 기꺼이 협력하는(헤아리는) 경향이 늘어난다

8. 일부 지배층에서 시작된 전족은 시간이 흐를수록 서민층에도 ＿＿＿＿＿.

　　① 파급되었다　② 배제되었다　③ 소거되었다　④ 해석되었다

9. 다음중 밑줄의 의미가 가장 이질적인 문장을 고르시오.

　　① 조선 왕조는 유교 정치를 표방하여 오래도록 문文을 숭상하였다.

　　② 너의 진가가 반드시 드러나 많은 사람이 너를 우러러 보게 될 거야.

　　③ 국민에게 존경받는 역사적 인물을 지폐 도안에 활용한다.

　　④ 주인공은 유교적 이념을 존중하는 인물입니다.

　　⑤ 어려운 시국이 점차 나아질 것으로 믿는다.

문의가가 문제 유형과 특징

1. 문의가가 유형

1. ⓐ의 문맥적 의미와 가장 가까운 것은?

선지	문맥
① ___	
② ___	
③ ___	ⓐ ___
④ ___	
⑤ ___	

2. 문맥상 ⓐ~ⓔ의 단어와 가장 가까운 의미로 쓰인 것은?

선지	문맥
① ⓐ ___	ⓐ ___
② ⓑ ___	ⓑ ___
③ ⓒ ___	ⓒ ___
④ ⓓ ___	ⓓ ___
⑤ ⓔ ___	ⓔ ___

2. 문의가가 특징

문의가가는 '**가장 가까운 것**'을 묻는다!

[독해 문제]   1+1에 대한 이해로 가장 적절한 것은?

           ① 1.8 ② 2 ③ 2.1 ④ 1.999 ⑤ 1

[문의가가]   ⓐ1+1의 문맥상 의미와 가장 가까운 것은?

           ① 1.8 ② 2.2 ③ 2.1 ④ 1.999 ⑤ 1

 ## 002   문의가가 풀이법

1. 문의가가 풀이 원칙

1. 밑줄 단어를 **대체**할 수 있는 다른 단어를 찾는다.
2. 이를 선지에 **대입**해서 가장 자연스러운 것을 찾는다.

2. 문가가가 풀이 보조전략

전략 1-1.   대체 단어를 가급적 한자어/영어/수학기호에서 찾기

전략 1-2.   문맥 속에서 패러프레이징된 단어를 활용하기

전략 2. 문장구조 비교하기

<보기>

단어의 의미는 그 단어가 쓰이는 구조와 밀접한 관련이 있다. 예를 들면 '놓다'는 '…에 …을 놓다' 구조로 쓰이느냐, '…을 놓다'의 구조로 쓰이느냐에 따라 그 의미가 다르다. 전자는 "(어떤 장소에 무엇을) 두다[置]"의 뜻에 가까우나, 후자는 "(잡고 있던 것을) 풀다 [放]"에 가깝다. 0609국어14

전략 3. 호응하는 어휘의 상위범주 비교하기

연왕이 반가움을 ㉠이기지 못하여 말하였다.

① 나는 분을 이기지 못하고 울음을 터뜨렸다.

② 친구는 제 몸을 이기지 못하고 비틀거렸다.

전략 4-1. 호응하는 어휘의 뜻 비교하기

<보기>

만들다 [동] (ㄱ)노력이나 기술 따위를 들여 목적하는 사물을 이루다. (ㄴ)기관이나 단체 따위를 결성하다. (ㄷ)돈이나 일 따위를 마련하다. (ㄹ)틈, 시간 따위를 짜내다. (ㅁ) ('…을-게/도록'의 형태로) 그렇게 되게 하다. (ㅂ)새로운 상태를 이루어 내다. 040622

전략 4-2. 비례식 테스트

전략 4-3. 반의어 테스트

전략 5. 꾸며주는 말 옮겨보기

대체단어로 한자어/영어/수학기호 떠올리기

문1. 밑줄 친 단어의 문맥적 의미가 ㉠과 유사한 것은? 0606국어21

> 청소년 문화를 ㉠둘러싸고 (중심으로) 벌어지는 이러한 견해 차이는 청소년이 과연 고유한 문화를 가질
>
> 수 있는지 그리고 그 속에서 사회가 받아들일 만한 가치 있는 집단적 정체성을 형성할 수 있
>
> 는지에 대한 서로 다른 전망에서 비롯된다.

① 잠시 일을 놓고 쉬는 중이다.

② 중매쟁이를 놓아 혼인을 주선했다.

③ 건강을 위해 밥에 콩을 놓아 먹는다.

④ 정신을 놓고 창밖을 멍하니 바라보았다.

⑤ 됨됨이만 놓고 보면 나무랄 데 없는 사람이다.

둘러싸다	이미지
	⑤

놓다	이미지
	①②③④

둘러싸다	범주	선지
	물리적	②③
	추상적	①④㉠⑤

문2. ㉠의 문맥적 의미와 가장 가까운 것은? ^{0709국어27}

> 판의 절대 속도를 ㉠구하기 위해서는 판의 운동과는 독립적으로 외부에 고정되어 있는
>   계산하다
>
> 기준점이 필요하다.

① 귀성 차표가 매진되기 전에 빨리 <u>구해</u>야겠다.

② 농사철에는 일꾼을 <u>구하는</u> 데 많은 어려움이 따른다.

③ 그는 한 시간 내에 돈을 <u>구해</u> 오겠다고 큰소리를 쳤다.

④ 철수는 영수의 동의를 <u>구한다</u>는 듯이 그의 얼굴을 쳐다보았다.
  이해, 양해, 협조

⑤ 어렵다고 생각하는 문제일수록 답을 <u>구하는</u> 방식은 의외로 간단하다.

문3. 문맥상 ⓐ ~ ⓔ의 단어와 가장 가까운 의미로 쓰인 것은? ^{2011국어20}

> 많은 전통적 인식론자는 임의의 명제에 대해 우리가 세 가지 믿음의 태도 중 하나만을 ⓐ<u>가질</u>
> 수 있다고 본다.

① ⓐ: 어제 친구들과 함께 만나는 자리를 가졌다.

> 조건화 원리에 ⓑ<u>따르면</u>, 어떤 명제가 참인지 거짓인지 새롭게 알게 되더라도 그 명제와 관련
>   의거하다
>
> 없는 명제에 대한 믿음의 정도는 변하지 않아야 한다.

② ⓑ: 법에 <u>따라</u> 모든 절차가 공정하게 진행됐다.

> 베이즈주의자는 특별한 이유가 없는 한 우리의 믿음의 정도는 유지되어야 한다고 ⓒ본다.
>
> 생각한다

③ ⓒ: 우리는 지금 아이를 봐 줄 분을 찾고 있다.

　　　　　보살펴

> 베이즈주의자는 이렇게 상식적으로 당연하게 여겨지는 생각을 정당화하기 위해 기존의 믿음의 정도를 유지함으로써 ⓓ얻을 수 있는 실용적 효율성⁺에 호소할 수 있다. 특별한 이유 없이 학교를 옮기는 행위는 어떠한 방식으로든 우리의 에너지를 불필요하게 소모한다. 베이즈주의자는 특별한 이유 없이 **기존의 믿음의 정도**를 ⓔ바꾸는 것도 이와 유사하게 에너지를 불필요하게 소모한다고 볼 수 있다.

④ ⓓ: 그는 젊었을 때 얻은 병⁻을 아직 못 고쳤다.

⑤ ⓔ: 매장에서 헌 냉장고를 **새 선풍기**와 바꿨다.

문4. 문맥상 ⓐ의 의미와 가장 가까운 것은? ²²¹¹국어17

> 광각 카메라는 큰 시야각을 갖고 있어 사각지대가 줄지만 빛이 렌즈를 ⓐ지날 때 렌즈 고유의
>
> 　　　　　　　　　　　　　　　　　　　　　　　　　　물리적　　통과하다
>
> 곡률로 인해 영상이 중심부는 볼록하고 중심부에서 멀수록 더 휘어지는 현상, 즉 렌즈에 의한 상의 왜곡이 발생한다.

① 그때 동생이 탄 버스는 교차로를 지나고 있었다.　② 그것은 슬픈 감정을 지나서 아픔으로 남아 있다.

③ 어느새 정오가 훌쩍 지나 식사할 시간이 되었다.　④ 물의 온도가 어는점을 지나 계속 내려가고 있다.

⑤ 가장 힘든 고비를 지나고 나니 마음이 가뿐하다.

문5. 문맥상 ⓐ의 의미와 가장 가까운 것은?^{2309국어17}

웹 페이지가 화면에 나타나는 순서를 정하기 위해 검색 엔진은 수백 개가 ⓐ넘는 항목을 고려한 다양한 방식을 사용한다.

---

① 공부를 하다 보니 시간은 자정이 넘었다.

② 그들은 큰 산을 넘어서 마을에 도착했다.

③ 철새들이 국경선을 넘어서 훨훨 날아갔다.

④ 선수들은 가까스로 어려운 고비를 넘었다.

⑤ 갑자기 냄비에서 물이 넘어서 좀 당황했다.

	이미지	범주	선지
넘다		물리적	②⑤
		추상적	④
		물리적	③
		추상적	-
		물리적	-
		추상적	②①

문6. 문맥상 ⓐ의 의미와 가장 가까운 것은? ^{1309국어34}

> 죄를 씻기 위해 유용하게 만든 사물을 다시 원래의 상태로 되돌리는 집단적 놀이가 ⓐ바로 제
>
> =. the very
>
> 의였다.

① 집에 도착하거든 바로 전화해 주십시오.

② 청소년의 미래는 바로 나라의 미래이다.

③ 마음을 바로 써야 복을 받는다고들 한다.

④ 우리는 국기를 바로 다는 방법을 배웠다.

⑤ 학생들은 모자를 바로 쓰고 단정히 앉았다.

문7. ㉠과 동일한 의미로 쓰인 것은? ^{0311국어41}

> 수치 지도는 토지 이용도, 지적도, 지하 시설물 위치도, 도로 지도, 기상도, 식생도와
>
> ㉠같은 ㄷ 주제도(主題圖)에 널리 활용된다.

① 여행할 때는 소화제 같은 ㄷ 것을 준비해야 해.

② 우리 모두는 같은 고등학교를 졸업했다.

③ 오늘은 비가 올 것만 같은 날씨다.

④ 유수와 같은 세월을 어찌 막으랴?

⑤ 말 같은 말을 해야지.

문8. ㉠의 쓰임과 가장 가까운 것은? ^{0406국어34}

> 미국은 쿠바보다 힘센 나라이지만 궐련의 생산에 있어서는 쿠바보다는 ㉠떨어지고, 마찬가
>
> 궐련 생산: 쿠바>미국
>
> 지로 고무의 생산에 있어서는 말레이시아에 떨어진다.

① 그는 발을 헛디뎌서 구덩이로 떨어졌다.

② 이미 그 일에 정이 떨어진 지 꽤 되었다.

③ 감기가 떨어지지 않아 큰 고생을 하였다.

④ 그의 실력은 **평균**에 비해 떨어지는 편이다.

실력: 평균>그

⑤ 그 성이 적의 손에 떨어졌다는 전갈이 왔다.

문9. ㉠과 문맥적 의미가 가장 유사한 것은? ^{0811국어26}

> 태종에게 ㉠미치지도 못하는 후세의 군주가 자기 시대의 역사를 보고자 한다면, 아첨하는 신
>
> 태종>후세의 군주
>
> 하가 어찌 방현령처럼 사실을 숨기고 피하는 것에 그치겠습니까?

① 그녀의 솜씨는 아직 어머니 솜씨에 미치지 못했다.

솜씨: 어머니>그녀

② 세계적인 불황의 여파가 우리나라에도 미쳤다.

③ 백성들의 원성이 왕에게까지 미치지 못했다.

④ 광고는 판매에 미치는 영향이 크다.

⑤ 산업 시설에도 황사 피해가 미친다.

문10. ⓐ~ⓔ의 문맥적 의미를 살려 문장을 만들었을 때, 적절하지 <u>않은</u> 것은?⁰⁸⁰⁹⁵⁰

은행의 핵심 업무는 여유 자금이 있는 사람들로부터 예금을 ⓐ<u>유치해</u> 자금이 필요한 사람들에게 대출하는 일이다.

---

① ⓐ: 정부는 민간 자본을 적극 <u>유치하기</u>로 결정했다.

물론 그것의 실현가능성에 대해 회의적인 시각도 적지 않다. **가난한 사람**일수록 경제 관념이 ⓑ<u>희박하고</u> 소득 창출 능력 또한 ⓒ<u>떨어지므로</u> 대출금을 회수하기가 쉽지 않다는 것이다.

능력: 덜 가난한 사람 > 더 가난한 사람

하지만 금융 배제층에게 소액의 창업 자금을 무담보로 대출해 주면서도 은행을 무색케 할 정도로 높은 성과를 ⓓ<u>거두는</u> 사례도 있다.

---

② ⓑ: 그 사람은 응석받이로 자라 자립심이 <u>희박하다</u>.

③ ⓒ: 이 옷은 다른 옷에 비해 품질이 <u>떨어지는</u> 것 같다.

품질: 다른 옷 > 이 옷

④ ⓓ: 그 선수는 지난 경기에서 승리를 <u>거두었다</u>.

마이크로크레디트는 아무리 작은 사업이라도 자기 사업을 ⓔ<u>벌일</u> 인적·물적 자본의 확보가 자활의 핵심 요건이라고 본다.

---

⑤ ⓔ: 그 둘은 만나기만 하면 입씨름을 <u>벌인다</u>.

비유적

문11. ㉠의 문맥적 의미와 거리가 먼 것은? ^{0606국어31}

> 각 지방에서 ㉠이름을 얻은 분청사기들은 왕실이나 관에서 사용되기도 했다.
>
> 유명

① 이 고장은 도자기로 이름이 난 곳이다.

② 그 식당은 산채비빔밥으로 이름을 날렸다.

③ 그는 어릴 적 바둑 신동으로 이름이 높았다.

④ 농산물에 지역의 이름을 붙이자 판매량이 늘어났다.

⑤ 이번 대회에는 세계적으로 이름 있는 선수들이 참여한다.

출제 예상

이름   (주로 '-는 이름으로, 이름 아래'의 구성으로 쓰여) 겉으로 내세우는 구실

사랑이라는 이름으로/이름 아래 절 스토킹하지 마세요.

문12. '이름'의 의미가 ⓐ와 가장 가까운 것은? [1.8점] ^{0309국어43}

> 르누아르는 당시의 평단(評壇)으로부터 혹평만 받아 왔던 자신의 예술 세계를 잠시 유보하
> 고, 간단한 포즈와 수수한 색조를 사용하는 식의 알기 쉬운 방법을 사용하기로 했다. 그리하
> 여 오늘날 우리는 그 그림에서 르누아르 특유의 작품성을 발견하기 어렵게 되었지만, 결과적
> 으로 그의 선택은 성공적이었다. 베라르 부부는 대단히 만족하였고, 르누아르는 그 집에 머무
> 르면서 더 많은 초상화를 그려 달라는 요청을 받게 되었던 것이다. ⓐ이름을 얻고 경제적으로
> 자리를 잡게 되자, 비로소 그는 화가로서의 미적인 자유, 곧 구성과 색조 구사의 자유를 누리
> 게 된다.

① 그는 자신의 이름으로 등기된 집을 갖기 위해 청춘을 소비할 필요도 없을 것이다. ^{김인숙 「먼 길」}

② 무수한 집들이 무슨 무슨 이름에 어떠한 구실을 하는 것들인지 첫눈엔 그저 황홀하고 얼떨떨할 뿐이었다.

^{김동리 「등신불」}

③ 이름 없는 신설 병원 같은 것은 숫제 비온 장날 시골 전방처럼 한산한 속에 찾아오는 손님을 기다리고 있는

형편이다. 전광용 | 『꺼삐딴 리』

④ 올라갈수록 덤불은 우거졌다. 머루며 다래, 칡, 게다가 <u>이름</u> 모를 잡초. 이것들이 위아래로 이리저리 서리어 좀체 길을 내지 않는다. 김유정 | 『만무방』

⑤ 붙잡아다 때리기나 하고 교만이나 피우고 하되 세미(稅米)는 국가의 이름으로 꼬박꼬박 받아 가면서 백성은 죽어야 모른 체를 하고 하는 나라의 백성으로도 살아 보았다. 채만식 | 『논 이야기』

문13. ㉠과 문맥상 의미가 가장 가까운 것은? 0706국어34

어느 공장에서 길이가 7미터인 제품을 생산하고 있다고 하자. 이때 가장 이상적인 제품의 길이는 7미터이다. 하지만 아무리 공정이 안정되고 설비가 우수하다 하더라도 생산된 모든 제품의 길이가 하나같이 7미터가 되게 하는 것은 ㉠어렵고, 7미터를 중심으로 약간씩 오차를

현실적으로 불가능

갖기 마련이다.

① 요즘 그가 바빠 만나기가 너무 <u>어렵다</u>.
② 그 사람은 까다로워 대하기가 <u>어렵다</u>.
③ 선생님의 소설은 모두들 <u>어렵다</u>고 합니다.
④ <u>어려운</u> 살림에 너무 무리하지 않았나 합니다.
⑤ 그는 가난과 외로움으로 청소년기를 <u>어렵게</u> 보냈다.

문14. 문맥상 ⓐ~ⓔ의 단어와 가장 가까운 의미로 쓰인 것은?^{2306국어17}

이 작업의 관건은 그 사건 외에는 결과에 차이가 ⓐ날 이유가 없는 두 집단을 구성하는 일이다.

발생할

① ⓐ: 그 사건의 전말이 모두 오늘 신문에 났다.

같은 수원을 사용하던 두 회사 중 한 회사만 수원을 ⓑ바꿨는데

달리하다

② ⓑ: 산에 가려다가 생각을 바꿔 바다로 갔다.

콜레라가 공기가 아닌 물을 통해 전염된다는 결론을 ⓒ내렸다.

도출했다

③ ⓒ: 기상청에서 전국에 건조 주의보를 내렸다.

집단 간 표본의 통계적 유사성을 ⓓ높이려고

추상적

④ ⓓ: 회원들이 회칙 개정을 요구하는 목소리를 높였다.

물리적, 감각가능

⑤ ⓔ: 하고 싶은 말은 많지만 오늘은 이만 줄입니다.

바꾸다

1. **교환하다(A ⇄ B)**

   동전을 지폐로 바꿨다.

2. **교체하다(A → B)**

   형광등을 새것으로 바꿨다.

   감독이 투수를 바꿨다.

3. **고쳐서 전과 다른 것으로 만들다(A → A´)**

   황무지를 기름진 땅으로 바꿨다.

   생각을/계획을/습관을/머리 모양을/분위기를/태도를 바꿨다.

4. **번역하다(English → 한국어)**

문맥 속에서 패러프레이징된 단어를 활용하기

문 15. 밑줄 친 부분과 문맥상 같은(혹은 반대) 말을 찾은 다음 전체 뜻을 파악해보세요.

o I'd conceived several times, **but** the pregnancies had ended in miscarriage.

   [문맥] conception =

o He thought his pranks were amusing, **but** the others thought such tricks were irritating.

   [문맥] pranks =

문16. 다음 글에서 밑줄 친 단어와 같은 뜻의 단어를 문맥에서 찾아보세요. 2309국어04~09

> o 아도르노가 보는 대중 예술은 창작의 구성에서 표현까지 표준화되어 생산되는 상품에 불
>   과하다. 그는 대중 예술의 규격성으로 인해 개인의 감상 능력 역시 표준화되고, 개인의 개
>   성은 다른 개인의 그것과 다르지 않게 된다고 보았다.
>
> o 아도르노는 서로 다른 가치 체계를 하나의 가치 체계로 통일시키려는 속성을 동일성으로,
>   하나의 가치 체계로의 환원을 거부하는 속성을 비동일성으로 규정하고, 예술은 이러한 환
>   원을 거부하는 비동일성을 지녀야 한다고 주장한다.
>
> o 예술은 동일화되지 않으려는, 일정한 형식이 없는 비정형화된 모습으로 나타남으로써 현
>   대 사회의 부조리를 체험하게 하는 매개여야 한다.

문17. ⓐ~ⓔ의 사전적 의미로 적절하지 않은 것은? 1509국어21

> 맹자는 '의'의 실천을 위한 근거와 능력이 인간에게 갖추어져 있음을 제시한 바탕 위해서, 이
> 도덕적 마음을 현실에서 실천하는 노력이 필요하다고 ⓔ역설하였다. 그는 본래 갖추고 있는
> 선한 마음의 확충과 더불어 욕망의 절제가 필요하다고 보았으며, 특히 생활에서 마주하는 사
> 소한 일에서도 '의'를 실천해야 함을 강조하였다.

⑤ ⓔ: 자기의 뜻을 힘주어 말함

문18. ⓐ와 가장 가까운 뜻으로 쓰인 것은? ^{1206국어50}

어떤 학생이 ⓐ가볍게 걷다가 빠르게 뛴다고 하자. 여기에는 어떤 운동생리학적 원리가 작용하고 있을까? 운동을 수행할 때 근육에서 발현되는 힘, 즉 근수축력은 운동 강도에 비례하여 증가한다. 따라서 운동을 하는 학생이 뛰는 속도를 높게 되면, 다리 근육의 근수축력은 그에 따라 증가한다.

① 어머니는 할머니를 위해 가벼운 이불을 준비했다.
② 나는 용돈을 탄 지 오래 되어서 주머니가 가볍다.
③ 철수는 입이 가벼워서 내 비밀을 말해 줄 수가 없다.
④ 아직 병중이니 가벼운 활동부터 시작하는 것이 좋겠다.
⑤ 사태를 가볍게 보았다가 해결할 수 없는 지경에 이르렀다.

문19. 문맥상 ⓐ ~ ⓔ와 바꿔 쓰기에 가장 적절한 것은? ¹⁶¹¹³⁰

변론술을 가르치는 프로타고라스(P)에게 에우아틀로스(E)가 제안하였다. "제가 처음으로 승소하면 그때 수강료를 내겠습니다." P는 이를 ⓐ받아들였다.

수용하였다

서류, 물건

① ⓐ: 수취하였다

일정한 효과의 발생이나 소멸에 제한을 ⓑ덧붙이는 것을 '부관'이라 하는데,

② ⓑ: 부가하는

법률가들은 조건이 실현되었을 때 효과를 발생시키면 '정지조건', 소멸시키면 '해제조건'이 라 ⓒ부른다.
지칭한다

③ ⓒ: 지시한다

확정 판결 이후에 법률상의 새로운 사정이 ⓓ생겼을 때는, 그것을 근거로 하여 다시 소송하는
발생했을

것이 허용된다.

④ ⓓ: 형성되었을

이 분쟁은 두 차례의 판결을 ⓔ거쳐 해결될 수 있는 것이다.
통하여

⑤ ⓔ: 경유하여

 **전략 2** **문장 구조 비교하기**

X가 <u>Z¹하다</u> / X가 Y를 <u>Z²하다</u> / X가 Y에 <u>Z³하다</u>

기초개념 0. 문형 정보

1. 그가/그께서/그는/그도/그만/그만이 죽었다.
2. 그는 처벌을/처벌은/처벌도/처벌만/처벌만을 피했다.
3. 필수적 문장 성분(생략하면 문장이 성립하지 않음)

기초개념 1. 문형 정보 추출 과정

문20. <보기>를 참고할 때 밑줄 친 서술어의 문형 정보를 바르게 추출한 것은? 1509국어(B)13

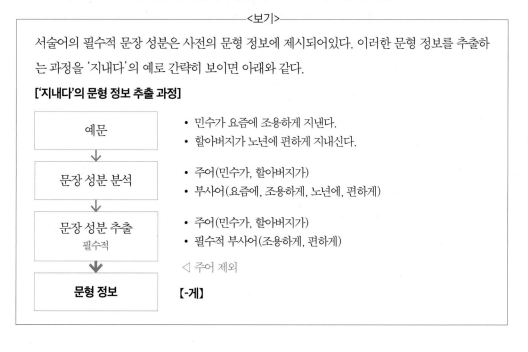

	예문		문형 정보
①	• 이 나라는 국토가 대부분 산<u>으로</u> <u>되어</u> 있다. • 요즘에 가죽으로 <u>된</u> 지갑이 인기다.	⇨	【…으로】
②	• 모두 그 속임수에 아무렇지 않게 <u>넘어갔다</u>. • 제 꾀에 자기가 자연스럽게 <u>넘어간</u> 꼴이다.	⇨	【-게】
③	• 나는 언니와 옷 때문에 <u>다투기</u>도 했다. • 그는 누군가와 한밤중에 <u>다투곤</u> 했다.	⇨	【…에】
④	• 가방에 지갑이 사은품으로 <u>딸려</u> 있다. • 그 책에 단어장이 부록으로 <u>딸려</u> 있다.	⇨	【…으로】
⑤	• 옷에서 때가 깨끗하게 <u>빠졌다</u>. • 청바지에서 물이 허옇게 <u>빠졌다</u>.	⇨	【-게】

기초개념 2.   필수적 부사어

문21. 〈보기〉의 ㉠의 예로만 짝지은 것은?^{1306국어11}

―――――――〈보기〉―――――――

부사어는 다른 말을 꾸며 주는 성분의 하나이므로 대개 문장을 구성하는 데에 꼭 필요하지는 않다. 그러나 어떤 서술어는 부사어를 반드시 요구하기도 하는데, 이처럼 문장의 성립에 반드시 필요한 부사어를 ㉠'필수적 부사어'라 한다. 해당 문장의 서술어가 무엇이냐에 따라 동일한 '체언＋격조사' 구성의 부사어라도 필수적 부사어일 수도 있고 아닐 수도 있다.

① 나는 <u>삼촌과</u> 영화를 보았다.　　　　　어제 본 것은 <u>이것과</u> 꽤 비슷하다.
② 인공위성이 <u>궤도에서</u> 이탈하였습니다.　우리는 <u>공원에서</u> 선생님을 만났습니다(부딪치다).
③ 그들은 <u>몽둥이로</u> 멧돼지를 잡았다.　　왕은 그 용감한 기사를 <u>사위로</u> 삼았다.
④ 이 지역의 기후는 <u>벼농사에</u> 적합하다.　나는 <u>오후에</u> 할머니 댁을 방문했습니다.
⑤ 선생님께서 <u>지혜에게</u> 선행상을 주셨다.　홍길동 씨는 <u>친구에게</u> 5만 원을 빌렸다.

기초개념 3. 문장 구조와 의미-1

문22. <보기>를 참고할 때, 문장 구조가 다름에 따라 단어의 의미가 달라진 예로 볼 수 <u>없는</u> 것은?

0609국어14

<보기>

단어의 의미는 그 단어가 쓰이는 구조와 밀접한 관련이 있다. 예를 들면 '놓다'는 '…에 …을 놓다' 구조로 쓰이느냐, '…을 놓다'의 구조로 쓰이느냐에 따라 그 의미가 다르다. 전자는 "(어떤 장소에 무엇을) 두다[置]"의 뜻에 가까우나, 후자는 "(잡고 있던 것을) 풀다[放]"에 가깝다.

---

① ┌ 우리 형은 세상 물정에 <u>밝다</u>.
   └ 오늘밤은 유난히 달이 <u>밝다</u>.

② ┌ 나는 밥을 먹으러 식당에 <u>갔다</u>.
   └ 그 설명은 수긍이 <u>간다</u>.

③ ┌ 우리 팀은 상대 팀에 <u>깨지고</u> 말았다.
   └ 둘 사이의 약속이 <u>깨진</u> 원인은 무엇일까?

④ ┌ 철수는 남의 일에 <u>간섭하기</u>를 싫어한다.
   └ 이 집안에는 딸의 행동을 <u>간섭하는</u> 사람이 없었다.

⑤ ┌ 선생님 말씀에 주의를 <u>기울이는</u> 것이 매우 중요하다.
   └ 커피 잔을 <u>기울이는</u> 선생님의 모습이 보였다.

		문장 구조	
		다름	~ 다름
의미	달라짐	<보기> ①②③⑤	호응 어휘의 범주, 뜻에 따라
	~ 달라짐	④	

문23. <보기>에 제시된 국어사전의 정보를 완성한다고 할 때, ㉠~㉤에 대한 설명으로 적절하지 <u>않</u>은 것은?¹⁵¹¹국어A14

┌─────────────────────────────<보기>─────────────────────────────┐

더-하다

┌──────┐ ┌──────┐
│ Ⅱ   │ │ 동사 │
└──────┘ └──────┘

① _____㉡_____ 【…을 (…과)】('…과'가 나타나지 않을 때는 목적어가 복수의 의미를 지닌다) 더 보태어 늘리거나 많게 하다. ¶둘에 셋을 더하면 다섯이다. / 2만 원을 3만 원과 더하면 5만 원이다. / 아래의 숫자들을 모두 더하시오.

└───┘

② ㉡에 들어갈 말은 '【…에 …을】'이다.

기초개념 4.   문장 구조와 의미-2

문24. <보기>를 참고하여 사전에서 동사에 대해 기술할 때, 동사가 쓰이는 구조와 동사의 뜻풀이가 바르게 연결된 것은?⁰⁸⁰⁹국어12

┌─────────────────────────────<보기>─────────────────────────────┐

동사의 뜻은 그 동사가 쓰이는 구조와 밀접한 관련이 있어서, 사전에서는 동사가 쓰이는 구조와 동사의 뜻을 함께 기술한다. 예를 들어 아래 예문에서 동사 '치르다'는 '…이 …에게 …을 치르다'와 같은 구조로 사용되는데, 사전에서는 아래와 같이 동사가 쓰이는 구조를 동사의 뜻풀이 앞에 제시한다.

(예문)손님이 주인에게 밥값을 치렀다. → 치르다(…이 …에게 …을) 주어야 할 돈을 내주다.

└───┘

① (예문)주인이 이불을 마루에 깔았다. → 깔다(…이 …을 …에) 젖혀서 벌리다.

② (예문)차가운 바람이 얼굴에 스쳤다. → 스치다(…이 …에) 세게 닿거나 마주치다.

③ (예문)동생이 친구에게 가방을 맡겼다. → 맡기다(…아 …을) 주어서 보관하게 하다.

④ (예문)형이 밥솥에서 밥을 펐다. → 푸다(…아 …에서) 어떤 것의 속에서 떠내다.

⑤ (예문)그 사람만이 자기 직업을 천직으로 여겼다. → 여기다(…이 …을 …으로) 마음속으로 그러하다고 인정하거나 생각하다.

문25. ㉠과 같은 의미로 사용된 것은? ^{0411국어33}

한쪽에서는 이미 헐어 버린 벽에서 상하지 않은 벽돌과 철근을 ㉠발라 내고 있는 중이었다.

① 선생님께서 상처에 약을 발라 주셨다.

② 아이의 방을 예쁜 벽지로 발라 주었다.

③ 그는 늘 몸가짐이 발라 누구나 좋아했다.

④ 그 아이는 인사성이 발라 칭찬을 듣는다.

⑤ 어머니께서 생선에서 가시를 발라 주셨다.

문26. ㉠의 문맥적 의미와 가장 가까운 것은? ^{1606국어21}

톰슨은 '건포도빵 모형'을 제안하였다. 양전기가 빵 반죽처럼 원자에 ㉠고르게 퍼져 있고, 전자는 건포도처럼 점점이 박혀 있어서 원자가 평소에 전기적으로 중성이라고 생각한 것이다.

① 그 식물은 전국에 고른 분포를 보인다.

② 국어사전에서 적당한 단어를 골라야 한다.

③ 그는 목소리를 고르며 차례를 기다리고 있다.

④ 울퉁불퉁한 곳을 흙으로 메워 판판하게 골랐다.

⑤ 날씨가 고르지 못한 환절기에 아이가 감기에 들었다.

문27. 밑줄 친 단어의 문맥적 의미가 ㉠과 가장 가까운 것은? [1106국어35]

> 유명인 모델의 광고 효과를 높이기 위해서는 유명인이 자신과 잘 어울리는 한 상품의 광고에만 지속적으로 ㉠나오는 것이 좋다.

① 어제 신문에 그 기사가 나왔다.

② 맑은 날보다 흐린 날에 사진이 잘 나온다.

③ 하루 종일 찾던 지갑이 세탁물 속에서 나왔다.

④ 수도에서 녹물이 나오는 바람에 빨래를 못 했다.

⑤ 며칠 전 씨를 뿌린 곳에서 싹이 나오기 시작했다.

문28. 문맥상 의미가 ⓐ와 가장 가까운 것은? [2209국어17]

> 모션 트래킹 시스템이 사용자의 동작 정보를 컴퓨터에 전달하면, 컴퓨터는 사용자가 움직이는 방향과 속도에 ⓐ맞춰 트레드밀의 바닥을 제어한다. 이와 같이 사용자의 이동 동작에 따라 트레드밀의 움직임이 변경되기도 하지만,

① 그 연주자는 피아노를 언니의 노래에 정확히 맞추어 쳤다.

② 아내는 집 안에 있는 물건들의 색깔을 조화롭게 맞추었다.

③ 우리는 다음 주까지 손발을 맞추어 작업을 마치기로 했다.

관용구

④ 그 동아리는 신입 회원을 한 명 더 뽑아 인원을 맞추었다.

⑤ 동생은 중간고사를 보고 나서 친구와 답을 맞추어 보았다.

문29. ⓛ과 의미가 가장 가까운 것은? ⁰⁵¹¹⁵⁵

> 기술이 놀랍게 발달하여 두뇌 속 뉴런의 발화發火를 통해 인간의 모든 심리 변화를 관찰할
> 수 있다고 ⓛ치자.
>   가정하자
>
> 그러면 제삼자가 나와 다른 사람의 뉴런 발화를 비교하여 그것이 같은지 다른지 판단할 수
> 있다.

① 너까지 치면 전부 열 명이다.

② 이 사과까지 전부 쳐서 얼마죠?

③ 그만하면 값을 잘 쳐서 판 것이다.

④ 내가 잘못했다고 치고 그만 화해하자.

⑤ 큰아버지는 촌수로 치면 나와 삼촌 간이다.

문30. 문맥상 ⓐ~ⓔ의 단어와 가장 가까운 의미로 쓰인 것은? ^{2111국어30}

> 채무자가 채권을 ⓐ가진 이에게 급부를 이행하면 채권에 대응하는 채무는 소멸한다.

① ⓐ: 자신의 일에 자부심을 가지는 것이 중요하다.

> 선정된 업체가 급식을 제공하고 대금을 ⓑ받기로 하는 본계약 체결을 요청하면 회사는 이에
>   수취하다
> 응할 의무를 진다.

② ⓑ: 올해 생일에는 고향 친구에게서 편지를 받았다.

예약에서 예약상의 급부나 본계약상의 급부가 이행되지 않는 문제가 ⓒ생길 수 있는데, 예약
의 유형에 따라 발생 문제의 양상이 다르다.

추상적

③ ⓒ: 기차역 주변에 새로 <u>생긴</u> 상가에 가 보았다.

물리적

만약 타인이 고의나 과실로 예약상 권리자가 가진 권리 실현을 방해했다면 예약상 권리자는
그에게도 책임을 ⓓ<u>물을</u> 수 있다.

따지다

④ ⓓ: 나는 도서관에서 책 빌리는 방법을 <u>물어</u> 보았다.

법률에 의하면 누구든 고의나 과실에 의해 타인에게 피해를 ⓔ<u>끼치는</u> 행위를 하고 그 행위의
위법성이 인정되면 불법행위 책임이 성립하여, 가해자는 피해자에게 손해를 돈으로 배상할
채무를 지기 때문이다.

⑤ ⓔ: 바닷가의 찬바람을 쐬니 온몸에 소름이 <u>끼쳤다.</u>

문31. ⓐ, ⓑ의 의미로 쓰인 예가 바르게 짝지어진 것은? ^{22예시34}

충전과 방전을 ⓐ<u>통해</u> 반복적으로 사용할 수 있는 충전지는 충전기를 ⓑ<u>통해</u> 충전하는데, 충전기는 적절한 전류와 전압을 제어하기 위한 충전 회로를 가지고 있다.

① ⓐ: 그 사람에게 그런 식은 안 <u>통한다.</u>　　　ⓑ: 전깃줄에 전류가 <u>통한다.</u>

② ⓐ: 그와 나는 서로 <u>통하는</u> 면이 있다.　　　ⓑ: 청년기를 <u>통해</u> 노력의 중요성을 익혔다.

③ ⓐ: 이 길은 바다로 가는 길과 <u>통해</u> 있다.　　　ⓑ: 모두 비상구를 <u>통해</u> 안전하게 빠져나갔다.

④ ⓐ: 이곳은 바람이 잘 <u>통해</u> 빨래가 잘 마른다.　　　ⓑ: 그런 얄팍한 수는 나에게 <u>통하지</u> 않는다.

⑤ ⓐ: 철저한 실습을 <u>통해</u> 이론을 확실히 익힌다.　　　ⓑ: 망원경을 <u>통해</u> 저 멀리까지 내다보았다.

전략 3 호응하는 어휘의 상위범주 비교하기

X(추상적)를 Z^1하다 　　　　X(구체적)를 Z^2하다
X(생물)를 Z^1하다 　　　　　X(무생물)를 Z^2하다
X(물리적)를 Z^1하다 　　　　X(사회적/심리적)를 Z^2하다
X(직설적)를 Z^1하다 　　　　X(비유적)를 Z^2하다

다의어 의미확장 원리: 공간적 의미→시간적 의미→추상적 의미

문32. <보기>의 ㉠, ㉡에 해당하는 예로 적절한 것은? [1711수능11]

─────────────<보기>─────────────

학생	선생님, 다음 두 문장을 보면 모두 '가깝다'가 쓰였는데 의미가 좀 다른 것 같아요.
	(1) 우리 집은 학교에서 가깝다.
	(2) 그의 말은 거의 사실에 가깝다.
선생님	(1)의 '가깝다'는 "어느 한 곳에서 다른 곳까지의 거리가 짧음"을 뜻하고, (2)의 '가깝다'는 "성질이나 특성이 기준이 되는 것과 비슷함"을 뜻한단 다. 이는 본래 ㉠ 공간과 관련된 중심적 의미를 지니던 것이 ㉡추상화되어 주변적 의미도 지니게 된 것이라고 할 수 있지.
학생	아, 그렇군요. 그러면 '가깝다'는 여러 의미를 지닌 단어로군요.
선생님	그렇지. 그래서 '가깝다'는 다의어란다.

	㉠	㉡
①	물은 **낮은** 곳으로 흐른다.	환경에 대한 관심도가 **낮다**.
②	그는 성공할 가능성이 **크다**.	힘든 만큼 기쁨이 **큰** 법이다.
③	두 팔을 최대한 **넓게** 벌렸다.	도로 폭이 **넓어서** 좋다.
④	내 **좁은** 소견을 말씀드렸다.	마음이 **좁아서는** 곤란하다.
⑤	**작은** 힘이라도 보태고 싶다.	우리 학교는 운동장이 **작다**.

문33. 밑줄 친 단어들의 의미를 고려하여 ㉠의 예에 해당하는 것만을 <보기>에서 있는 대로 고른 것은? 2111국어12

다의어란 두 가지 이상의 의미를 가진 단어를 말한다. 다의어에서 기본이 되는 핵심 의미를 중심 의미라고 하고, 중심 의미에서 확장된 의미를 주변 의미라고 한다. 중심 의미는 일반적으로 주변 의미보다 언어 습득의 시기가 빠르며 사용 빈도가 높다. 그러면 다의어의 특징에 대해 좀 더 알아보자.

첫째, 주변 의미로 사용되었을 때는 문법적 제약이 나타나기도 한다. 예를 들면 '한 살을 먹다'는 가능하지만 '한 살이 먹히다'나 '한 살을 먹이다'는 어법에 맞지 않는다. 또한 '손'이 '노동력'의 의미로 쓰일 때는 '부족하다, 남다' 등 몇 개의 용언과만 함께 쓰여 중심 의미로 쓰일 때보다 결합하는 용언의 수가 적다.

둘째, 주변 의미는 기존의 의미가 확장되어 생긴 것으로서, 새로 생긴 의미는 기존의 의미보다 추상성이 강화되는 경향이 있다. '손'의 중심 의미가 확장되어 '손이 부족하다', '손에 넣다'처럼 각각 '노동력', '권한이나 범위'로 쓰이는 것이 그 예이다.

셋째, 다의어의 의미들은 서로 관련성을 갖는다.

> 줄
> ① 새끼 다위와 같이 무엇을 묶거나 동이는 데에 쓸 수 있는 가늘고 긴 물건.
>   예) 줄로 묶었다.
> ② 길이로 죽 벌이거나 늘여 있는 것.
>   예) 아이들이 줄을 섰다.

③ 사회생활에서의 관계나 인연.

　예) 내 친구는 그쪽 사람들과 줄이 닿는다.

예를 들어 '줄'의 중심 의미는 위의 ①인데 길게 연결되어 있는 모양이 유사하여 ②의 의미를 갖게 되었다. 또한 연결이라는 속성이나 기능이 유사하여 ③의 뜻도 지니게 되었다. 이때 ②와 ③은 '줄'의 주변 의미이다.

그런데 ㉠다의어의 의미들이 서로 대립적 관계를 맺는 경우가 있다. 예를 들어 '앞'은 '향하고 있는 쪽이나 곳'이 중심 의미인데 '앞 세대의 입장', '앞으로 다가올 일'에서는 각각 '이미 지나간 시간'과 '장차 올 시간'을 가리킨다. 이것은 시간의 축에서 과거나 미래 중 어느 방향을 바라보는지에 따른 차이로서 이들 사이의 의미적 관련성은 유지된다.

────〈보기〉────

영희　자꾸 말해 미안한데 모둠 발표 자료 좀 줄래?

민수　너 빚쟁이 같다. 나한테 자료 맡겨 놓은 거 같네.

영희　이틀 뒤에 발표 사전 모임이라고 금방 문자 메시지가 왔었는데 지금 또 왔어. 근데 빚쟁이라니, 내가 언제 돈 빌린 것도 아니고…….

민수　아니, 꼭 빌려 준 돈 받으러 온 사람 같다고. 자료 여기 있어. 가현이랑 도서관에 같이 가자. 아까 출발했다니까 금방 올 거야.

영희　그래. 발표 끝난 뒤에 다 같이 밥 먹자.

---

① 빚쟁이　② 빚쟁이, 금방　③ 뒤, 돈　④ 뒤, 금방, 돈　⑤ 빚쟁이, 뒤, 금방

문34. <보기 1>의 ㄱ ~ ㄷ에 해당하는 예를 <보기 2>의 a~c에서 찾아 바르게 짝 지은 것은? 1011국어11

<보기 1>

음성 언어에서 특정 소리를 지닌 단어가 둘 이상의 의미로 해석되는 경우를 크게 세 가지로 나눌 수 있다.

ㄱ. 단어 A와 B가 소리와 표기는 같지만 의미가 다른 경우.

ㄴ. 단어 A와 B가 소리는 같지만 표기와 의미가 다른 경우.

ㄷ. 단어 A가 중심 의미와 중심 의미에서 확장된 의미를 가지는 경우.

<보기 2>

a. [그 티미 이연패를 핻때]라는 말만 들어서는 그 팀이 두 번 연속해 졌다는 뜻인지, 두 번 연속해 우승했다는 뜻인지 잘 모르겠어.

b. [설렁탕을 시켜 머거래]라는 말만 들어서는 설렁탕을 식혀 먹으라는 뜻인지, 주문해 먹으라는 뜻인지 잘 모르겠어.

c. [가스미 아프대]라는 말만 들어서는 신체적으로 가슴이 아프다는 뜻인지, 정신적으로 마음이 아프다는 뜻인지 잘 모르겠어.

고기 썩는 냄새가 역한 배 안에서 물결에 흔들리다가 깜빡 잠든 사이에, 유토피아의 꿈을 꾸고 있는 그 자신이 있다. 조선인 **콜호스*** 숙소의 창에서 ⓐ불타는 저녁놀의 힘을 부러운 듯이 바라보고 있는 그도 있다.

* 구소련의 집단 농장

문35. ⓐ의 의미를 알아보기 위해 사전을 찾아보았다. <보기>의 밑줄 친 부분과 쓰임이 유사하지 <u>않</u>은 것은? 061160

─────────<보기>─────────

불-타다   1. 불이 붙어서 타다. ¶ 화재로 집이 불타다.
        2. (비유적으로) 매우 붉은빛으로 빛나다. ¶ 불타는 노을.

① 오늘 한창 <u>물오른</u> 싱싱한 생선이 나왔다.

② 어린 동생은 자기의 나이를 <u>손꼽아</u> 세었다.

③ 분홍색 메꽃이 군데군데 두렁을 <u>수놓고</u> 있다.

④ 바람 소리도 <u>잠들고</u> 짐승들 울음소리마저 사라졌다.

⑤ 오월의 신록을 <u>살찌게</u> 하는 비가 부슬거리고 있었다.

- 〈나〉는 망설이기만 할 뿐 가슴을 두근거리며 해가 ⓐ저물 때까지도 일행에서 벗어나지 못하고 있었다.
- 그러나 〈나〉는 그것만으로도 몇 번이고 끔찍스러운 몸서리를 ⓑ치곤 했다.
- 혜인과 헤어지고 나서 나는 갑자기 사람의 얼굴이 ⓒ그리고 싶어졌다.
- 그러나 감격으로 나의 화필이 ⓓ떨리게 하는 얼굴은 없었다.
- 숫제(전적으로) 나의 일은 ⓔ제쳐 놓고 학생들에게 매달려 있는 나에게 형이 시비조로 말했다.

문36. 윗글과 <보기>의 ⓐ~ⓔ를 각각 대응시켰을 때, 그 의미가 서로 다른 것은? 0606국어50

─────────<보기>─────────

산을 한 굽이 돌아서자 날이 벌써 ⓐ저물어 가고 있었다. 아침 해가 앞산 위에 떴나 보다 하면 벌써 뒷산에서는 해가 사라지기 시작하였다. 산골은 날씨 변화가 심해서 땅거미와 더불어 순간적으로 비바람이 ⓑ치기 시작했다. 친구가 ⓒ그려 준 약도를 가지고 나는 산 너머에 있을 것으로 짐작되는 친구의 집을 찾아 급히 발걸음을 옮겼다. 산중턱을 지나면서 젖은 몸이 ⓓ떨려 오기 시작했지만 마음 한편에는 묘한 감정이 솟아나는 것을 느낄 수 있었다. 만사를 ⓔ제치고 친구를 찾아가는 마음은 산길을 타는 고통을 잊게 했고 한층 발걸음을 가볍게 해 주었다.

① ⓐ ② ⓑ ③ ⓒ ④ ⓓ ⑤ ⓔ

온도 이슬점↓ → 이슬 → 온도 어는점↓ → 서리

문37. ㉠의 문맥적 의미와 가장 가까운 것은? 1509국어42

> 연왕이 반가움을 ㉠이기지 못하여 말하였다.
>
> 감정

① 나는 분을 이기지 못하고 울음을 터뜨렸다.

② 친구는 제 몸을 이기지 못하고 비틀거렸다.

③ 형은 온갖 역경을 이기고 마침내 성공했다.

④ 우리 팀이 상대를 큰 차이로 이기고 우승했다.

⑤ 삼촌은 병을 이기고 마침내 건강을 회복하였다.

문38. ⓐ와 가장 가까운 뜻으로 쓰인 것은?¹⁰⁰⁹¹⁷

농경을 주로 하는 문화적 특성상 자연현상과 기후의 변화를 파악하는 것이 중시된 만큼 천의 표면적인 모습 외에 작용 면에서 천을 파악하려는 경향이 ⓐ짙었다.

추상적

① 폭우가 내릴 가능성이 짙어 건물 외벽을 점검했다.

② 짙게 탄 커피를 마시면 잠이 잘 안 온다.

③ 철수는 짙은 안개 속에서 길을 잃었다.

④ 정원에서 꽃향기가 짙게 풍겨 온다.

⑤ 해가 지고 어둠이 짙게 깔렸다.

문39. ㉠의 문맥적 의미와 가장 가까운 것은?^{1511국어19}

공급된 필수아미노산의 총량 중 단백질 합성에 이용되는 양의 비율, 즉 필수아미노산의 이용 효율이 ㉠높다.

비율

① 가을이 되면 그 어느 때보다 하늘이 높다.

② 우리나라는 원자재의 수입 의존도가 높다.

③ 이번에 새로 지은 건물은 높이가 매우 높다.

④ 잘못을 시정하라는 주민들의 목소리가 높다.

⑤ 친구는 이 분야의 전문가로서 이름이 높다.

호응하는 어휘의 뜻 비교하기

문맥	X를 <u>Z하다.</u> X′를 <u>Z′하다.</u>
판단	X ≒ X′ → Z ≒ Z′ X ≠ X′ → Z ≠ Z′

문40. <보기>와 같이 적절한 단어를 선택한 후 각 단어의 특성을 파악하는 활동을 해 보았다. 다음 설명 중 옳지 <u>않은</u> 것은? [3점] [0911수능12]

<보기>

○ 흉내/시늉

ㄱ. 아이들은 장터에서 장사꾼 (흉내, 시늉)을/를 냈다.

ㄴ. 아이들을 불러서 공부를 하랬더니 (흉내, 시늉)만 했다.

ㄷ. 아이가 우는 (흉내, 시늉)을/를 했다.

○ 조성/조장

ㄹ. 장터에서부터 명절 분위기가 서서히 (조성, 조장)된다.

ㅁ. 과소비를 (조성, 조장)하는 광고는 자제해야 한다.

ㅂ. 사람들 사이에 위화감을 (조성, 조장)하여 이득을 보려는 장사꾼이 있다.

---

① 'ㄱ'과 'ㄷ'을 보니, '흉내'는 '남을 따라 함'을, '시늉'은 '움직임을 꾸며 함'을 뜻하네.

② 'ㄱ~ㄷ'을 보니, 호응하는 서술어를 통해서도 '흉내'와 '시늉'의 특성을 비교할 수 있겠어.

③ 내용상 'ㄱ' 뒤에 'ㄴ'이 연결된다면, 'ㄴ'의 '시늉' 앞에는 '장사꾼'이 생략되었겠네.

④ 'ㄹ'과 'ㅁ'을 보니, '조성'은 '만들어 이룸'을, '조장'은 '더 하게 함'을 뜻하네.

⑤ 'ㄹ~ㅂ'을 보니, '조장'은 긍정적인 의미로 사용하기 어렵겠군.

- 성종 대부터는 『소학(小學)』을 진지한 태도로 실천하려고 한 사람들은 소학계(小學契)라는 일종의 이념 서클을 ⓐ만들어 자신들의 신념을 사대부 사회에 전파하려는 운동을 벌이기 시작했다.
- 이러한 사고 방식의 출현은 당시 사대부들의 현실적 삶에 새로운 가능성을 열어 주었다. 다시 말해 사대부로 하여금 치자층(治者層)의 일원으로서 출사(出仕)를 통해 정치에 참여하는 것 외에 학문과 교육에 종사하면서도 자신의 사회적 존재 의의를 주장할 수 있게 ⓑ 만들었던 것이다.

문41. ⓐ와 ⓑ의 뜻을 알아보려고 국어 사전에서 '만들다'의 항목을 찾아 보았다. <보기>로 보아 설명이 잘못된 것은? 040622

――――――――<보기>――――――――

만들다 통 (ㄱ)노력이나 기술 따위를 들여 목적하는 사물을 이루다. (ㄴ)기관이나 단체 따위를 결성하다. (ㄷ)돈이나 일 따위를 마련하다. (ㄹ)틈, 시간 따위를 짜내다.
물리적
(ㅁ)('···을-게/도록'의 형태로) 그렇게 되게 하다. (ㅂ)새로운 상태를 이루어 내다.

① '쾌적한 분위기를 만들다'라고 할 때에는 (ㄱ)의 뜻으로 쓰인 것이다.
　　　추상적
② ⓐ는 '협동조합을 만들다'의 경우와 같이 (ㄴ)의 뜻으로 쓰였다.
③ '여행 경비를 만들다'라고 할 때에는 (ㄷ)의 뜻으로 쓰인 것이다.
④ '짬을 만들다'라고 할 때에는 (ㄹ)의 뜻으로 쓰인 것이다.
⑤ ⓑ는 '상대를 꼼짝 못하게 만들다'의 경우와 같이 (ㅁ)의 뜻으로 쓰였다.

문42. 문맥상 의미가 ⓐ와 가장 가까운 것은? ^{1906국어26}

민법전의 법조문에 의하면 임대인인 건물주가 수선할 의무를 ⓐ진다.

① 커피를 쏟아서 옷에 얼룩이 졌다.
② 네게 계속 신세만 지기가 미안하다.
③ 우리는 그 문제로 원수를 지게 되었다.
④ 아이들은 배낭을 진 채 여행을 떠났다.
⑤ 나는 조장으로서 큰 부담을 지고 있다.

문43. ㉠의 문맥적 의미와 가장 유사한 것은? ^{0711국어22}

사회학자인 데이비슨은 이 사례에서 아이디어를 ㉠얻어서 대중 매체가 수용자에게 미치는 영향과 관련한 '제3자 효과(third-person effect)' 이론을 발표하였다.

① 돈을 얻을 곳이 또 어디 없을까?
② 책에서 얻은 지혜로 성공할 수 있었다.
③ 여행 중에 얻은 병이 아직도 낫지 않았다.
④ 발언권을 먼저 얻고 나서 말씀해 주십시오.
⑤ 늘그막에 자식을 얻더니 웃음이 끊이지 않는다.

문44. ⓐ의 문맥적 의미와 가장 가까운 것은? 1611국어26

"귀납이 정당한 추론이다."라는 주장은 ~ 다시 귀납에 의해 정당화되어야 하는 경험적 지식이므로 귀납의 정당화는 순환 논리에 ⓐ빠져 버린다는 것이다. 이것이 귀납의 정당화 문제이다.

① 혼란에 빠진 적군은 지휘 계통이 무너졌다.
② 그의 말을 듣자 모든 사람들이 기운이 빠졌다.
③ 그는 무릎 위까지 푹푹 빠지는 눈길을 헤쳐 왔다.
④ 그의 강연에 자신의 주장이 빠져 모두 아쉬워했다.
⑤ 우리 제품은 **타사 제품**에 빠지지 않는 우수한 것이다.

문45. 문맥상 의미가 ⓐ와 가장 가까운 것은? 191120

을이 그림 A를 넘겨주지 않은 까닭은 갑으로부터 매매 대금을 받은 뒤에 을의 과실로 불이 나 그림 A가 타 없어졌기 때문이다. 결국 채무는 이행 불능이 되었다. 소송을 하더라도 불능의 내용을 이행하라는 판결은 ⓐ나올 수 없다.

① 오랜 연구 끝에 만족할 만한 실험 결과가 나왔다.
② 그 사람이 부드럽게 나오니 내 마음이 누그러졌다.
③ 우리 마을은 라디오가 잘 안 나오는 산간 지역이다.
④ 이 책에 나오는 옛날이야기 한 편을 함께 읽어 보자.
⑤ 그동안 우리 지역에서는 걸출한 인물들이 많이 나왔다.

문46. ⓐ~ⓔ를 사용하여 만든 문장으로 적절하지 <u>않은</u> 것은? ^{1511국어26}

○ 무료로 이용하는 공공 도서관에서 이용자가 많아 도서 ⓐ<u>열람</u>이나 대출이 제한될 경우가 이에 해당한다.

○ 이런 서비스 제공에 드는 비용은 주로 세금을 비롯한 공적 재원으로 ⓑ<u>충당</u>을 한다.

○ 이 경우 정부가 직접 공공 서비스를 제공할 때보다 서비스의 생산 비용이 절감될 수 있고 정부의 재정 부담도 ⓒ<u>경감</u>될 수 있다.

○ 민간 위탁 제도에 의한 공공 서비스 제공의 성과는 정확히 측정하기 어려운 경우가 많아서 평가와 ⓓ<u>개선</u>이 지속적으로 이루어지지 않을 때에는 오히려 민간 위탁 제도가 공익을 ⓔ<u>저해</u>할 수 있다.

---

① ⓐ: 그는 행사 관련 서류의 <u>열람</u>을 집행부에 요구했다.

② ⓑ: 그는 회사의 자금 <u>충당</u> 방안을 마련하느라 동분서주했다.

③ ⓒ: 직원들의 노력에도 회사의 손익이 계속 <u>경감</u>될 뿐이다.

④ ⓓ: 정부는 무역 수지 <u>개선</u>에 온 힘을 기울이고 있다.

손익(=손해와 이익) → 손익 증가/감소(X)

문47. ⓐ의 문맥적 의미와 가장 가까운 것은? ^{1306국어50}

우리 헌법 제1조 제2항은 "대한민국의 주권은 국민에게 있고, 모든 권력은 국민으로부터 나온다."라고 규정하고 있다. 이 규정은 국가의 모든 권력의 행사가 주권자인 국민의 뜻에 따라 이루어져야 한다는 의미로 해석할 수 있다. 따라서 국회의원은 지역구 주민의 뜻에 따라 입법해야 한다고 생각하는 사람이 있다면, 그는 이 조항에서 근거를 ⓐ찾으면 될 것이다.

① 누나가 문제 해결의 실마리를 찾았습니다.

② 아버지는 이 약을 복용하고 생기를 찾았습니다.

③ 그는 잃어버린 권리를 찾기 위한 활동을 계속했다.

④ 형은 자신의 적성에 맞는 직업을 찾으려 노력했다.

⑤ 그들은 자신의 안일과 이익만을 찾다가 화를 입었다.

문48. ⓐ와 문맥상 의미가 가장 가까운 것은? ^{2206국어09}

당시까지도 재이에 대해 군주의 적극적인 대응을 유도하며 안전한 언론 활동의 기회를 제공했던 재이론이 폐기되는 것은, 신하의 입장에서 유용한 정치적 기제를 잃는 것이었다. 이 때문에 그는 군주를 경계하는 적절한 방법을 ⓐ찾고자 재이론을 고수하였다. 그는 재이에 대한 개별적 대응 대신 군주에게 허물과 잘못이 쌓이면 이에 하늘이 **감응**하여 변칙적인 자연 현상이 일어날 것이라는 전반적 대응설을 제시하고, 재이를 군주의 심성 수양 문제로 **귀결**시키며 재이론의 역사적 수명을 연장하였다.

① 모두가 만족하는 대책을 찾으려 머리를 맞대었다.

② 모르는 단어가 나오면 국어사전을 찾아서 확인해라.

③ 건강을 위해 친환경 농산물을 찾는 사람이 많아졌다.

④ 아직 완전하지는 않지만 서서히 건강을 찾는 중이다.

⑤ 선생은 독립을 다시 찾는 것을 일생의 사명으로 여겼다.

 **전략 4-2**

비례식 테스트

문맥	X가 Y를 **Z**하다. X′가 Y′를 **Z′**하다.
판단	$X:Y \fallingdotseq X':Y' \rightarrow Z \fallingdotseq Z'$ $X:Y \neq X':Y' \rightarrow Z \neq Z'$

문49. 밑줄 친 단어의 의미와 가장 가까운 것은? 9급12국어02

경찰의 <u>손</u>이 미치치 않는 곳으로 도망갔다.

---

① 그는 장사꾼의 <u>손</u>에 놀아날 정도로 세상 물정에 어둡다.

② 제삿날 <u>손</u>을 치르고 나면 온몸이 쑤신다고는 사람들이 많다.

③ 마감 일이 이제 코앞으로 다가와서 더 이상 <u>손</u>을 늦출 수가 없다.

④ 대기업들이 온갖 사업에 <u>손</u>을 뻗치자 중소기업들은 설 곳을 잃게 되었다.

[비례식]　대기업 : 중소기업 = 경찰 : 범죄자

문50. 문맥상 ⓐ~ⓔ의 단어와 가장 가까운 의미로 쓰인 것은? 2106국어21

○ 정부의 관직을 ⓐ두고 정기적으로 시행되는 공개 시험인 과거제가 도입되어,

○ 황종희는 '벽소'와 같은 옛 제도를 ⓑ되살리는 방법으로 과거제를 보완하자고 주장했다.

○ 과거제를 시행했던 국가들에서는 수백 년에 ⓒ걸쳐 과거제를 개선하라는 압력이 있었다.

○ 많은 인재들이 수험 생활에 장기간 ⓓ매달리면서 재능을 낭비하는 현상도 낳았다.

○ 그 외의 정치 체제를 상상하기 ⓔ어려웠던 상황에서

---

① ⓐ: 그가 열쇠를 방 안에 두고 문을 잠가 버렸다.

② ⓑ: 우리는 그 당시의 행복했던 기억을 되살렸다.

③ ⓒ: 협곡 사이에 구름다리가 멋지게 걸쳐 있었다.

④ ⓓ: 사소한 일에만 매달리면 중요한 것을 놓친다.

⑤ ⓔ: 형편이 어려울수록 모두가 힘을 합쳐야 한다.

[비례식]   사소한 일 : 중요한 것 = 수험생활 : 재능 발휘

문51. 문맥상 ⓐ의 의미와 가장 가까운 것은? ^{1011국어50}

신뢰도가 0.72라는 것은 100번 ⓐ<u>가운데</u> 72번은 고장 없이 작동한다는 것을 의미한다.

① 장미는 많은 꽃들 <u>가운데</u> 내가 제일 좋아하는 꽃이다.
  　　　　　　　　(여럿) 중에

② 어떤 아이가 두 사람 <u>가운데</u>로 불쑥 끼어들었다.
  　　　　　　　　　사이

③ 민희는 어려운 <u>가운데</u>서도 남을 돕고 산다.
  　　　　　　상황 속

④ 진수는 반에서 키가 <u>가운데</u>는 된다.
  　　　　　　　순서의 중간

⑤ 호수 <u>가운데</u> 조각배가 떠 있다.
  　　　　중앙에

[비례식]　　작동 100번 : 고장 없는 작동 72번 = 꽃 : 제일 좋아하는 꽃(장미)

문52. <보기>의 (가), (나)에 들어갈 내용으로 적절한 것은?^{1311수능12}

─────<보기>─────

어떤 단어가 여러 의미를 지녔을 경우, 각각의 의미에 따라 반의어도 달라질 수 있다. 가령 '시계가 서다'에서 '서다'의 반의어는 '가다'인데, '공연을 서서 보다'에서 '서다'의 반의어는 '앉다'가 된다.

단어	예문	반의어
빼다	주차장에서 차를 <u>뺐</u>다.	대다
	(가)	넣다
	저금을 <u>빼</u>서 빚을 갚았다.	(나)

	(가)	(나)
①	풍선에서 바람을 <u>뺐</u>다.	꽂다
②	설날이 다가와서 가래떡을 <u>뺐</u>다.	더하다
③	주머니에서 손을 <u>뺐</u>다.	찾다
④	새집 냄새를 <u>뺐</u>다.	박다
⑤	이번 경기에서는 그를 <u>뺐</u>다.	들다

 **전략 5** <u>**꾸며주는 말 옮겨보기**</u>

문53. ⓐ의 문맥적 의미와 가장 유사한 것은? ^{0909국어37}

딸의 생일 선물을 깜빡 ⓐ<u>잊은</u> 아빠가 "내일 우리 집보다 더 큰 곰 인형 사 올게."라고 말했을

때, 아빠가 발화한 문장은 상황에 적절한 발화인가 아닌가?

---

① 수돗물 잠그고 나오는 것을 <u>잊어서</u> 불안해요.

② 그는 일에 푹 빠져 자기 나이를 <u>잊고</u> 지낸다.

③ 오랜 세월이 지나 그 사람의 이름도 <u>잊었어요.</u>

④ 그는 괴로운 현실을 <u>잊기</u> 위해 여행을 떠났다.

⑤ 지난날의 감정은 모두 <u>잊고</u> 앞으로 잘 지내보자.

문54. ㉠의 '거울'과 의미가 가장 유사한 것은? 0506국어22

오늘날 여성들은 체중에 상관없이 스스로를 뚱뚱하다고 생각하는 경우가 많다. 빈부, 노소를 떠나서 하나같이 날씬해지기를 원하고 그러한 욕망은 다이어트 열풍으로 이어진다. 몸이 우리의 다양한 욕구나 자기 표현과 관련된다는 점에서 다이어트 열풍은 우리 사회를 읽어 내는 하나의 ㉠거울이 될 수 있다.

　　　　추상적

① 그는 모든 사람의 거울이 된다.

　　　　(추상적) 모범

② 사람의 얼굴은 마음의 거울이다.

　　　　을 읽어내는

③ 거울 속에 비친 풍경은 고즈넉했다.

　물리적

④ 거울은 유리 뒤쪽에 아말감을 발라 만든다.

　물리적

⑤ 그는 자신의 실수를 거울로 삼아 더욱 분발했다.

　　　　(추상적) 교훈

문55. ⓒ의 문맥적 의미와 가장 가까운 것은?^{1609국어30}

스타이컨은 이 사진에서 피사체들의 질감이 뚜렷이 ⓒ살지 않게 처리하여 모든 피사체들이 사람인 듯한 느낌을 주고자 하였다.

① 이 소설가는 개성이 살아 있는 문체로 유명하다.

② 아궁이에 불씨가 살아 있으니 장작을 더 넣어라.

③ 어제까지도 살아 있던 손목시계가 그만 멈춰 버렸다.

④ 흰긴수염고래는 지구에 살고 있는 동물 중 가장 크다.

⑤ 부부가 행복하게 살려면 서로를 존중하고 사랑해야 한다.

참고. 생략 가능성

> 쓰레기를 다 버렸다. ≒ 쓰레기를 다???
>
> 밀린 숙제를 해치워 버렸다. ≒ 밀린 숙제를 해치웠다.
>
> +시원함
>
> 그는 벌써 가 버렸다. ≒ 그는 벌써 갔다.
>
> +아쉬움

문56. ⊙과 쓰임이 다른 것은?⁰⁶⁰⁹³⁰

조지 이스트맨이 19세기 후반에 개발한 카메라용 롤필름은 당시의 표준 기술이었던 화학 코팅 유리판이 만들어 ⊙내는 뛰어난 영상 수준에 전혀 미치지 못했다.

---

① 이순신은 적의 침공을 막아 내었다.

② 김 선생은 시험 문제를 이틀에 걸쳐 내었다.

  출제했다

③ 오빠는 유리에 묻은 페인트를 닦아 내려고 애썼다.

④ 어떻게 해서든 손해 배상금을 받아 내고야 말겠다.

⑤ 우리는 이 난국을 타개할 방법을 도출해 내야 한다.

문57. ㉠과 같은 의미로 쓰이지 않은 것은? 080928

로버츠는 이것의 가치를 남들보다 ㉠일찍이 인식하고 1950년대부터 이 기구로 미지의 분자 구조를 밝혀내기 시작했다.

① 나는 오늘 일찍이 학교로 출발했다.
② 그녀는 아침 일찍이 밥을 해 먹었다.
③ 나는 일찍이 와서 오늘 업무를 준비했다.
④ 나는 일찍이 일을 끝내고 집으로 돌아왔다.
⑤ 그런 일은 일찍이 경험하지 못했던 일이다.

이전까지

이 형식은 악장의 주제를 주기적으로 반복하는 ㉡사이사이에 이와 대조되는 새로운 주제들을 삽입하는 방식이다.

문58. ㉡은 단어의 반복을 통해 특정한 의미 효과를 나타낸다. 다음 중 ㉡의 효과와 유사한 것은?
0911국어19

① 발을 옮겨 놓을 때마다 걸음걸음 치마폭이 너풀거린다.
② 시간이 없으니까 대강대강 급한 일부터 끝내자.
③ 가뭄으로 논밭이 바싹바싹 타들어 간다.
④ 노랫소리가 멀리멀리 울려 퍼진다.
⑤ 곳간을 곡식으로 가득가득 채웠다.

참고. 헷갈리는 단어들

보존, 보전

> ### 보존
>
> ~훼손+남겨짐 →→→→
>
> • 보존제　　• 문화재 보존　　• 사건 현장 보존　　• 공문서 보존　　• 기록 보존
>
> • 시체 일부를 표본으로 보존　　• 에너지 보존 법칙　　• 질량 보존 법칙　　• 생물/종 다양성 보존
>
> ### 보전 1
>
> 지킴+유지 →↘↗→
>
> • 생태계 보전　　• 환경 보전　　• 목숨 보전/보존　　• 전통문화 보전
>
> ### 보전 2
>
> 보충(채움) ↗
>
> • 손실 보전　　• 적자 보전
>
> 법인세 폐지를 주장하려면 모자라는 세수를 보전하기 위한 대체세원마련을 확실히 해야
> 한다. 5급03논리08

[01] 타닌은 와인의 구조나 골격을 형성하며 천연방부제 구실을 하기 때문에, 타닌이 들어 있는 레드 와인은 화이트 와인보다 훨씬 더 오랫동안 **보존**할 수 있다. 입법20논리23

[02] 지질학은 그 지층이 형성되던 시대에 살았던 동식물의 생태에 관한 기록을 왜곡 없이 **보존**하고 있을 뿐만 아니라 지층의 구조는 그 지층을 형성한 시간 질서를 반영한다. 5급13논리18

[03] 조선이 임진왜란 중 필사적으로 **보존**하고자 한 서적은 바로 조선왕조실록이다. 실록은 원래 서울의 춘추관과 성주·충주·전주 4곳의 사고史庫에 보관되었으나, 임진왜란 이후 전주 사고의 실록만 온전한 상태였다. 민간15논리10

[04] 예술적 가치를 인정받은 작품은 문화적 자산으로서 길이 **보존**되는 동시에 다수의 관객이 함

께 즐기는 공동체의 산물이 된다. ^{0311국어44}

[05] 문화재를 발견하여 신고할 경우 포상금을 주는 것은, 자연 **보존** 지역에서 개발 행위를 금지하는 것보다 강제성이 높다. ^{1811국어28}

[06] 우리가 관찰을 통해 어떤 사물에 대한 지식을 얻을 경우, 일반적으로 그러한 지식은 서로 다른 시점에서 획득한 자료들을 토대로 한다. 그러한 자료들은 관찰이 진행되면서 각각 특정 시점에서 사물의 속성들로부터 추상된 것들, 즉 의식 속에 기억으로 남아 있는 관념들에 불과한 것이다. 이러한 관념들은 시간의 제약 속에 있지 않으므로 변하지 않는다. 결과적으로 최종 판단 시점에서는 실제로 그 이전까지의 사물의 모든 속성들이 이미 변했음에도 불구하고 그 속성들의 관념은 그대로 **보존**되어 있으며, 우리의 사고는 바로 그러한 관념들을 종합하여 지식을 구성하게 된다. ^{0811국어37}

문59. 문맥상 ⓐ~ⓔ와 바꿔 쓰기에 가장 적절한 것은? ^{2111국어21}

○ 박제가가 쓴 『북학의』에 묘사된 청의 현실은 특정 관점에 따라 선택 및 추상화된 것이었으며, 그런 청의 현실은 그에게 중화가 손상 없이 ⓐ보존된 것이자 조선의 발전 방향이기도 하였다.

○ 이덕무는 청 문물의 효용을 ⓑ도외시하지 않고 박제가와 마찬가지로 물질적 삶을 중시하는 이용후생에 관심을 보였다.

○ 장거리 교역의 상품이 사치품에 ⓒ한정되지 않고 일상적 물건으로까지 확대되었다.

○ 은을 매개로 한 과세는 상품 경제의 발전을 ⓓ자극하였다.

○ 인구 증가로 이주 및 도시화가 진행되는 가운데 전통적인 사회적 유대가 약화되거나 단절된 사람들이 상호 부조 관계를 맺는 결사 조직이 ⓔ성행하였다.

---

① ⓐ: 드러난

② ⓑ: 생각하지

③ ⓒ: 그치지

④ ⓓ: 따라갔다

⑤ ⓔ: 일어났다

-시(視)하다

- 백안시하다   남을 업신여기거나 무시하는 태도로 흘겨보다
- 무시하다   1. 사물의 존재 의의나 가치를 알아주지 아니하다.

  2. 동사 사람을 깔보거나 업신여기다.
- 천시하다   업신여겨 낮게 보거나 천하게 여기다.
- 괄시하다   업신여겨 하찮게 대하다.
- 등한시하다   소홀하게 보아 넘기다.
- 도외시하다   상관하지 아니하거나 무시하다.
- 문제시하다   논의하거나 해결해야 할 문제의 대상으로 삼다.
- 적대시하다   적으로 여겨 보다.
- 동일시하다   둘 이상의 것을 똑같은 것으로 보다.
- 유력시하다   가능성이 많다고 보다.
- 우선시하다   다른 것보다 중요하게 보거나 일차적인 것으로 여기다.
- 터부(taboo)시하다

  금기시하다   신성하거나 부정하다고 여겨 접촉하거나 말하는 것을 금지하거나 꺼리다.
- X를 신성시하다

  X를 당연시하다

  X를 중요시하다   X를 ○○하게 여기다

인간들은 소비를 통해 자신이 속한 집단의 정체성을 표현하는 동시에 다른 집단과의 차별성을 나타낸다. 소비하는 품목과 방식은 성, 연령, 직업, 계층, 신분 등에 따라 달라진다. 부르디외에 따르면, '취향'은 가정 환경과 같은 개인의 성장 배경에서 길러진 것이지만 자신의 취향을 '타고난 성향'으로 인식하고 다른 사람의 취향을 ⓛ백안시(白眼視)함으로써 계층을 구분하는 강력한 심리적 기제로 작용한다고 한다.

문60. ⓛ과 같이 '-시(視)하다'를 붙인 말 중, 적절하지 않은 것은? ^{05 | 예비 | 국어58}

① 동일시(同一視)하다   ② 당연시(當然視)하다   ③ 문제시(問題視)하다

④ 적대시(敵對視)하다   ⑤ 달관시(達觀視)하다

뮤지컬은 여러 가지 형식적 요소로 구성되는데, 이것들은 내용, 즉 작품의 줄거리나 주제를 실질적으로 구현하는 역할을 한다. 전통적인 철학적 미학에 따르면 참된 예술은 훌륭한 내용과 훌륭한 형식이 유기적으로 조화될 때 달성된다. 이러한 고전적 기준을 수용할 때, 훌륭한 뮤지컬 작품은 어느 한 요소라도 ⓐ소홀히 한다면 만들어지기 어렵다. 뮤지컬은 기본적으로 극적 서사를 지니기에 훌륭한 극본이 요구되고, 그 내용이 노래와 춤으로 표현되기에 음악과 무용도 핵심이 되며, 이것들의 효과는 무대 장치, 의상과 소품 등을 통해 배가되기 때문이다.

문61. 문맥상 ⓐ와 바꾸어 쓰기에 가장 적절한 것은? ^{1111국어24}

① 멸시(蔑視)한다면   ② 천시(賤視)한다면   ③ 등한시(等閑視)한다면

④ 문제시(問題視)한다면   ⑤ 이단시(異端視)한다면

1. 대비¹하다(contrast)

차이를 선명하게 드러내기 위해 서로 비교함. 대조

[01] 제시된 조건에 부합하는 사례와 그렇지 않은 사례를 **대비**시켜 개념을 명료화했다. 5급07논리13

[02] 디지털 영상은 2차원 평면에 격자 모양으로 화소를 배열하고 각 화소의 밝기인 화솟값을 데이터로 저장한 것이다. 화솟값은 0에서 255 사이의 값으로 나타내는데 0일 때 검은색으로 가장 어둡고 255일 때 흰색으로 가장 밝다. 화소들 사이의 밝기 차이를 명암 **대비**라 하며 명암 대비가 강할수록 영상은 선명하게 보인다. 1511국어20~22

[03] 설령 그 의견이 잘못된 것이라 하더라도 그 의견을 억압하는 것은 토론을 통해 틀린 의견과 옳은 의견을 **대비**시킴으로써 진리를 생생하고 명확하게 드러낼 수 있는 대단히 소중한 기회를 놓치는 결과를 낳게 된다. 5급20논리38

2. 대비²하다(preparation)

대응하기 위하여 미리 준비하다

[01] 곗계는 원래 향도계에서 비롯하였다. 향도계는 장례를 치르기 위해 결성된 계였다. 비용이 많이 소요되는 장례에 **대비**하기 위해 계를 구성하여 평소 얼마간 금전을 갹출(같은 목적을 위하여 여러 사람이 돈을 나누어 냄)하고, 구성원 중에 상을 당한 자가 있으면 갹출한 금전에 얼마를 더하여 비용을 마련해주는 방식이었다. 민간17논리13

[02] 정부가 경기 침체를 예고하면, 많은 사람들은 이에 **대비**하여 행동을 하고, 반대로 경기 회복을 예고하면 또한 그에 따라 행동하기 때문에 경기 예측 그 자체가 경기 변동에 영향을 미친다. 9411국어43~45

3. 대비
생존해 있는 선대의 왕비

[01] 왕이나 **대비** 또는 왕족, 고관대작(지위가 높고 훌륭한 벼슬 또는 그런 위치에 있는 사람)이 세상을 떠났을 때 왕이 짓는 제문祭文(죽은 사람에 대하여 애도의 뜻을 나타낸 글)도 많았다. 입법22논리27

4. 대비 ★★★★★
A 대비 B = B/A ()

[01] 중국 인터넷 이용자는 약 8억 3,000만 명(전체 인구 **대비** 약 60%)이다. 입법20논리04

[02] 자동차의 에너지 효율은 연료량 **대비** 운행 거리의 비율인 연비(운행 거리÷연료량)로 나타내며, 이는 자동차의 성능을 평가하는 중요한 잣대이다. 1106국어36~38

[03] 2008년에 정부가 시행한 '비지팅 코리아' 사업으로 한국방문 외국인 관광객 수가 전년 **대비** 두 배로 증가하였습니다. 5급11논리35

문62. ⓐ~ⓔ를 사용하여 만든 문장으로 적절하지 않은 것은? ^{1711국어42}

> ○ 보험 상품을 구입한 사람은 장래의 우연한 사고로 인한 경제적 손실에 ⓐ대비할 수 있다.
> ○ 보험사는 보험 가입자 개개인이 가진 위험의 정도를 정확히 ⓑ파악하여 거기에 상응하는 보험료를 책정하기 어렵다.
> ○ 보험사는 이를 보전하기 위해 구성원이 납부해야 할 보험료를 ⓒ인상할 수밖에 없다.
> ○ 계약 당시에 보험사가 고지 의무 위반에 대한 사실을 알았거나 중대한 과실로 인해 알지 못한 경우에는 보험 가입자가 고지 의무를 위반했어도 보험사의 해지권은 ⓓ배제된다.
> ○ 보험에서 고지 의무는 보험에 가입하려는 사람의 특성을 검증함으로써 다른 가입자에게 보험료가 부당하게 ⓔ전가되는 것을 막는 기능을 한다.

① ⓐ: 지난해의 이익과 손실을 대비해 올해 예산을 세웠다.
② ⓑ: 일을 시작하기 전에 상황을 파악하는 것이 중요하다.
③ ⓒ: 임금이 인상되었다는 소식에 많은 사람들이 기뻐했다.
④ ⓓ: 이번 실험이 실패할 가능성을 전혀 배제할 수는 없다.
⑤ ⓔ: 그는 자신의 실수에 대한 책임을 동료에게 전가했다.

전가: 잘못이나 책임을 다른 사람에게 넘겨씌움

문63. 문맥을 고려할 때, 밑줄 친 말이 ⓐ~ⓔ의 동음이의어인 것은? ^{2109국어25}

- 모방론은, 대상과 그 대상의 재현이 닮은꼴이어야 한다는 재현의 투명성 이론을 ⓐ전제한다.

- 20세기 초우드는 ~ 표현론을 제시하여 이 문제를 해결하였다. 이와 비슷한 ⓑ시기에 외부 세계나 작가의 내면보다 작품 자체의 고유 형식을 중시하는 형식론도 발전했다.

- 하나의 작품이 어떤 특정한 기준에서 훌륭하므로 예술 작품이라고 부를 수 있다는 평가적 ⓒ이론들과 달리, 디키의 견해는 일정한 절차와 관례를 거치기만 하면 모두 예술 작품으로 볼 수 있다는 분류적 이론이다

- 비평가 텐은 예술 작품이 창작된 당시 예술가가 살던 시대의 환경, 정치·경제·문화적 상황, 작품이 사회에 미치는 효과 등을 예술 작품 비평의 중요한 ⓓ근거로 삼는다. 그 이유는 예술 작품이 예술가가 속해 있는 문화의 상징과 믿음을 구체화하며, 예술가가 속한 사회의 특성들을 반영한다고 보기 때문이다. 또한 맥락주의 비평에서는 작품이 창작된 시대적 상황 외에 작가의 심리적 상태와 이념을 포함하여 가급적 많은 자료를 바탕으로 작품을 분석하고 해석한다.

- 인상주의 비평은 모든 분석적 비평에 대해 회의적인 ⓔ시각을 가지고 있어 예술을 어떤 규칙이나 객관적 자료로 판단할 수 없다고 본다.

① ⓐ: 모든 인간은 평등하다고 전제(前提)해야 한다.

② ⓑ: 가을은 오곡백과가 무르익는 시기(時期)이다.

③ ⓒ: 이 문제에 대해서는 이론(異論)의 여지가 없다.

④ ⓓ: 이 소설은 사실을 근거(根據)로 하여 쓰였다.

⑤ ⓔ: 청소년의 시각(視角)으로 이 문제를 살펴보자.

이론¹: theory 이론²: different opinion

문64. 문맥을 고려할 때, 밑줄 친 말이 ⓐ~ⓔ의 동음이의어가 <u>아닌</u> 것은? ^{1811국어42}

○ 디지털 통신 시스템은 송신기, 채널, 수신기로 구성되며, ⓐ<u>전송</u>할 데이터를 빠르고 정확하게 전달하기 위해 부호화 과정을 거쳐 전송한다. 영상, 문자 등인 데이터는 ⓑ<u>기호</u> 집합에 있는 기호들의 조합이다

○ 송신기에서는 소스 부호화, 채널 부호화, 선 부호화를 거쳐 기호를 ⓒ<u>부호</u>로 변환한다. 소스 부호화는 데이터를 압축하기 위해 기호를 0과 1로 이루어진 부호로 변환하는 과정이다.

○ 전송된 부호를 수신기에서 원래의 기호로 ⓓ<u>복원</u>하려면 부호들의 평균 비트 수가 기호 집합의 엔트로피보다 크거나 같아야 한다.

○ 채널 부호화를 거친 부호들을 채널을 통해 전송하려면 부호들을 전기 신호로 변환해야 한다. 0 또는 1에 해당하는 전기 신호의 전압을 결정하는 과정이 선 부호화이다. 전압의 ⓔ<u>결정</u> 방법은 선 부호화 방식에 따라 다르다.

---

① ⓐ: 공항에서 해외로 떠나는 친구를 <u>전송</u>(餞送)할 계획이다.

② ⓑ: 대중의 <u>기호</u>(嗜好)에 맞추어 상품을 개발한다.

③ ⓒ: 나는 가난하지만 귀족이나 <u>부호</u>(富豪)가 부럽지 않다.

④ ⓓ: 한번 금이 간 인간관계를 <u>복원</u>(復原)하기는 어렵다.

⑤ ⓔ: 이 작품은 그 화가의 오랜 노력의 <u>결정</u>(結晶)이다.

전송하다¹: 예를 갖추어 떠나보내다.

전송하다²: 글이나 사진 따위를 전류나 전파를 이용하여 먼 곳에 보냄. 예) 데이터 전송data transmission

부호¹: sign/symbol **부호²**: rich person

기호¹: sign/symbol **기호²**: favorite

결정¹: decision **결정²**: crystal

유리
‥‥‥

1. 유리(glass)
2. 유리하다(advantageous) 이익이 있다
3. 유리되다(be isolated) 따로 떨어지게 되다
≒ 괴리(gap) 서로 어그러져 동떨어짐

문65. 문맥상 ⓐ~ⓔ와 바꿔 쓰기에 적절하지 <u>않은</u> 것은?²³⁰⁹국어09

아도르노는 대중 예술의 규격성으로 인해 개인의 감상 능력 역시 표준화되고, 개인의 개성은 다른 개인의 그것과 다르지 않게 된다고 보았다. 모든 것을 상품의 교환 가치로 환원하려는 자본주의 사회에서, 대중 예술은 개인의 정체성마저 상품으로 ⓐ<u>전락시키는</u> 기제로 작용한다는 것이다.

① ⓐ: 맞바꾸는

아도르노의 미학은 기존의 예술에 대한 비판적 관점을 제공한다. 가령 사과를 표현한 세잔의 작품을 아도르노의 미학으로 읽어 낸다면, 이 그림은 사회의 본질과 ⓑ<u>유리된</u> '아름다운 가상'을 표현한 것에 불과할 것이다.

② ⓑ: 동떨어진

세잔의 작품은 눈에 보이는 특정의 사과가 아닌 예술가의 시선에 포착된 세계의 참모습, 곧 자연의 생명 력과 그에 얽힌 농부의 삶 그리고 이를 ©응시하는 예술가의 사유를 재현한 것이 된다.

③ ©: 바라보는

아도르노의 미학은 예술의 영역을 극도로 축소시키고 있다. 즉 그 자신은 동일화의 폭력을 비판하지만, 자신이 추구 하는 전위 예술만이 진정한 예술이라고 주장하며 전위 예술의 관점에서 예술의 동일화를 시도하고 있다. 특히 이는 현실 속 다양한 예술의 가치가 발견될 기회를 ⓓ박탈한다. 실수로 찍혀 작가의 어떠한 주관도 결여된 사진에서조차 새로운 예술 정신을 ⓔ발견하는 것이 가능하다는 베냐민의 지적처럼, 전위 예술이 아닌 예술에서도 미적 가치를 발견할 수 있다.

④ ⓓ: 빼앗는다
⑤ ⓔ: 찾아내는

문66. ㉠의 의미로 가장 적절한 것은? 0406국어32

> 근대 사진은 현실과 영상 사이에 ㉠벌어져 있는 이 틈을 미처 발견하지 못했다. 현실이 곧 사진이요, 사진이 곧 현실이라고 생각했다. 현대 사진은 현실과 영상 사이에 벌어져 있는 이 틈을 발견한 데서 출발한다. 그 틈을 정확히 보고, 자기 나름대로 재색도 하고 두께도 만들어 활용하는 것이 현대 사진인 것이다.

① 괴리(乖離)

② 단절(斷絶)

③ 상충(相沖)

④ 격리(隔離)

⑤ 차별(差別)

문67. 문맥상 ⓐ ~ ⓔ와 바꿔 쓰기에 적절하지 <u>않은</u> 것은?^{1811국어32}

> ○ 외국 통화에 대한 자국 통화의 교환 비율을 의미하는 환율은 장기적으로 한 국가의 생산성과 물가 등 기초 경제 여건을 반영하는 수준으로 수렴된다. 그러나 단기적으로 환율은 이와 ⓐ괴리되어 움직이는 경우가 있다. 만약 환율이 예상과는 다른 방향으로 움직이거나 또는 비록 예상과 같은 방향으로 움직이더라도 변동 폭이 예상보다 크게 나타날 경우 경제 주체들은 과도한 위험에 ⓑ노출될 수 있다.
>
> ○ 시장 금리 하락은 투자의 기대 수익률 하락으로 이어져, 단기성 외국인 투자 자금이 해외로 빠져나가거나 신규 해외 투자 자금 유입을 위축시키는 결과를 ⓒ초래한다.
>
> ○ 시간이 경과함에 따라 물가가 상승하여 실질 통화량이 원래 수준으로 돌아오고 해외로 유출되었던 자금이 시장 금리의 반등으로 국내로 ⓓ복귀하면서,
>
> ○ 정부는 기초 경제 여건을 반영한 환율의 추세는 용인하되, 사전적 또는 사후적인 미세 조정 정책 수단 을 활용하여 환율의 단기 급등락에 따른 위험으로부터 실물 경제와 금융 시장의 안정을 ⓔ도모하는 정책을 수행한다.

① ⓐ: 동떨어져

② ⓑ: 드러낼

③ ⓒ: 불러온다

④ ⓓ: 되돌아오면서

⑤ ⓔ: 꾀하는

'구분'과 '구별'의 구별은 일반인들뿐만 아니라 종종 출제자들도 실수를 합니다. 제가 원칙에 잘 들어맞는 사례만을 추려서 소개하니 이 감각을 기본으로 익혀두되, 독해지문에서 반례를 만나더라도 너그럽게 넘어가길 바랍니다.

문. ⓛ의 용례로 바르지 <u>않은</u> 것은? ᴼ²¹¹국어29

> 사색문제는 한 세기 이상 수학자들을 괴롭혀 오던 문제로. 어떠한 지도라도 네 가지 색만 있으면 지도상의 모든 지역(국가, 도. 시, 군 등)을 ⓛ<u>구별</u>하여 나타낼 수 있음을 증명하는 문제이다.

① 우리말의 용언은 동사와 형용사로 <u>구별</u>된다.
② 경제학과 경영학은 엄연히 <u>구별</u>되는 학문이다.
③ 토론 과정에서 비판과 비난은 <u>구별</u>되어야 한다.
④ 비전문가에게는 갈대와 억새의 <u>구별</u>이 쉽지 않다.
⑤ /ㅐ/와 /ㅔ/발음을 <u>구별</u>하지 못하는 경우가 많이 있다.

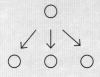

구분하다 divide

대상(전체)을 하위항목으로 나누다/가르다/쪼개다.

[01] 조류인플루엔자Avian Influenza, AI 바이러스는 병원성 정도에 따라 고병원성과 저병원성 AI 바이러스로 **구분**한다. 7급22논리10

[02] 먼저 모든 수험생을 확진, 자가격리, 일반 수험생의 세 유형으로 **구분**한다. 7급22논리09

[03] 적극행정면책의 유형은 직권면책과 신청면책으로 **구분**된다. 직권면책은 '현장면책'과 '처리 단계 직권면책'으로 **구분**된다. 입법22논리31

[04] 블록체인은 합의 과정에 누구나 참여가 가능한 비허가형 블록체인과 사전에 허가된 사용자만 참여가 가능한 허가형 블록체인으로 **구분**된다. 입법19논리37

[05] HD 항성 목록은 별을 온도에 따라 O, B, A, F, G, K, M 순으로 **구분**하고, 이를 다시 0~9까지 **세분화**한 것이다. 입법22논리26

[06] 동물의 지위에 대한 철학적 담론은 동물복지와 동물권으로 **구분**할 수 있다. 입법20논리24

[07] RFID는 사용하는 주파수 대역에 따라 세 가지 유형으로 **구분**된다. 입법20논리19

[08] 과징금의 부과목적은 '부당이득의 환수'와 '행정제재로의 목적'으로 **구분**될 수 있다. 입법18논리40

[09] 경제학자 P는 순생산가치를 '사적私的 한계순생산가치'와 '사회적 한계순생산가치'로 **구분**했다. 민간19논리15

[10] 아리스토텔레스는 정치체제를 세 가지로 **구분**하는데, 군주정, 귀족정, 제헌정이 그것이다. 민간17논리15

[11] 인간의 행위는 자신에게만 관련된 것과 타인이 관련된 것으로 **구분**될 수 있다. 민간16논리20

[12] 흑백논리란 모든 문제를 양극단으로만 **구분**하고 중립을 인정하지 않으려는 편중된 사고방식을 말한다. 입법13논리38

[13] 여기에 덧붙여 교육 대상을 공공 건축 업무 관련 공무원과 일반 시민으로 **구분**하는 것이 좋겠습니다. 7급20논리16

[14] 강은 탄소 함유량에 따라 저탄소강, 중탄소강, 고탄소강으로 **구분**한다. 5급20논리28

[15] 게임 참여자는 A, B 두 그룹으로 **구분**된다. 5급19논리27

[16] 자연적 배출원은 생물 배출원과 비생물 배출원으로 **구분**된다. 인위적 배출원은 점오염원, 면오염원, 선오염원으로 **구분**된다. 5급19논리26

[17] 안락사는 다음과 같이 분류 가능하다. 첫째, 본인의 동의 여부에 따라 '자의적 안락사'와 '반자의적 안락사'로 **구분**된다. 둘째, 안락사 행위의 주체가 누구인가, 즉 환자 스스로 안락사 관행을 취한 것인가 아니면 타인이 안락사 시켜 준 것인가에 따라 '능동적 안락사'와 '수동적 안락사'로 **구분**된다. 셋째, 수동적인 경우 안락사 시행주체(의사)가 약물투입 등의 수단으로 죽음에 다다르게 한 것인지, 아니면 방치에 의해 죽게 한 것인지에 따라 '적극적 안락사'와 '소극적 안락사'로 **구분**된다. 5급05논리27

[18] 외성 내부는 남북과 동서 방향의 크고 작은 도로들에 의해 정연하게 구획되었는데 내성 남벽 남쪽은 중앙대로를 기준으로 동서와 남북으로 각기 크게 4개씩의 공간으로, 다시 말해서 16개의 공간으로 **나뉘었고**, 각 공간은 다시 '田'자 모양으로 4개씩의 구역으로, 다시 말해서 64개의 방坊으로 **구분**되었다. 입법22논리01

A와 B를 구별하다
A와 B를 차이에 따라 나누다.

구별의 핵심은 '차이', '다름'입니다.

- 구별점   차이점, 다른 점
- 구별한다   다르게 인식한다. 차이를 두다.
- 구별된다   다르게 인식된다, 다르다
- 구별되는   차이 나는, 다른
- 구별해야 한다   차이를/다르게 인식해야 한다

---

[01] 근대 초까지 청소년들은 대부분의 시간을 노동을 하면서 <u>보냈다</u>. 그러니까 <u>청소년들</u>은 '노동

자'라는 정체성을 일찍부터 갖게 되어, 그 생활세계가 어른들과 별로 **구별**되지 않았던 것이다. 입법21논리11

[02] 나치가 다른 인본주의 분파와 **구별**되는 점은 '인간성'에 대해 진화론에 깊이 감화된 색다른 정의를 갖고 있었다는 점이다. 입법22논리05

[03] 디지털 연산에서는 회로의 동작이 0과 1을 **구별**할 정도의 정밀도만 유지하면 되므로 회로를 구성하는 소자 자체의 특성 변화에 거의 영향을 받지 않는다. 5급14논리13

[04] 사물들은 속성의 차이에 의해 **구별**되거나 양태의 차이에 의해서 **구별**된다. 입법21논리07

[05] 두 개의 **구별**되는 신체인 갑과 을이 있다고 가정하자. 입법21논리06

[06] 파콰드 영주는 매부리코에 단신이며, 요정 대모 역시 단신에 비만인 몸으로서, 릴리안 왕비와 피오나 공주의 균형잡힌 외모와 **구별**된다. 입법15논리01

[07] 입자 하나하나의 운동을 지배하는 물리법칙은 시간의 미래와 과거를 **구별**하지 않는다. 어떤 운동이 가능하다면 그것과 반대의 운동도 똑같이 가능하다. 따라서 운동을 보고 있는 한 시간의 과거와 미래를 **구별**하는 것은 불가능하다. 입법14논리07

[08] 아인슈타인의 등가원리에 따르면, 외부와 차단된 상태에서는 중력에 의한 효과와 가속운동에 의한 효과를 서로 **구별**할 수 없지요. 5급14논리06

[09] '사회'란 정치나 경제와는 **구별**되는 하나의 차원, 하나의 영역으로서 '관'에 대비되는 '민', 지배층에 대비되는 피지배층의 개념을 의미하는 경우로 사용되었다. 입법13논리25

[10] 허자盧子가 물었다. "공자가 『춘추』를 지어 중국을 안으로 삼고 중국 주변의 오랑캐를 밖으로 규정했습니다. 이렇게 중국과 오랑캐의 **구별**이 엄격한데 지금 선생께서는 사람들이 자초한 일이고 하늘이 내린 필연적 시대의 형세인 것처럼 말하니 혹 잘못된 것은 아닙니까?"
입법12논리35

[11] 자치는 폴리스 시민의 최대 자랑거리이자 다른 도시와 **구별**되는 폴리스만의 특징이었다.
입법12논리27

[12] 전통은 인습과는 엄격히 **구별**되어야 한다. 인습은 역사의 대사기능代謝機能에 있어 부패한 것으로 버려질 운명에 있고 또 버려야 할 것이지만 전통은 새로운 생명의 원천으로서 좋은 뜻으로 살려서 이어야 할 풍습이다. 입법12논리24

[13] 쉬클로프스키는 일상언어와 시적인 언어를 **구별**하였는데 그에 따르면 일상언어가 단순히 실용적인 자동화된 언어라고 하면, 시적인 언어는 일상언어의 자동화를 파괴하는 언어다.
입법09논리18

[14] 영장류, 그 중에서도 침팬지나 보노보에 이르면 그들의 뇌는 우리 인간의 뇌와 구조적으로 거의 **구별**이 되지 않는다. 입법15논리35

[15] 서구사회의 기독교적 전통 하에서 이 전통에 속하는 이들은 자신들을 정상적인 존재로, 이러한 전통에 속하지 않는 이들을 비정상적인 존재로 구별하려 했다. 민간21논리05

[16] 독일의 문화 개념은 정치적·경제적·사회적 사실과 **구별**되는 정신적·예술적·종교적 사실들에 적용된다. 민간11(2차)논리12

[17] 전파 안테나에 잡히는 전파 잡음은 전파 안테나 자체의 구조에서 생기는 잡음, 안테나의 증폭 회로에서 불가피하게 생기는 잡음, 지구의 대기에서 생기는 잡음과 쉽게 **구별**되지 않는다. 견습06논리25

[18] 난해한 대상들에 몰두해서 참된 것을 거짓된 것으로부터 **구별**하지 못한 채 의심스러운 것을 확실한 것으로 인정하는 것보다는 차라리 연구를 하지 않는 편이 더 낫다. 입법08논리10

[19] 우리는 통증을 느낄 수 있는 의식과 그 통증을 '나의 통증'이라고 느낄 수 있는 자의식을 **구별**해야 한다. 5급20논리33

[20] 요즘 사람들은 설악산이나 계룡산과 같이 잘 알려진 산에 수많은 봉우리가 포함되어 있는 것이 당연하다고 생각하는데, 고려 시대까지만 해도 하나의 봉우리는 다른 봉우리와 **구별**된 별도의 산이라는 인식이 강했다. 5급19논리03

[21] 현대의 상류층은 고급, 화려함, 낭비를 과시하기보다 서민들처럼 소박한 생활을 한다는 것을 과시한다. 이것은 두 가지 효과가 있다. 사치품을 소비하는 서민들과 **구별**된다는 점이 하나이고, 돈 많은 사람이 소박하고 겸손하기까지 하여 서민들에게 친근감을 준다는 점이 다른 하나이다. 5급18논리26

[22] 당신이 경험하는 치통, 두통, 허기, 포만감과 같은 것들은 정신적인 것이지만 치통을 야기하는 치아의 상태, 포만감을 야기하는 위의 상태는 정신적인 것이 아니다. 이런 **구별**을 가능하게 하는 근거는 무엇인가? 외교13논리18

[23] 부러움과 질투심은 일반적으로 비슷한 감정 상태로 이해되기도 하지만 이 둘을 **구별**하는 사람들도 있다. 5급12논리35

[24] 각 단어마다 상응하는 뉴런들의 활성화 유형이 서로 다르므로, 이 단어의 의미와 저 단어의 의미가 뇌에서 **구별**된다. 5급12논리25

[25] 생태학자들은 한 개체군이 이용할 수 있는 조건과 자원의 범위인 '기본니치'와, 이 개체군이 자연에서 실제로 사용하는 조건과 자원의 범위인 '실현니치'를 **구별**한다. 5급11논리13

[26] 파시즘 체제와 권위주의 체제를 확연히 **구별** 짓는 것은 쉽지 않은데, 사실상 권위주의 체제였던 정권들이 당시 큰 성공을 거두고 있던 파시즘의 외양을 일부 빌려오는 경우가 많았던 1930년대는 특히 그렇다. 5급11논리03

[27] '실은 몰랐지만 넘겨짚어 시험의 정답을 맞힌' 경우와 '제대로 알고 시험의 정답을 맞힌' 경우를 **구별**할 수 있을까? 5급10논리19~20

[28] 바이러스의 형태는 핵산을 둘러싸고 있는 캡시드의 모양으로 **구별**하는데 이 형태들 중에서 많이 발견되는 것이 나선형, 원통형, 이십면체형이다. 5급10논리11

[29] EU는 1995년부터 철제 다리 덫으로 잡은 동물 모피의 수입을 금지하기로 했다. 모피가 이런 덫으로 잡은 동물의 것인지, 아니면 상대적으로 덜 잔혹한 방법으로 잡은 동물의 것인지 **구별**하는 것은 불가능하다. 5급08논리11

[30] 최소 두 가지 원추색소를 가지고 있지 않다면 밝기가 같은 두 색을 **구별**할 수 없다. 5급07논리38

[31] 노동법은 그 이념뿐 아니라 대상에 있어서도 종래의 시민법 체계에 속하는 여러 법규들과는 **구별**되는 특수성을 가지고 있다. 5급05논리02

[32] 유교 전통에서는 이상적 정치가 군주 개인의 윤리적 실천에 의해 실현된다고 보았을 뿐 윤리와 **구별**되는 정치 그 자체의 독자적 영역을 설정하지는 않았다. 민간18논리13

[33] 복원된 부분이 원형과 **구별**될 수 있도록 형태나 색에 약간의 차이를 두어 흔적을 남겨야 한다. 견습05논리23

[34] 어떤 사람들은 우리 인간과 다른 동물의 차이는 정도의 차이가 아니라 종류의 차이라고 주장한다. 그들은 인간과 동물을 **구별**할 기준을 찾고자 하였는데, 지금까지 이러한 경계선들은 오래가지 못하고 폐기되었다. 외무04논리35

[35] 소년사법은 범죄를 저지르지 않은 소년까지도 사법의 대상으로 한다는 점에서 자기책임주의를 엄격히 적용하는 성인사법과 구별된다. 민간20논리04

[36] 겉으로 드러나는 모습만으로는 철학적 좀비와 인간을 **구별**할 수 없다. 민간19논리08

[37] 뉴런과 달리 쥐와 인간의 신경교 세포는 비교적 쉽게 **구별**된다. 인간의 신경교 세포는 매우 길고 무성한 섬유질을 가지기 때문이다. 민간16논리07

[38] 피타고라스주의자들은 여러 물질적 대상에 수를 대응시켰다. 예를 들면 고양이를 그릴 때 다른 동물과 **구별**되는 고양이의 뚜렷한 특징을 드러내려면 특정한 개수의 점이 필요했다. 이때 점의 개수는 곧 고양이를 가리키는 수가 된다. 민간15논리12

[39] 무라바하와 이자라는 은행이 채무자가 원하는 실물자산을 매입할 경우 그것의 소유권이 누구

에게 있느냐에 따라 구별된다. 실물자산의 소유권이 은행에서 채무자로 이전되면 <u>무라바하</u>이고, 은행이 소유권을 그대로 보유하면 <u>이자</u>라이다. ^{민간14논리14}

[40] 언뜻 보아서는 <u>살쾡이와 고양이</u>를 **구별**하기 힘들다. ^{민간13논리13}

[41] 을: 그렇다면 <u>조출생률과 합계 출산율</u>을 **구별**하는 이유가 뭐죠?
갑: <u>조출생률과 달리 합계 출산율</u>은 성비 및 연령 구조에 따른 출산 수준의 차이를 표준화할 수 있는 장점이 있습니다. ^{7급21논리20}

[42] 사람은 사진이나 영상만 보고도 어떤 사물의 이미지인지 아주 쉽게 **분별**하지만 컴퓨터는 매우 복잡한 과정을 거쳐야만 **분별**할 수 있다. ^{민간18논리16}

[43] 연구자들은 일단 환자의 눈을 가리고 특정한 형태의 물체를 손으로 만지게 한 뒤, 서로 비슷하지만 뚜렷이 **구별**될 만한 두 물체를 눈앞에 내놓고 조금 전 만졌던 것이 어느 쪽인지 말하도록 했다. ^{민간12논리06}

참고로 '대별하다'는 ('별' 때문에 '구별하다'라는 뜻일 것 같지만) '구분하다'라는 의미로 쓰입니다.

[01] 남해안 일대에서 발견된 공룡 발자국은 초식 공룡인 용각류와 조각류, 육식 공룡인 수각류의 것으로 **대별**된다. ^{091135~36}

[02] 현행 통신수사 방식은 우편물의 검열 또는 전기통신의 감청을 위해 허가서를 받아 시행하는 감청과 「형사소송법」상 압수수색영장을 이용한 우체물의 압수로 **대별**할 수 있다. ^{입법21논리14}

[03] 회계법 제11조에 의하면 예산은 경상 및 임시부로 **대별**되고 이는 다시 관·항이 **구분**되도록 하였다. ^{입법21논리03}

1. 다음 중 빈칸에 '보존'이 들어갈 수 없는 문장은?

　① 오늘 발표는 그 종자 ___과 관련된 내용입니다.

　② 전하량 ___ 법칙을 고려해 문제를 풀어보자.

　③ 문화유산을 디지털 자료로 변환하여 ___할 필요가 있다.

　④ 물가를 안정 시키고 경제 안정을 ___하는 것이 우리의 목표다.

　⑤ 생명을 무조건 ___하는 것이 곧 생명에 대한 존중이라고 생각하는 것은 잘못이다.

2. 빈칸에 들어가기 적절하지 않은 단어는?

> 가난 때문에 우리를 ___했던 인간들이었다. 나는 한 시도 잊은 적이 없는데, 엄마는 어찌 저치들에게까지 친절을 베푸는 걸까. 내 깜냥으로는 헤아릴 수 없는 마음이다.

　① 신성시　② 무시　③ 백안시　④ 천시　⑤ 괄시

3. 다음 단어와 그에 해당하는 정의를 올바르게 연결하시오.

　① 도외시하다　　　　　　ⓐ 가능성이 많다고 보다.

　② 적대시하다　　　　　　ⓑ 상관하지 아니하거나 무시하다.

　③ 동일시하다　　　　　　ⓒ 적으로 여겨 보다.

　④ 유력시하다　　　　　　ⓓ 둘 이상의 것을 똑같은 것으로 보다.

4. 다음 문장 중 '대비'의 뜻이 유사한 것끼리 묶으시오.

① 상승과 하강의 이미지를 대비하여 위기감을 강조한다.

② 퇴직 이후를 대비하여 제2의 경력을 설계해야 한다.

③ '연구 개발 집약도'는 기업의 총 매출액 대비 연구 개발 투자액의 비율로 정의된다.

④ 현상을 바라보는 상반된 주장을 대비한 다음, 절충적 관점을 제시하였다.

⑤ 선왕이 여진족의 침입에 대비해 군사 거점을 설치했다.

⑥ 비용 대비 효과 면에서 효율적인 SNS 마케팅 사용이 증대되고 있다.

⑦ 노인 인구 증가에 대한 사회적 대비가 요구된다.

⑧ 효종이 세상을 떠나자 자의 대비의 역할에 귀추가 주목됐다.

⑨ 이때 입사 되는 광자 수 대비 생성되는 전자–양공 쌍의 개수를 양자 효율 이라 부른다.

5. 다음 문장에서 빈칸에 들어갈 말로 가장 적절한 것은?

> 그 섬은 아름다운 해변과 명성을 갖고 있지만, 대륙과의 접점이 적어 _____ 장소로 여겨져서 조용한 휴가를 원하는 관광객들에게 _____ 휴양지로 알려져 있다.

① 유리한 – 유리한   ② 유리된 – 유리된   ③ 유리한 – 유리된   ④ 유리된 – 유리한

6. 빈칸을 알맞게 채운 것은?

___과 ___은 언뜻 비슷하지만 다른 단어다. 일상에서 혼재되어 사용하지만, 엄밀히 다른 뜻을 가진 단어이기에 ___해 사용할 필요가 있다. 예를 들어, 흑백논리란 모든 문제를 양극단으로만 ___하는 것이며, 상류층은 사치품 소비를 통해 ___짓기를 하고, 살쾡이와 고양이는 줄무늬 형태로 ___할 수 있다.

① 구분 – 구별 – 구별 – 구별 – 구분 – 구분
② 구분 – 구별 – 구별 – 구분 – 구별 – 구별
③ 구별 – 구분 – 구별 – 구분 – 구별 – 구분
④ 구별 – 구분 – 구분 – 구분 – 구분 – 구별
⑤ 구별 – 구분 – 구분 – 구별 – 구별 – 구분

문의가가

국어의 기술, 어휘력 별책 부록

지은이	이해황
펴낸곳	노르웨이숲 에듀
출판등록	제 2024-000016호
이메일	norway12345@naver.com
© 2024	이해황